일취월장

일취월장

- 일을 잘하기 위한 8가지 원리 -

고영성 · 신영준 지음

2년 동안 페이스북 〈인생공부〉 페이지에 천 개도 넘는 게시물을 올리면서 몇 가지 깨달은 사실이 있다. 그 중에 하나는 엄청난 인기를 얻은 게시물은 몇 달 있다가 또 올려도 상당한 반응을 얻는다는 것이다. 그만큼 인기 게시물의 내용은 사람들의 관심사 중심에 있다.

가장 인기가 많았던 세 개의 게시물 제목을 소개하면 3위는 "엑셀 함수, 206개나 모아놓은 것!"이었고, 2위는 "하루 10분 투자해 허리 통증 없애는 꿀팁"이라는 게시물이었다. 그리고 대망의 1위는 압도적인 반응을 보인 "일 못하는 사람의 5가지 특징"이었다.

왜 이렇게 많은 사람들이 "일 못하는 사람의 5가지 특징"을 궁금해 했을까? 우리는 전작 《완벽한 공부법》에서 단순히 시험을 잘 보는 요령이 아닌 삶에 근간이 되는 공부를 어떻게 해야 되는지 이야기했다. 그리고 《완벽한 공부법》이 베스트셀러가 되면서 정말 많은 사람들과 공부에 대한 이야기를 온/오프라인에서 나눌 수 있었다. 학부모와 학생도 많았지만 취업 준비생, 직장인, 스타트업 종사자, 자영업 하시는 분들 또한 '공부법'에 대한 관심이 지대했다. 그렇다면 이들은 왜 학습능력을 높이기 위해 노력한 것일까? 우리는 쉽게 알 수 있다. 바로 '일'을 잘하고자 하는 마음이 있어서이다. 하지만 안타깝게도 공부보다 난이도가 훨씬 높은 어떻게 일을 잘할 것인가에 대한 고민을 진지하게 하는 사람은 많지 않았다.

생각해보면 우리는 공부를 잘하기 위해 사교육까지 받아가며 불철주야 노력했다. 그렇게 보통 15년 넘게 열심히 공부하고 졸업한 후 취업하거나 혹은 창업하면서 일을 시작한다. 하지만 힘들게 얻은 직장에 들어간 신입 사원의 절반 이상은 퇴사를 생각하고 있고, 또 창업자들 대부분이 5년 안에 문을 닫는다고 하니 우리가 과연 무엇을 위해 그렇게 공부했는지 의문이 든다.

학습능력은 일을 잘하기 위한 핵심 요소 중에 하나임은 틀림이 없다. 하지만 그것만으로는 턱없이 부족하다. 일은 너무 많은 요소들이 유기적으로 얽혀있기 때문에 일을 잘하는 법을 배운다는 것은 생각보다 어려운 일이다. 일을 하는 많은 사람들은 평소에 일을 하면서 그러한 점을 느끼고 있었고 동시에 일을 잘하는 법에 대한 길밍이 있었던 것이다. 일을 못하는 사람들의 특성을 알고 그것을 교정하면 결국 일을 잘하는 사람이 되기 때문이다.

그렇다면 일을 잘한다는 것은 무엇을 의미하는 것일까? 앞에서 언급한 것처럼 일의 속성은 매우 복합적이기 때문에 단순히 무엇을 잘하면 일을 잘한다고 정의하기는 어렵다. 그래도 누구나 보편적으로 동의할 수 있는 '일을 잘한다는 특징' 중에 하나는 적은 노력으로 많은 결과를 얻는 것이다. 기억나는가? 가장 인기가 많았던 게시물 3위는 바로 "엑셀"에 관한 것이었다. 엑셀을 잘 사용하면 일의 효율을 정말 많이 올릴 수 있다. 다시 한번 말하지만 사람들은 일을 잘하고 싶어 한다.

진지하게 우리 인생을 들여다보면 우리 대부분 30년도 넘게 일을 해야 한다. 그런데 만약에 우리가 일을 제대로 하지 못한다면 과연 어떤 미래가 우리를 기다리고 있을까? 반대로 단순히 생계를 유지하기 위해 하는 일이 아닌 우리를 성장시키고 또 의미까지 부여할 수 있는 일을 할 수 있다면 그것보다 즐거운 삶이 또 있을까? 그렇다면 인생에서 우리가 가장 시간을 많이 쏟아야 하는 일을 어떻게 좋아하면서 잘할 수 있을까?

그 질문에 답하기 위해 우리는 일을 잘하기 위한 방법을 총체적인 관점에서 설명하였다. 과연 일은 어떤 방식으로 작용하고 어떤 방향으로 움직이는가? 또 우리는 그런 일에 대해 어떤 전략을 수립해야 하는가? 우리는 일의 본질을 이해하고 더 나아가 제대로 그리고 즐겁게 일하기 위해 치열하게 고민하고 연구한 8가지 핵심 요소를 다음과 같이 설명하였다.

1편 〈운〉에서는 우리가 자주 접하는 성공 스토리에서 진정 얻어야 할 교훈은 무엇이며 운과 실력과의 관계, 일의 예측에 대한 고민, 운과 동행하는 비결에 대해서 알아본다.

2편 〈사고〉에서는 우리가 일을 훌륭하게 해내기 위해 필수적으로 갖춰야 할 5가지 생각 방식인 반성적 사고, 통계적 사고, 맥락적 사고, 시스템적 사고, 재무적 사고 등에 대해 살펴본다.

3편 〈선택〉에서는 프로세스로 인한 의사결정이 얼마나 큰 효용을 갖는지를 이해하고 일을 잘하기 위한 5가지 의사결정 과정에 대해 공부해 본다.

4편 〈혁신〉에서는 혁신이 어려운 이유와 혁신을 불러올 수 있는 4가지 핵심 개념인 다양성과 연결, 질보다는 양, 굴절적응, 결핍과 한계상황에 대해서 알아본다.

5편 〈전략〉에서는 최신 이론과 다양한 에피소드를 바탕으로 비즈니스

성과를 높일 수 있는 경영 전략, 마케팅 전략, 브랜드 전략, 자원 전략 등에 대해 살펴본다.

6편 〈조직〉에서는 의미 있는 성과를 창출하면서도 즐거운 일터가 되기 위한 조직문화의 핵심 요소인 총동기 이론, 자율성과 사회적 동기, 팀워크, 직원우선주의 등에 대해 알아본다.

7편 〈미래〉에서는 기하급수적 기술의 발달이 초래하고 있는 트렌드에 대해 살펴보고 인공지능을 필두로 한 4차 산업혁명으로 인해 변화할 고용의 미래와 경제경영 상황에 대해 살펴본다.

8편 〈성장〉에서는 지금까지 논의를 종합하여 시대가 요구하는 세 부류의 인재상인 호모 아카데미쿠스, 슈퍼 네트워커, 이성적 몽상가에 대해서 알아본다.

우리의 아이들과 미래에 함께 일할 사람들이 이 책을 읽고 성장했으면 좋겠다. 그렇게 아이들의 행복에 조금이라도 기여할 수 있다면 우리도 행복할 것 같다. 모두가 '일취월장'하기를 진심으로 기원한다.

2017년 12월
고영성 · 신영준

3장 선택(選擇)

4장 혁신(革新)

5장 전략(戰略)

6장 조직(組織)

7장 미래(未來)

8장 성장(成長)

1장

운(運)

"미래에 무슨 일이 생길지 우리는 알 수 없다."

- 피터 번스타인(Peter Bernstein)

무엇이
성공을 이끄는가?

> "우리는 매사에 작용하는
> 운의 비중을 과소평가한다."
>
> - 나심 탈레브(Nassim Taleb)-

━━ 멋진 성공 스토리

"존, 존."[i]

존 래시터[John Lasseter]는 기둥 뒤쪽에서 자신의 이름을 부르는 소리를 들었다. 그의 이름을 부른 이는 에드윈 캣멀[Edwin Catmull]. 캣멀은 애니메이션에서 나올 법한 목소리로 존에게 속삭였다.

"이리 오시오. 나와 함께 갑시다."

1945년 웨스트버지니아에서 태어난 캣멀은 어렸을 때부터 프로그래밍 작업을 좋아했고 결국 컴퓨터 그래픽 분야의 박사가 된다. 그는 자신의 박사 논문을 통해 바이큐빅 패치, 제트-버퍼, 텍스처 매핑이라는 컴퓨터 3D 그래픽 분야의 역사에 남을 획기적인 개념을 제시했고 이후 초창기 3D 장편 애니메이션 영화의 거의 모든 기술적 토대를 세운다.

오하이오 주립대학교 교수 자리 제안을 거절한 캣멀은 괴짜 백만장자 알렉산더 슈어Alexander Schure의 후원을 받아 1974년 11월 뉴욕 공과대학 컴퓨터 그래픽스 연구소장NYIT이 된다. NYIT는 뉴욕 공과대학과는 아무런 연관이 없는 회사이다. 자동차 4대가 들어갈 정도의 차고를 개조해서 만든 연구소는 뉴욕 공과대학을 졸업한 인재들을 채용해 3D 그래픽의 한계를 극복하는 작업을 해 나갔다.

별 볼일 없었던 NYIT였지만 앨비 레이 스미스Alvy Ray Smith 박사는 NYIT를 자신의 꿈을 펼칠 가장 적합한 곳이라고 생각했다. 캘리포니아 소재의 제록스 팰로앨토 연구센터PARC에서 일했던 그는 자신의 꿈을 찾아 뉴욕으로 날아갔다. 캣멀은 스미스를 반갑게 맞아 주었고 이들은 자신의 팀과 함께 밤낮없이 3D 그래픽 기술 향상을 위해 매진하였다.

물론 캣멀과 스미스의 궁극적 비전은 3D 그래픽의 기술적 진보가 아니었다. 세상을 깜짝 놀라게 할 3D 장편 애니메이션을 만드는 것이었다. 하지만 NYIT에는 애니메이션 영화의 스토리를 연출할 수 있는 전문가가 없었다. 컴퓨터에만 미쳐 있던 캣멀과 스미스는 문득 영화를 만들기 위해서는 스토리텔링에 정통한 사람을 영입할 필요가 있음을 깨닫게 된다. 이들은 존 래시터라는 인물을 마음에 두고 있었다.

그 사이에 캣멀과 스미스에게 기쁨을 감추지 못할 일이 생긴다. 〈스타워즈〉로 유명한 루카스 필름이 새로운 후원자가 된 것이다. 세계 최고의

SF 영화제작 팀에 합류했다는 사실은 앞으로 자신들의 비전을 충분히 이루어낼 수 있음을 그대로 보여주는 듯했다. 또한 존 래시터마저 회사로 영입하는 데에 성공하게 된다.

1957년 캘리포니아 헐리우드에서 태어난 존 래시터는 어렸을 때부터 디즈니 애니메이터가 되는 것이 꿈이었고 결국 그 꿈을 이루었다. 열정과 재능이 넘쳤던 존은 될성부른 떡잎이었다. 대학시절 〈숙녀와 램프〉와 〈악몽〉으로 2년 연속 애니메이션 부분 학생 아카데미상을 받았다. 디즈니에서 나와 캣멀과 함께한 존은 끊임없는 노력 끝에 〈룩소 주니어〉라는 컴퓨터 단편 애니메이션 영화를 만들게 된다. 〈룩소 주니어〉는 컴퓨터 애니메이션을 보고 있다는 사실을 잊게 해준 최초의 컴퓨터 애니메이션이었으며 존은 이 작품을 통해 애니메이터의 전설적 인물 월트 디즈니를 넘어서고 있다는 평가를 받게 된다. 특히 1989년에 발표한 〈장식품〉은 존이 왜 불세출의 천재인지를 그대로 드러냈다. 《인디펜던트》는 이 작품을 '4분짜리 대작'이라고 평했고 《가디언》은 존을 '전자 이미지의 세상에 은총을 내려왔던 신에게 어쩌면 가장 가까운 존재'라며 찬양할 정도였다.

존이 〈장식품〉을 내놓을 때에 공교롭게도 그의 팀은 루카스 필름 소속이 아니었다. 1986년 자금 사정이 안 좋아진 조지 루카스는 캣멀이 이끄는 루카스 필름 컴퓨터 그래픽 팀을 통째로 스티브 잡스Steve Jobs에게 팔았다. 에드윈 캣멀, 앨비 레이 스미스, 존 래시터, 스티브 잡스는 이렇게 결국 한 자리에서 만났고 이들은 우리가 너무나 잘 알고 있는 '픽사'를 세우게 된다.

1995년 11월 22일 픽사의 첫 3D 장편 애니메이션인 〈토이 스토리〉가

개봉되었다. 세계 최초의 3D 장편 애니메이션이기도 한 〈토이 스토리〉는 그야말로 '초대박'을 쳤다. 〈토이 스토리〉는 주말 사흘 동안에만 2,800만 달러의 수입을 올리면서 역대 추수감사절 개봉으로는 최고의 성적을 기록했고 개봉 후 12일 동안 6,500만 달러를 쓸어 모았다.

영특한 스티브 잡스는 〈토이 스토리〉의 대성공을 미리 예측하고 픽사의 기업 공개를 〈토이 스토리〉의 개봉 일주일 뒤인 11월 29일로 잡아두었다. 미국의 증권거래위원회 규정에 의하면 기업 공개를 앞둔 기업은 자사 홍보를 못 하게 되어 있다. 부적절한 과잉 홍보로 인해 시장이 교란될 수 있기 때문이다. 하지만 픽사는 〈토이 스토리〉가 이미 대성공을 거두고 있었기 때문에 굳이 홍보를 하지 않아도 알아서 회사가 대대적으로 알려졌다. 전략가로서 잡스의 능력이 얼마나 뛰어난지를 엿볼 수 있는 대목이다.

픽사의 주가는 기업 공개를 하자마자 미친 듯이 상승했고 첫날 39달러를 기록해 픽사는 약 1억 4천만 달러의 자금을 조달하게 된다. 당연히 잡스를 비롯한 캣멀, 스미스, 래시터는 돈방석에 앉게 되었다. 〈토이 스토리〉는 미국에서 1억 9,200만 달러, 해외에서 3억 5,700만 달러 수입을 기록하며 1995년에 수입 1위 영화가 되었고 애니메이션 영화로는 처음으로 아카데미 각본상 후보에 오르는 기염을 토한다. 이후 〈벅스 라이프〉, 〈몬스터 주식회사〉, 〈월-E〉, 〈니모를 찾아서〉, 〈라따뚜이〉, 〈업〉, 〈인크레더블〉 등을 연이어 성공시키며 명실상부한 최고의 애니메이션 회사로 지금까지 그 성공신화를 이어가고 있다.

지금까지의 내용만 보면 각 분야의 최고의 전문가이자 엘리트들인 캣멀, 스미스, 래시터, 잡스가 함께 힘을 모아 별 실패 없이 세계 최고의 애니메이션 회사를 만드는 것처럼 보이지만 실상은 그렇지 않다. 캣멀, 스미스, 래시터, 잡스는 픽사를 세우기 전 모두 불쌍한 낙오자들이었고 또한 〈토이 스토리〉가 성공할 때까지 셀 수 없는 어려움을 겪었다.

캣멀은 픽사의 전신 NYIT의 소장이 되기 전에 보잉사에서 정리해고를 당했다. 스미스와 래시터는 단순히 자신의 꿈을 따라 제록스와 디즈니를 나온 게 아니었다. 스미스는 직원 대우도 제대로 받지 못하다가 결국 해고당했으며 래시터는 실력은 없는데 말은 많다는 이유로 디즈니에서 쫓겨났다. 잡스는 또 어떤가? 픽사를 세울 당시 잡스는 자신이 세운 애플에서 추방당한 처지였다.

게다가 픽사는 창사 후 〈토이 스토리〉가 나오기까지 약 10년 동안 이익을 내 본 적이 단 한 번도 없었다. 손실이 너무 커 그래픽 장비를 만들어 팔고 광고 외주도 받았지만 팀을 유지하고 〈토이 스토리〉에 들어가는 제작 비용을 감당하기에는 턱없는 수준이었다. 잡스는 빚을 내가며 막대한 손실을 내고 있는 픽사에 자금을 대었고 〈토이 스토리〉가 나오기 전까지 약 5,000만 달러를 쏟아붓게 된다.

그럼에도 픽사는 결국 〈토이 스토리〉로 꿈같은 성공을 거두었고 픽사와 경쟁할 수 없었던 디즈니는 76억 달러에 픽사를 인수하게 된다. 겉으로 보기에는 디즈니가 픽사를 인수한 것처럼 보이나 실상은 픽사가 디즈니를 굴복시킨 것이나 마찬가지였다. 인수 당시 픽사 주식 1주당 디즈니 주식 2.3주로 교환한 데다가 픽사 주식의 50.1퍼센트를 가지고 있던 스티브 잡스는 디즈니 지분의 7퍼센트를 갖게 되면서 최대주주가 되었기 때문이다. 그리고 잡스는 위기에 빠진 애플로 화려하게 복귀해 아이팟, 아이폰, 아이패드 등을 출시하며 애플을 시가 총액 세계 1위 회사로 만든다.

디즈니에서 쫓겨난 존 래시터는 디즈니와 픽사가 한 회사가 된 후 디즈니와 픽사의 애니메이션 사업부 최고창작책임자이자 디즈니의 전 세계 테마파크와 리조트 사업부의 최고창작자문자로 올라선다. 말 많고 실력이 없어 디즈니에서 쫓겨났던 존 래시터가 디즈니를 굴복시키고 디즈니의 최고 애니메이터가 된 것이다. 실제 디즈니는 자신의 실수를 인정하고 픽사를 인수하기 전에 래시터를 다시 디즈니로 빼오려고 래시터에게 감독 제안을 한 적이 있었다. 하지만 래시터는 이 제안을 거부했다. 캣멀에 의하면 래시터는 이렇게 말했다고 한다.

"제가 디즈니로 가서 감독이 될 수도 있겠죠. 하지만 여기(픽사)에 남아서 역사를 쓸 수도 있습니다."

래시터는 역사를 썼고 여전히 그 역사를 이어가고 있다. 픽사의 성공 스토리는 그 어떤 영화보다도 드라마틱하고 감동적이다. 실패의 아이콘이었던 4명의 남자가 자신의 재능, 열정, 기지, 인내, 희생을 통해 세계 최고의 회사를 만들었을 뿐만 아니라 자신을 내쫓았던 그곳으로 화려하게 복귀해 새로운 역사를 써 내려갔기 때문이다.

우리는 이러한 성공 스토리에 열광한다. 어려움 속에서도 끊임없는 노력, 불타는 열성, 역경에 굴하지 않고 놀라운 기지를 발휘해 성공한 사례는 그 자체로 감동스럽고 재밌지만 그 속에서 의미 있는 성공 교훈을 배울 수 있기 때문이다. 그래서 이러한 성공 스토리는 책으로, 기사로, 강연으로 많은 이들에게 소비되고 있다.

하지만 안타깝게도 지금까지 언급한 픽사의 성공 스토리는 성공에 있어 가장 중요한 한 요소가 빠져있다. 실제 우리가 접하는 대부분의 성공 스토리 또한 마찬가지이다. 성공에 있어 가장 우선순위로 다루어져야 할 핵심적 요소가 빠져 있거나 중요하게 다뤄지지 않는 것이다.

그것은 바로 '운'이다.

■■■ 운 이 지 배 하 는 세 계

퍼시 스펜서^{Percy Spencer}는 20세기 초 세계에서 자전관을 가장 잘 만든 사람으로 정평이 났다.[2] 스펜서의 제안으로 인해 자전관으로 만들어진 레이더는 세계 2차 대전의 핵심 전투장비였다. 1941년 초부터 영국과 미국 항공기가 독일을 누르고 제공권을 장악할 수 있었던 이유도 바로 적을 멀리서도 탐지할 수 있는 레이더를 장착했기 때문이었다. 전쟁 후 2년 동안 독일 비행기의 공격으로 2만 명이 넘는 런던 시민이 죽었지만 레이더가 활약한 후에는 사망자 수가 27명으로 급격히 줄었다. 그래서 원자 폭탄 개발을 위한 맨해튼 계획의 주역이었던 베너바 부시는 자신의 회고록에 세계 2차 대전을 끝내는 데에 원자폭탄 다음으로 중요한 역할을 한 게 레이더라고 썼다. 당연히 전쟁 중 레이더로 인해 자전관 비즈니스는 호황을 구가했다.

하지만 전쟁이 끝날 무렵 레이더 주문량이 급격히 줄어들면서 자전관산업은 고전을 면치 못했다. 관련 업자들은 새로운 돌파구를 찾아야만 했다. 그리고 역시 그 돌파구는 자전관 그랜드 마스터인 스펜서의 손에서 나왔다. 스펜서는 자전관을 이용해 레이더레인지^{Radarange}를 만들었는데 레이더레인지는 전자레인지의 최초 이름이다. 초창기 거대했던 전자레인지는 경량화를 거쳐 지금 각 가정마다 들어와 우리의 음식문화를 이끌고 있다.

그런데 흥미롭게도 스펜서가 자전관의 새로운 활용을 찾게 되었던 것은 순전히 운 때문이었다. 자전관 실험 중 피곤을 달래기 위해 가져왔던 초콜릿이 주머니 속에서 완전히 녹아버렸던 것이다. 그는 혹시나 하는 마음에 팝콘 낟알을 가져와 실험을 해 보았다. 얼마 지나지 않아 빵빵 소리를 내며 팝콘 터지는 소리가 나는 것이 아닌가. 스펜서는 자신이 뭔가 중요한 것을 발견했다는 사실을 깨닫고 전기파를 이용해 요리를 하는 특허를 신청했다.

전자레인지의 사례처럼 중요한 발명품 중에 운이 힘을 발휘한 사례는 너무나 많다. 프라이팬, 방수복, 고어텍스 의류에 사용되는 테플론, 음식에 씌우는 랩, 가구, 가방, 장난감, 샴푸, 탄산음료 병, 포장재에 들어가는 폴리에틸렌도 모두 우연히 발명되었다.

혈압을 낮추는 약으로 활용되었던 로니텐은 예상치 못한 부작용을 야기했다.³⁾ 팔과 등, 다리에 털이 새로 자라기 시작한 것이다. 이는 로니텐의 주요 성분인 미녹시닐이 만든 부작용인데 연구원들은 이 부작용을 이용해 로게인이라는 탈모치료제를 만들었다. 비아그라도 비슷하다. 비아그라는 원래 협심증 치료제로 개발되었으나 효과가 거의 없었다. 하지만 예상치 못한 효과가 발생했으니 환자들이 가슴 통증은 전혀 나아지지 않았는데 묘한 부분에 더 묘한 효과를 발휘하는 것 같다고 제보한 것이다. 이로서 노화로만 여겨졌던 발기 부전이 치료해야 할 대상이 되어 버렸다. 비아그라는 세계에서 가장 복제가 많이 되는 약 중에 하나가 되었고 한 저널리스트는 이러한 사례들을 열거한 후 다음과 같이 말했다고 한다.

"제약업계에서는 연구 못지않게 '운'도 무척 중요하다."

딜로이트 컨설팅의 마이클 레이너Michael Raynor와 뭄타즈 아흐메드Mumtaz ahmed는 텍사스 대학의 앤드류 헨더슨Andrew Henderson과 공동으로 1965년부터 2005년까지 있었던 2만여 개의 기업을 조사해 운이 얼마나 성과에 영향을 미치는지를 조사했다.[4] 연구 결과, 운으로 우수한 성과를 유지한 기업이 기업의 실력으로 유지한 기업보다 더 많다는 사실을 밝혀냈다.

우리는 대부분 성공적인 기업 사례를 인기 경영서적을 통해 접하게 된다. 당연히 이 책에도 무수히 많은 기업의 성공 사례가 나온다. 그렇다면 경영서적에 등장하는 성공 기업들은 얼마나 운이 있었던 것일까? 세 명의 연구진은 미국에서 최고로 인기 있었던 13종의 경영서에서 고성과 기업으로 소개되었던 288개 기업을 철저히 조사했다. 조사 결과 이들 중 운보다 실력을 통해 최고의 성공을 거둔 기업들은 1/4도 되지 않는다는 것을 알아냈다. 세 명의 연구진은 결과에 대해 다음과 같이 말했다.

"이번 연구 결과는 우리가 우연한 성공에 속기 쉽다는 점을 보여준다. 또 우리가 기준으로 삼은 단위 기한인 5년 혹은 10년 내내 고성과를 유지한 것으로 파악된 기업 상당수가 이례적인 자원을 갖췄다기보다는 어쩌다 무작위 확률의 덕으로 고성과를 거둔 '랜덤 워커'였다."

기업의 성공 여부뿐만 아니라 직장을 얻는 것도 운이 크게 작용한다.[5] 특히 대학 졸업시기에 경제가 호황이면 졸업생들은 취직도 잘 되고 월급도 높다. 하지만 불운하게도 경제가 불황인 시기에 졸업을 하면 취직도 잘 되지 않고 월급도 상대적으로 낮다. 이러한 졸업 시기의 영향에 대해 연구한 예일대 경제학자 리사 칸^{Lisa Kahn} 교수에 의하면 졸업 시기에 실업률 1퍼센트 포인트가 오르면 졸업생 소득은 6~7퍼센트 감소한다고 한다. 졸업 후 취직과 소득은 '운'에 적잖은 영향을 받는다는 사실이다. 물론 요즘에는 경제가 살아난다고 해도 일자리 창출을 예전처럼 기대하기 쉽지 않은 불운이 계속되고 있지만 말이다.

직장에 들어가서도 '운'의 횡포는 여전하다.[6] 당신이 수간호사라고 해보자. 당신은 쌍둥이 자매인 A, B와 오랫동안 일해 왔으며 둘 다 간호사로서 능력이 출중함을 알고 있다. 그런데 어느 날 A는 실수로 환자 침대에 안전가드를 올리지 않았다. 환자가 떨어질 수도 있는 상황이었다. 하지만 운이 좋게도 환자는 떨어지지 않았다. 당신은 A의 실수를 인사고과에 어떤 내용으로 기재하겠는가?

A의 쌍둥이 동생인 B도 다음 날 자신도 모르게 A가 했던 실수를 저질렀다. 안전가드를 올리지 않았던 것이다. 하지만 불운하게도 환자는 침대에서 떨어져 크게 다치고 말았다. 당신은 B의 실수에 대해 어떻게 평가하겠는가?

55명의 실제 간호사를 상대로 실험을 진행한 결과 간호사들은 '과실 편향'을 그대로 드러냈다. 즉 같은 실수를 했음에도 운이 좋아 과실로 이어지지 않았던 A에 대해서는 가벼운 경고를, 운이 나빠 과실로 이어졌던 B는 심각한 실수를 저질렀다고 평가했다. 심지어 실험 참가자들이 B의 환자가 침대에서 떨어질 확률이 더 높다고 생각했을 뿐만 아니라 B는 다른 간호사들에 비해 현격하게 부주의한 간호사로 평가받았다. 그런데 놀랍게도 이러한 과실 편향은 의사, 영업사원, 주택 구매자 등 다양한 직업군에 적용됨이 다른 실험을 통해 확인되었다. 《무엇이 성과를 이끄는가》의 저자 닐 도쉬Neel Doshi와 린지 맥그리거Lindsay McGregor는 이렇게 말한다.

"성과관리 제도는 운이 중요한 구조다. 다양한 실험을 통해 밝혀진 사실이다."

우리가 무엇을 하든지 간에 운 자체를 인지하는 것은 생각보다 중요하다. 운이 없다고 말하는 사람은 없다. 하지만 상황을 분석할 때, 사람을 평가할 때, 의사결정을 내릴 때, 일을 기획할 때, 즉 일을 할 때 '운'을 제대로 인지하고 행동하는 사람은 드물다. 얼마나 많은 보고서에서, 얼마나 많은 인사고과에서, 얼마나 많은 회의에서 '운'을 얘기하고 있는지를 한번 점검해 보라. 우리가 흔히 보고 듣는 성공 스토리와 마찬가지로 '운'이라는 단어를 보기도 힘들고, 쓰기도 힘들며, 말하고 듣기도 힘든 실정이다.

하지만 운을 인지하고 논의하면서 일을 하는 것과 그렇지 않고 일을 하는 것은 일의 퍼포먼스 측면에서 중장기적으로 우리가 생각한 것 이상의 차이를 발생시킨다. 운의 영향력을 인지하는 순간 의사결정, 집단 회의, 전략, 혁신 방법, 비즈니스 모델, 기획, 채용, 인사, 자기계발 등 일에 대한 모든 것이 제대로 정립되기 때문이다. 우리 책 또한 '운'으로 시작할 수밖에 없었다. 운을 먼저 이야기하지 않고는 일에 대한 그 어떤 분야도 깔끔하게 기술할 수 없기 때문이다. 구글의 최고인적자원책임자이자 인사 담당 수석부사장인 라즐로 복Laszlo Bock은 이렇게 말한다. [7]

"구글의 역사에서 배울 수 있는 가장 큰 교훈 가운데 하나는 성공을 하는 데는 뛰어난 발상, 적절한 타이밍, 비범한 사람이 필요하지만 또 하나 운도 필요하다는 것이다. 당시에는 전혀 알지 못했지만 래리^{Larry Page}와 세르게이^{Sergey Brin}가 구글을 팔지 못했던 것은 두 사람이 대학 교정 안내 프로그램에서 만났다거나 혹은 그 뒤에 일어났던 수십 건의 다른 일들과 마찬가지로 엄청난 행운이었다. 구글의 성공이 우리 직원들이 더 똑똑하고 더 열심히 일한 덕분이라고 말하는 건 쉽겠지만, 정확하게 말하면 이런 진술은 사실이 아니다. 직원들이 똑똑해야 하고 일을 열심히 하는 게 성공의 필요조건이긴 하지만 충분조건은 아니다. 구글의 성공에는 분명 운이 따랐다. 그런 까닭에 구글 홈페이지 검색에서 1순위 검색 결과의 웹페이지로 직접 이동할 때 'I'm Feeling Lucky(어쩐지 운이 좋을 것 같아)' 버튼을 누르고 시작할 수 있는데, 이런 설정은 완전히 새로운 의미를 띤다."

이런 리더와 함께 하는 것이야말로 행운이 아닐까?

━━ 새로운 성공 스토리

자, 픽사 이야기를 다시 살펴보자.

먼저 에드윈 캣멀. 그는 보잉사에서 정리해고를 당했을 때 박사가 아니었다.⁸⁾ 회사에서 쫓겨나고 나서 무엇을 할까 고민하다가 박사 과정을 밟기로 결심한 것이다. 그가 만약 보잉사에 계속 있었고 그곳에서 승승장구했다면 박사 코스를 가려고 했을까? 바이큐빅 패치, 제트-버퍼, 텍스처 매핑

그리고 3D 애니메이션을 위한 놀라운 기술들은 과연 언제 탄생하게 됐을까? 픽사라는 회사가 생길 수나 있었을까?

다음은 앨비 레이 스미스. 앨비 레이 스미스는 영리 기업에 들어갈 생각이 애초에 없었다. 그는 자신의 분야의 학문적인 성과를 쌓아올리는 것이 비전이었다. 하지만 1973년 스키를 타다가 스키 모자가 시야를 갑자기 가리는 탓에 엎어져 3개월 동안 온몸에 깁스를 해야 하는 중상을 입었다. 사고를 당한 후 스미스는 자신의 삶을 전면적으로 돌아보게 된다. 그리고 진짜 자신이 원하는 삶은 학교에서의 안정적인 삶이 아니라 무언가 도전하는 것임을 깨우치고 학교를 그만둔 후 무작정 캘리포니아로 떠나게 된다. 그리고 제록스의 팰로앨토 연구소에 들어간다. 스키를 타다 발생한 치명적인 불운이 그를 새로운 길로 이끌었고 픽사라는 역사에 큰 역할을 한 인물이 된 것이다.

그다음은 조지 루카스^{George Lucas}. 조지 루카스가 에드윈 캣멀이 이끄는 컴퓨터 그래픽 부문을 팔려고 했던 이유는 무슨 특별한 경영 전략이 있어 그런 것이 아니었다. 조지 루카스가 이혼을 하면서 아내에게 엄청난 재산을 줘야 하는 바람에 캣멀의 팀을 팔려고 했던 것이다. 물론 루카스와 캣멀은 컴퓨터 그래픽에 대해 근본적으로 다른 생각을 했기 때문에 언젠가 둘은 결별할 수도 있었을 것이다. 하지만 흥미롭게도 잡스와 캣멀 또한 다른 생각을 하고 있었다. 애초에 잡스는 캣멀 팀을 3D 장편 애니메이션 회사로 생각하지 않고 하드웨어 회사로 여기고 인수했기 때문이다.

만약 조지 루카스가 이혼을 하지 않았다면 어떻게 되었을까? 캣멀은 잡스와 함께 일을 할 수 있었을까? 잡스처럼 루카스가 캣멀의 팀이 장편 애니메이션을 만드는 것을 계속해서 어느 정도 눈감아 줬었을까?

심지어 루카스는 잡스에게 회사를 넘겨주기를 원치 않았다. 루카스는 인수가격으로 1,500만 달러를 원했지만 잡스는 500만 달러 이상 줄 생각이 없었기 때문이다. 캣멀과 스미스 또한 잡스와 함께 하기를 원치 않았다. 미팅을 해 본 결과 잡스의 성격이 보통이 아니었고 특히 자신을 쫓아낸 애플에 대한 원한이 너무 커 함께 일하기에는 부담스러운 존재였기 때문이었다.

하지만 캣멀 팀을 1,500만 달러에 인수할 회사는 단 한 군데도 없었다. 만약 인수자가 한 팀이라도 나왔다면 캣멀은 잡스와 한 팀이 되지 못했을 것이다. 결국 잡스는 500만 달러에 캣멀 팀을 인수하게 된다. 조지 루카스가 이혼을 하지 않았다면 그래서 자금에 대한 압박이 심하지 않았다면 루카스는 캣멀 팀을 팔아도 결코 잡스에게만큼은 팔지 않았을 것이다. 인수 거래날 자기 쪽으로 상대방이 오라는 자존심 대결로 인해 거래가 무산될 뻔할 정도로 서로를 싫어했으니 말이다.

그런데 원래는 1,500만 달러에 캣멀 팀을 인수할 회사가 하나 있을 뻔했다. 공교롭게도 디즈니였다. 디즈니 스튜디오의 운영 및 신기술 부문 수석 부사장이었던 스탠 킨제이Stan Kinsey는 캣멀의 팀이 디즈니에게 있어 천군만마가 될 수 있음을 알고 있었다. 하지만 킨제이는 디즈니 최고 책임자인 제프리 카젠버그Jeffrey Katzenberg를 설득시키지 못했다. 만약 거래가 성사되었다면 어떠한 일이 벌어졌을까? 픽사는 온전히 디즈니에서 꽃필 수 있었을까? 잡스는 무슨 힘으로 애플로 다시 복귀할 수 있었을까?

그리고 스티브 잡스. 1955년 샌프란시스코에서 태어난 잡스는 갓난아기 때 폴과 클라라 잡스 부부 Paul Jobs and Clara Jobs에게 입양되었다. 그리고 다섯 살이 되었을 때 잡스 부부는 '실리콘밸리'로 이사를 간다. 입양되지 않았거나 잡스 부부가 실리콘밸리에 가지 않았다면 잡스에게 스티브 워즈니악은 없었을 것이며 애플은 탄생하지 않았을 확률이 크다.

스티브 잡스가 10년 동안 5,000만 달러라는 돈을 쏟아부으면서도 픽사에 대한 믿음이 흔들리지 않았던 것처럼 많이 알려졌지만 실상은 그렇게 멋지지 않다. 잡스는 〈토이 스토리〉가 제작되는 동안에도 픽사를 팔기 위해 돈 많은 재력가들과 끊임없이 접촉했다. 접촉한 팀에는 마이크로소프트도 있었다. 만약 마이크로소프트가 픽사를 인수했다면 잡스와 픽사의 미래는 어땠을까?

마지막으로 존 래시터. 존 래시터야말로 픽사 애니메이션의 심장이라고 할 수 있다. 루카스 필름 시절 캣멀과 스미스는 래시터를 디즈니에서 데려오고 싶었지만 스카웃을 할 정도의 여력이 되지 못했었다. 뿐만 아니라 애니메이터에게 디즈니는 꿈의 장소 아니던가. 결국 언감생심.

그런데 어느 날 캣멀은 '우연히' 어느 컴퓨터 그래픽 관련 회의에서 래시터를 만나게 된다. 캣멀은 래시터에게 프로젝트 진행은 잘 돼가느냐고 물었다. 래시터는 프로젝트가 잘 진행되지 않아 지금은 쉬고 있다고 우울한 표정으로 대답했다. 그러나 당시 래시터는 디즈니에서 쫓겨난 처지였다. 그 사실을 차마 말할 수 없어 그렇게 둘러댔던 것이다. 캣멀에게는 절호의 기회가 왔다. 래시터를 이제 영입하면 된다. 하지만 래시터의 우울함의 진짜 원인을 알 수 없었던 캣멀은 그대로 래시터와 헤어지게 된다.

래시터와 헤어진 후 캣멀은 스미스에게 전화를 걸어 우연히 만난 래시터에 대한 이야기를 했다. 그런데 스미스는 캣멀과 다르게 그 우울함의 진짜 의미를 간파했다. 스미스는 캣멀에게 지금 당장 전화를 끊고 가서 래시터를 붙잡으라고 재촉했다. 만약 이들이 우연히 만나지 않았다면 혹은 스미스가 래시터의 진중을 알아채지 못했다면 픽사의 미래는 어떻게 되었을까?

캣멀은 전화기를 끊고 바로 래시터를 찾아갔다. 기둥 너머로 래시터의 뒷모습이 보였다. 그리고 캣멀은 애니메이션에서나 나올 법한 목소리로 존에게 속삭였다.

"존, 존."

"이리 오시오. 나와 함께 갑시다."

예측과 블랙스완

예측들

스탠퍼드 대학은 매년 재학생들이 스탠퍼드 입학에 관심이 있는 예비 대학생들을 대상으로 캠퍼스 투어를 진행한다. 1995년 여름 이 행사를 주도한 이는 스탠퍼드 최연소 박사 과정을 밟고 있던 22살 수학천재인 세르게이 브린이었다. 같은 해 래리 페이지는 스탠퍼드에서 자신의 꿈을 펼칠 수 있을지를 확인하기 위해 캠퍼스 투어를 가게 된다.

두 사람은 서로를 좋아하지 않았을 뿐만 아니라 불쾌하게 생각했다. 둘은 만날 때마다 모든 주제에 대해 논쟁을 벌였고 이후에도 친해지지 못했다. 하지만 페이지와 브린은 놀랍게도 의기투합하여 회사를 세우게 된다. 두 사람은 회사 이름을 처음에 '왓박스Whatbox'로 정하려고 했다. 하지만 페이지의 기숙사 룸메이트는 '구골Googol'이라는 이름은 어떠냐고 제안을 했다. 구골은 1940년 수학자 에드워드 캐스너Edward Kasner가 만든 수학적 용어로 1과 100개의 0으로 이루어진 숫자이다. 두 사람은 구골이라는 이름이 매우 마음에 들었다. 하지만 철자를 잘못 쓰는 바람에 인터넷 도메인 등록을 구골이 아닌 구글Google로 해 버렸다. 나중에 구골로 도메인을 바꾸려고 했으나 이미 구골닷컴은 다른 사람이 차지한 뒤였다. 그래서 그냥 회사 이름을 구글로 하자고 정했다.

빌 게이츠Bill Gates가 기부한 건물에서 회사를 시작한 구글은 페이지랭크라는 알고리즘을 기반으로 검색사이트를 시작했다. 페이지랭크는 지금까지의 그 어떤 검색 알고리즘보다 뛰어났다. 하지만 불현듯 페이지와 브린은 학업을 그만두면서까지 스타트업을 하는 것은 아니라는 생각을 하게 된다. 그래서 알타비스타에 구글을 100만 달러에 매각하려고 시도한다.[10] 알타비스타는 인수 제안을 거절했다. 이들은 가격을 75만 달러로 낮춰 익사이트에 회사를 팔려고 했다. 하지만 이 또한 성사되지 못했다. 두 번의 거절 후 두 사람은 구글을 그냥 자신들이 꾸려가기로 마음먹는다. 알타비스타와 익사이트는 구글의 미래를 전혀 예측하지 못했다. 물론 자신들의 미래도 예측할 수 없었을 것이다. 두 회사는 지금 역사 속으로 사라져버렸으니 말이다.

알타비스타와 익사이트만 구글의 진가를 보지 못한 것은 아니다. 구글은 자신들의 위용을 자랑할 때까지 지속적으로 과소평가를 받았다. 구글이 기업 공개를 준비하며 만든 투자자를 위한 매뉴얼에는 '다른 회사보다 넉넉하게, 부족하지 않게 직원들에게 서비스를 제공할 것'이라는 과감한 직원 복지에 대한 내용이 들어있었다.[11] 투자자 매뉴얼을 분석한 어느 투자 전문가는《비즈니스 위크》와의 인터뷰에서 비아냥거리며 이렇게 말했다.

"이건 세계 일류기업이 하는 말이라기보다 아이들이 모래밭에 놀며 재잘대는 소리처럼 들리는군요."

'조직'편에 더 자세히 언급하겠지만 구글은 비아냥을 비웃는 듯 최고의 직원 복지 정책을 지금 실행하고 있다. 구글은 기업 공개로 17억 달러를 조달했고 상장한 지 4개월 만에 주가는 2배로 뛰었다. 구글의 성장세가 심상치 않았음에도 불구하고 구글이 초일류 기업이 될 것이라고 예상한 이는 별로 없었다.《파이낸셜 타임즈》는 "그들(구글)에게도 브랜드와 사용자가 있지만 그들이 유일하게 강한 콘텐츠는 인터넷 검색뿐이다."라고 말했고 독일의 시사주간지《디 자이트》는 "이 컬트 그룹은 이미 성장의 최고점을 찍었다."고 구글 초창기 시절 선언했다.

주식 공개 후 월스트리트 분석 전문가들은 구글의 계획이 모두 순조롭게 이어졌을 때 구글의 기업가치는 2,500억~2,700억 달러까지 이르게 될 것이라고 예측했다. 최고의 시나리오를 말한 것이다. 하지만 2017년 9월 현재 구글의 시가총액은 6,600억 달러가 넘는다.

많은 전문가들이 구글을 과소평가한 이유는 크게 두 가지였다. 하나는 구글이 야후(우리나라 네이버와 다음)처럼 포털 형식으로 변화할 수밖에 없을 것이고 그렇다면 기존의 전통적인 포털 기업과 다를 바가 없다고 생각한 것이다. 또한 야후나 MS 등의 거대기업들이 구글을 가만두지 않을 것이라고 생각했다. 실제 야후와 MS는 수십억 달러를 쏟아부으며 검색 시장에서 구글과 경쟁했다. 특히 MS는 2006년 검색엔진을 출시했을 때 자신감이 충만했다. 예전 넷스케이프와의 브라우저 전쟁에서 윈도우라는 플랫폼을 이용해 승리한 경험이 있기 때문이다. 결국 넷스케이프는 말살 당했고 그 자리를 MS의 브라우저 익스플로러가 대체했다. 실제 이런 우려는 구글이 기업 공개를 할 당시부터 있었다. 스탠퍼드 대학의 컴퓨터공학 교수인 제프리 울만Jeffrey Ullman은 이렇게 말했다.

"구글이 자체 PC를 개발하지 못하면 결국 마이크로소프트가 넷스케이프에게 한 것처럼 이들의 사업을 빼앗아갈 것이다."

하지만 상황은 전혀 다르게 전개됐다. 야후와 MS는 검색 시장에서 구글의 상대가 전혀 되지 못했다. 물론 구글은 자체 PC를 개발하지도 않았다. 심지어 브라우저 시장도 2017년 구글의 크롬이 MS의 익스플로러를 추월해 점유율 50퍼센트를 넘어섰다.

■ ■ 〈표〉 글로벌 시가총액 10대 기업 순위 변화 비교　　【2007년도 순위】 ■

순위	2007년 기업 순위	2017년 기업 순위
1	엑슨모빌	애플 (59위)
2	제너럴 일렉트릭	구글 (43위)
3	마이크로소프트	마이크로소프트 (3위)
4	셸	아마존 (335위)
5	AT&T	버크셔해서웨이 (24위)
6	씨티그룹	존슨앤드존슨 (21위)
7	가스프롬	페이스북 (미포함)
8	BP	알리바바 (미포함)
9	도요타자동차	텐센트 (미포함)
10	뱅크오브아메리카	엑슨모빌 (1위)

출처 : Financial Times Global 500

다음 표는 2007년과 2017년 시가총액 기준 상위 10개 기업을 나타낸 것이다. 과연 2007년에 10년 후 기업의 흥망성쇠가 이렇게까지 변할 것이라 정확히 예측할 수 있는 사람이 있었을까? 우리는 10년이 아닌 1년 앞도 제대로 보지 못한다. 2007년 다음 해에 금융 위기가 터졌으니 말이다.

━━ 예 측 불 가 능 성

운의 영향력 안에 있다는 사실은 무엇을 의미하는 것인가? 그것은 바로 정확한 예측을 불허한다는 것이다. 프로이센 및 독일 제국의 군인이자 근대적 참모제도의 창시자인 헬무트 폰 몰트케는 "전쟁에서는 모든 것이 불확실하다."라고 말했다. 하지만 전쟁만 그런 것이 아니다. 우리를 둘러싼 경제, 경영, 정치, 사회, 자연환경 등 거의 모든 것들이 불확실성의 지배하에 있다. 그 어떤 것도 확실한 것은 없다. 미래에 어떠한 일이 발생할지 그 누구도 알 수 없다.

우리가 말하는 '일취월장'을 하기 위해서 가슴 속에 새겨야 할 제1의 신조는 '예측을 믿지 않는 것'이다. 예측의 불가능성을 이해할 때 우리는 과거의 예측이 실력이 아니라 '운'이었음을 알게 된다. 예측의 불가능성을 이해할 때 완벽한 계획이란 없음을 인정하게 된다. 예측의 불가능성을 이해할 때 혁신에 있어 아이디어의 질보다 아이디어의 양이 더 중요함을 깨닫게 된다. 예측의 불가능성을 이해할 때 최선을 기획하는 것보다 최악을 대비하는 것이 더 중요함을 인지하게 된다. 예측의 불가능성을 이해할 때 조직에서 실수를 용납하고 오히려 장려하는 것이 얼마나 훌륭한 조직문화인가를 인지하게 된다. 예측의 불가능성을 이해할 때 예측을 남발하고 자신의 예측을 자랑하는 전문가들이 실제는 사기꾼에 가깝다는 사실을 꿰뚫어 볼 수 있게 된다. 아니, 아무리 그래도 전문가 아닌가? 한 분야를 수십 년 넘게 공부하고 연구한 사람들 아닌가? 안타깝게도 전문성과 예측능력은 같은 말이 아니다.

캘리포니아 대학교에서 심리학과 정치학을 가르치는 필립 테틀록^{Phillip Tetlock}은 1980년대 중반 정치, 경제, 국제관계 등의 동향을 분석하고 예측하는 것을 직업으로 삼고 있는 전문가 284명을 모았다.

이들은 대학교수, 싱크탱크 연구원, 미정부 소속 자문, 세계은행^{World Bank}나 국제통화기금IMF 같은 국제기구나 언론계에 소속한 사람들이었다. 거의 모두 석사 이상의 교육을 받았고 절반은 박사학위 소지자였으며 관련된 분야에 10년 넘는 경력을 자랑했다.

테틀록은 전문가들의 예측능력을 측정하기 위해 2만 8,000개의 항목의 주제를 예측하게 했고 15년에 가까운 연구를 종합해《전문가의 정치적 판단, 얼마나 정확한가? 어떻게 알 수 있는가?^{Expert Political Judgement : How Good Is It? How Can We Know?}》라는 기념비적인 논문을 발표한다.

연구 결과는 충격적이었다. 대부분의 전문가들은 원숭이가 다트를 던져 예측한 것보다 성적이 나쁘게 나왔다. 즉 당신이 아무 생각 없이 무작위로 찍은 예측보다 못했다는 것이다. 소수의 전문가만이 원숭이를 아주 미세하게 이겼을 뿐이다.

연구에 참여한 전문가들이 절대로 일어나지 않을 것이라 주장한 사건 가운데 약 15퍼센트가 실제로 일어났으며 반드시 일어날 것이라고 예측한 것들 중 무려 25퍼센트가 일어나지 않았다.[13] 심지어 명성이 높은 전문가일수록 예측 능력은 더 떨어졌으며 적잖은 전문가들이 자신의 낮은 예측 능력을 인정하지 않고 변명을 늘어놓았다고 한다.[14]

변명할 필요가 없다. 할 수 없는 것은 할 수 없다고 인정하면 된다. 구글의 급성장을 많은 전문가들이 예측하지 못한 것은 어찌 보면 당연한 결과이다. 예측 밖의 영역이다. 자신의 예언가적 기질을 드러내기 위해 빌 게이츠는 1995년 《미래로 가는 길》이라는 첫 책을 출간한다.[15] 그러나 안타깝게도 그의 책에서는 향후 IT 혁명의 핵심이라고 할 수 있는 '인터넷'에 대한 내용은 눈을 씻고 봐도 찾을 수 없다.

IT의 세계에서 가장 유명한 법칙은 '무어의 법칙'이다.[16] 1965년 인텔의 설립자 고든 무어Gordon Moore는 지금까지 집적회로에 들어가는 트랜지스터의 수가 12개월에서 24개월마다 2배로 늘어났다는 사실을 알게 되었다. 무어는 앞으로 이런 추세가 계속될 것이라 내다보았고 실제로 18개월마다 반도체의 집적도가 2배씩 증가하는 모습을 보여줬다. 무어의 기술 예측은 매우 정확한 것 같다. 하지만 무어 또한 틀렸다. 무어는 자신의 발견한 법칙이 지난 10년 동안 지속됐으니 앞으로도 10년 정도 더 유지된 후 끝날 것이라고 예측한 것이다. 무어의 법칙은 무어를 무색하게 만들어 버렸다. 50년을 넘게 이어가고 있으니 말이다.

비즈니스에 있어서 어떤 상품이 히트를 할 것인지를 예측하는 것은 매우 중요하다. 그리고 대부분의 사람들은 인기 있는 상품은 그 나름대로 특징이 있다고 생각한다. 하지만 대부분 사후해석일 뿐 사전에 어떤 상품이 히트칠 것인지 정확히 예측하기란 거의 불가능에 가깝다.

2006년 매슈 살가닉^{Matthew salganik}이 이끄는 연구 팀은 '뮤직랩'이라는 실험을 진행했다.^[7] 연구진이 개설한 웹사이트에는 1,400명의 지원자가 몰려와 무명 밴드의 노래 48곡을 듣고 평가를 했다. 1,400명의 20퍼센트에게는 음악을 무작위순으로 듣게 했고 그들은 타인의 평가를 전혀 볼 수 없었다. 하지만 나머지 80퍼센트는 8개 팀으로 나누어 음악의 다운로드 횟수를 내림차순으로 보여주었고 자유롭게 음악을 듣고 평가하게 했다. 멜론이나 가온 차트 등을 생각하면 된다.

결과는 흥미로웠다. 독립 팀과 내림차순 팀의 순위는 상당히 달랐으며 심지어 8개의 내림차순 팀도 각각 순위 양상이 다르게 나왔다. 베스트셀러 효과가 나타난 것이다. 우연치 않게 초반에 다운로드가 많이 된 곡은 그 여세를 몰아 높은 평가를 받았지만 그렇지 못한 노래는 바닥으로 추락했다. 예를 들어 52메트로라는 밴드가 부른 '록다운'이란 노래는 독립 팀에서는 26위였지만 내림차순 팀의 어느 한 팀에서는 1위, 다른 한 팀에서는 40위를 기록했다. 결국 어떠한 곡이 히트를 칠 것인지 알기가 힘들다는 사실을 확인했다.

스티브 잡스가 픽사를 성공시키고 애플로 돌아갔을 때 델 컴퓨터의 CEO 마이클 델^{Michael Dell}은 이렇게 말했다.

"나는 애플 문을 닫고 주주들에게 돈을 돌려주겠소."

수십억 달러 적자에 시달렸던 애플이었기 때문에 델의 언사가 심한 것은 아니었다. 하지만 스티브 잡스는 아이맥과 아이팟을 연이어 성공시키며 애플을 지옥에서 끌어올린다.

마이크로소프트 공동 창업자인 스티브 발머 Steve Ballmer는 애플의 아이폰에 대해 이렇게 평가했다.

"아이폰이 의미 있는 시장점유율을 차지할 가능성은 없다. 전혀 없다."

신개념의 제품이었기 때문에 그에게는 낯설었나 보다. 하지만 그의 예측은 모두 알다시피 틀렸다. 아이폰은 의미 있는 시장점유율을 차지했을 뿐만 아니라 스마트폰 영업이익점유율을 거의 독점하다시피 해 전세계 사람들의 돈을 쓸어 모았다. 스티브 발머의 이 예측은 IT 역사에서 최악의 예측 중 하나로 손꼽힌다.

물론 스티브 잡스 또한 자신의 미래를 전혀 예측하지 못했다. 그는 이렇게 말한 적이 있다.

"나는 절대로 전화는 안 만든다."

고작가는 지금 그가 만든 전화기를 쓰고 있다.

━━━ 더 나은 예측을 하려면

2016년 초 구글의 인공지능 알파고가 이세돌과 맞붙었을 때 이세돌 본인은 물론이고 많은 전문가들이 이세돌의 승리를 점쳤다. 체스는 1997년 IBM의 딥블루가 체스 세계챔피언 카스파로프 Garry Kasparov를 꺾었지만 바둑의 경우의 수는 우주 내에 존재하는 모든 원자의 수보다 많기에 체스와 비할 게 아니다. 그래서 최근까지 어떤 바둑 소프트웨어도 최고 수준의 프로 바둑기사를 이긴 적이 없었다. 이세돌의 승리는 당연해 보였다.

하지만 서울과학종합대학원에서 빅 데이터 MBA를 가르치는 김진호 교수는 알파고가 이세돌을 압도적으로 이길 것이라고 공개적으로 전망했다. 결과는 우리가 모두 알다시피 알파고의 4:1 승. 역시 정확한 예측을 한다는 것이 얼마나 어려운 것인지를 다시 한번 드러낸 사건이었다. 하지만 김진호 교수는 모두가 이세돌 선수의 손을 들어주었을 때 거의 홀로 알파고의 손을 공개적으로 들었던 인물이다. 어떻게 그게 가능하였을까?

김진호 교수 또한 처음에 알파고가 이세돌에게 도전장을 내밀었을 때 경악했다고 한다.[18] 이세돌에게 도전하기 전 알파고는 유럽 챔피언인 판후이樊麾; Fan Hui 2단을 이겼는데 그때가 2015년 10월이었고 알파고의 바둑 수준은 아마 5~6단 정도로 예측되었기 때문이다. 이세돌과의 대전은 2016년 3월이었기에 알파고가 불과 5개월 만에 프로 9단의 실력을 갖춘다는 것은 상식적으로 말이 되지 않았다.

그럼에도 불구하고 김진호 교수는 이상한 낌새를 느끼게 된다. 알파고를 만든 구글 딥 마인드의 데미스 하사비스Demis Hassabis 대표가 이세돌의 승리를 점친 사람들을 향해 "그들은 프로그래머가 아니다."라고 말하며 강한 자신감을 내비쳤기 때문이다. 프로그래머가 대결을 신청했다면 과연 질 싸움을 시작했을까? 김진호 교수는 처음 들었던 생각을 버리고 하사비스가 승리를 확신한 상태에서 도전하고 있다는 생각을 하게 된다.

자신의 이런 의문을 확인하고자 그는 알파고와 관련된 가장 최신 논문을 꼼꼼히 정독하게 된다. 이세돌과 대전하기 불과 2개월 전에 네이처에 올라온 자료였다. 또한 그 논문에 참여한 스무 명의 공저자들의 지난 10여 년 연구도 집요하게 추적했다. 그리고 김진호 교수는 확신하게 된다. 알파고가 완승을 할 수밖에 없다고.

필립 테틀록 교수는 앞서 언급한 15년의 연구를 통해 전문가들의 예측력이 얼마나 형편없는지를 드러냈다. 하지만 테틀록 교수는 그 가운데에서도 예측력이 상대적으로 높은 소수의 사람들을 주목했다. 그리고 이후 슈퍼 예측가들을 선별했다. 연구는 아직 더 진행되어야겠지만 테틀록 교수가 엄선한 슈퍼 예측가들의 성적은 괄목할 만하다. 4년 동안 슈퍼 예측가들은 일반 예측가들의 성적보다 3배나 높은 예지력을 보여줬다.[19] 흥미롭게도 이들은 전문가가 아니라 거의 모두 아마추어였다. 당연히 예측이라는 거대한 산을 넘기에는 역부족이었지만 15년 전에 연구했던 전문가들이나 일반인들보다 더 높은 예측력을 지속적으로 보여주고 있다는 점에서 주목할 필요가 있다.

그렇다면 테틀록의 슈퍼 예측가들은 어떤 특징이 있을까?

먼저 슈퍼 예측가들은 정보광이다. 구글알리미 등을 활용하여 예측과 관련된 최신 정보를 꼼꼼히 확인하고 추적한다. 동시에 자신의 기존 예측을 끊임없이 업데이트한다. 고정 관념에 매몰되는 것이 아니라 사실에 기반해 예측을 수정해 나가는 것이다. 미국의 모든 주의 결과를 정확히 예측해 오바마Barack Obama 재선을 예견했던 네이트 실버Nate Silver 또한 관련 정보를 모으고 동시에 예측을 수시로 바꾸는 것이 자신의 예측 비결이라고 말했다. 김진호 교수 또한 비슷하다. 관련 정보를 철저하게 살펴봄으로써 예측력을 높였던 것이다.

둘째, 자신의 정확한 예측은 불가능하며 심지어 예측이 맞은 경우도 상당한 운이 있었음을 인지하고 있다. 슈퍼 예측가 중에 높은 성적을 거두고 있는 데빈 더피Devyn Duffy라는 사람은 이렇게 말했다.

"지금까지 늘 그래왔듯이 제가 좋은 성적을 낼 수 있었던 것은 운이 좋았고 업데이트를 자주 했기 때문입니다."

국내 최고의 이코노미스트로 평가받고 테틀록이 명명한 슈퍼 예측가라고 해도 손색이 없는 홍춘욱 박사 또한 비슷한 태도를 보여준다. 그는 자신의 책《인구와 투자의 미래》에서 다음과 같이 말했다.[20]

"그럼 어떻게 해야 수출을 잘하게 되나? 가장 중요한 것은 '운'이다. 세계 경제 여건이 좋아지고 교역량이 증가하면 한국은 수출이 잘된다. …(중략)… 그 다음으로 중요한 것은 '경쟁력'이다."

일반 예측가, 펜실베이니아 재학생, 미국 성인, 슈퍼 예측가들을 상대로 연구한 결과 운명을 믿는 사람일수록 예측실력이 떨어지는 경향이 있음을 발견했다. 반대로 사건의 불확실성을 인정하는 사람일수록 예측실력은 뛰어났다.[21]

운을 인지하고 있는 사람은 자신의 예측이 항상 틀릴 수 있음을 인지하고 있다. 그렇기 때문에 편향에서 최대한 벗어날 수 있고 이는 더 높은 예측력으로 발휘되는 것이다.

또한 운이 활동하는 무대에서 확실성은 환상에 불과하다. 그래서 슈퍼 예측가들은 단언하는 경향이 없으며 예측 가능성을 모두 확률적으로 표현하되 그것도 매우 구체적으로 밝힌다. '오바마가 대통령에 당선될 확률은 73퍼센트'라는 식으로 말이다.

테틀록은 말한다.

"예측가능성의 한계를 인식하는 것과 '모든 예측'을 쓸모없는 것이라고 치부하는 것은 다른 문제이다."

우리는 테틀록의 의견에 전적으로 동의한다. 우리는 '예측을 믿지 말라.'라고 말했지 '모든 예측이 무용하다.'라고 말하지 않았다. 왜냐하면 일을 하면서 예측을 하지 않기란 실제로 불가능하기 때문이다. 취직을 할 때도 우리는 취직한 이후 회사생활에 대해 예측을 한다. 직원을 채용할 때도 마찬가지다. 신제품을 출시하거나 신시장에 진입할 때도, 마케팅을 할 때도, 세일즈를 하거나 협상대상을 만날 때도 우리는 예측을 할 수밖에 없다.

하지만 정확한 예측이 자신들의 경험과 직관에 의해서든 확률에 의해서든 혹은 전문가들의 견해에 의해서든 가능하다는 생각은 '운이 도와주지 않는다면' 일의 실패를 가져올 확률이 크다. 반대로 예측을 신뢰하지 않았을 때 더 훌륭한 의사결정과 비즈니스 전략을 구사할 수 있으며 당신은 이 책 곳곳에서 그 지혜들을 만나게 될 것이다.

테틀록은 자신의 연구를 통해 예측력은 키울 수 없는 난공불락의 능력이 아니며 여러 태도를 통해 유의미한 수준으로 예측력을 높일 수 있음을 증명해 냈다. 하지만 그럼에도 불구하고, 당신의 조직에 테틀록의 1등 슈퍼 예측가가 상주하고 있더라도, 예측을 신뢰하지 않는 자세를 갖기를 바란다. 신뢰한 예측의 단 한 번 실패로 인해 돌이킬 수 없는 피해를 볼 수도 있으니 말이다.

2011년 3월 11일 오후 3시 일본이 미국 쪽으로 2.4미터나 움직일 만큼 강력한 지진이 일본 해역에서 일어났다.[22] 보통 심한 지진의 경우 40초 정도 진행된다고 한다. 하지만 이번 지진은 무려 6분이나 지속되었다. 지진으로 인해 발생한 파괴적인 쓰나미로 인해 후쿠시마 지역의 수천 채의 집이 쓸려 나갔고 수많은 도로가 잠겼으며 대규모 정전사태가 발생했고 댐 하나가 무너졌다.

지진이 발생한 진앙에서 177킬로미터 떨어진 후쿠시마 원자력 다이이치 원자력 발전소 또한 전기가 나간 상태였고 비상용 발전기로 냉각수를 흘려보내고 있었다. 만약 핵 연료봉의 냉각수의 흐름이 멈추면 멜트다운이 발생하게 된다. 그렇게 되면 방사능 유출이라는 최악의 상황이 일어난다.

하지만 발전소 직원들은 크게 걱정하지 않았다. 왜냐하면 다이이치 원자력 발전소는 정확한 예측 아래 최선의 상태로 만들어졌다고 생각했기 때문이다. 실제 일본은 지진이 자주 있는 나라였기 때문에 발전소는 어지간한 쓰나미에도 끄떡없게 설계되었다. 10미터짜리 방파제도 설치했으며 6개의 원자로는 해수면으로부터 9미터 위에 설치했다. 발전소는 전반적으로 지진 규모 8.5에 맞춰서 지어졌다. 왜냐하면 지난 400년 동안 규모 8.5 이상의 지진이 해당 지역에서 발생한 적이 없었기 때문이다.

하지만 쓰나미의 규모는 직원들의 예상을 완전히 뛰어넘었다. 방파제의 높이 두 배가 넘는 파도가 들이닥쳤다. 엄청난 쓰나미로 인해 원자로 3기에서 멜트다운이 발생했고 후쿠시마는 체르노빌 이후 최악의 원자력 재앙이 되었다. 방사능 유출로 인한 사망자는 없었지만 약 16만 명의 사람들이 대피해야 했으며 그 사이 병원 폐쇄 등으로 인해 약 1,600명이 사망하는 참사가 발생했다.

이런 사건을 나심 탈레브는 '블랙 스완(검은 백조)'이라고 명명했다. 블랙 스완은 인지적으로나 경험적으로 혹은 확률적으로 일어날 가능성이 없다고 여겨졌으나 실제로 발생한 사건을 말한다. 일반적인 기대 영역 바깥에 놓여 있는 관측값, 즉 극단값을 의미한다. 그렇기 때문에 블랙 스완은 극심한 (부정적 혹은 긍정적) 충격을 불러오는 경향이 있다.

실제로 호주 대륙을 발견하기 전 모든 서양인들은 모든 백조가 희다는 것에 어떠한 의심도 하지 않았다고 한다.[23] 이것은 수천 년 동안 수없이 많은 사람들의 경험과 관찰로 다져진 정설이자 신념이었다. 하지만 그 난공불락을 무너뜨리는 데에는 단 한 마리의 새로도 충분했다. 검은 백조(블랙 스완)를 호주로 건너온 서양 조류학자들이 발견한 것이다. 서양 조류학자들은 얼마나 큰 충격을 받았을까? 나심 탈레브는 이 블랙 스완이 자신이 주장하는 극단값에 가장 어울린다고 생각했다.

그런데 문제는 블랙 스완이 세상에서 우리가 생각하는 것보다 더 자주 발생한다는 데에 있다. 미국 44개 주에서 발행하는 파워볼 복권은 6개의 두 자리 숫자를 맞추면 1등이 된다.[24] 6개의 숫자 중 앞의 5개를 맞추면 2등이 된다. 보통 당첨자는 1등이 1명 정도 2등이 3~4명 정도 나오며 통계학자들은 2등이 많이 나와도 확률적으로 20~30명 정도라고 자문했다.

하지만 2005년 3월 30일에는 블랙 스완이 등장했다. 무려 110명이나 2등에 당첨된 것이다. 더 놀라운 사실은 대부분의 2등 당첨자의 6번째 숫자가 40이었다는 것. 이런 일이 발생할 '확률'은 도대체 얼마나 될까?

2008년 미국 애틀랜타에 사는 50세 남성 델마 키니^{Delma Kinney}는 100만 달러짜리 즉석 복권에 당첨되었다. 얼마나 좋았을까? 그런데 이런 횡재를 3년 후인 2011년에 또 한 번 겪게 된다. 같은 사람에게 이런 일이 발생할 확률은 25조분의 1이라고 한다.

한평생 노벨상 한 번 받기도 힘들다. 하지만 노벨상을 두 번이나 받은 사람들이 있다. 마리 퀴리^{Marie Curie}, 라이너스 폴링^{Linus Pauling}, 프레더릭 생어^{Frederick Sanger}, 존 바딘^{John Bardeen}, 이렇게 4명이다. 그런데 자신은 두 번의 노벨상을 받고 그 배우자도 노벨상을 받은 인물이 있다. 마리 퀴리이다. 그렇다면 자신은 두 번의 노벨상을 받고 배우자와 딸이 노벨상을 받은 인물이 있을 수 있을까? 있다. 마리 퀴리이다. 진짜 그렇다면 자신은 두 번의 노벨상을 받고, 배우자와 딸이 노벨상을 받으며, 사위들마저 노벨상을 받은 인물은 이 세상에 과연 존재하기나 할까? 있다. 마리 퀴리이다. 마리 퀴리는 노벨상계의 블랙 스완이다.

놀라운 예측 능력을 보여줬던 김진호 교수는 중앙일보와의 인터뷰에서 이세돌이 알파고를 실력으로 이긴 것이 아니라 알파고가 일부러 져 준 것이라는 주장을 했다.[25] 그는 이렇게 말했다.

"나는 구글 딥마인드 측이 4국에서 일부러 져 준 것이라고 확신한다. 사람은 완성된 바둑 인공지능 프로그램을 절대로 이길 수 없다. 구글 딥마인드 측은 다섯 번의 대국 가운데 네 번째 대국이 져 주기에 가장 적당하다고 판단했고, 알파고 대신 돌을 놓은 아자황^{Aja Huang} 박사에게 일부러 오답을 보내 알파고의 패배를 만들었을 것이다. 만약 결과대로 다섯 경기 가운데 한 경기에서 버그가 발생했다면 인공지능의 사고율이 20퍼센트나 된다는 이야기다. 하지만 이러한 오작동 수치는 최첨단 인공지능에서는 도저히 나타날 수 없다."

구글이 조작을 했는지 안 했는지는 정확히 알 수 없다. 물론 우리는 구글이 일부러 조작을 할 확률이 낮다고 생각한다. 나중에 사실이 밝혀졌을 때 받게 될 어마어마한 브랜드 타격이 한 판 져 줬을 때 얻을 수 있는 이득에 비해 압도적으로 크기 때문이다. 물론 져 줬을 때 알파고가 얻을 이득이 있는지도 모르겠다.

김진호 교수가 계속되는 인터뷰에서 인공지능의 급성장에 따른 공포감 상쇄와 중국과의 재대결 협상 여지를 남겨두기 위해 그랬다고 하는데 그 정도로 승부가 컨트롤 됐다면 간만의 차이로 '패패승승승'을 한다면 이슈도 더 되고 인공지능에 대한 공포감도 덜 생기며 중국과의 재대결도 무리 없이 성사시킬 수 있지 않았을까?

하지만 우리가 진짜 언급하고 싶은 것은 이것이 아니다. 블랙 스완은 모두에게 똑같이 적용되지 않는다. 서양 사람들에게는 검은 백조가 말 그대로 블랙 스완이겠지만 호주 사람에게는 검은 백조가 블랙 스완이 아닌 것처럼 말이다. 즉 어떤 개인의 인식(혹은 경험)의 차원에서 발생할 수 없는 사건이 블랙 스완인 것이다. 혹시 알파고가 이세돌 선수를 이긴 것이 김진호 교수를 제외한 많은 사람에게 블랙 스완이었던 것처럼 이세돌 선수가 신의 한 수로 알파고를 이긴 것은 김진호 교수에게 블랙 스완이 아니었을까? 블랙 스완은 '확신하는', '절대로 이길 수 없는', '도저히 나타날 수 없는', '가능성이 매우 낮은', '상상도 할 수 없는'이라는 말들이 지배할 때 자주 등장한다.

오바마 당선을 완벽하게 예측하며 예측의 천재로 추앙받던 네이트 실버도 트럼프^{Donald Trump} 때문에 고개를 숙였다. 그는 트럼프가 공화당 후보에 지명될 확률이 단 2퍼센트라고 말했지만 트럼프는 공화당 후보가 되었고 심지어 대통령까지 되었다. 물론 네이트 실버는 트럼프가 미 대선에서 힐러리에게 진다고 예측했다.

지진 규모 8.5를 기준으로 설계되었던 후쿠시마 발전소를 강타한 지진의 규모는 안타깝게도 9.0이었다. 그리고 후쿠시마 다이이치 원자력 발전소의 종합사고관리계획서에는 이렇게 적혀 있다.

"심각한 사고가 발생할 가능성은 매우 낮다. 엔지니어 입장에서는 상상도 할 수 없는 일이다."[26]

예측을 확신하지 마라. 예측을 신뢰하지 마라. 예측에 의지하지 마라.

운과 동행하는
3가지 태도

━━ 불확실성 수용력을 갖춰라

"피할 수 없다면 즐겨라."라는 말이 있다. 운과 동행하는 것이 우리의 '운명'이라면 운과 사이좋게 지낼 필요가 있다. 지금부터는 운을 친구로 만들 수 있는 3가지 태도에 대해 이야기할 것이다. 물론 다음 편인 '사고'부터 마지막 편인 '성장'까지 불확실성에 어떻게 대응하고 불확실성을 어떻게 활용하는지에 대한 다양한 내용들이 나온다. 하지만 앞으로 언급할 3가지 태도를 항상 인지하고 체화해 놓는다면 당신의 '일취월장'은 생각보다 쉽게 올 것이다.

운과 동행하기 위해 갖춰야 할 첫 번째 태도는 '불확실성 수용력'을 갖추는 것이다. 불확실성 수용력이란 일에 있어 그 어떤 것도 확실한 것이 없다는 대전제를 받아들이는 자제력을 뜻한다. 그렇다. 자제력이 필요하다! 왜냐하면 우리는 천성적으로 불확실성을 싫어하기 때문이다.

하버드 대학교 두 심리학자인 제롬 브루너 Jerome Bruner 와 리오 포스트먼 Leo Postman 은 색다른 트럼프 카드를 주문 제작했다. 모양과 색깔을 뒤섞은 것이다.[27] 예를 들어 빨간색 스페이드, 빨간색 클로버, 검은색 하트, 검은색 다이몬드로 카드를 만든 것이다. 그리고 이런 모호한 카드를 정상적인 카드와 함께 섞은 후 실험 참가자들에게 하나씩 보여주며 지금 무엇을 보았는지 설명하라고 했다. 처음에는 100분의 1초 간격으로 보여주다가 점차 시간을 늘려 최대 1초까지 늘렸다. 흥미롭게도 100분의 1초로 카드를 보여주었을 때 96퍼센트의 참가자들이 모호한 카드를 정상적인 카드로 설명했다. 심지어 어떤 참가자는 16번이나 검은색 하트 3을 빨간색 하트 3으로 대답했다.

연구를 종합한 결과 사람들은 모호한 카드를 알아채는 데에 정상카드보다 4배의 시간이 더 걸리는 것으로 드러났으며 카드를 1초 동안 보여줬음에도 불구하고 10퍼센트의 사람들은 모호한 카드를 제대로 구분해 내지도 못했다.

그런데 더 흥미로운 사실은 상당수의 사람들이 모호한 카드에 놀라운 정도의 불쾌감을 느꼈다는 것이다. 참가자 10명 중 6명은 "빨간색인지 뭔지 내가 알게 뭡니까!"라는 식의 언짢아하는 언사를 내뱉었다.

또 다른 실험을 보자.[28] 두 개의 항아리가 있다. 항아리에서 빨간색 공을 꺼내면 100달러를 받게 된다. 하나의 항아리에는 빨간색 공 50개와 검은색 공 50개가 들어있다는 정보를 들었다. 두 번째 항아리에는 빨간색 공이 1~100개, 검은색 공이 1~100개가 들어있고 총 공의 수는 100개라는 정보를 들었다. 두 항아리에서 빨간색 공을 뽑을 확률은 모두 같다. 사람들은 두 개의 항아리 중 하나를 선택해 공을 뽑을 수 있었다. 역시 사람들은 불확실성을 싫어했다. 대부분의 실험 참가자들이 1번 항아리를 선택한 것이다.

우리는 불확실성을 싫어한다. 그래서 불확실성이 존재한다는 것을 어렴풋이 알고 있지만 실제 일을 계획하고 수행하고 분석하고 실행할 때는 불확실성을 배제할 때가 많다. 하지만 노벨 경제학상을 수상한 심리학자 대니얼 카너먼이 말한 것처럼 '불확실성을 진지하게 받아들일 수 있는' 자제력이 필요하다. 불쾌하고 피하고 싶지만 말이다. 만약 불확실성을 그 자체로 받아들이지 못하면 어떻게 될까? 우리는 엉뚱한 길로 갈 수 있다.

네덜란드 심리학자인 트래비스 프루Travis Proulx는 여러 실험을 통해 사람들이 모호하고 난해하고 불확실한 상황을 어떻게 대처하는지에 대해서 연구했다. 연구 결과 사람들은 불확실성에 노출이 되면 그 상황을 타개하고자 패턴과 질서를 찾으려는 욕구가 강해진다는 것을 알아냈다. 이것을 '종결 욕구'라고 한다. 종결 욕구는 우리로 하여금 원인을 정확히 규명할 수 없는 사안에 대해 원인을 찾게 만들고 현재로서는 이해할 수 없는 사건을 이해할 수 있는 사건으로 규정하게 하며 불확실한 미래를 확실한 미래로 예측하게 한다. 그래서 종결 욕구에 관한 책을 쓴 제이미 홈스는 이렇게 말한다.

"종결 욕구가 강한 상태에서 우리는 고정 관념으로 회귀하고, 성급한 결론을 내리며, 모순되는 것을 부인하는 성향을 보인다."

우리가 하는 일들은 대부분 복잡계에 속한다. 한두 가지 원인으로 상황을 파악할 수 없는 것이 대부분이다. 하지만 불확실성을 있는 그대로 받아들이는 자제력이 부족해 종결 욕구가 우리 마음에, 조직의 문화에 스며들게 된다면 엉뚱한 분석, 현명치 못한 해결책, 어리석은 예측에 의해 일을 그르칠 수 있다.

그 어떤 것도 확실하지 않다는 불쾌한 사실을 받아들이자. 인간은 적응의 존재이므로 이 또한 연습하면 가능하며 실제로 실리콘밸리에서 잘 나가는 기업들의 조직과 비즈니스맨들은 불확실성을 당연히 받아들이며 그에 따른 의사결정과 전략을 구사하고 있다.

샤르돈느Jacques Chardonne는 "사랑하는 사람과 살기 위해서는 한 가지 비결이 필요하다. 상대방을 바꾸려 하지 말 것."이라고 말했다. 연애를 잘하는 최고의 비결이다. 상대방을 있는 그대로 받아 주는 것. 그리고 자신의 고정 관념으로 멋대로 판단하지 않는 것.

불확실성도 마찬가지이다. 쉽지 않겠지만 있는 그대로 받아들이는 연습을 하고 나의 종결 욕구로 인해 성급하게 판단하지 않는 태도를 유지하게 된다면 불확실성은 우리의 정말 좋은 친구가 될 수 있을 것이다.

성공은 운과 실력의 조합이다. 누누이 이야기했지만 이 사실을 정확히 인지해야만 운을 실력으로 착각하지 않을 수 있다. 하지만 성공을 '우리가 원하는 가치를 얻는 것'이라고 정의했을 때 원하는 가치가 어떤 것이냐에 따라 운과 실력의 영향력의 크기가 달라진다. 그리고 운의 영향력을 최대한 정확하게 측정할 수 있다면 우리는 그에 걸맞는 가장 효율적인 전략을 짤 수 있게 된다.

예를 들어 글쓰기 영역에서 운의 영향력은 거의 제로에 가깝다. 좋은 글은 글 쓰는 사람의 실력에 의해 대부분 좌우된다. 실력의 영향력이 크다는 것은 예측의 정확도가 높을 수 있음을 뜻한다. 우리는 유시민 작가가 최선을 다해 글을 쓴다면 좋은 글이 나올 것이라 예측할 수 있고 실제로 그 예측은 높은 확률로 정확할 것이다. 예측의 정확도가 높다는 것은 사전 계획의 효용성이 크다는 말과 같다. 제대로 된 계획으로 집필 준비를 잘하면 좋은 글이 나올 확률이 크다.

하지만 복권에 당첨되는 것에서는 실력이 설 자리가 없다. 복권을 살 수 있는 실력 정도만 겨우 필요할 뿐이다. 운이 결과를 지배한다. 누가 당첨이 될지 예측할 수 없으며 계획도 무용지물이다. 결과를 기다리는 것 말고는 우리가 할 수 있는 일이 거의 없다.

직장에서의 반복적인 업무나 일반적인 제조에서는 운보다 실력이 더 중요하다. 정확한 예측과 치밀한 계획이 가능한 분야다. 하지만 좋은 리더를 만나는 일이나 신제품의 히트 여부는 운의 영향력이 막강하다. 아무리 노력을 한다 할지라도 예측과 계획이 소용없는 경우가 자주 발생한다. 부디 운의 영향력이 분야마다 다르다는 사실을 꿰뚫고 있는 리더를 만나는 행운이 있기를!

그렇다면 운의 영향력을 어떻게 측정할 수 있을까? 아주 간단한 방법이 하나 있다. 전문성이 그에 합당한 결과를 지속적으로 보여주기 힘들다면 실력보다 운의 영향력이 크다.[29] 반대로 전문성이 그에 합당한 결과를 지속적으로 보여준다면 운보다 실력이 크다고 할 수 있다. 이에 대한 하나의 현상으로 아마추어가 전문가를 이기는 비율이 높은 분야는 운의 영향력이, 반대로 아마추어가 전문가를 이기는 비율이 적은 분야는 실력의 영향력이 크다.

외과의사, 프로 운동선수, 회계사가 활동하는 분야에서 아마추어가 전문가보다 더 나은 능력을 발휘할 수 있는가? 반복 생산 업무에서 경력 1년 차가 경력 30년 차의 베테랑보다 더 나은 능력을 발휘할 확률이 얼마나 있을까? 이런 분야는 실력이 매우 중요하다.

하지만 주식투자, 마케팅, 창업에서는 어떤가? 경험이 부족한 신출내기가 전문가나 베테랑을 능가하는 경우가 비일비재하다. 운의 영향력이 크다는 것이다. 그래서 특히 이런 분야의 성공과 실패를 제대로 분석할 줄 알아야 한다. 운을 실력으로 착각하는 경우가 다반사이기 때문이다.

물론 비슷한 영역에 속해 있어도 각각의 종목은 운의 영향력 측면에서 세세하게 다르다. 예를 들어 프로 야구의 세계는 프로 테니스의 세계보다 더 운이 중요하다. 로저 페더러Roger Federer는 285주 동안이나 1위 자리를 유지했다.[30] 중하위권 선수뿐만 아니라 상위권 선수마저도 페더러를 한동안

이기기 힘들었다. 하지만 프로 야구는 어떤가? 꼴찌 팀이 1위 팀을 이기는 경우가 다반사다. 만약 한 시즌 동안에 60퍼센트 정도의 승률만 기록해도 1위 할 가능성이 높다. 실제 2017년 국내 프로 야구 승률을 보면 1위인 기아의 승률이 60.8퍼센트에 불과하다. 그리고 대부분의 팀이 50퍼센트 승률에 가깝다. 프로 야구는 운의 영향력이 큰 스포츠다.

자영업의 경우를 볼까? 음식 장사는 운보다는 실력이 더 중요하다. 음식의 맛은 요리 실력에 절대적으로 의존하는데 맛이 좋으면 손님이 몰리기 때문이다. 하지만 편의점 창업은 어떨까? 편의점은 실력 못지않게 운이 중요하다. 편의점들 간의 변별력은 별로 없기 때문에 어떤 장소에 입점하는가가 관건이다. 물론 입점을 선정하는 능력은 실력이라고 말할 수 있지만 그것이 믿을만한 실력이라고 말할 수 있는지는 모르겠다. 한국편의점산업협회 등에 따르면 2015년 말 기준 5년 이상 영업한 편의점은 전체의 41.5퍼센트 수준에 불과하다. 반 이상이 편의점을 접었는데 그 어떤 편의점도 장사를 시작하기 전에 돈을 못 벌 것이라고 예측하는 사람은 없다. '이곳은 돈이 벌리는 곳이다'라는 믿음으로 창업했을 것이다. 예측과 다른 결과를 우리는 너무나 많이 보고 있다.

물론 음식점도 장소가 중요한 것은 사실이다. 그러나 편의점보다는 덜하다. 당신은 맛집을 찾아간 적이 있을 것이다. 아마 여행 장소가 처음이라면 당신은 맛집 검색을 할 확률이 높다. 하지만 당신은 '좋은 편의점'을 검색하지는 않을 것이다. 우리 주변에도 편의점을 추천 받아 가는 사람은 거의 없다. 음식점은 산 속에 있어도 맛만 좋으면 사람들이 찾아간다. 훌륭한 실력으로 좋은 맛을 내면 음식 장사는 오히려 돈을 못 벌기가 힘들다.

당신이 하는 일에 대해 운과 실력의 영향력을 최대한 정밀하게 측정하라. 실력의 영향력이 높은 곳에서는 전문가의 효용 가치가 높고 예측 정확성이 높으며 치밀한 계획은 큰 효력을 발휘한다. 한두 개의 표본으로 상황을 판단해도 무방하며 '직관'이 큰 역할을 하는 영역이다. 이런 분야의 성공 스토리는 철저히 벤치마킹하는 것이 좋다.

운의 영향력이 높은 곳에서는 전문가의 효용 가치가 낮고 예측의 정확성이 떨어지며 치밀한 계획도 무용지물 되기 십상이다. 한두 개의 표본으로는 상황 판단조차 힘들며 '직관'을 믿었다간 패가망신할 수 있다. 이런 분야의 성공 스토리는 취할 것은 취하고 버릴 것은 버리는 것이 좋다.

다만 운의 영향력이 높다고 해서 실력을 등한시해서는 안 된다. 실력의 가중치가 낮다는 것이지 실력이 필요 없다는 것이 아니기 때문이다. 혹시 앞에서 읽은 '뮤직랩' 연구를 기억하는가?[31] 어떤 노래가 히트가 될 것인지는 예측할 수 없었다. 하지만 독립 조건 집단이 높이 평가한 노래는 다른 8개 집단에서 좋은 평가를 받을 확률이 높았다. 실력을 갖출 때 운이 내 편이 될 확률이 높다.

운의 영향력이 높은 프로 야구에서도 실력은 여전히 중요하다. 특히 장기간 연속 안타의 경우는 행운과 위대한 실력이 시너지를 낼 때에만 가능하다. 위대한 타자들 중에 장기간 연속 안타 기록이 없는 타자는 있지만 장기간 연속 안타 기록을 갖고 있는 타자 중에 위대한 타자가 아닌 경우는 없다. 메이저리그의 통계를 보면 30경기 이상 연속 안타를 친 선수들의 평균 타율은 무려 3할 3리이다.[32] 메이저리그 한해 타자들의 보통 평균 타율이 2할 5푼에서 2할 6푼 사이라고 봤을 때 3할 3리는 어마어마한 타율이라고 할 수 있다.

결국 실력이 없으면 운이 왔을 때에도 그 운을 놓칠 확률이 크다. 자신의 하는 일에 대한 운과 실행력을 정확히 측정함과 동시에 운과 시너지를 낼 수 있는 실력을 키워나가자.

━━ 최 악 을 대 비 하 는 습 관 을 기 르 자

1911년 10월 두 팀의 원정대가 각각 남극점 탐험을 위해 떠났다.[33] 그런데 한 팀은 탐험을 마치고 무사히 돌아왔으나 다른 한 팀은 집으로 돌아오지 못했다. 한 팀의 리더는 로알 아문센Roald Amundsen이었고, 다른 한 팀의 리더는 로버트 스콧Robert Scott이었다. 이 둘은 비슷한 나이와 경험을 소유한 사람들로 완벽한 비교 대상이었다. 그리고 승리자는 로알 아문센이었다.

아문센은 피해망상에 걸린 인물처럼 행동을 했다. 그는 항상 남극원정에서 실패할 수 있는 요인들을 생각했다. 체력이 떨어질 것을 대비해 노르웨이와 스페인에 이르는 3,200km를 자전거로 완주하면서 체력을 키웠다. 또한 경험이 적지 않았음에도 불구하고, 얼음과 추위, 그리고 눈보라와 바람 속에서 수천 년 동안 경험과 지혜를 쌓아 온 에스키모와 함께 생활했다. 그때 그는 개썰매를 끄는 법을 제대로 배웠다. 또 추운 곳에서는 지나치게 서두르거나 땀을 많이 흘리면 이동을 멈추었을 때 그 땀 때문에 몸이 더 얼 수 있다는 것도 깨달았다.

그렇다면 스콧은 어땠을까?

스콧도 에스키모와 함께 생활하면서 그들의 지혜에서 많은 것을 얻을 기회가 있었다. 하지만 그는 자신의 경험을 강하게 믿고 있었고 최악의 상황에 대해서는 크게 걱정하지 않았다. 그리고 남극점 도달을 위한 운송수단으로 썰매 개 대신 조랑말이 낫다는 결론을 내렸다. 그러나 그의 생각과는 달리 조랑말은 눈길을 잘 걷지 못했다. 또한 그는 남극과 같은 환경에서 아직 성능이 검증되지 않은 모터 썰매를 선택했다. 1911년 당시의 기술력을 떠올려 보라. 결국 모터 썰매는 며칠이 지나지 않아 금방 망가졌고 조랑말은 일찍 죽어버렸다. 그래서 스콧과 대원들은 대부분의 여정 내내 직접 무거운 썰매를 끌면서 눈길을 헤치고 걸어야만 했다.

두 사람의 차이점은 이것만이 아니었다. 아문센은 식량 저장소를 설치할 때 주요 저장소에 총 20개의 깃발을 꽂아 두었다. 단순히 깃발을 많이 꽂은 것만이 아니었다. 깃발은 흰 눈 속에서 눈에 잘 띌 수 있도록 검은색을 선택했다. 무엇보다 깃발을 저장소 양쪽으로 정확히 1마일마다 설치했다. 탐험대가 돌아왔을 때 진로가 살짝 어긋났다고 할지라도 목표를 찾을 수 있도록 시야를 폭 10km 이상 확보하기 위해서였다. 또한 돌아오는 길에 남은 거리를 정확히 파악할 수 있도록 1/4마일마다 쓰고 남은 포장 용기로 표시를 해두었으며 8마일마다 검은 깃발을 꽂아두었다. 진짜 피해망상에 걸린 것 같지 않은가?

반면 스콧은 주요 저장소에 깃발을 하나만 꽂아두었을 뿐만 아니라 심지어 탐험대가 가는 길에는 아무런 표시도 남기지 않을 정도로 대단한 용기를 보였다. 결국 그 용기의 결과는 참담했다.

1912년 1월 17일, 영국의 탐험가 로버트 스콧과 탐험대원들이 남극점에 도달했을 때, 그들이 본 것은 노르웨이 깃발이었다. 로알 아문센이 이미 한 달 전인 1911년 12월 14일에 남극점을 밟은 것이다. 그리고 스콧과 그의 탐험대는 돌아오는 도중에 차례차례 목숨을 잃었고, 스콧도 귀환하지 못하고 도중에 세상을 떠났다.

필립 테틀록은 이런 말을 했다.

"예측의 목표는 미래를 정확하게 예견하는 것이지만 그런 것이 목표가 아닌 경우도 있고 적어도 그것이 유일한 목표가 아닌 경우도 많다."

그렇다. 운의 영향력이 적지 않은 비즈니스 분야에서 첫 번째 해야 하는 예측은 미래를 정확히 예견하는 것이 아니다. 최악의 경우가 어떤 식으로 발생될 것인가를 예측해야 한다. 이때는 상상력이 풍부할수록 좋다. 운이 좋으면 부정적 블랙 스완을 깔끔하게 대처할 수도 있기 때문이다. 물론 긍정적인 블랙 스완을 잡는 것도 중요하다. 이에 대해서는 '혁신', '전략', '성장' 편에서 이야기할 것이다.

하지만 최상의 시나리오보다 최악의 시나리오를 항상 먼저 생각하고 대비하는 것이 중요하다. 최상의 기회는 놓쳐도 다음을 기약할 수 있지만 최악의 상황을 대비하지 못하면 다음을 기약할 수 없을 수도 있기 때문이다. 극단적으로 1조를 벌 수 있는 기회를 놓쳐도 기업은 다음을 기약할 수 있지만 망해 버린다면 또 다른 기회란 없다. 가까운 거리라도 안전띠를 매고 술을 먹지 않은 상태에서 운전을 해야 한다는 말이다. 죽으면 무슨 소용인가?

심리학자 게리 클라인Gary Klein은 '사전 검시'를 해 보라고 한다.[34] 우리는 보통 사후 검시를 한다. 사망 후에 그 사망 원인을 따져 보는 것이다. 하지만 사전 검시는 특정 프로젝트가 미래에 사망했을 것이라고 상상하고 왜 그런 결과가 나왔을까를 따져보는 것을 말한다. 사전 검시를 제대로 한다면 최악을 야기할 수 있는 여러 원인들을 확인해 볼 수 있고 최대한 조치를 미리 할 수 있게 될 것이다. 그러나 이때 최악의 시나리오는 추상적이고 관념적인 것이 아니라 구체적이고 생생하게 만들 필요가 있다.

에드워드 루소Edward Russo와 폴 슈메이커Paul Schoemaker 연구 팀은 실험 참가자들에게 어느 회사의 신입 사원에 대한 사례를 해당 회사와 업계에 대한 정보와 함께 보여줬다. 그리고 참가자 절반에게 이 신입 사원이 만약 6개월 후에 회사를 그만둔다면 그 이유가 무엇일 것 같은지 적어 보라고 했다. 다른 참가자 절반에게는 다음과 같이 질문을 더 생생하고 구체적으로 물어보았다.

"지금으로부터 6개월이 흘렀다고 상상해보십시오. 이 신입 사원은 회사를 그만두었습니다. 왜 사표를 냈을까요?"

연구 결과 두 번째 참가자들이 첫 번째 참가자들보다 퇴직의 원인을 25퍼센트 더 많이 제출했을 뿐만 아니라 내용이 더 구체적이고 타당성이 높게 나왔다. 그래서 사전 검시를 할 때도 기계적으로 미래의 실패 원인을 분석하는 것이 아니라 시나리오 형식으로 구체적으로 생생하게 할 필요가 있다.

고작가의 경우 집필을 할 때도 항상 최악의 상황을 대비하면서 한다. 최악의 상황은 일단 탈고 데드라인을 지키지 못하는 것이다. 고작가는 책을 쓸 때 아이디어가 나오면 관련 서적과 자료를 광범위하게 읽은 후 읽었던 자료 중에 책에 들어갈 자료들을 재정리한다. 그리고 책의 구조를 짠 다음 집필을 시작하는데 본격적인 글을 쓰는 기간은 보통 30~40일 정도이다. 그런데 글을 쓰는 하루 분량은 데드라인에서 약 10일 전에 마칠 수 있도록 계획해서 쓴다. 예기치 못한 일이 발생해 글을 못 쓰는 상황이 벌어질 수 있기 때문이다. 또한 최대한 글은 새벽에 쓰려고 노력한다. 오전, 오후에는 가족이나 지인들의 변수에 의해 집필에 방해를 받을 수 있기 때문이다. 이렇게 프로젝트의 기간을 20퍼센트 정도 줄여서 진행하게 된다면 데드라인을 어길 확률은 현저히 떨어지게 된다.

후쿠시마 원전 사태가 터지기 2년 전 일본 활성 단층 연구 센터의 소장인 오카무라 유키노부岡村行信는 도쿄 전력을 찾아가 후쿠시마 해안 근처에서 869년에 엄청난 지진이 있었다는 사실을 알려주었다. 이어서 다른 과학자들도 그 당시의 지진 규모는 도쿄 전력이 설정하고 있는 8.5보다 더 컸을 것이라는 많은 증거를 찾아서 발표했다. 또한 이런 지진이 500년~800년 사이에 되풀이될 가능성이 있음을 피력했다. 그렇다면 후쿠시마 해안 근처에서 대규모 지진이 발생한 지 1,000년도 넘었기 때문에 최악의 경우 8.5 이상의 지진이 앞으로 발생할 가능성이 있음을 충분히 생각할 수 있었다.

하지만 도쿄 전력은 이를 무시했다. 그런 최악의 상황은 발생하지 않을 것이라고 확신한 것이다. 하지만 불행하게도 최악의 상황은 발생했다.

후쿠시마 원전 사고 조사 위원장을 맡은 도쿄대 명예교수인 하타무라 요타로畑村 洋太郎는 수많은 전문가와 함께 작성한 450쪽에 달하는 조사 보고서를 제출한 뒤 기자회견에서 이렇게 말했다.

"후쿠시마 사태의 근본 원인은 (감독기관 및 도쿄 전력이) 자신들의 상상을 초월하는 자연재해가 발생하지 않을 것이라고 함부로 예단한 것이다."

그런 의미에서 다음의 이디시어 속담은 참 지혜롭다 하겠다.

"최악의 경우에 대비하라. 최선의 경우는 스스로 알아서 잘 관리된다."

내 가 겪 은 두 번 의 운

우리는 살면서 크기와 빈도는 다르지만, 모두가 운을 경험한다. 때로는 아침 '지옥철'에 타자마자 편안하게 앉아서 출근하는 소박한 행운을 맛보기도 하고, 그렇게 출근한 사무실에서 부장님과 휴가 날짜가 겹친다는 매우 비극적인 불운을 통보받기도 한다. 나 또한 예외 없이 크고 작은 운이라는 징검다리를 폴짝폴짝 밟으면서 인생 여행을 하고 있다. 그중에서도 내 인생에 '블랙 스완'급 영향을 미친 두 가지 사건을 복기해본다.

첫 번째는 대학원 시절 이야기다.

"5년 동안 박사 과정을 하면서 받은 장학금 및 생활비가 약 1억 5천만 원. 200번 넘게 인용된 1저자 논문. 노벨상 수상자와 함께 연구 결과를 가장 권위적인 저널에 게재."

세상의 기준에서는 별일 아닐 수도 있겠지만 세상을 바꾸는 연구는 고사하고 졸업이나 할 수 있을까 매일같이 고민하던 수많은 '공돌이' 중 하나였던 나에게는 전혀 예상치도 못한 최고의 실적이었다. 이런 결과들이 과연 온전히 엄청난 노력과 뛰어난 실력을 통해 성취되었을까? 어느 정도는 임계점을 넘는 노력이 절대적으로 필요함을 부정할 수는 없다. 하지만 가장 중요한 그 시작은 완전히 운이었다.

나는 박사학위를 싱가포르국립대^{NUS}에서 받았다. 사실 박사학위를 시작하기 전에는 싱가포르라는 나라가 어디에 있는지도 정확히 몰랐다. 동남아 국가를 전혀 방문한 적이 없어서 느낌상으로 필리핀 근처에 있지 않을까 추측했었다. 그만큼 상식도 교양도 부족했다. 대학원을 지원하면서 애초에 미국에 위치한 유명한 대학 외에는 지원하지도 않았었다. 학문적으로 실력은 턱없이 부족했지만, 아무것도 모르고 교환학생으로 간 학교가 정말 연구 친화적(?) 환경이어서 어처구니없이 학부생 때 1저자 국제논문을 발표했었고, 또 교환학생으로 공부했던 대학교에서 교수님 두 분이 추천서를 써주신다고 하셔서 소위 말하는 겉으로 보이는 '학부스펙'이 나쁘지 않았기 때문에 여러 개 대학에 지원하면 그래도 한 곳 정도는 합격할 것이라는 기대가 있었기 때문이다. 그렇게 10개 대학원 정도에 지원했고 한두 개 학교 빼고는 운이 좋게 모두 합격했다.

미국에서 장학금 없이 공부하려면 등록금과 생활비를 합쳐서 일 년에 몇천만 원은 필요하다. 그래서 재정적 지원을 받아보려고 합격한 대학교에 연구조교$^{research\ assistant}$ 자리가 있는지 연락을 하기 시작했다. 개인적으로 가고 싶은 학교는 UCLA와 메릴랜드 대학교$^{University\ of\ Maryland}$였다. 딱히 어떤 연구실이 진행하는 주제가 마음에 들어서 연락했다기보다는 가고 싶은 두 학교의 고체물리 혹은 반도체소자 관련 연구실 모든 교수들에게 연구 조교 자리를 얻기 위해 문의 이메일을 보냈다. 워낙 좋은 학교들이라 훌륭한 인재들이 많이 들어오다 보니 생활비를 받을 수 있는 연구조교 자리를 입학 첫 학기부터 얻기란 사실상 불가능했다.

그렇게 포기하고 있었는데 갑자기 뜬금없이 난생처음 들어본 NUS라는 학교에서 이메일이 왔다. 메일을 확인해보니 내가 메릴랜드 대학교에 벵키 벵카타산Venky Venkatesan이라는 아주 유명한 교수님(당시 물리 분야 세계 인용지수 랭킹 66위)에게 문의 메일을 보냈었고 알고 보니 그 교수님은 이미 NUS에서 나노코어Nanocore라는 아주 큰 연구소에 센터장으로 부임하셔서 메릴랜드 대학교에 재직 중인 상태가 아니었다. 나중에 이야기를 들어보니 당시 나노코어는 엄청난 액수의 연구 기금을 받아서 설립된 신생연구소였고, 대학원생 및 연구원이 너무 부족하여 벵카타산 교수님이 자신한테 온 이메일 중에 괜찮아 보이는 학생들의 신상정보를 센터에 소속되어 있는 교수들과 공유하여서 좋은 인력은 계속해서 스카우트 중이었다고 한다.

그렇게 나는 미래에 지도교수님이 될 양현수 교수님에게 연락을 받았고 학교와 연구에 관한 설명을 들었다. 더 나아가 NUS를 직접 방문하여 부지도 교수님과 센터장님도 만나보고 학교 공용 연구시설도 둘러보고 진학노선을 180도 변경해서 NUS에 입학하였다. NUS에서 양질의 연구도 많이 하고 졸업도 늦지 않게 잘해서 좋은 회사에 아주 괜찮은 조건으로 취업도 했다.

이렇게만 보면 딱히 크게 운이 좋았다고 표현하기는 어렵다. 하지만 여기에는 숨은 이야기가 있다. 이야기 앞으로 다시 돌아가 보면 내가 벵카타산 교수님에게 연락했을 때 이미 그분은 메릴랜드 대학에 재직 중인 상태가 아니었다. 그런데 내가 교수님께 연락을 한 이유는 메릴랜드 대학교 전자과 홈페이지 학과 구성원에 교수님 이력이 있었기 때문이다. 그렇다. 홈페이지 관리자가 조금이라도 업데이트를 빨리해서 벵카타산 교수님 이력을 구성원에서 지웠다면 나는 NUS라는 학교 근처에는 평생 가보지도 않았을 것이다. 실제로 이 사실을 확인하고 몇 개월 뒤 메릴랜드 대학교 전자과 홈페이지를 다시 방문해보니 벵카타산 교수님의 이력은 더는 볼 수 없었다.

합격하기 위한 수많은 노력도 중요했지만 내 인생에서 가장 큰 방향 전환은 이름도 모르는 홈페이지 관리자 때문에 결정되었다. 겸손이 아니라 만약에 훌륭한 지도 교수님과 그렇게 모든 면에서 연구하기 정말 좋은 환경에서 박사 과정을 밟지 않았다면 박사학위를 못 받았을 확률이 90퍼센트가 넘는다고 생각한다(실제로 몇 번을 포기하려고 했었고, 부모님과 진지한 상담도 여러 번 했었다).

말 그대로 운이 정말 좋았다. 실제로 나보나 훨씬 똑똑하고 의지도 강했던 대학교 후배는 같은 시기에 대학원을 지원했고 내가 진학할 뻔했던 UCLA에 합격해서 대학원 생활을 했지만 결국에는 박사학위를 중도에 포기하고 석사로 졸업하였다. 자세한 이야기는 할 수 없지만, 그 친구는 진짜 누구보다도 최선을 다했었다. 다만 운이 없었다.

운은 나에게만 국한되지 않았다. 이 '관리자 블랙 스완'은 여기저기를 계속 날아다녔다. 가장 친했던 대학교 선배는 한국에서 반도체 회사에 취업해서 잘 다니다가 여름휴가 때 나 때문에 싱가포르에 놀러 와서 얼떨결에 우리 지도교수님과 인터뷰를 했고, 회사를 사직하고 박사 과정으로 진학해서 지금은 학위를 받고 외국계 반도체 업체에 취업 후 싱가포르에 정착해서 아주 행복하게 살고 있다.

그리고 나는 조카가 딱 한 명 있는데 이 친구는 국적이 싱가포르이다. 우리 누나는 내가 싱가포르로 유학을 오자 본인도 새로운 환경에서 영어와 중국어도 배우면서 공부를 다시 도전해보고 싶어서 디자인 전공으로 대학을 싱가포르에서 다시 입학했다. 그리고 운명처럼 싱가포르 국적의 매형을 만나서 결혼해 영주권을 받고 싱가포르에서 행복한 가정을 이루고 살고 있다. 선배와 누나는 살면서 본인이 싱가포르에 정착하여 이렇게 살 것이라고 예상을 한 적이 단 한 번이라도 있었을까? 이렇게 줄줄이 엮여 있는 크고 작은 사례가 너무 많다. 이 모든 나비효과의 시작은 메릴랜드 대학교 전자과 홈페이지 관리자의 늦은 업데이트였다. 이 글을 통해 그 관리자에게 업데이트를 늦게 해줘서 진심으로 고맙다고 말하고 싶다.

두 번째는 여러 가지 콘텐츠를 제작하면서 겪은 이야기다.

나는 체인지 그라운드라는 기업에서 의장으로 일하고 있다. 우리 회사는 페이스북, 유튜브 등 다양한 소셜 미디어를 통해 제작한 콘텐츠를 많은 사람들과 공유한다. 제작한 콘텐츠를 온라인에 배포하는 회사의 실질적 목적은 크게 두 가지이다. 첫 번째는 만든 콘텐츠의 엄청난 확산이다. 두 번째는 그런 확산의 누적을 통해 운영 채널의 구독자 수를 늘리는 것이다. 이 두 가지 목적을 달성하기 위해 지금도 수많은 콘텐츠 제작자들이 엄청난 양의 스토리를 다양한 채널에 게시하고 있다.

회사를 그만두고 본격적으로 소셜 미디어에서 콘텐츠를 제작한 지 3년째로 접어들었다. 조금이라도 더 우리의 이야기를 퍼뜨리고자 할 수 있는 시도는 다 해봤지만 시장의 반응은 그렇게 호의적이지 않았다. 그래도 꾸준히 하니깐 블랙 스완은 아니어도 블랙 '참새'급 실적들이 나오기 시작했다. 보통 페이스북 기준으로 국내에서 '좋아요'나 '공유'가 만 개 이상 넘어가면 분야를 막론하고 어느 정도 성공한 게시물로 인정받는데, 어느 정도 임계점을 넘긴 결과를 우리도 얻기 시작했다. 그리고 2017년 6월 3일 우리는 아주 충격적인 경험을 한다.

보통 게시를 한 시점으로 '공유'나 '좋아요'가 증가하는 숫자를 파악하면 게시물의 성공 정도를 바로 예측할 수 있다. 우리는 이날 '인생 선배의 개념 주례사'라는 영상을 올렸고 이 게시물은 마치 페이스북에 오류가 발생한 것은 아닌지 의심이 될 정도로 모든 지표가 로켓처럼 매우 급격하게 증가하기 시작했다. 이 콘텐츠는 결국 2017년 10월 1일 기준으로 17만 좋아요, 11만 공유, 758만 뷰, 1053만 도달을 기록했다. 그리고 4개월이 지난 이 시점에도 매일같이 새로운 댓글이 달리고 있다. 단순히 온라인에서 콘텐츠만 확산이 많이 된 것이 아니다. 주례 때문에 나는 세바시(세상을 바꾸는 시간 15분)라는 유명한 강연 프로그램에도 출연하였고, 대통령이 직접 위원장으로 있는 저출산·고령화 사회위원회 민간위원으로 추천되기도 했었다. 그리고 게시물 확산의 추가적인 결과물로 체인지 그라운드 페이스북 페이지는 일주일 동안 3만 구독자 이상을 확보하였다.

어떻게 우리는 이런 엄청난 기록을 만들 수 있었을까? 우리도 열심히 분석했지만 역시나 가장 큰 이유는 운이었다. 너무 엄청난 콘텐츠가 등장하자 그 결과에 대해서 소셜 미디어 마케팅으로 꽤 유명한 분들이 콘텐츠의 확산에 대한 분석을 하기 시작했다. "기획이 좋았다. 카메라 찍는 구도가 좋았다. 분량이 적절했다. 자막의 명암비에 신경 쓴 점이 돋보인다." 많은 분석들을 읽었는데 흥미로운 점은 우리는 그 어떤 요소도 고려하지 않았다는 점이다. 보통 우리는 강연을 진행하면 영상으로 제작하여 소셜 미디어 채널에 게시하는데 일반적으로 촬영부터 게시까지 시간이 길어야 일주일 정도가 걸린다. 하지만 이 "인생 선배의 개념 주례사"는 다른 촬영에 비해 훨씬 짧은 분량이었지만 우리는 이 게시물을 촬영 2주 후에 게시했다. 그만큼 딱히 이 영상이 소위 말하는 '대박'이 날 것이라고 내부에서는 아무도 예상하지 않았고 크게 관심도 없었다.

그래도 어떤 특별한 이유가 있으니깐 완전 흥행에 성공하지 않았겠냐는 질문은 계속 나올 것이다. 우리도 정말 열심히 분석했었고 일부분은 우리가 의도해서 만들어낸 결과라고 확신한 적도 있었다. 하지만 최종적으로 내린 결론은 운이 가장 큰 이유라고 생각한다. 만약 콘텐츠 자체가 너무 좋아서 페이스북에서 퍼졌다면 유튜브에서도 비슷한 결과가 나오는 게 합리적인 예측이다. 하지만 유튜브에서는 생각보다 반응이 그렇게 좋지 않았다. (페이스북에 비하면 반응이 전혀 없었다고 해도 무방한 정도였다.) 누군가는 결혼식 주례를 적극적으로 콘텐츠화한 것 자체가 실력이라고 평가해주지만, 결혼식의 주인공이었던 체인지 그라운드 이웅구 대표가 그 시기에 결혼하지 않았다면 그런 영상을 만들 생각조차 못 했기 때문에 여전히 운이 크다고 말할 수밖에 없다.

우리 모두의 인생은 이렇게 끊임없는 운이 찾아온다. 어떤 이에게는 행운이 찾아오기도 하고 다른 이에게는 불운이 찾아오기도 한다. 또 누군가의 행운은 상대적으로 다른 사람의 불운이 되기도 한다. 시장에서 어떤 업체가 운이 좋게 새로운 마케팅에 엄청난 성공을 했다거나 환상적인 신제품을 개발해서 시장에서 파란을 일으킨다면 그건 경쟁업체에 커다란 불운이 된다. 누군가 운이 좋게 입시와 입사에 성공했다면 안타깝게도 다른 누군가는 불운한 낙방을 받아들여야 한다.

우리는 그렇게 촘촘하게 운으로 엮여있다. 모두가 행운을 바라지만 안타깝게도 운은 우리의 마음대로 움직여주지 않는다. 그게 운의 가장 큰 속성 중의 하나이다. 그래도 적어도 우리가 이룬 업적 중에 커다란 부분이 운 덕분이었다는 사실을 인정하면 우리는 운을 실력으로 착각하는 실수를 모면해서 폭삭 망하는 위기에서는 어느 정도 멀어질 수 있다. 그렇게 자만하지 않는 것만으로도 상대적으로 충분한 경쟁력을 가지게 된다. 또 운이 우리가 하는 모든 일에 있어 핵심 요소 중의 하나임을 인정하고 그것에 맞는 전략을 세운다면 똑같은 운을 접해도 결과의 극대화 정도는 확연한 차이가 발생할 것이다.

마지막으로 개인적으로 좋아하는 기회(행운)와 위기(불운)에 관한 문구를 하나 인용하며 글을 마친다.

"위기와 기회는 붙어있다.

기회를 놓치면 후회라는 위기의 씨앗이 심어진다.

위기를 넘기면 모든 것이 거짓말처럼 기회로 보이기 시작한다.

위기가 기회이고 기회가 위기이다."

p.s.) 여기서 '연구친화적'이라는 말은 학교가 너무 시골에 위치해 있어서 공부 외에는 할 게 없는 학교였다는 것을 냉소적으로 표현한 것이다. 이것저것 하고 싶은 게 많았던 20대에는 그런 학교인지도 모르고 지원했다는 게 불운하다고 생각했지만 지금 돌이켜보니 그렇게 공부와 연구 외에는 할 게 없었던 환경에 노출되었던 게 커다란 행운이었다.

━ 복잡계로 비즈니스 이해하기

"최고 지성은 우주에서 가장 큰 물체와 가장 가벼운 원자의 운동을 하나의 공식 안에 동시에 나타낼 것이다. 불확실한 것은 하나도 없으며, 최고 지성의 눈에는 미래가 마치 과거처럼 나타날 것이다."[35]

18세기 철학자이자 수학자인 라플라스Pierre Simon Laplace가 한 말이다. 아인슈 타인Albert Einstein의 상대성 원리와 하이젠베르크Werner Karl Heisenberg의 불확정성 원리가 현대물리학의 중심이 된 지금 라플라스의 뉴튼주의적 발언은 조금 우스워 보일 수 있다. 하지만 현대 과학은 라플라스를 비웃기는커녕 충실히 따라왔다. 어떤 계의 자연법칙과 '거의 정확한' 초기 조건을 안다면 그 계의 정확한 운동을 계산할 수 있다는 생각을 해왔으니 말이다. 미래가 과거처럼 나타날 것이기에 예측은 불가능한 영역이 아니었다.

예를 들어 1910년 핼리혜성의 위치 파악에 작은 오차가 있었지만 1986년의 핼리혜성의 진로를 거의 정확히 예측할 수가 있었다. 수백만 년이 지나도 작은 오차의 영향력은 크게 상관없을 것이다. 컴퓨터로 로켓을 쏘는 것도 마찬가지였다. 작은 오차가 있더라도 로켓은 우주로 날아갔다.

당연히 사람들은 기상의 흐름이나 경제, 정치, 비즈니스 세계 또한 별반 다르지 않다고 생각했다. 거의 정확한 초기 조건을 알고 그 계에 움직이는 법칙을 안다면 미래는 과거처럼 보일 것이니 말이다.

1961년 겨울 어느 날 기상학자 에드워드 로렌즈Edward Norton Lorenz는 시뮬레이션한 어떤 기상 결과 하나를 검토하려고 했다. 그는 이전에 출력된 데이터를 보고 초기 조건을 컴퓨터에 입력했다. 그리고 컴퓨터로 시뮬레이션을 돌렸다. 잠깐 커피를 마시고 돌아온 그는 결과를 보고 인상을 찌푸렸다. 컴퓨터로 재현한 날씨의 패턴이 그전과 완전히 다르게 나온 것이다. 로렌즈는 처음에 컴퓨터 고장을 의심했다. 하지만 컴퓨터는 멀쩡했다. 미칠 노릇이었다. 로렌즈는 혹시 자기가 데이터 입력에 실수를 했는지 살펴보았다. 실수가 없었다. 그저 원래 초기값이 0.506127로 되어 있는데 1/1000 정도의 차이는 의미가 별로 없으니 0.506만 입력했을 뿐이었다. '거의 정확한' 초기 조건은 과학적 결과를 내는 데에는 큰 무리가 없다고 생각했기 때문이다.

그러나 순간 로렌즈는 자신이 무언가 중요한 발견을 했다는 사실을 깨닫게 된다. 초기 조건의 극도로 작은 변화에도 기상 상황이 완전히 달라질 수 있다는 사실을 직감적으로 감지한 것이다. 그렇다면 초기 조건의 미묘한 차이에 따라 결과가 판이하게 달라진다는 것은 무엇을 의미할까? 기상의 장기 예측을 정확히 한다는 것은 불가능하다는 것이다. 이를 '초기 조건의 민감성'이라고 한다. 우리에게는 '나비 효과'로 더 알려져 있다.

그렇다면 왜 거의 정확한 값만으로도 로켓을 우주로 보낼 수 있지만 기상 예측은 하기 힘들다는 것일까? 왜냐하면 기상계는 '복잡계'에 속하기 때문이다. 물론 정치, 사회, 경제, 비즈니스도 복잡계이며 기업, 인간, 뇌 또한 모두 복잡계이다.

복잡계complex system는 복잡한 시스템을 말한다.[36] 여기서 '복잡한'이란 의미는 뒤죽박죽이 되어 혼란스러운 상태를 이야기하는 것이 아니라 현상을 설명하기 위한 정보의 양이 많다는 것을 의미한다. 복잡성이 올라갔다고 표현하면 그 현상을 설명해야 할 변수들이 많아졌다는 뜻이 된다. 그리고 수많은 변수들이 끊임없이 상호작용을 하는데 그 관계가 비선형적임과 동시에 되먹임도 일어난다.

비선형적이라는 말은 작은 변화에도 상호작용의 결과치가 증폭되는 것을 의미한다. 세계인구의 20퍼센트를 죽였던 스페인 독감은 세계 곳곳에서 동시다발적으로 생겨났던 것이 아니었다. 미국의 한 신병훈련소를 시작으로 18개월 만에 급속도로 세계를 강타했다.

되먹임은 상호작용이 한쪽 방향으로만 가지 않고 여러 경로를 걸쳐 다시 자신에게 돌아오는 것을 의미한다. 양의 되먹임은 변화를 증폭시키며 음의 되먹임은 변화를 진정시킨다. 예를 들어 경제 위기로 자산 가치가 하락하면 금융권에서는 대출의 담보가치가 하락하기 때문에 추가담보를 요구하거나 위기에 대응하기 위해 빌려주었던 자금을 회수하기 시작한다.[37] 사람들은 부채를 상환하기 위해서 있던 자산을 매각한다. 자산 매각의 행진이 이어지면 자산 가치는 떨어지게 된다. 결국 대출의 담보가치가 하락하기 때문에 추가담보 요구와 자금회수가 발생하게 되고 부채 상환을 위한 자산매각에 이은 자산가격 하락이 다시 일어난다. 실제로 이런 되먹임이 2008년 금융위기 때 발생했고 부동산과 주식의 가격이 순식간에 무너졌다. 경제의 세계가 복잡계이기 때문에 발생하는 현상이다.

복잡계는 열린 시스템으로 외부환경과 끊임없이 영향을 주고받고 그 경계가 또한 불분명하다. 관찰자의 관점에 따라 경계가 임의적으로 정해지는 경향이 있다. 예를 들어 경제, 정치, 경영은 모두 복잡계이지만 서로 지속적으로 영향을 줄 뿐만 아니라 경계가 모호한 부분이 많다. 정치권에서 실행된 정책에 따라 기업의 운영 방침이 달라지고 국가 경제가 변한다. 심지어 복잡계에서는 구성요소들이 서로 지속적으로 적응해 나가는 모습을 보인다. 자연의 모든 생물들은 스스로의 모습과 행동과 생각을 변화시켜 주변 환경과 다른 종에 적응해 나간다. 직장생활을 무난하게 하기 위해 회사의 조직문화에, 상사와 동료에 자기 자신을 변화시켜 적응해 나가는 것처럼 말이다.

다시 말하지만 거의 모든 비즈니스 상황은 복잡계이다. 복잡계는 현상을 설명하는 변수가 많고 그 변수의 상호작용이 비선형적이며, 되먹임과 적응이 일어나며 폐쇄적이지 않은 열린 시스템이다. 결국 로렌즈가 경험했던 것처럼 복잡계인 비즈니스에서 정확한 예측은 불가능하다. '운'의 영향력이 매우 크다는 것이다.

하지만 복잡계는 '무질서'를 의미하지 않는다. 예측할 수도 없고 복잡해 보이는 세계에서 흥미롭게도 거대한 질서를 보여준다. 멱법칙이 그렇다.

조지 킹슬리 지프George Kingsley Zipf라는 사람이 있다. 1930년대 하버드 대학교 독문학과 학과장으로 있었던 사람이다. 지프에게는 자신을 쫓아다니는 골치 아픈 고민이 한 가지 있었다.

"왜 단어는 불공평하게 사용되는가?"

'the'라는 단어는 자주 사용되는 반면 'indisputable(반론의 여지가 없는)'이라는 단어는 자주 사용되지 않는다. 지프는 이런 단어의 불균형을 이해하고 싶었다. 그래서 그는 《율리시스》에서 등장하는 단어의 빈도를 알아봤다.

가장 많이 등장한 단어는 'the'였다. 1만 4,877회 등장했다. 10번째로 자주 등장한 단어는 'I'로 2,653회 등장했다. 100번째 'say'로 265회, 1,000번째는 'step'으로 26회, 10,000번째는 'indisputable'로 겨우 2회 등장했다.

지프는 자기가 작성한 순위표를 살펴보았다. 그리고 놀라운 사실을 발견했다. 순위가 10배 커질 때마다 단이의 등장 빈도수가 1/10로 줄어든 것이다. I, say, step, indisputable의 단어 순위와 등장 빈도를 보라. 순위가 10배로 뛰면 등장 빈도는 2653, 265, 26, 2 약 1/10로 줄어든다는 사실을 알 수 있다.

10위 : I - 2653

100위 : say - 265

1,000위 : step - 26

10,000위 : indisputable - 2

그런데 지프는 이러한 현상이 《율리시스》에만 국한되지 않는다는 사실을
발견했고 거의 모든 문서에 적용될 수 있음을 알게 됐다. 이를 지프의 법칙Zipf's
law이라고 하며 두 함수의 관계가 거듭제곱 관계를 갖고 있기 때문에 거듭제곱
법칙 혹은 멱법칙Power law이라고도 한다.

그런데 이런 멱법칙은 책이 판매된 순위와 권수, 과학논문의 인용 순위와
빈도, 테러 공격으로 말미암은 피해 순위와 사망자의 수, 전쟁의 발생빈도와
사망자의 수, 도시의 크기 순위와 인구 수, 지진의 빈도와 강도, 수입에 따른
미국 기업의 분포, 하루 동안 각 전화 가입자들이 받는 통화 수의 분포 등 매우
광범위하게 적용된다.

우리는 멱법칙을 통해 많은 혜안을 얻을 수 있는데 먼저 멱법칙이 적용되
는 분야에서 '평균'의 가치는 떨어지고 '극단값'이 큰 의미를 갖는다는 점이다.
왜냐하면 멱법칙은 다수의 작은 값과 소수의 극단값으로 이루어졌기 때문이
다. 예를 들어 서적의 평균 매출은 유의미한 지표가 아니다. 대다수의 책은 평
균 매출에 미치지 못할 것이고 극소수의 책은 평균 매출을 월등히 넘어설 것
이기 때문이다. 또한 서적 순위에서 100등과 101등의 차이와 1등과 2등의 차

이가 단순히 순위 하나 차이가 아님을 알 수 있다. 100등과 101등간의 책 판매 차이가 100권이라면 1등과 2등의 차이는 10만 권일 가능성이 크기 때문이다. 결국 극단값, 더 나아가 예기치 못한 극단값인 블랙 스완이 중요해진다.

또한 멱법칙이 지배하는 세계에서는 작은 차이가 큰 결과를 낸다는 사실을 확인할 수 있다. 실력, 제품력, 대중성의 차이는 10퍼센트밖에 되지 않지만 결과는 10배 이상 차이가 날 수 있기 때문이다. 약간의 차이가 엄청난 결과를 초래할 수 있음을 인지할 수 있다.

복잡계에서 당신이 알아야 할 또 하나의 내용은 창발성이다.

2003년 가을 사하라 사막 남쪽 대평원지대에 100년 만에 시원한 비가 내렸고 이 지역은 전에 보지 못한 풍성한 녹지대를 형성하였다.[38] 평소에 굶주리며 살고 있던 사막메뚜기도 하늘이 내려 준 100년 만의 축복을 왕성한 자손 번성으로 누리고 있었다. 다음 해 봄에도 적절한 비가 내렸고 사막메뚜기는 더욱더 번성했다.

그런데 사막메뚜기의 개체수가 어느 지점에 이르자 놀라운 일이 발생했다. 갑자기 헐크로 변신하듯 완전히 다른 곤충처럼 변신을 한 것이다. 원래 녹색이었던 몸이 어두운 황색으로 변했고 몸은 짧아졌으며 턱은 더 탄탄해지고 날개는 더 길어졌다. 무엇보다 사막메뚜기는 혼자 서식했는데 갑자기 서로를 끌어당기는 호르몬을 풍기며 떼를 지어 움직이는 것이었다.

이렇게 2004년 갑자기 변신을 한 사막메뚜기 떼는 매일 3억 평의 잔디와

농작물을 쓸어버리며 북아프리카를 초토화시켰다. 이는 반세기 만의 최악의 메뚜기 떼로 북아프리카를 가로질러 이스라엘까지 건너갔으며 심지어 어떤 메뚜기들은 지중해 너머 키프로스와 스페인의 휴양지 카나리아 제도까지 진출했다.

이렇듯 열린 시스템인 복잡계에 외부 에너지가 주입되고 동시에 개별요소들이 상호 작용을 하다 보면 어느 시점에 스스로 새로운 계층의 조직을 만들어가는 현상이 벌어지는데 이를 자기조직화라고 하며 이런 복잡계의 특성을 '창발성'이라고 한다.

서식 밀도가 낮았던 때에 사막메뚜기는 온순한 성정을 갖고 홀로 생활하였다. 하지만 개체수가 증가해 서식밀도가 높아지자 상호작용이 급격해지면서 기존에는 감히 상상할 수 없었던 거대한 조직을 누구의 통제나 명령 없이 스스로 만들어 버린 것이다. 인간을 보자. 인간 자체가 창발성을 그대로 드러낸다. 두뇌와 각종 장기들을 현미경으로 보면 그저 세포들의 집합에 불과하다. 하지만 그 세포들이 뭉치자 생명 유지를 위한 새로운 기능, 즉 새로운 질서가 탄생하게 된 것이다.

흰개미 집 또한 창발성을 그대로 드러내 준다.[39] 흰개미들은 높게는 9미터에 가까운 집을 만든다. 그런데 집 짓고 유지하는 솜씨가 놀랍다. 일단 어느 누구도 통솔하지 않는다. 또한 영양분이 높은 곰팡이를 배양하기 위한 최적의 온도와 습도를 지속적으로 유지하기 위해 적절한 환기를 계속 한다. 누군가 집

안의 온도와 습도를 망치기 위해 몇 군데 구멍을 내면 흰개미들은 그것을 잽싸게 알아채고 보수공사를 한다. 누가 명령하지 않았는데도 말이다.

흰개미의 집과 비슷한 것이 세계 최고의 집단지성 사전 위키피디아다. 어떤 연구자가 위키피디아에 의도적으로 13개의 오류를 심어놓았다. 하지만 불과 3시간 만에 오류는 교정되었다.

우리는 창발성을 통해 무엇을 배울 수 있는가? 창발성이 높은 조직을 만들면 큰 성과를 기대할 수 있다는 것이다. 먼저 창발성은 복잡계의 특성임을 잊어서는 안 된다. 복잡성이 낮다면 창발적 조직이 되기 힘들다. 예를 들어 권위적인 지휘 아래 일사불란하게 움직이는 조직은 창발적 조직이 아니다. 일반 사원이 하나의 결정을 내릴 때마다 과장, 차장, 부장, 임원, 대표까지 서명을 받는 조직에서는 창발성을 기대하기가 힘들다는 것이다. 개별 구성원 스스로가 자발성을 갖고 움직일 수 있을 때 창발성을 기대할 수가 있다.

또한 창발적 조직은 개체간의 긴밀한 상호작용이 필요하다. 자기조직화를 통한 새로운 질서를 창발할 수 있는 것은 개체들의 아이디어가 연결과 충돌이 충분히 이루어졌기 때문에 가능했다. 풍족한 외부 지원 아래 자율권과 긴밀한 상호작용이 보장된다면 그 조직과 팀은 기대 이상의 새로운 질서를 만들 수가 있을 것이다. 뒤에 읽을 '조직'편을 복잡계와 창발성이라는 개념을 갖고 읽어본다면 성과 높은 조직의 특징들이 진정 무엇을 의미하고 있는지를 깨닫게 될 것이다.

심리학자 조든 피터슨^{Jordan Peterson}은 이렇게 말했다.

"삶의 근본적인 문제는 존재의 압도적인 복잡함이다."

문제가 갖는 긍정적인 면은 해답을 제시하는 사람에게 보상이 주어진다는 것이다. 《일취월장》은 일에 대한 복잡함이라는 문제를 푸는 하나의 방법론이다. 부디 당신에게 주어진 문제에 대한 해답을 《일취월장》을 통해 찾을 수 있기를 기원한다.

2장

사고(思考)

"자신이 가장 생각하지 않는 것들에 대해
가장 많이 생각하라."

– 마르셀 뒤샹(Marcel Duchamp) –

반성적 사고

"마침내 적을 만났는데,
그 적은 바로 우리였다."

- 월트 켈리(Walt Kelly) -

━━ 히틀러와 나폴레옹

6월 22일은 역사적으로 러시아에게 위기의 날이었다.[(0)] 1812년에는 프랑스의 나폴레옹[Napoléon Bonaparte]이, 1941년에는 히틀러[Adolf Hitler]가 침공했기 때문이다. 나폴레옹와 히틀러의 기세는 폭풍 같았다. 이들은 러시아를 침공하기 전 거의 모든 전투에서 승리를 거두었다. 군사들의 사기는 하늘을 찔렀고 두 명의 승리자들은 자신감이 넘쳐흘러 어떤 강력한 군대라도 해치울 수 있는 자신감이 있었다.

하지만 이들의 러시아 침공은 주력 부대의 3분의 2를 잃으며 철저한 실패로 돌아갔다. 물론 히틀러의 침공은 러시아인 2,000만 명이 죽는 참사이기도 했다. 그러나 히틀러와 나폴레옹의 연승은 공교롭게도 같은 날짜에 침공했던 러시아에서 끝이 났고 이 패배는 두 권력자의 몰락의 시초가 되었다.

왜 기세가 등등하던 히틀러와 나폴레옹은 러시아 전쟁에 패했을까? 겨울을 이용한 러시아의 지연작전이 있었기도 했지만 핵심은 두 권력자의 무모함 때문이었다. 둘은 자신의 승리를 확신한 나머지 보급로와 퇴각로에 대한 계획을 제대로 세우지도 않고 전쟁을 시작했다. 특히 히틀러의 경우 러시아를 아주 빠른 시일 내에 요리할 수 있다고 생각해 월동 준비조차 하지 않았을 정도였다. 하지만 상황은 예상과 다르게 흘러갔고 상당한 군인들이 동상에 걸려 제대로 싸울 수도 없었다. 게다가 패배의 그림자를 감지했을 때조차 이들은 퇴각을 신속하게 결정하지 못했다. 히틀러와 나폴레옹은 부정적인 '승자효과'에 빠져 가장 중요한 전쟁에서 자신의 영민함을 잃어버리게 된 것이다.

=== 승 자 효 과

리스크를 무릅쓰고 승리해서 기쁨을 누릴 때 테스토스테론이라는 스테로이드 호르몬이 분출된다.[11] 테스토스테론은 뇌의 화학적 상태에 영향을 주는데 특히 신경전달물질인 도파민 수치를 올려준다. 도파민은 우리가 찾고 있던 것을 찾아냈거나 해야 할 일을 완수했을 때 기분을 좋게 만드는 호르몬이다. 즉 목표 달성을 위한 동기부여 수준을 올려준다.

그런데 승리가 계속되면 일종의 승자효과라 할 수 있는 승리의 선순환 구조가 완성된다. 승리는 테스토스테론을 분출한다. 테스토스테론은 도파민 수치를 올려준다. 높아진 도파민 수치는 또 다른 승리를 위한 더 큰 동기 부여를 줌으로써 다시 승리를 쟁취할 확률을 높인다.

수컷 동물들의 영역 싸움에서도, 운동선수들을 한 실험에서도 승자효과는 증명되었다. 승리자는 테스토스테론 수치가 증가하고 패배자는 테스토스테론 수치가 낮아진다. 그리고 높아진 테스토스테론은 승리자를 더 강하게 만들어 연승을 가능하게 한다.

하지만 연승이 계속되고 테스토스테론이 너무 활개를 치면 부작용이 시작된다. 동물들을 관찰한 결과 승리를 연이어 경험한 동물은 위험한 공간에서 더 많은 싸움을 하는 경향을 보였고 결과적으로 사망률을 높였다. 즉 승리에 도취한 나머지 무모한 행동을 거리낌 없이 하게 된다는 사실이다.

승자효과는 두 가지 양면성을 모두 보여준다. 초반의 승리는 그 다음 승리에 매우 긍정적 영향을 미친다. 하지만 승리가 계속되면 자신이 통제할 수 없는 것조차 통제할 수 있다는 환상에 사로잡혀 만용을 부리게 만들 확률이 높아지게 된다. 지금까지 자신의 승리는 오로지 자신의 능력에 의한 것이라는 사고에 빠지게 된다. 자신이 통제할 수 없는 운의 영역과 통제가 쉽지 않은 경쟁자의 전략과 힘에 대한 걱정은 별로 없다. 자신의 가는 길은 오로지 승리의 길이라는 오만한 생각이 자리 잡게 되고 오만의 크기만큼

이나 그 길은 사망의 길이 될 가능성이 커진다.

2017년 초 여성 벤처 신화를 이어가고 있던 한경희 생활과학(현 미래사이언스)이 워크아웃(재무구조개선작업)에 들어갔다.[12] 한경희 생활과학의 몰락 원인은 여러 가지가 있겠지만 그 과정을 보면 '승자효과'의 부작용을 엿볼 수가 있다.

한경희 생활과학의 한경희 대표는 5급 공무원 생활을 청산하고 사업에 뛰어든다. 2년 넘게 제품 개발에 매진한 후 2001년 6월 국내 최초의 스팀청소기인 '스티미'를 출시한다. 하지만 제품의 문제점이 드러나면서 초도물량 3,000대를 전량 폐기한다. 이런 어려움에도 불구하고 2년이라는 시간 동안 제품 연구에 매달린 끝에 2003년 초 '한경희 스팀청소기'를 출시한다. 스팀청소기는 지금까지의 노력이 헛된 것이 아님을 증명해 내며 미친 듯이 팔려나간다. 2005년도에는 유명 홈쇼핑 상반기 매출 1위 상품이 되었을 뿐만 아니라 홈쇼핑 개국 이래 처음으로 전화주문 시스템을 마비시키는 기염을 토한다. 2006년에는 '한경희 스팀다리미'가 히트를 이어갔으며 태국 수출 등 해외 진출도 순조롭게 진행된다. 한경희 대표의 성공 스토리는 이후 한경희 대표가 《월스트리트저널》이 선정한 '주목할 만한 여성 CEO 50'에 선정되면서 절정에 이르게 되고 실제로 그 여세를 몰아 2009년도 미국 홈쇼핑에서 2시간 만에 50억 원의 매출을 올리는 성과를 이루어낸다.

하지만 이런 연이은 성공이 그녀를 무모하게 만들었던 것일까? 사업에 자신감이 붙자 한경희 대표는 2010년 남편이 창업한 가정생활용품 연구개발 및 부동산 임대업을 하는 엔에스코기술을 인수하게 되는데, 여기에 문제가 있었다. 엔에스코기술은 2009년 기준 약 270억 원의 부채가 있었던 것이다. 회사가 워낙 잘나가고 자신감도 있었던 터라 당시에는 큰 문제가 되지 않을 것이라 생각했을지도 모른다. 하지만 이후 히트작이 나오지 않으면서 이 인수는 회사를 몰락하게 만드는 데 상당한 역할을 하게 된다.

또한 2014년 미국의 스파클링드링크시스템^{SDS}을 합병할 때도 SDS의 제품 수준이나 경제성에 대한 우려가 많았음에도 불구하고 해낼 수 있다는 자신감을 내비치며 거래를 밀어붙였다. 결국 정상적인 제품이 납품되지 않았고 한경희 생활과학은 미국 연방법원에 SDS를 상대로 100억 원대 손해배상소송을 걸게 된다. 승자효과가 야기한 비합리적인 M&A(기업의 인수와 합병)는 결국 한경희 생활과학을 지금까지 오게 만들었다.

미국에서는 주요 저널들이 '올해의 경영자' 등 승승장구하는 경영자들을 선정하고 상을 주는데 이들은 이후 엄청난 스포트라이트를 받으며 칭송을 받는다. 자, 그렇다면 이들에게도 승자효과가 적용될까?

UC 버클리 경영대학 맬먼디어 Ulrike Malmendier 교수 팀은 《비즈니스 위크》, 《포브스》, 《타임》 등 주요 언론매체로부터 여러 모양의 경영자 상을 받은 264명의 경영자들을 연구했다.[13] 연구 팀은 이들을 슈퍼스타 CEO라고 명명했다. 스포트라이트를 받은 후 슈퍼스타 CEO들이 경영하는 회사의 경영성과를 분석한 것이다. 연구 결과 슈퍼스타 CEO들은 상을 받고 1년 후에는 8퍼센트, 2년 후에는 17퍼센트, 3년 후에는 무려 26퍼센트나 낮은 누적초과이익률을 보이는 것으로 드러났다. 상을 받고 44퍼센트나 증가한 보수를 받았음에도 말이다.

'비틀즈의 해체가 언제 시작되었냐'는 질문에 폴 매카트니 Paul McCartney 는

1965년 여름 뉴욕 시 스타디움 공연부터였던 것 같다고 답했다.[11] 5만 5천 명의 팬들이 공연에 몰려들었고 이는 비틀즈 라이브 공연 사상 최고 규모였다. 폴 매카트니는 당시에는 인식하지 못했지만 그때부터 팬들의 소리에 자신의 음악 소리를 듣지 못한 것 같다고 했다. 아이러니하게도 비틀즈의 최고의 순간이 비틀즈 해체의 단초를 제공한 것이다.

월트 켈리는 자신의 4컷 만화 포고[Pogo]를 통해 이런 말을 남겼다.

"마침내 적을 만났는데, 그 적은 바로 우리였다."

▬▬ 반 성 적   사 고

"나는 구글에 대해서 틀렸고, 아마존의 가치를 평가하면서 너무 멍청했다."

이렇게 말한 사람이 투자 전문가라면 당신이 이 사람에게 돈을 맡길 수 있겠는가? 맡기지 않을 것이다. 구글과 아마존은 최근까지 최고의 주가 상승률을 보여줬으며 심지어 많은 이들이 이 기업들의 희망찬 미래를 이야기했음에도 투사를 제대로 하지 못했으니 말이다. 하지만 돈을 맡길 수 있다면 맡기기 바란다. 이 말을 한 사람은 세계 최고의 투자자 워런 버핏[Warren Buffett]이기 때문이다.

워런 버핏이 최고의 투자자가 된 데에는 여러 이유가 있을 것이나 앞의 고백에서 엿볼 수 있듯이 '반성적 사고'가 큰 역할을 했음을 부인하기가 어렵다. 그 이기기 힘들다는 시장을 수십 년 동안 이겼음에도 불구하고 버핏은 자신의 부족함을 드러내는 데에 주저함이 없다. 버핏은 2017년 7월 중국 대담 방송프로그램 신랑차이징新浪财经에서도 "7~8년 전 마윈马云; Ma Yun 알리바바 창업자와 만나 식사를 했는데 정말 멋진 기업인이라는 것을 알게 됐다. 하지만 그의 사업을 잘 몰라 알리바바를 사야 할지를 판단하지 못했다. 실수였다."고 말했다.

이런 반성적 사고는 쉬운 것이 아니다. 우리는 앞서 승자효과를 '뇌의 호르몬' 작용으로 설명했다. 그렇게 설명한 이유는 승리가 계속되면 뇌 자체가 화학적으로 변하여 특별한 조치를 취하지 않는 이상 부정적인 승자효과에 빠질 수 있기 때문이다. 승자에게 자만과 무모함이 오는 것은 지극히 자연스러운 현상이다. 그것을 제어하는 것, 그래서 부정적 승자효과를 상쇄시키는 것이 바로 '반성적 사고'이다.

우리가 버핏을 높게 평가할 수밖에 없는 이유는 버핏이 2012년 5월 7일 CNBC와의 인터뷰에서는 "애플, 구글, 페이스북 등 기술주에 투자하는 것은 너무 위험하다."라고 예측을 했음에도 자신의 실수를 인정했다는 점이다. 주변을 둘러보고 회사의 동료들과 상사를 떠올려 보자. 얼마나 많은 이들이 자신의 실수를 인정하고 있는지. 많은 심리학 연구가 말해주고 있듯이 사람들은 자신의 성공은 자기 때문이요 자신의 실수는 외부의 탓으로 돌리려는 경향이 강하다. 혹은 자신의 실수를 변명하거나 심지어 자신이 했던 과거의 모습을 기억조차 못하는 경우도 있다. 하지만 버핏은 자신의 예측 실패를, 그것도 세간이 주목하고 있는 다국적 기업 버크셔 해서웨이Berkshire Hathaway의 연례총회서 겸손하게 드러냈다.

테틀록이 연구 중인 슈퍼 예측가들 또한 반성적 사고가 생활화되어 있다.[45] 슈퍼 예측가들은 다른 팀원들과 예측에 대한 사후 평가를 주고받으며 온라인 토론도 매우 치열하게 한다. 그런 다음 이들은 자신만의 시간을 가지면서 자신의 예측을 반성하고 검토한다. 슈퍼 예측가 중에 한 명인 장-피에르 뷔곰Jean-Pierre Beugoms은 이렇게 말한다.

"주로 샤워할 때나 아침 출근길에서 그런(반성의) 시간을 갖습니다. 왜 그렇게 예측했는지…."

보스턴 셀틱스 농구 팀을 13년 동안 11회나 우승시킨 빌 러셀Bill Russell은 미국 NBA의 전설로 통한다.[46] 빌 러셀은 자신만의 독특한 습관이 있었다. 경기가 끝날 때마다 자신의 플레이를 1~100점 사이로 스스로 평가했고 그것을 점수기록표에 썼던 것이다. 그런데 NBA 선수 중 최고로 많은 우승 반지를 소유한 그답지 않게 1,200회가 넘는 시합 중 100점을 기록한 적이 없었다. 그럼 90점은? 없다. 자신이 스스로에게 내린 최고 점수는 겨우 65점이었다. 빌 러셀은 승리에 도취하지 않게 자신을 매우 박하게 평가했으며 이러한 끊임없는 반성을 통해 테스토스테론이 자신의 뇌를 휘젓게 놓아두지 않았던 것이다.

워런 버핏이나 빌 러셀처럼 자신의 모습을 최대한 객관적으로 보기 위해 반성을 하게 되면 '메타 인지'가 올라간다. 메타 인지란 내가 뭘 알고 뭘 모르는지를 아는 것으로 자신을 객관화하여 볼 수 있는 능력이다. 우리의 전작 《완벽한 공부법》에서 언급했듯이 수능 모의고사 상위 0.1퍼센트 아이들과 평범한 아이들은 기억력에서 차이가 나는 것이 아니었다.[47] 0.1퍼센트 아이들은 자신들이 뭘 알고 뭘 모르는지를 매우 정확하게 인지하고 있었으나 평범한 아이들은 자신을 객관화하는 데에 부족함을 드러냈다. 메타 인지가 높으면 자신의 약점과 강점을 명확하게 파악할 수 있게 된다. 결국 약점을 보완하고 강점을 강화시키는 전략을 더 잘 만들 수 있다. 실제 0.1퍼센트 아이들과 일반 아이들의 공부법은 상당히 달랐다.

그런데 메타 인지라는 것이 보편적으로 적용되는 게 아니다. 공부와 일은 메타 인지가 다르다. 공부에 메타 인지가 높다고 해서 꼭 일에 대한 메타 인지가 높은 것이 아니다. 또한 같은 공부라도 과목마다, 같은 일이라도 분야마다 메타 인지가 다르게 나타날 수 있다. 그래서 무엇을 하든지 반성적 사고를 항상 유지하는 게 중요하다.

지금까지 반성적 사고를 승자를 중심으로 기술했지만 패자도 마찬가지다. 우리는 일에 실패를 할 때 상황을 분석하려는 경향이 강하지만 승리를 할 때는 냉정한 분석을 하지 못하는 경향이 더 많기 때문에 그렇게 언급한 것뿐이다. 실패했을 때에도 냉정한 반성을 하는 것이 중요하다. 특히 실패의 원인을 나에게서 찾는 것이 아니라 외부로 돌리는 우를 범해서는 안 된다. 평소에는 '운'적 요소를 전혀 고려하지 않다가 실패만 하면 '운'을 찾는 사람들이 있다. 자신은 문제가 없는데, 우리 팀은 문제가 없는데, 우리 조직은 문제가 없는데 운이 없을 뿐이라고 생각한다.

2014년 크리스토퍼 마이어스 Christopher Myers 팀은 다양한 연구를 통해 실수한 원인이 자신에게 있다고 생각한 사람들이 실수의 원인을 외부로 돌렸던 사람들보다 더 올바른 판단을 할 확률이 높다는 것을 밝혀냈다.[18] 반성의 빈곤은 메타 인지 수준을 낮추게 되고 저조한 메타 인지는 잘못된 판단과 전략을 사용하게 되어 있다. 2017년 하반기 한경희 생활과학은 기업

회생 개시 결정을 받았다. 기회가 주어진 것이다. 부디 한경희 생활과학이 과거의 부족한 모습을 철저히 반성하고 보완함으로써 소비자들에게 긍정적 가치를 선사해 줄 수 있는 기업으로 거듭나기를 바란다.

그렇다면 메타 인지를 높일 수 있는 반성적 사고를 어떻게 하면 잘해낼 수 있을까? 빌 러셀이 했던 것처럼 우리는 '기록'으로 수준 높은 반성적 사고를 할 수 있다.

▬▬기록 : DR과 AAR

2009년 미국 국립보건원의 지원하에 비만자 1,600명을 대상으로 연구를 했다.[49]. 비만자들에게 일주일에 하루만이라도 자신이 먹은 것을 빠짐없이 기록해 보라고 한 것이다. 실험 참가자들은 처음에는 힘들었지만 이내 대부분의 참가자들이 자신이 먹었던 음식 목록을 적기 시작했다. 그런데 6개월 후 놀라운 일이 벌어졌다. 음식 일기를 적은 그룹이 그렇지 않은 그룹보다 2배나 더 많은 체중을 뺀 것이다. 연구진이 요구한 것은 기록 이외에 아무것도 없었음에도 말이다.

예상했겠지만 음식 일기를 기록한 비만자들은 기록을 적으면서 자신의 모습을 적나라하게 보게 됐다. 아침과 점심 사이에 식사에 버금가는 간식을 먹고 일주일 내내 기름진 음식을 먹고 있는 자기 자신을 보게 된 것이다. 제대로 인지하지 못했던 자기 모습을 발견하게 되면서 이들은 자신의 식습관에 대해 진지하게 반성하기 시작했고 이후 스스로 식단을 계획하는 등 전략을 세우고 진지한 노력을 하게 된 것이다. 실험에 참여한 어떤 비만자는 이렇게 말했다.

"시간이 좀 지나자 음식 일기가 제 머릿속에 들어왔습니다. 그때부터 식사 개념을 달리 생각하게 되었죠. 음식 일기는 제게 부담감을 주기는커녕 음식에 대해 체계적으로 '생각'할 기회를 주었습니다."

반성적 사고를 높이기 위해서 당신이 해야 할 첫 번째 과제는 '기록'이다. 우리는 개인에게는 Daily Report[DR]를, 조직에게는 After Action Review[AAR]를 추천한다.

DR은 신박사가 박사학위를 받던 시절 개발한 것으로《완벽한 공부법》에 소개되어 현재 많은 독자들이 실행을 하고 있다. 특히 신박사가 진행하는 멘토링 프로젝트 '완벽한 하루'를 통해 많은 이들이 DR로 변화된 삶을 살고 있다.

신박사는 어느 날 가만히 앉아 자신의 연구 및 학습 시간과 밀도를 들여다보았다.[50] 사태는 심각해 보였다. 이렇게 해서는 5~6년 뒤에 훌륭한 박사가 될 것 같지 않았다. 뭔가 제대로 하지 않으면 안 될 것 같다는 불안한 마음이 엄습했다. 그런데 우연한 기회에 박사 과정이 아닌 인생에 큰 영향을 끼치는 방법을 찾아내게 된다. 바로 DR이었다.

실험하는 연구자들은 연구노트라는 것을 적는다. 매일 나오는 실험결과를 적기도 하고, 때로는 떠오르는 아이디어 혹은 세미나에 참가했을 때 내용을 적기도 한다. 그렇게 연구하는 많은 학생은 습관적으로 연구노트를 들고 다닌다. 하루는 연구노트를 들고 세미나에 들어갔다가 집중이 너무 안 돼서 기존에 연구노트에 적은 것들을 살펴보았다. 그러다가 예전의 실험결과만 대충 적혀 있는 쪽을 되돌아보니 도저히 이날 무슨 일을 했는지 기억이 나질 않았다. 그래서 신박사는 내일 적을 페이지부터 왼쪽에 줄을 그어서 24칸으로 나눈 뒤 매시간 무엇을 했는지 간략하게 메모하기로 했다.

맨 처음에는 점심시간이나 저녁 시간 혹은 퇴근 전에 기억을 떠올리면서 기록을 하다가 막상 그렇게 떠올리려고 하니 구체적으로 생각이 안 날 때가 많아서 두 시간마다 한 일을 적기 시작했다. 처음에는 단순히 어떤 일을 했는지 적다가 나중에는 몰입 정도를 Good/SoSo/Bad로 나누어서 추가로 적었다. 그렇게 처음 보름 정도 신경 써서 꼼꼼히 기록했다. 그리고 다시 기록을 살펴보았을 때 신박사는 많은 것을 깨달을 수 있었다.

일단 직접 실험을 하지 않을 때는 몰입도가 낮다는 것을 알았다. 또, 실험할 때도 장비가 돌아가고 있으면 논문을 보거나 다른 일을 할 수 있는데, 그런 시간도 많이 낭비한다는 것이 보였다. 신박사는 평소에 실험 외 시간에 4~5시간은 공부한다고 생각했지만, 막상 신박사가 논문을 읽거나 교과서를 보는 시간은 정량적으로만 2~3시간이었고 집중도를 따졌을 때는 1시간 미만인 날도 많았다.

이렇게 체계적으로 매일 했던 일을 기록하니 어떻게 노력을 해야 하는지도 명확해졌다. 신박사는 어느 정도 기록하는 습관이 자리를 잡은 다음부터는 시간에 대한 개념이 새롭게 정립되어가는 것을 느꼈다. 우선은 시간을 허투루 쓰는 것이 상당히 불편했다. 연구노트에 집중 정도를 SoSo나 Bad로 적으면 뭔가 죄를 짓는 기분이었다. 그러다 보니 신박사는 Good을 기록하기 위해 의식적으로 더 많이 노력하게 되었다. 그리고 무조건 집중도가 높은 공부시간을 3시간 이상으로 늘리려고 노력했고, 실험 중 시간이 남을 때 논문을 보면 뭔가 시간을 정말 알차게 쓴 것 같아서 Best라고 적기까지 했다.

신박사는 일 년 이상 악착같이 열심히 기록했다. DR의 결과는 어땠을까? 신박사는 2년 만에 박사논문을 다 쓰고도 남을 만큼의 실험결과를 만들었고, 그 결과를 바탕으로 2년 동안 5개의 1저자 논문을 상당히 좋은 저널에 게재하는 데 성공했다. 그리고 신박사는 졸업하기 전까지 일 년 넘게 자신의 박사논문 주제와 다른 실험을 연구실과 후배들을 위해 진행했다. 졸업 후 신박사 연구실은 그 주제로 50억 이상의 연구 자금을 유치했고, 두 명의 학생이 그 주제를 이어받아 좋은 논문으로 박사학위를 받았다. 이 모든 게 DR을 통해 이루어진 것이다.

DR은 필연적으로 반성적 사고를 야기한다. 반성적 사고는 메타 인지를 높여 자기 자신을 냉철하게 볼 수 있게 한다. 그리고 상황을 타개할 수 있는 효과적인 전략과 효율적인 노력을 할 수 있는 것이다.

휴먼솔루션그룹[HSG]의 이우창 소장 등은 조직의 메타 인지를 높이는 반성적 사고를 위해서 AAR을 하라고 제시한다.[51] AAR은 지난 20년 넘게 미육군에서 교육 훈련 성과를 위해 개발한 전문 토의 방법이다. 특별한 훈련을 한 이후에 다음의 4가지 질문을 토대로 훈련을 면밀히 검토한다.

1) 최초에 우리가 기대한 것은 무엇인가?
2) 실제로 발생한 결과는 무엇인가?

3) 발생한 결과의 원인은 무엇인가?

4) 향후 보완해야 할 것은 무엇인가?

비슷한 방법으로 조직 내 프로젝트 중 4가지 질문을 토대로 팀원들과 토론을 한 후 그 내용을 상세히 기록해 놓으면 이는 조직의 큰 자산이 되어 같은 실수를 반복하지 않거나 장점을 극대화시킬 수 있는 조직능력을 키울 수 있게 된다. 네 가지 질문이 너무 간단해 보이나 HSG에서 AAR 워크숍을 할 경우 대부분의 사람들이 우왕좌왕한다고 한다. 그 이유 중에 하나는 문제의 핵심에 '자기 자신'이 들어가는 것을 두려워하기 때문이라고 한다. HSG에서 알아본 내용에 따르면 프로젝트 사후 리뷰를 제대로 진행하는 경우는 겨우 2.5퍼센트에 불과하다고 한다. 프로젝트에 대한 개인별 기여도와 책임 소재가 드러나 이미 끝난 일에 불편한 언급을 피하려 하는 것 때문이라고 한다.

미국 하버드대학교 철학 교수 조지 산타야나George Santayana는 "과거를 기억하지 못하는 사람들은 과거를 되풀이하는 운명을 맞게 된다."고 말했다. 하지만 우리의 기억력은 신뢰할만하지 못하다. 조지 산타야나의 말은 이렇게 바뀌어야 한다.

"과거를 기록하지 못하는 사람은 과거를 되풀이하는 운명을 맞게 된다."

과거를 제대로 기록하지 못한 조직도 마찬가지일 가능성이 크다. 그런데 AAR을 실행하기 전에 해야 할 것이 있다. Before Action Review BAR이다. BAR은 프로젝트를 하기 전에 명확한 목표, 목표 수행 중 발생할 수 있는 리스크, 리스크의 발생 원인과 대응 방안을 예측해서 적어 보는 것을 말한다. AAR의 첫 번째 질문은 '최초에 우리가 기대한 것은 무엇인가?'이다. BAR을 통해 확인할 수 있다.

AAR을 할 때는 3F 원칙을 적용해야 한다. 첫 번째 F는 신속함Fast이다. AAR은 프로젝트가 마감한 이후에 하는 것이 아니다. DR처럼 매일은 아니더라도 프로젝트 중 주간이든 월간이든 정기적으로 해야 한다. 그래야 최대한 '기억 왜곡'과 '사후 해석 편향'에서 벗어날 수 있다. 두 번째 F는 자유로움Free이다. AAR은 내용이 중요한 것이지 형식이 중요한 게 아니다. 작성 양식과 폰트 같은 쓸데없는 것에 에너지를 낭비해서는 안 된다. 세 번째 F는 사실Fact이다. 철저히 사실을 근거로 내용을 기록한다.

AAR은 조직이 반성하기 위해 하는 것이지 개개인의 잘못을 따지려고 하는 것이 아님을 잊지 말자. 이렇게 개인이든 조직이든 지나온 행적을 생생하게 기록해 놓고 그것을 통해서 반성적 사고를 키워 나간다면 우리가 하는 모든 일의 수준이 한 단계 업그레이드될 것이다.

지금까지 '반성적 사고'에 대해서 알아보았다. '일취월장'을 하기 위해서 당신과 당신의 조직에 필요한 '사고'는 반성적 사고 이외에도 통계적 사고, 시스템적 사고, 맥락적 사고, 재무적 사고, 과학적 사고, 창의적 사고, 전략적 사고, 관계적 사고 등이 있다. 하지만 뒤의 4가지 사고는 선택, 혁신, 전략, 성장 편에서 다루게 될 것이므로 이번 '사고'편에는 앞의 5가지 사고에 대해서 알아보게 될 것이다. 반성적 사고와 함께 당신과 당신의 조직이 갖춰야 할 두 번째 사고는 '통계적 사고'이다.

통계적 사고

윌 스미스와 나이팅게일

원래 래퍼였던 윌 스미스[Will Smith]는 1990년 NBC에서 방영된 시트콤에 출연해 큰 성공을 거둔다.[52] 인기가 높아진 스미스는 1990년대 중반에 많은 영화 제의를 받게 된다. 영화배우로서 대형 스타가 되기 위해서는 연기보다 더 중요한 요소가 있다. 그것은 영화의 선정이다. 흥행하지 못한 영화에서 탄생한 슈퍼스타는 거의 없기 때문이다.

대부분의 배우들은 영화를 선정할 때 시나리오를 읽으며 작품성과 대중성을 판가름하거나 감독과 동료 배우들의 면면을 살핀다. 하지만 스미스는 영화 선정을 배우가 아니라 통계학자처럼 했다.

스미스는 최근 10년 동안 미국에서 최고 수준으로 흥행한 영화 10편을 고른 후 영화 내용을 분석했다. 분석 결과 스미스는 10편의 영화 모두 특수효과를 썼고 9편의 영화에는 외계인이 등장한다는 것을 알게 된다. 그래서 그 분석을 바탕으로 영화를 선택하게 되는데 첫 번째 영화가 〈인디펜던스데이〉, 두 번째 영화가 〈맨인블랙〉이었다. 특수효과와 외계인이 등장하는 이 두 영화는 국제적으로 대흥행을 하며 13억 명에 가까운 관객을 극장으로 모았다.

스미스는 이런 방식으로 영화를 선정해 미국에서만 8편 연속으로 1억 달러 이상의 수익을 냈고 글로벌 기준으로 11편 연속 1억 5천 달러 이상의 수익을 내며 기네스북에도 오르게 된다. 그의 작품 21편 중 5억 명 이상을 끌어모은 작품은 5편에 이르며 1억 명 이상 본 영화는 무려 17편으로 총 관객수는 66억 명에 이른다.

윌 스미스의 이런 통계적 접근은 과학적 엄밀성이 떨어지는 것은 사실이지만 개인의 주관적 평가에 의존해 의사결정을 하는 것보다는 훨씬 훌륭한 자세이다. 그런데 놀랍게도 2012년의 연구에 의하면 과거 유사한 영화의 흥행을 검토해 설계된 예측 모델이 개인의 주관적 평가보다 흥행 여부를 더 잘 파악하는 것으로 나왔다.[53] 또한 2006년에 실시한 연구에 의하면 외계인과 특수효과가 등장하는 SF 장르가 문화적 장벽이 가장 낮은것으로 나왔다.[54] 즉 글로벌 흥행 가능성이 크다는 것이다.

통계적 사고를 통해 우리는 현재 상황을 더 객관적으로 바라볼 수 있을 뿐만 아니라 때론 부족한 데이터라고 하더라도 문제 해결을 위한 유의미한 통찰을 뽑아낼 가능성을 높일 수 있다.

많은 사람들이 통계는 일반인들이 할 수 없는 관련 전문가들이나 다루는 것이라고 생각하곤 한다. 하지만 전혀 그렇지 않다. 통계학자 수준의 전문성에 미치지 못한다 하더라도 일을 제대로 하기 위해서는 통계적 사고는 필수이다. 하는 일에 대한 필요한 통계를 찾는 것은 물론 자료가 없다면 본인 스스로 만들어야 하며 그 통계를 유의미하게 분석하는 힘 또한 길러야 한다. 나이팅게일Florence Nightingale이 대표적이다.

나이팅게일은 1854년 크림전쟁의 부상병들을 돕기 위해 약 40명의 자원봉사자와 함께 터키의 영국군 야전병원으로 갔다.[55] 야전병원은 참혹하기 그지없었고 사망률은 43퍼센트에 달했다. 당시 병원에 입원한 군인들은 전쟁 중 당한 부상으로 인한 것이 아니라 다른 질병에 감염돼 사망한 경우가 압도적이었다. 하지만 당시만 해도 세균이 발견되기 전이었고 또한 환자들에 대한 어떠한 명확한 자료도 나이팅게일은 얻을 수 없었다. 나이팅게일은 문제 해결을 위해 통계적으로 접근했다.

세계 최초로 의무기록표를 만들어 환자들에 대한 자료들을 꼼꼼히 적기 시작했고 그 통계들을 바탕으로 병원의 위생시설을 재정비하고 환자들에게 가장 적절한 치료를 제공하려고 노력했다. 그 결과 나이팅게일이 도착한 후 6개월 만에 사망률은 2퍼센트로 떨어졌다. 이 공로로 나이팅게일은 영국통계학회 최초의 여성 회원이 되고 이후 세계 최초로 간호대학을 세우며 현대 간호학의 기초를 세운다.

━━우리만의 통계를 만들자

"나에겐 차트와 그래프가 있다. 꺼져!"[56]

당신의 회사에서 이런 멘트가 적혀 있는 스티커를 자신들의 노트북에 붙이고 다니는 사람들이 있다면 과연 어떤 부서일 것 같은가? 아마 최소한 인사 팀[HR]은 아니라고 생각할 수 있다. 하지만 저런 스티커를 자랑스럽게 붙이고 있는 사람들은 구글의 인사 팀이다.

통계적 접근이 가장 힘든 분야가 HR이다. 채용, 교육, 관리자 선별, 리더십, 성과측정 등에서 객관적이고 유의미한 통계를 만들어 내는 것은 쉽지 않기 때문이다. 하지만 구글은 엔지니어의 회사답게 HR에서조차 철저한 통계적 사고로 접근해 큰 성과를 거두고 있다. 구글의 HR은 피플 오퍼레이션[People Operations] 팀이 맡고 있는데 팀의 3분의 1이 통계학과 심리학 분야의 석·박사 이상의 학위를 받은 사람들로 채워져 있다. HR 전문가들이 이들과 함께 일하면서 인사와 관련된 거의 모든 것을 통계화하는 작업을 한다.

우리가 구글을 높이 평가하는 것은 단순히 통계적 사고로 HR에 접근했다는 데에 있지 않다.[57] 구글은 학계에서 만들어진 최신 경영, 심리 이론들이 유용하지만 회사는 이론 속의 모델이 아니고 직원들은 실험 참가자들이 아니기에 그대로 도입하지 않았다. 구글은 이론을 자신의 회사에 맞는지 철저히 검증하고 변형시키는 작업을 꾸준히 했다. 뿐만 아니라 자신들의 이런 통계적 사고가 결코 완벽하지 않다는 것을 인지하고 있다. 지속적인 연구를 통해 더 나은 결과를 내는 것이 목표인 것이다. 통계적 사고뿐만 아니라 맥락적 사고와 과학적 사고를 엿볼 수 있는 부분이다. 다음은 지금까지 HR 분야에서 통계적 사고로 얻어낸 결과들의 일부이다.

- 교육보다 채용이 더 중요하다.
- 아이비리그를 중상위권 성적으로 졸업한 직원보다 주립대학을 수석으로 졸업한 직원이 더 생산성이 높은 편이다.
- 하지만 대학을 졸업한 지 이삼 년이 지나면 학교 성적과 직무 성과와의 상관관계는 거의 없어진다.
- 구글가이스트(직원 설문조사 시스템)의 다섯 질문을 통해 직원의 이직 여부를 유의미하게 예측할 수 있다.
- 관리자의 수준은 직원 성과와 이직률에 매우 큰 영향을 미친다.
- 직원의 성과는 멱법칙을 따른다.

구글의 인사를 총 책임지고 있는 라즐로 복은 이렇게 말한다.

"우리는 지금까지 구글이 언제나 옳다고 생각한 적이 단 한 번도 없다."

그렇다. 특히 인사부문에서 통계적 접근은 한계가 있을 수밖에 없다. 정량적으로 측정하기 어려운 것이 상당히 많기 때문이다. 하지만 '선택'편에서 더 자세히 살펴보겠지만 인간은 '편향'에서 절대 벗어나기 힘든 존재이다. 통계적 사고가 조직문화 속에 스며들게 된다면 조직의 성장에 가장 큰 무기가 될 것이다. 또 하나 노파심에서 말하지만 앞에 언급한 것들은 구글이 자신들의 회사 내에서 뽑아낸 지금까지의 결론들이다. 회사마다 하는 일이 다르기 때문에 구글의 결론과 충분히 다른 결론이 나올 수 있다. 그렇기 때문에 자신의 조직만의 데이터를 축적하는 것이 중요하다. 작은 자영업을 하거나 소규모 스타트업의 경우도 마찬가지다.

▬ 통 계 의 함 정 들

스티븐 레빗Steven Levitt, 유리 그니지Uri Gneezy, 존 리스트John List, 채드 시버슨Chad Syverson 등 미국에서 정말 잘 나가고 있는 경제학자 4명이 미국에서 상당히 유명한 거대 소매기업들의 중역들과 함께 판매 촉진 방법을 논의하고 있었다.[58]

마케팅 담당 고위 중역은 광고집행비용과 제품 판매량의 관계를 보여주며 광고가 판매를 효과적으로 증가시키고 있다고 말했다. 실제 그래프는 광고비가 늘어날수록 판매고가 선형적으로 증가하는 모습이었다.

하지만 이 통계만으로 광고가 판매에 유의미한 영향을 미치고 있다고 판단할 수 있을까? 예를 들어 아이스크림 판매량과 익사 사고의 관계를 그래프로 그리면 마케팅 중역이 제시한 그래프와 거의 유사하게 나온다. 하지만 우리는 이 그래프를 보고 '익사 사고가 늘어난 이유는 아이스크림이 더 많이 팔렸기 때문입니다!'라고 말하지 않는다.

제대로 된 통계적 사고를 구축하기 위해서는 통계의 함정들이 무엇인지를 알고 있어야 한다. 일단 인과관계와 상관관계의 차이를 알아야 한다. 어떤 사실과 다른 사실이 원인과 결과의 관계일 때 인과관계라고 한다. 두 사실 간에 관련성이 있다면 상관관계라고 한다. 하지만 우리는 상관관계를 인과관계로 착각하는 경우가 의외로 많다. 그래서 엉뚱한 조치를 취한다. 익사 사고를 줄이기 위해 아이스크림을 줄이려는 행동처럼 말이다.

4명의 경제학자들이 자료를 살펴본 결과 광고비를 높게 집행했을 때가 명절 때였음을 알아냈다. 그래서 의문을 제기했다. 혹시 명절 때문에 판매고가 늘어난 것은 아닐까? 광고비를 늘리지 않았어도 판매고는 늘어나지 않았을까? 마케팅 중역은 광고비 지출이 판매고에 직접적인 영향을 준 것으로 확신했지만 그것이 아닐 수도 있는 것이다.

일을 할 때는 무수한 변수들이 서로 영향을 미치고 있기 때문에 이리저리 맞추다 보면 인과관계처럼 보이거나 유의미한 상관관계처럼 보이는 많은 통계들을 접할 수 있다. 그것들은 함정이다. 그래서 탁월한 통계적 사고를 구축하기 위한 첫 번째는 상관관계와 인과관계를 구분하는 것이다. 또한 유의미한 상관관계와 무의미한 상관관계를 살펴볼 줄 알아야 한다.

당신이 빠지지 말아야 할 두 번째 통계적 함정은 '독립성을 혼동'하는 경우다. 동전 던지기는 매번 독립적이다. 첫 번째 동전 던지기가 두 번째 동전 던지기에 영향을 미치지 않는다는 것이다. 그런데 만약 동전이 연속해서 5번 앞면이 나왔을 경우 그 다음은 뒷면이 나올 것 같은 착각에 빠지곤 한다. 앞면과 뒷면이 나올 확률은 50퍼센트인데 계속 앞면만 나왔으니 이번에는 뒷면이 나올 확률이 높다고 생각하는 것이다. 하지만 앞면이 연속 5번 나왔어도 그 다음 동전 던지기에서 뒷면이 나올 확률은 50퍼센트이다. 이를 '도박사의 오류'라고 한다. 각 사건이 독립적인데 독립적이지 않다고 혼동하는 경우다.

하지만 통계적 접근을 통해 일을 할 때는 반대로 혼동하는 경우가 더 많다. 독립적이지 않은데 독립적이라고 분석하는 경우다. 2008년 금융위기 때 신용평가사들의 신용파생상품 평가가 가장 대표적인 사례라고 할 수 있다.

글로벌 신용평가회사인 무디스와 S&P에서 일하는 사람들은 최고 수준의 통계적 지식을 갖춘 사람들이다. 하지만 전문가라고 할지라도 실수를 저지른다. 부채담보부증권[CDO]은 여러 대출채권을 한데 묶어서 유동화시킨 신용파생상품이다. 신용평가회사들이 CDO에 AAA 등급을 매기면, 평가기관이 투자자들에게 이 CDO가 5년 안에 지급불능이 될 확률은 0.12퍼센트밖에 되지 않는다고 말하는 것과 같다.[59] 즉 850개 중에 하나만 망한다는 것이다.

그런데 금융위기 당시 S&P의 자료에 의하면 AAA 등급을 받은 CDO 가운데 무려 28퍼센트가 지급불능이 되었다. CDO의 실제 지급불능 확률이 최고 수준의 통계전문가들이 만들어 낸 통계보다 200배나 더 높았던 것이다.

왜 이런 일이 벌어진 것일까? 예를 들어 5개의 대출 채권으로 이루어진 CDO가 있다고 해보자. 가장 안전한 CDO는 5개의 대출 채권 모두 지급불능이 될 때에만 돈을 한 푼도 받지 못한다. 대출 채권 하나가 지급불능될 확률이 5퍼센트라고 했을 때 각 대출 채권이 '독립적'이라면 투자금을 잃을 확률은 0.00003퍼센트밖에 되지 않는다. 하지만 각 대출 채권이 독립적이지 않고 완벽히 연관되어 있다면 투자금을 잃을 확률은 5퍼센트가 된다. 다시 말해 각 변수의 독립성 여부에 따라 통계 계산 차이가 16만 배나 나는 셈이다.

경제경영의 세계는 대부분 복잡계임을 잊지 말자. 각 사건들은 서로가 서로에게 영향(종속 사건)을 미친다. 즉 독립적인 것을 찾아보기 힘들다는 것이다. 실제 대출 채권들은 서로 밀접하게 연결되어 있었고 신용평가회사의 계산과는 다르게 무수히 많은 파생상품들이 지급불능이 되었다. 신용평가회사의 잘못된 평가는 금융위기를 더 심화시키는 단초를 제공하게 된다.

독립성을 혼동하지 말자. 특히 독립적이지 않은 종속 사건을 독립사건으로 오해하지 말자. 그것을 혼동할 때 통계로 인해 우리는 더 큰 실수를 저지를 수 있다.

세 번째로 수치 비교의 함정에 빠지면 안 된다. 예를 들어 우리는 명목가치와 실질 가치를 구분하지 못하는 경우가 많다.[60] 2011년 기준으로 미국에서 역사상 가장 큰 매출을 올린 영화는 다음과 같다.

1. 아바타
2. 타이타닉
3. 다크 나이트
4. 스타워즈 에피소드 4
5. 슈렉2

그런데 아바타는 2009년 작품이고 스타워즈 에피소드 4는 1977년 작품이다. 1977년의 1달러의 가치와 2009년의 1달러 가치가 같을까? 달라도 한참 다르다. 왜냐하면 인플레이션 때문이다. 인플레이션은 물가 상승, 즉 화폐가치의 하락을 뜻한다. 그렇다면 실질 가치로 순위를 매기면 어떻게 될까?

1. 바람과 함께 사라지다
2. 스타워즈 에피소드 4
3. 사운드 오브 뮤직
4. E.T.
5. 십계

〈아바타〉는 14위로, 〈슈렉 2〉는 31위까지 밀린다. 특히 화폐 단위의 통계를 볼 때는 그 단위가 명목가치인지 인플레이션을 제한 실질가치인지를 따져봐야 한다. 월급이 올랐지만 물가보다 오르지 않았다면 실질적으로 월급이 떨어진 것이다. 영업 이익도 마찬가지다. 10년 전과 영업이익이 같다면 실질 영업이익은 줄었다는 애기다.

백분율도 마찬가지다. A 회사의 영업이익이 작년에 비해 100퍼센트 올랐고 B회사의 영업이익은 작년에 비해 10퍼센트 올랐다고 하면 직감적으로 A 회사가 돈을 더 많이 벌었다고 여겨지지만 A는 작년에 10억을 벌었고 B는 작년에 1000억을 벌었다면 올해 A는 10억을 더 번 것이고 B는 100억을 더 번 것이 된다. 무엇에 대한 백분율인지를 잘 따져 봐야 한다.

또한 수치를 표현하는 기간도 잘 염두에 둬야 한다. 작년 대비, 작년 분기 대비, 전 분기 대비, 전 월 대비에 따라서 수치가 다 달라지기 때문이다.

극단적으로 작년 동분기 대비는 수치가 플러스로 나오는 데 비해 전 분기 대비 수치는 마이너스로 나올 수도 있다. 이번 분기의 실적이 작년 동분기에 비해서는 좋지만 전 분기에 비해서는 좋지 않았기 때문이다.

평균값과 중앙값도 마찬가지다. 둘 다 중간을 나타내는 것 같지만 어떤 수치들이 평균값이냐 중앙값이냐에 따라서 나오는 결과는 판이하게 다르다. 예를 들어 3, 4, 5, 6, 102라는 숫자가 있다고 하자. 평균값은 24이나 중앙값은 5이다. 그럼 우리는 언제 이 두 개의 값이 함정이 될 수 있는지 알 수 있을까? 당신이 이탈값을 어떻게 생각하느냐에 따라 달라진다.

예를 들어 당신이 들어갈 회사를 선택할 때 상대적으로 연봉이 높은 데를 들어가고 싶어 한다고 하자. A회사의 연봉의 평균은 4천 5백만 원이고 B회사의 연봉은 평균 6천만 원이다. B회사가 매우 매력적으로 보인다. 그럼 무턱대고 B회사를 지원해야 할까? 그런데 만약 A회사의 경우 임원과 일반 사원들간의 월급차이가 별로 나지 않는 반면에 B회사의 경우 임원과 사원들간의 월급차이가 많이 난다면 어떨까? 이때 중앙값은 달라질 수가 있다. 실제 A회사가 B회사보다 평균은 낮지만 중앙값은 더 높다고 가정을 해보자.

만약 당신이 임원의 높은 연봉이라는 이탈값에는 별로 관심이 없고 연봉의 중간에 관심이 많다면 이때 평균값은 당신에게 함정이 될 수 있다. 하지만 당신은 매우 야심이 있는 사람으로 높은 연봉을 받는 임원이 되고자 하는 확고한 비전이 있는 사람이다. 그렇다면 반대로 중앙값이 당신에게 함정이 될 수 있다. B회사가 A보다 덜 매력적으로 보일 테니 말이다.

통계적 사고를 잘하기 위해서는 결국 수치에 밝아야 한다. 각 수치가 의미하는 바가 무엇이며 언제 어떤 수치를 쓰는 것인지를 제대로 알 때 통계적 사고의 수준은 더욱 올라갈 수 있을 것이다.

통계적 사고를 할 때는 스웨덴 수학자 안드레예스 둥켈스의 명언을 꼭 명심하자.

"통계로 거짓말하기는 쉬워도, 통계 없이 진실을 말하기는 어렵다."

맥락적 사고

상 황 에   따 라   유 연 하 게

선진국의 소비자를 위해서 하루에 16시간씩 일주일에 6~7일 일하는 다국적기업의 하청을 받는 노동착취 공장은 아시아나 남아메리카 등지에서 자주 볼 수 있다.[61] 냉방시설이 제대로 갖춰지지 않고 화장실이나 식사를 할 시간조차 냉혹하게 제한하는 경우도 흔하며 고용주나 관리자의 학대 사건도 빈번하다고 한다.

당신이라면 이런 저임금 노동착취 공장에서 나온 제품의 불매운동에 참여하겠는가? 실제로 많은 단체들이 노동착취 공장에서 만들어진 제품들에 대한 불매운동을 하고 있으며 윤리적 소비를 지향하는 소비자 또한 그 흐름에 동참하고 있다. 만약 불매운동이 성공해 저소득 국가에서 다국적 기업의 하청을 받는 노동착취 공장이 사라지게 되면 어떻게 될까? 그 공장의 노동자들은 노동 환경이 더 좋은 것으로 이직을 할 수 있을까? 컬럼비아대 제프리 삭스^{Jeffrey Sachs} 교수는 이렇게 말한다.

"내가 걱정하는 건 노동착취 공장이 너무 많다는 게 아니라 너무 적다는 것이다."

왜냐하면 저소득 국가에서 노동착취 공장은 인정하고 싶지 않지만 상대적으로 좋은 일자리이기 때문이다. 만약 불매 운동이 성공해 노동착취 공장이 사라지게 된다면 공장 사람들은 대부분 실직자가 되어 쓰레기를 주우며 살아갈 가능성이 크다. 설사 현지에서 운영하는 공장에서 일한다 하더라도 그곳은 노동착취 공장에 비해 노동 환경이 훨씬 열악하다.

예를 들어 인도의 노동착취 공장의 일당은 8달러, 아이티는 7달러, 캄보디아는 5.5달러, 방글라데시는 2달러 수준으로 형편없지만 현지 공장은 1.25달러도 안 되는 곳이 수두룩하다. 그래서 2000년대 초반 태국의 노동착취 공장에서 일하기 위해 라오스, 캄보디아, 버마에서 약 400만 명이 이주하기도 했다. 노벨 경제학상을 수상한 폴 크루그먼^{Paul Krugman}은 이렇게 말한다.

"경제학자들 사이에서 이 같은 고용 증대 방식(노동착취 공장)이 세계 극빈층에게는 반가운 희소식이라는 게 압도적인 주류 견해이다."

노동착취 공장은 분명 문제가 있다. 최소한의 근로 조건을 갖춰야 하며 인권 유린의 장이 되어서는 안 된다. 하지만 그렇다고 노동착취 공장을 저소득 국가에서 없앤다면 그것은 더 큰 문제를 야기한다. 그 국가 안에서는 상당히 좋은 일자리이고 공장 일을 통해 온 가족이 생존권을 보장받을 수 있기 때문이다.

공분을 살만한 노동착취 공장이라고 할지라도 '상황'에 따라 좋은 일자리가 될 수 있다고 생각할 수 있는 생각의 힘이 필요하다. 이를 맥락적 사고라고 한다. 맥락적 사고는 모순되거나 대립되는 요소가 상황에 따라 혹은 균형감 있게 양립 가능하다는 생각을 하는 것이다.

맥락적 사고를 하는 것은 정말 쉽지 않다. 먼저 관련 사항에 대한 깊은 지식이 있어야 하고 또한 모순적인 요소를 품어야 하기 때문에 자신의 감정, 선입견, 신념 등을 냉정하게 다스릴 줄도 알아야 한다. 하지만 만약 맥락적 사고가 습관화되어 있다면 그 사람은 비즈니스 리더로서 최고의 조건을 갖춘 셈이다.

람 무담비[Ram Mudambi] 연구 팀은 인도에 진출한 80여개의 다국적 기업을 연구했다.[62] 연구 결과 인도에서 실패한 기업들의 경우 맥락적 사고를 하지 못한 것으로 드러났다. 실패한 기업들은 인도 시장에 진출할 때 수입 상품을 가지고 인도의 고소득층 소비자들을 공략한 후 현지 공장을 세워 제품을 생산할 정도로 성장하는 것을 기다리는 전략을 구사했다. 그렇다면 왜 이런 전략을 구사하는 것일까? 왜냐하면 중국에서는 이런 전략이 잘 통하기 때문이다. 하지만 좋은 전략이라고 할지라도 상황이 바뀌면 나쁜 전략으로 바뀔 수 있다.

인도는 중국보다 고소득층이 많지가 않다. 그래서 중국만큼 고소득층 전략이 잘 통하지 않는 것이다. 전문가들은 인도의 경우는 고소득층보다 중저소득층을 공략하며 빠르게 현지화하는 것이 더 효과적인 전략이라고 말한다.

미국의 글로벌 전자업체 기업인 베스트바이 또한 비슷한 실수를 저질렀다.[63] 베스트바이는 캐나다 시장을 공략할 때 캐나다 선두 업체인 퓨처숍을 인수하면서 동시에 베스트바이도 시장에 진출하는 듀얼브랜드 전략을 구사했다. 이 전략은 멋지게 통했다. 퓨처숍은 여전히 1등을 이어갔고 베스트바이는 2등 브랜드로 안착이 되면서 실제로는 베스트바이가 시장을 장악한 것이다.

베스트바이는 해외 시장에 진출할 때 듀얼브랜드만 한 전략이 없다고 생각했다. 그래서 중국에 진출할 때도 똑같은 전술을 구사했다. 하지만 베스트바이의 중국 진출은 최악의 수가 되어 버렸다. 베스트바이는 5년 만에 중국에서 철수했고 인수한 중국 기업마저 다른 중국 기업에 매각했다.

가장 최근에 맥락적 사고 부족으로 최악의 실패를 맛본 회사는 인텔이다. 2016년 4월 인텔은 2004년부터 무려 200억 달러를 쏟아부으면서 도전했던 스마트폰용 모뎀과 프로세서를 통합한 칩 SoC[System on Chip] 개발을 포기했다.[64]

인텔이 누구던가? PC 계열 프로세서를 지배하고 있는 엄청난 회사이다. 하지만 모바일 시장이 거대해지면서 인텔은 모바일 프로세서를 장악하기 위해 과감히 뛰어든다. 인텔은 프로세서 시장을 이미 장악한 전례가 있기 때문에 자신감이 있었다. 하지만 PC와 모바일은 다르다는 것을 냉정하게 평가하지 못했다.

PC 프로세서는 고사양, 고성능이 대세이지만 모바일은 전력을 적게 소모하는 것이 핵심 기술이다. 인텔은 PC에서 주로 사용되는 x86 기반 프로세서를 모바일 기기에 적용하려고 했다. 프로세서 명가답게 모바일에서도 인텔은 고성능을 자랑했다. 하지만 전력 효율이 떨어져 배터리 소모가 심했고 발열이 심해 열을 식혀줄 추가 부품이 있어야 했다. 좋은 성능을 유지하면서도 저전력, 소량화를 추구하고 있는 모바일 프로세서 시장에서 인텔의 제품들은 상대적으로 밀릴 수밖에 없었다.

게다가 모바일 프로세서 시장에는 ARM이라는 아주 강력한 경쟁자가 존재했다. ARM은 AP를 직접 만들지 않고 디자인한 설계도를 라이선스 형식으로 판매했다. AP는 D램, 플래시 메모리, GPU 등이 들어가는 작은 칩으로 모바일 프로세서의 핵심적인 역할을 한다. 스마트폰 제조사들은 ARM의 라이선스를 취득해 자신들의 제품에 맞게 AP를 만들었다. ARM은 약 300여 개의 업체와 라이선스 체결을 함으로써 AP 시장점유율 95퍼센트를 달성하게 된다.

반면 인텔의 전략가들은 전혀 상황 파악을 못하는 듯했다. 인텔은 AP를 직접 만들었고 AP의 설계부터 AP에 들어가는 모든 부품 또한 자사제품을 넣었다. 하지만 모바일은 PC와 다른 생태계로 돌아가고 있었다. 각 스마트폰 제조사들은 저렴한 비용으로 자신의 모바일 기기에 최적화된 AP를 직접 만들고 있었기 때문에 인텔의 AP를 쓸 이유가 전혀 없었다. 결국 PC에서 성공했던 전략이 모바일에서는 철저히 실패한 전략이 되어버린 것이다.

상황이 바뀌면 전가의 보도도 무딘 칼이 될 수 있음을 아는 것이 중요하다. 그것이 바로 맥락적 사고이다.

　기업에게 있어 '혁신'은 있으면 좋고 없으면 그저 그런 것이 아니다. 혁신하지 않으면 생존하기 어렵다. 그렇기에 기업의 혁신에 대한 많은 연구가 이루어지고 있고 우리 또한 '혁신'을 하나의 편으로 준비했다.

　그렇다면 혁신을 어떻게 해낼 수 있을까? 여러 가지가 있지만 그 중에 하나가 이미 존재하고 있는 지식을 연결하는 것이다. 혁신이라는 단어를 대중화시킨 조지프 슘페터Joseph Schumpeter는 이렇게 말했다.[65]

　"다른 것을 창조하는 것 또는 같은 것을 다른 방법으로 창조하는 것은 그 구성소재 및 영향을 미치는 요소를 다른 방식으로 조합하는 것이다. 흔히 말하는 개발이란 조합을 시도하는 것과 다르지 않다."

　혁신은 무에서 창조된 것이 아니다. 유와 유를 연결시켜 새로운 유를 만드는 것이다. 예를 들어 일회용 기저귀의 핵심은 흡수력이다. 흡수력을 높이기 위해서 미세한 구멍이 뚫어져 있는 소재를 활용하는데 이때 사용되는 기술이 '워터 제트'이다. 흥미롭게도 워터 제트는 항공우주산업에서 사용되는 공법이다. 항공우주산업의 공법이 기저귀 생산에 사용되는 기존 기술과 조합되고 응용되어 혁신적인 제품이 나온 것이다.

　결국 우리는 개인과 조직의 입장에서 많은 지식을 아는 것이 혁신의 지름길임을 알 수 있다. 이를 지식의 탐색이라고 한다. 하지만 흥미로운 사실은 지식의 탐색이 너무 과하면 오히려 부작용을 야기할 수 있다는 사실이다. 특허를 신청할 때는 당연히 아이디어를 위해 인용한 특허들을 기재해야 한다. 스탠퍼드 대학교 리타 카틸라Riitta Katila와 미시간 대학의 가우탐 아후자Gautam Ahuja는 전 세계 124개 로봇 제조업체의 특허를 조사했다. 특허 출원 인용 범위에 따른 로봇 제조 빈도를 살펴봄으로써 지식의 탐색 수준과 생산성의 관계를 규명하고자 한 것이다.

연구 결과, 지식 탐색 수준이 높아질수록 긍정적인 결과를 낸다는 것이 밝혀졌다. 하지만 지식의 탐색이 극단적인 수준에 이르면 오히려 부정적인 결과를 낸다는 것도 알아냈다. 너무 과한 지식의 탐색이 생산성을 떨어뜨린 것이다.

메릴랜드 대학의 레이첼 샘슨Rachelle Sampson은 34개국의 437개 정보통신 장비업체의 특허 인용 데이터를 바탕으로 연구한 결과 비슷한 결과를 얻어냈다. 지식의 탐색 수준이 높아질수록 긍정적 기여를 하지만 그 수준이 너무 과하게 되면 좋지 못한 결과를 초래한 것이다.

그렇다면 지식의 탐색이 너무 지나친 조직은 왜 바람직한 결과가 나오지 않는 경향이 있는 것일까? 그것은 지식의 심화를 소홀히 했기 때문이다. 지식의 심화란 탐색을 통해 얻은 지식을 자신의 일에 맞게 개량, 응용, 적용 등을 통해 체화시키는 것을 말한다.

쉽게 비유를 하자면 당신이 우리 책을 완전히 독파하고 우리 책에서 인용한 다른 책과 자료들까지 섭렵을 한다면 분명 당신의 일의 수준은 높아질 가능성이 크다. 하지만 책에 나온 지식들을 자신의 일에 직접 활용하면서 심화시키지 않는다면 아무리 많은 지식을 탐색했다 하더라도 그 효용성은 떨어질 것이다.

결국 지식의 탐색과 지식의 심화가 균형을 이룰 때 혁신은 더 쉽게 다가온다. 우리는 보통 취업준비생 때는 지식의 심화의 중요성을 놓치는 경우가 많다. 물론 스펙도 올려야 하고 책상머리 공부를 할 때이긴 하지만 자신이 공부한 내용들을 실제로 경험해 보고 체화할 필요가 있다. 실질학습이 필요하다는 것이다.

마케팅 부서에서 일하고 싶은 생각에 A는 스펙 쌓는 데에만 집중하고, B는 마케팅과 관련된 많은 책을 읽었다면 실제 업무를 했을 때 B가 A보다 일을 잘할 가능성이 크다. 하지만 마케팅 자료를 읽어봤을 뿐만 아니라 실제 여러 기관에서 임시로나마 마케팅 실무를 경험해보고 동시에 SNS 채널을 개설해 마케팅에 대한 여러 가지 실험과 경험을 한 C가 있다면 당연히 C의 실무 능력이 압도적으로 높을 가능성이 크다.

반대로 직장인이 되면 지식의 탐색을 등한시하는 경우가 많다. 심지어 '실전과 경험이 전부다!'라는 신념에 사로잡히기도 한다. 이런 사고방식을 갖고 있는 사람이 리더라면 골치 아프다. 실전과 경험의 질은 지식의 탐색이 받쳐줄 때 더 높아질 수 있다. 시행착오를 줄여줄 뿐만 아니라 실전 경험으로 얻은 지식과 새롭게 탐색한 지식이 조합되어 혁신적인 아이디어가 나올 수 있기 때문이다.

맥락적 사고는 상황에 따라 유연한 생각을 하는 것뿐만 아니라 얼핏 대립적으로 보이는 것들을 균형감 있게 생각할 수 있는 능력을 말한다. 경영학자들은 지식의 탐색과 지식의 심화의 균형을 유지하는 것을 '양손잡이 경영'이라고 하며 실제 혁신과 관련해 가장 많이 연구되고 있는 주제 중 하나이다. 당연히 양손잡이 경영은 맥락적 사고가 있을 때에 가능하다.

하버드 대학교의 란제이 굴라티Ranjay Gulati 교수 팀은 4,700개 상장 기업의 재무제표를 검토하여 1980~1982년, 1990~1991년, 2000~2002년에 있었던 글로벌 경기 침체를 어떻게 대처했는지를 알아봤다.[66] 조사 결과 40퍼센트의 기업들이 경기 침체가 끝나고 3년이 지나도록 과거의 이익과 매출을 회복하지 못했다. 하지만 이들은 다른 17퍼센트의 기업들에 비하면 다행이다. 망했으니 말이다.

연구 팀은 기업들이 위기를 대처하는 방식을 분류해 보았다. 예방 마인드를 가진 기업은 리스크를 최대한 줄이고 철저히 방어적인 전략을 취했다. 향상 마인드를 가진 기업은 오히려 위기를 기회라고 생각하고 공격적인 투자와 과감한 전략을 구사했다. 어떤 대처가 좋은 결과를 낳았을까? 안타깝게도 둘 다 좋지 않았다. 예방 마인드 기업이나 향상 마인드를 가진 기업이나 침체를 극복하는 데에 버거워했다. 하지만 예방 마인드와 향상 마인드를 균형 있게 가진 기업일수록 어려움을 극복할 가능성이 컸다. 연구 결과 두 개의 마인드로 전략을 실행했던 기업은 향상 마인드 기업보다 42퍼센트, 예방 마인드의 기업보다 76퍼센트나 회복 속도가 빠른 것으로 드러났다.

우리가 '운'편에서 최악의 시나리오를 그리는 것이 중요하다고 말했다. 혹시 이 내용을 앞에서 말한 예방적 마인드와 혼동하지 않기를 바란다. 최악의 시나리오를 그려서 대비하는 것은 경기 침체로 망해버린 17퍼센트가 되지 말자는 것이다. 망해버리면 예방적이든 향상적이든 그 어떤 전략도 구사할 기회조차 없으니 말이다. 또한 앞으로도 살펴보겠지만 최악을 대비하면 오히려 과감해질 수 있는 여력이 생긴다. 실패의 비용을 준비한 조직과 사람은 기회가 왔을 때 더 도전적인 전략을 쓸 수 있다.

스타벅스의 CEO 하워드 슐츠Howard Schultz는 이렇게 말한 적이 있다.

"언제나 문제는 '어떻게 균형을 유지할 것인가' 하는 점입니다."

모순과 대립이 상황에 따라 모두 적용될 수 있고 하나만을 고집하는 것이 아닌 둘 모두를 균형 있게 취할 수 있는 맥락적 사고는 정글 같은 비즈니스에서 살아남기 위해 꼭 함양해야 할 덕목이라 할 수 있겠다.

시스템적 사고

"개별적 요소의 행동이 전체의 행동을
규정하는 것이 아니라
전체의 본질적 성격이
전체의 부분을 스스로 규정한다."

- 막스 베르트하이머(Max Wertheimer) -

전체를 보는 안목

식물은 나뭇잎 뒷면에 있는 기공을 통하여 탄산가스를 흡수하고 광합성을 한 후 산소를 내보낸다.[67] 뿌리에서 흡수한 수증기 또한 기공을 통해 내보내는데 이를 증산작용이라고 한다. 어른이 된 나무의 경우 여름 동안에만 증산작용을 통해 수 톤의 수증기를 공기 중으로 방출한다고 한다. 그러면 공기 중의 수증기는 다시 비가 돼서 내리고 내린 비는 다시 뿌리에 흡수되는데 이렇게 식물이 모인 숲은 물의 순환의 중요한 역할을 한다. 게다가 증산작용을 할 때는 기화열을 필요로 하는데 그 열을 주위에서 흡수하기 때문에 숲은 한여름에도 시원함을 유지할 수 있다. 한마디로 지구의 기후 시스템에서 숲은 없어서는 안 될 존재인 것이다.

그런데 만약 이런 전체적인 시스템을 생각하지 못하고 나무를 마구잡이로 벌목하여 숲이 제 기능을 못하게 되면 어떻게 될까? 숲은 재생하지 못해 사람들에게 추가적인 나무를 제공하지 못할 뿐만 아니라 기후 시스템이 망가져 과거보다 더 어려운 삶을 살 수가 있다.

일취월장을 하기 위해서 시스템적 사고는 필수이다. 전체 시스템의 성격은 무엇이고 그 시스템 안에서 각 개체들은 어떠한 힘을 받고 있으며 각 개체들 사이에서도 어떠한 영향을 서로 미치는지를 생각할 줄 알아야 한다. 시스템 전체를 생각하지 않고 지금 당장 눈앞에 보이는 이득을 취하려 하거나 손쉬워 보이는 해결책을 실행할 경우 이익은커녕 손해를 보거나 문제는 더 심각해질 수 있다.

물론 올바른 시스템적 사고를 갖는 것은 쉽지 않다. 단기 이익을 추구하거나 제시된 해결책이 그 순간에는 매우 합리적이고 타당성 있게 보일 때가 많기 때문이다.

1990년대 초 펜실베이니아와 뉴욕에서는 진료성적표 제도를 도입하였다. 진료성적표는 어떤 병원과 의사가 환자의 진료를 잘하는지를 시민들이 알게하기 위해 도입되었다.[48] 진료성적표를 통해 환자의 호전 상태를 확인할 수 있기 때문이다. 얼마나 합리적인 제도인가? 일반 시민들은 '어떤 병원이 좋다더라.'라는 풍문만 주변에서 들을 수 있을 뿐이지 환자 치료 능력에 대한 객관적 자료를 보기가 힘들다. 물론 그런 자료가 있는 경우도 없고 말이다. 주정부는 각 병원과 의사의 성적을 공개함으로써 온전한 시장 질서를 구축하려고 했다. 실력 좋은 병원이나 의사는 그에 맞는 대우를 받을 수 있어서 좋고 그렇지 못한 병원과 의사들은 경쟁의식 속에 꾸준하게 성적을 높이려고 할 터이니 말이다. 결국 진료성적표를 통해 의료 서비스와 수준을 동시에 올릴 수 있다고 본 것이다.

경제학자 데이비드 드라노브^{David Dranove} 연구 팀은 진료성적표가 심장병을 앓고 있는 고령환자들에게 어떠한 영향을 미치는지를 조사해 보았다. 그런데 예상과 달리 진료성적표는 충격적인 부작용을 야기한다는 사실을 알아냈다. 나쁜 성적을 받는 것이 두려워 생명이 위중한 환자를 일부러 치료하지 않은 행태가 빈번하게 발생한 것이다. 반대로 굳이 수술까지 할 필요가 없는 환자들은 적극적으로 수술을 했다. 진료성적표는 도입 취지와는 정반대로 병원과 의사들이 최악의 서비스를 제공하게 했으며 환자들은 제대로 된 치료를 받지 못했다. 주정부는 '진료 성적의 공개'라는 매력적인 정책이 시스템 측면에서는 최악의 제도가 될 것이라는 생각을 못한 것이다.

=== 채 찍 효 과

기업에 있어서 시스템적 사고가 가장 필요한 분야는 공급망 관리^{SCM} 분야이다. 원자재 및 부품 공급업체, 생산업체, 도매업체, 소매업체, 소비자까지 이어지는 공급망의 경우 각자가 전체 시스템을 생각하지 않고 당장의 주문 흐름에 매몰될 경우 예기치 못한 참사가 발생할 수도 있기 때문이다.

보통 소비자의 늘어난 수요에 대비해 공급망은 한 단계 올라갈 때마다 완충 재고라는 명목으로 여분의 재고를 약간씩 추가하는 경향을 보인다.[69] 제품을 구매하는 데에 재고가 없는 것만큼 업체를 답답하게 하는 상황은 없는 데다가 일반적으로 공급업체가 소비자로부터 멀어질수록 대량 주문을 하기 때문이다. 소매점은 박스 단위로 물건을 주문하지만 도매점은 트럭 단위로 주문하는 것처럼 말이다. 그 결과 소비자 수요가 5퍼센트 증가하면 소매점은 재고 부족을 우려해 발주를 10퍼센트 증가시키고 도매점은 15퍼센트, 제조업체는 20퍼센트, 부품업체는 25퍼센트 이런 식으로 주문량과 생산량이 증가하며 그 과정에서 더 많은 재고를 쌓아 두게 된다.

이러한 현상을 채찍효과라고 한다. 채찍의 손잡이를 잠깐 흔들었을 뿐인데 채찍 끝은 요동치는 것에 빗댄 것이다. 채찍효과로 인한 공급망 참사의 대표적인 사례가 대형 통신장비업체 시스코이다. 1990년대 후반 시스코는 경제호황으로 높은 성장세를 구가하고 있었다. 쏟아지는 주문을 받아내기 위해 시스코는 여러 업체들과 M&A 및 업무제휴를 통해 생산능력을 키워나갔다. 특히 2000년대 초 정보통신 호황이 극에 달하자 시스코는 수요에 대비하기 위해 필요수량보다 3배에 가까운 주문을 하게 된다.

그런데 갑자기 정보통신 호황이 실제는 버블로 판명되면서 주가가 곤두박질치고 많은 IT 회사들이 파산하면서 시스코에 대한 수요가 급격히 줄어들게 된다. 시스코는 공급망 참사로 22억 달러에 달하는 손실을 냈다. 《뉴요커》는 이렇게 논평했다.[70]

"도저히 판매할 수도, 사용할 수도 없는 원자재, 부품, 제품에 20억 달러를 소비했다."

그럼 수요 예측을 보수적으로 하고 완충 재고가 없으면 되는 것이 아니냐고 생각하지만 그게 그렇지가 않다. 수요를 과소평가해 재고 부족 사태가 벌어지면 바로 재고를 채울 수 있는 게 아니기 때문이다. 소매점에 필요한 제품을 구비할 때까지 수주에서 수개월이 걸릴 수도 있다. 이런 사태로 인해 소비자가 영영 떠날 수도 있다.

2012년 초 애버크롬비 앤드 피치^{A&F}는 과도한 재고로 골머리를 앓았다. 재고 처리를 위해 대규모 프로모션을 실시했고 실수를 만회하기 위해 2012년까지 재고 조정을 통해 재고를 전년도 대비 35퍼센트까지 줄이게 된다. 하지만 2013년이 되자 갑자기 소비자의 수요가 증가했고 재고 부족 사태가 발생했다. 결국 A&F는 재고 관리를 잘하지 못해 많은 손실을 보게 됐다.

■■■ 애플의 공급망 관리(SCM)

스티브 잡스가 췌장암으로 투병하고 미래가 불투명해질 시기에 세계에서 가장 잘나가고 있는 기업의 후임 CEO가 누가 될지 귀추가 주목되고 있었다. 당시만 해도 스티브 잡스와 애플은 시대의 혁신의 아이콘이었고 다음 CEO 또한 최소한 그런 흐름을 이어갈 것이라 보았다. 하지만 새로운 CEO는 잡스와는 전혀 다른 분위기를 풍기는 팀 쿡^{Tim Cook}이었다. 게다가 팀 쿡은 SCM 전문가였다. 소비자들에게 애플은 심플하고 아름다운 디자인, 놀라운 기술력, 신선한 아이디어 등으로 어필되고 있었는데 SCM이라니, 뭔가 애플과 어울리지 않는 듯 보인다.

하지만 SCM만큼 애플과 어울리는 것이 없다. 애플의 혁신은 제품의 디자인과 아이디어에서만 있었던 것이 아니다. 애플의 SCM이야말로 혁신 중의 혁신이라고 할 수 있고 그 중심에 있는 팀 쿡은 최고 수준의 시스템적 사고를 갖추고 있는 인물이다.

애플은 1995년부터 매출 성장세가 떨어지면서 위기를 맞게 되는데 그해에 완제품 재고만 11억 달러에 육박하게 된다. 스티브 잡스는 6억 달러의 재고를 해결하면서 고전분투를 했지만 SCM이 정말 난해한 분야임을 깨닫게 된다. SCM 분야에 대대적인 혁신이 있지 않고는 아무리 좋은 제품을 만들어도 세계 최고의 기업이 되는 것은 불가능함을 깨닫고 1998년에 컴팩에서 SCM 운영을 맡고 있었던 팀 쿡을 수석 부사장으로 영입하게 된다.

팀 쿡은 애플에 들어오자마자 SCM을 과감히 손대기 시작한다. 팀 쿡은 자신의 노하우를 활용해 애플의 창고에 쌓여 있던 재고를 70일 수준에서 30일 수준으로 떨어뜨린다. 또한 애플이 생산하던 제품 절반을 아웃소싱해 물류센터 10개를 폐쇄할 수 있게 했다. 납품업체 수도 기존의 100개에서 24개로 줄이면서 관리의 효율화를 구축했는데 팀 쿡의 이러한 노력은 비용절감을 가져와 1998년도에 애플은 흑자로 돌아서게 된다.

지금까지 애플은 그 어려운 공급망 시스템을 계속해서 발전시켜 1998년 이후부터는 매출액 대비 재고보유 비율을 1퍼센트 미만으로 유지하고 있다. 또한 2012년에 발표한 자료에 의하면 애플의 재고회전율은 74.1(재고 보유량 약 5일)을 기록하며 세계 최고 수준의 SCM을 자랑하는 델(35.6, 약 10일)과 삼성전자(17.1, 약 21일)마저 월등히 따돌렸다.

애플이 2017년 현재까지 세계 최고가 된 데에는 단순히 소비자에게 사랑 받는 제품에만 있지 않다. 기업 운영에 있어 가장 난해한 시스템 관리를 최고 수준으로 해내고 있기 때문이다.

생리학자 버드 크레이그^{Bud Craig}는 연구를 통해 몸의 전반적인 상태를 이미지와 비슷하게 인지할 수 있는 뇌는 영장류에만 있는 것 같다는 의견을 내놓았다.[71] 즉 고등 동물만이 신체 시스템 전체를 제대로 그려낼 수 있다는 것이다.

그런 의미에서 우리가 이야기하는 시스템적 사고도 매우 고차원적이다. 관련 시스템에 대한 깊은 공부가 있어야 하며 많은 경험이 있어야 하기 때문에 제대로 된 시스템적 사고를 갖추는 것은 쉬운 일이 아니다. 그러나 결국 일이라고 하는 것은 여러 시스템 속에서 일어나기 때문에 각 시스템에 대한 이해 유무는 일의 성패를 결정할 가능성이 크다. 글로벌 경제, 국내 경제, 시장, 공급망, 기업 조직, 세부 팀들 모두 하나의 시스템이다. 각 시스템에 대한 본질을 꿰뚫어 보는 시스템적 사고를 갖춘다면 일은 매우 수월해질 것이다.

바로 당신이 시스템적 사고를 갖추길 기원한다.

재무적 사고

━━ 돈! 돈을 벌어야 한다

'백종원의 푸드트럭'이라는 TV 프로그램이 있다.[72] 요리 전문가이자 사업가인 백종원 대표가 푸드트럭 운영자들에게 메뉴, 음식 조리 방법, 서비스, 트럭 운영 등 영업 전반에 대한 멘토링을 해주는 리얼리티 프로그램이다. 특히 '백종원 1:1 솔루션'이라는 코너가 있는데 이때 백종원 대표가 각 멘티들의 메뉴를 조정해 주거나 맛을 더 좋게 해 주거나 새로운 메뉴를 알려주기도 한다.

솔루션 코너에서 H 씨는 백종원 대표 앞에서 떡갈비 토스트를 만들었다. 방송에 나오는 여러 멘티들의 음식들은 대체적으로 맛이 부족한 편인데 H 씨의 떡갈비 토스트는 백종원 대표도 맛있다고 칭찬을 했다. 그런데 백종원 대표는 떡갈비 토스트를 하면 안 된다고 했다. H 씨로서는 납득이 되지 않았다. 맛도 괜찮은 데다가 자신은 음식에 대한 자부심도 충분한데 메뉴를 바꾸라니 말이다.

그런데 맛이 문제가 아니었다. 떡갈비 토스트는 준비하는 데도 만드는 데도 시간이 많이 필요했다. 백종원 대표는 떡갈비 토스트가 최상의 시나리오로 90개를 팔 수 있다고 했을 때 H 씨가 한 번도 쉬지 않고 8시간 동안 일을 해야 한다고 말했다. 그런데 그렇게 해서 벌 수 있는 순수입은 겨우 9만원이다. 한 달 내내 쉴 새 없이 토스트를 만들어 판다고 해도 푸드트럭 장사로 벌 수 있는 최상의 수입이 겨우 270만원밖에 되지 않는다는 것이다. 그렇다면 실전에서는 200만원도 쉽지 않다는 결론이 나온다. 한마디로 H 씨의 장사는 '수익성'이 없었다. 게다가 토스트를 만드는 시간이 길기 때문에 손님이 몰릴 경우 토스트 하나 먹는 데 손님은 상당한 시간을 소비하며 길거리에서 기다려야 한다. 얼마나 다시 찾아올까?

한 사람의 비즈니스맨으로서 H 씨는 훌륭한 제품을 만들고 일에 대한 열정과 자부심이 있었지만 가장 중요한 한 가지가 결여되어 있었다. 바로 '재무적 사고'나. 비즈니스는 누가 뭐라 해도 돈을 버는 것이 가장 중요하다. 그런데 의외로 많은 이들이 비즈니스를 하면서 '돈'에 대한 깊은 생각을 하지 못하는 경우가 많다. 어떻게 필요한 돈을 모으고 어떻게 돈을 운영할 것이며 어떻게 돈을 벌 것인지에 대한 깊은 고민이 항상 있어야 한다.

백종원 대표는 음식의 맛 수준은 끌어 올려주면서도 조리 시간을 거의

9배 이상 줄일 수 있는 노하우를 전수해 준다. 재무적 사고가 어떻게 운영 프로세스로 반영이 되는지를 그대로 보여준 셈이다.

발명의 역사에서 가장 많이 회자되는 것은 라이트 형제Wright brothers의 비행기 발명이다.[73] 얼마나 큰 쾌거인가? 하지만 기술 발전의 관점이 아니라 기업의 재무적 관점으로 바라보면 어떻게 될까? 안타깝게도 이 빅 아이디어는 돈이 되지 못한다. 실제 상업적 비행기는 라이트 형제의 쾌거 이후 30년이 지나 등장하기 때문이다.

시장을 형성할 수 있는 상업적 비행기가 되기 위해서는 라이트 형제의 기술을 기초로 무려 5가지의 기술 발전이 추가로 가능해야 했다. 가변 피치 프로펠러, 접개식 착륙장치, 모노코크라는 가벼운 기체 건조 기술, 공랭식 성형 엔진, 보조 날개가 그것이다. 5가지 요소 기술을 갖추고 나온 세계 첫 상업 비행기는 맥도넬 더글러스사의 항공기 DC-3였고 비행기는 비로소 재무적 관점에서 유의미한 상품이 되었다.

빅 아이디어, 놀라운 기술, 최고 품질을 자랑하는 제품이라고 할지라도 팔아서 수익을 낼 수 없다면 비즈니스는 지속되기 힘들다.

삼성전자를 비롯한 국내 반도체 메모리 회사들이 2017년 현재 글로벌 시장을 장악하고 있다. 그 이유 중에 하나는 2012년 2월 일본의 유일한 반도체 메모리 회사인 엘피다가 파산하면서 반도체 원조 강국 일본이 몰락했기 때문이다. 그렇다면 엘피다는 왜 무너졌을까? 반도체 같이 고도의 기술력이 필요한 분야는 결국 상대적인 기술력 부족으로 경쟁에서 밀려버렸다고 생각하기 쉽다. 그런데 놀랍게도 엘피다의 기술은 절대 부족하지 않았다.

엘피다가 파산하기 1개월 전에 회사 대표인 사카모토 유키오[坂本 幸雄]는 강연을 통해 엘피다의 기술 수준에 대해 이야기했다.[74] 엘피다는 세계에서 가장 미세한 반도체를 가장 빨리 개발했으며 타사에 비해 압도적인 수율을 자랑한다는 것이다. 예를 들어 당시 삼성전자의 경우 수율이 83퍼센트라면 엘피다는 98퍼센트라는 것. 반도체를 잘 모르는 일반인이라도 할지라도 엘피다의 기술력이 대단하다는 것을 알 수 있다. 실제로 일본의 애널리스트들은 이 수치를 그대로 인용하면서 엘피다의 기술력이 삼성보다 우위에 있다고 평가했다고 한다.

그렇다면 삼성전자보다 더 높은 기술력이 있다고 하는데 왜 망했을까? 《일본 전자 · 반도체 대붕괴의 교훈》을 쓴 유노가미 다카시[湯之上 隆]는 '그러한 기술을 개발했기 때문에 도산했다.'라고 말한다. 예를 들어 수율을 60퍼센트에서 80퍼센트로 올리는 것은 간단한 편이지만 80퍼센트를 98퍼센트로 올리는 것은 어마어마한 돈과 사람 그리고 시간이 필요하다는 것이다. 삼성은 수율 80퍼센트대면 비즈니스 차원에서 충분하다고 생각했고 엘피다는 일본인 특유의 장인정신을 발휘해 수율을 극도로 올리는 데에 많은 자원을 쏟아부었다. 하지만 아이러니하게도 수율이 낮은 삼성이 수율이 높은 엘피다보다 같은 크기의 웨이퍼에서 더 많은 메모리를 취득했다. 왜냐하면 삼성의 메모리 칩 면적이 엘피다보다 작았기 때문이다.

당시 512Mb DRAM 칩의 면적은 삼성이 70평방 밀리미터, 엘피다는 91평방 밀리미터였다. 삼성의 수율이 83퍼센트이고 엘피다의 수율이 98퍼센트라면 300nm 웨이퍼로 얻을 수 있는 DRAM의 개수는 삼성이 약 830개, 엘피다는 약 700개가 된다. 즉 삼성은 최고의 효율을 지향했던 반면 엘피다는 최고의 기술을 지향했던 것이다. 그 결과 엘피다의 칩 원가는 삼성의 두 배에 이르게 되고 경쟁력을 잃게 되었다.

칩당 원가가 올라간다면 꿈의 100퍼센트 수율을 달성한들 어디에 쓰겠는가? 경쟁자는 원가를 낮추고 있는데. 그래서 다카시는 엘피다가 '이익 증대를 위한 기술 경쟁에 무관심했다'고 평가했다. 재무적 사고가 부족했던 것이다.

우리가 가장 어이없어 하는 말 중에 하나가 "요즘 애플은 혁신이 없다."라는 말이다. 비즈니스 세계에서 혁신은 단순히 놀라운 제품을 만드는 데만 있지 않다. 소비자들 눈에는 보이지 않는 경영 프로세스 전반에 '혁신'이 있을 수 있다는 것이다. 특히 만약 어떤 회사가 적은 자원으로 최고의 이익을 지속적으로 내고 있다면 그 회사는 경영 전반에 지속적인 혁신이 일어나고 있다고 봐야 한다. 바로 애플이 그러하다.

우리는 아이폰 같은 센세이셔널한 신제품이 이제 잘 안 나온다는 실망감보다, 도대체 애플은 어떠한 회사이기에 주력인 스마트폰의 시장점유율은 15퍼센트도 안 되면서 영업이익점유율은 80퍼센트 이상 가져가는지 매번 놀라지 않을 수 없다. 2017년 1분기 기준으로 애플은 글로벌 스마트폰 제조사가 만들어낸 영업이익 중 무려 83.4퍼센트를 가져갔다.[75] 시장점유율 2위인 삼성은 12.9퍼센트이다. 애플과 삼성을 합하면 영업이익점유율은 96퍼센트가 넘는다. 그리고 이런 경쟁력을 10년 넘게 이어오고 있다. 이게 혁신이 아니면 무엇이 혁신이겠는가?

애플은 2017년 9월 현재 세계 시가총액 1위인 회사이다. 시가총액 1위인 이유는 매우 간단하다. 지금까지 돈을 잘 벌어왔고 현재도 잘 벌고 있으며 앞으로도 돈을 잘 벌 것이라 예측되기 때문이다.

결국 돈을 잘 버는 생각을 잘해야 하는 것이다.

▬▬▬ 단 기 적   이 익 에   매 몰 되 지   말 자

재무적 사고는 돈을 잘 버는 생각이지 돈에 매몰된 생각을 뜻하지 않는다. 장기적 안목을 갖고 돈을 벌 수 있는 전략을 짜는 것이 중요하다. 자칫 단기적 이익에만 초점을 맞출 경우 돌이키기 힘든 손실을 볼 수도 있다.

미국의 커피 회사 큐리그 그린 마운틴은 큐리그라는 커피 메이커가 히트를 치면서 기업가치가 150억 달러가 넘는 회사로 성장할 수 있었다.[76] 큐리그는 미국의 가정, 사무실, 호텔 등 어디서나 볼 수 있을 정도였으니 말이다. 그런데 이 회사가 큰 수익을 낼 수 있었던 것은 커피 메이커만을 팔아서 된 것은 아니었다. 큐리그는 전용 캡슐 커피를 사용했는데 그 마진이 매우 높았기 때문이었다.

하지만 큐리그의 캡슐 커피 디자인의 핵심 특허가 2012년 만료가 되면서 다른 회사들이 큐리그 커피 메이커와 호환 가능한 캡슐을 판매하기 시작했다. 당연히 캡슐 가격은 떨어지기 시작했고 큐리그의 영업이익은 떨어졌다. 이런 상황에서 큐리그는 어떻게 대응해야 했을까? 정답은 알기가 쉽지 않다. 하지만 하지 말아야 하는 것은 알 수 있다. 그것은 소비자를 화나게 하는 일이다.

큐리그는 떨어지는 이익을 붙잡기 위해 새로운 성능을 탑재한 큐리그 2.0이라는 새로운 커피 메이커를 출시했다. 그런데 신제품에 넣지 말아야 할 기능까지 추가시켰다. 자사 제품 이외의 캡슐 커피 사용을 막는 스캐닝 시스템을 넣은 것이다. 소비자들은 큐리그를 맹렬히 비난했고 결국 큐리 그는 그전보다 이익이 더 줄어드는 상황에 처해 버렸다. 단기 이익에 눈이 멀어 소비자를 우롱하는 잘못된 전략을 펼치게 된 것이다.

생각만 해도 가슴 아픈 가습기 살균제 사태도 기업의 잘못된 재무적 사고가 낳은 참사 중에 하나이다.[77] 옥시의 가습기 살균제는 원래 독성 물질이 아니었다. 하지만 2001년부터 지속적인 원가 절감을 추구하기 위해서 원료를 바꾸게 된다. 단기 이익이라는 안대가 소비자 안전이라는 가장 중요한 가치를 보지 못하게 한 것이다. 결국 옥시는 전체 매출의 1퍼센트도 되지 않는 가습기 살균제 때문에 국내 최악의 기업이라는 불명예를 뒤집어쓰게 된 것이다. 물론 최악의 상황이 발생했음에도 '무대응과 불통'이라는 최악의 악수를 계속 둠으로써 문제를 더 키운 것도 한몫했지만 말이다.

그러므로 진정한 재무적 사고는 장기적이고 지속적인 이익을 위해서 때로는 눈앞에 보이는 단기 이익을 포기할 줄 아는 능력을 의미한다.

2007년 말 스타벅스의 재무상태는 걱정스러웠다.[78] 전년 대비 매출액은 늘었지만 매출 증가율은 업계 평균을 밑돌았기 때문이다. 이 상황이 지속되면 스타벅스는 세계 최고의 카페 제왕의 자리에서 내려오게 될 수도 있었다. 위기의식을 느낀 회사는 스타벅스를 세계 최고의 카페 회사로 일으킨 장본인 하워드 슐츠를 다시 CEO로 복귀시킨다. 슐츠가 해야 하는 일은 명확했다. 스타벅스의 재무상태를 개선시키는 것이었다.

그렇다면 슐츠가 복귀하고 실시한 전략은 무엇이었을까? 슐츠는 매출액을 줄이고 비용은 늘리며 주가를 급락시키는 전략을 사용했다. 당신이 잘못 보지 않았다. 단기적으로 아주 명백하게 손해 보는 전략을 시도한 것이다.

스타벅스는 커피 전문점 프랜차이즈 회사이다. 슐츠는 결국 핵심은 커피 '맛'이라는 생각을 하게 된다. 커피 품질을 다시 최상으로 끌어올리기 위해 2008년 2월 26일 미국 내 모든 매장의 문을 닫고 직원들이 하루 동안 커피 만드는 기술을 다시 한번 제대로 배울 수 있도록 했다. 수백만 달러의 매출액 감소가 확실했지만 슐츠는 실행에 옮겼다.

또한 슐츠는 3일간 스타벅스 리더십 콘퍼런스를 개최했다. 만여 명의 지점 관리자들을 한자리에 불러 회사의 핵심 가치를 재고하고 관리자로서 갖춰야 할 리더십 교육을 집중적으로 시도했다. 콘퍼런스 비용에만 무려 3천만 달러를 썼다.

또한 재무 상황이 좋지 않은 상황에서도 직원들의 복지는 절대 줄이지 않겠다고 선언했다. 스타벅스는 파트타임 직원들의 건강보험이 포함된 복지지출을 매년 3억 달러가 넘게 지출하고 있었다. 3억 달러의 비용을 성토하는 주주들에게 슐츠는 이렇게 말했다.

"3억 달러 정도는 여러 분야에서 비용을 줄임으로써 충당할 수 있습니다. 그런데도 여러분은 회사를 죽이고, 회사를 지탱해주는 신뢰를 죽이길 원합니까?"

슐츠는 그래도 재무실적으로 걱정하는 이들에게는 스타벅스 주식을 팔아야 할 것이라고 응수하며 자신의 전략을 밀어붙였다. 2008년 금융 위기가 있었음에도 불구하고 스타벅스는 그 위기를 슬기롭게 극복하고 2012년부터는 엄청난 이익을 내기 시작했다. 2008년 주당 4달러 아래까지 떨어졌던 스타벅스의 주가는 2017년 9월 현재 50달러가 넘는다. 10년 동안 10배의 성장!

글로벌 대기업, 이제 갓 창업한 스타트업, 사거리 한쪽에 자리 잡은 자영업, 그리고 일하는 직장인, 모두 돈이 필요하다. 그래서 어떻게 하면 돈을 잘 벌 수 있는지에 대해 심도 있게 고민해야 한다. 하지만 눈앞에 보이는 이익에 정신을 잃어서는 안 된다. 고개를 들어 먼 곳을 바라보며 생각을 해야 한다. 지금 당장이 아닌 장기적이고 지속적으로 이익을 낼 수 있는 방법이 무엇인지를 고민해야 하는 것이다. 그때서야 비로소 재무적 사고는 빛을 발하게 될 것이다.

━━ 고 객 중 심 적 사 고

   미국 댈러스에 있는 월넛 힐 병원은 매우 특별한 병원이다.[79] 16개의 입원실, 10개의 병상을 갖춘 응급실, 4개의 심장병 치료실을 둔 8층 높이의 급성 환자 치료 병원인 월넛 힐 병원은 중국에서 운영 비법을 배우러 올 정도로 유명하다. 직원 모집을 하면 전국에서 약 만 명에 가까운 지원자가 몰려들어 하버드에 입학하는 것보다 더 경쟁률이 셀 정도다. 그런데 월넛 힐 병원은 역사와 전통이 있는 그런 병원이 아니다. 2014년 4월에 개원한 병원으로 이 모든 위업을 단 1년 만에 달성했다. 어떻게 이런 놀라운 성과를 거둘 수 있었을까?

   병원의 수석 전문의 리치 구에라^{Rich Guerra}가 신입 직원에게 실시하는 프리젠테이션을 엿보면 그 해답을 알 수 있다. 리치는 프리젠테이션을 시작하고 15분 동안 '병원'에 대한 이야기를 단 한마디도 꺼내지 않는다. 리치는 스타벅스, 디즈니, 자포스, 애플 스토어, 리츠칼튼, 버진 그룹의 이야기를 한다. 이 회사들은 전 직원 모두가 자신들만의 사명을 갖고 일한다는 특징이 있다. 예를 들어 스타벅스는 커피를 파는 일을 하는 것이 아닌 영감을 북돋는 사업을 한다는 것이 사명이다. 월넛 힐 병원의 사명은 다음과 같다.

"병원이 어떤 일을 하는지 생각해봅시다. 우리는 생의 시작과 마지막을 함께 합니다. 우리는 생명을 보살피는 일을 합니다. 그것이 우리가 하는 일의 핵심입니다."

사명에서 알 수 있듯이 월넛 힐 병원은 철저하게 환자중심적 사고를 직원 모두가 갖기를 원하고 있다. 환자의 생명을 보호하기 위해서는 정확한 치료를 넘어 감동적이고 인간적인 보살핌과 서비스가 필요하다는 것을 병원은 정확하게 인지하고 있었다. 그래서 병원의 전 직원은 환자에게 최상의 서비스를 제공한다.

예를 들어 모든 직원은 사진이 들어간 이름표를 달고 있는데 이름표 뒤에는 '우리는 보살핀다'라는 뜻의 'WECARE'라는 문구가 들어가 있다. 'WECARE'는 직원들이 환자를 대할 때 따르는 6단계를 표현한다.

1. Warm welcome(따뜻한 환대)

2. Empathize(공감)

3. Communication and Connect(의사소통과 유대)

4. Address concerns(문제 확인)

5. Resolve and Reassure(해결과 안심)

6. End with a fond farewell(정겨운 작별)

병원은 사내의 여러 프로그램을 통해서 모든 직원들이 'WECARE'를 제대로 해낼 수 있도록 돕는다. 또한 '15-5' 규칙을 통해 병원 방문객과 15피트 떨어진 지점에서는 눈을 꼭 맞추고 5피트 정도에 있는 사람들에게는 인사를 하거나 도움이 필요한지를 꼭 물어보게 한다. 잘 나가는 호텔의 서비스 규칙을 병원에 차용한 것이다.

결국 어떤 일이든 비즈니스는 '고객'이 있다. 그리고 거의 대부분 고객 중심의 사고가 그대로 배어 있는 전략을 실시하거나 조직문화를 형성할 때 우리는 큰 성과를 기대할 수 있다.

2012년 비즈니스 잡지 《패스트 컴퍼니》가 선정한 세계에서 가장 창의적인 조직들 중에 하나로 링크드 인, 스타벅스 등을 제친 조직이 있다. 과연 어떤 조직일 것 같은가? 일반인들이 예상하기 힘든 조직이 선정됐다. 바로 대학이다.

폴 르블랑 총장이 2003년 서던뉴햄프셔대학에 취임했을 때만 해도 SNHU는 무명의 이류대학에 지나지 않았다.[80] 학생들도 많지 않았을 뿐만 아니라 재정난으로 인해 5년 안에 폐교를 하거나 다른 대학과 합병을 할 수밖에 없다는 예측이 압도적이었다. 하지만 2015년 SNHU의 졸업식에는 1만 2,000개의 자리가 꽉 찼을 뿐만 아니라 졸업할 사람들과 가족들이 너무 많아 3번에 걸쳐 졸업식을 할 수밖에 없었다. SNHU의 2016년 매출은 무려 5억 3,500만 달러였고 지난 6년간 연 35퍼센트의 매출 성장이라는 대학 조직으로서는 상상할 수 없을 정도의 성과를 냈다.

어떻게 폐교 직전인 대학이 오바마 대통령이 대학 연설에서 입에 침이 마를 정도로 칭찬하는 혁신적인 대학으로 바뀔 수 있었을까? 그것은 바로 폴 르블랑Paul LeBlanc 총장 중심으로 철저히 '고객 중심적 사고'를 했기 때문이다.

르블랑 총장은 참모진들과 함께 모든 것을 원점에서 다시 생각하기 시작했다.

"과연 누가 대학에 오고 싶어 하는가?"

고객 입장에서 생각해 본 것이다. 그러자 대학에 오고 싶어 하는 사람들 중에는 고등학생만 있는 것이 아니라 학교를 제대로 이수하지 못하거나 더 높은 학위를 갖고자 하는 '성인'이 있음을 알게 된다. 르블랑 총장은 성인 고객들을 SNHU에 모실 수 있는 최선의 방안을 만들기 위해 중앙 조직과 완전히 분리되고 완전한 자율권을 보장하는 특별 혁신 조직을 발족시킨다. 결국 대성공을 거두는 온라인 대학 프로그램을 만들게 된다. 그런데 온라인 프로그램은 흔하디 흔하다. 다른 대학도 다 하고 있는 것이다. 하지만 SNHU는 접근 자체를 달리했다. 철저히 성인 고객 입장에서 생각하고 프로그램을 기획한 것이다.

예를 들어 성인들은 일과 육아에 치인 상태에서 문의를 하게 되는데 이때 대부분의 학교에서는 일주일 정도 후에 문자나 이메일로 천편일률적이고 기계적인 답변을 했다. 이것이 고등학생 상대로는 크게 문제가 될 것이 없었다.

하지만 성인들은 대학을 다시 다니고 싶지만 꼭 그렇게 해야 하는 의무감은 없기 때문에 답변이 늦거나 기계적이면 대학 진학을 추진하는 확률이 현저하게 떨어지게 된다. 그래서 SNHU는 획기적인 서비스를 기획한다. 문의가 오면 담당자가 10분 이내로 전화를 거는 방식을 채택한 것이다. 속도와 친절도 면에서 다른 대학과 완벽한 차별화를 만들자 고객들은 반응하기 시작했다.

또한 성인 대학생들은 일과 육아를 병행하고 있기 때문에 설사 대학에 등록을 했어도 졸업, 수료, 자격증 획득까지 가지 못하는 경우가 많다. SNHU는 성인 학생들이 끝까지 자신의 목표를 달성할 수 있도록 개개인에게 지도교수를 붙여 지속적인 피드백을 주면서 학업을 완수할 수 있도록 했다. 학생이 시험을 보면 그 결과를 분석해 지도교수가 직접 전화를 해 학업의 진척 상태와 앞으로 해야 할 공부 전략들에 대해서 친절하게 설명해주는 것이다. 도대체 이런 학교가 어디 있는가?

성인 학생들에게 과감한 재정적 지원을 해줄 뿐만 아니라 졸업식에 참석하지 못한 학생들에게 졸업증서를 택배로 보내는 것이 아닌 대형버스가 돌아다니면서 액자에 넣은 졸업증서를 직접 전해주는 감동 서비스도 펼치고 있다.

SNHU의 온라인평생교육대학은 현재 1,200명의 직원이 일하고 있으며 미국을 포함한 전 세계의 7만 5,000명의 학생들이 공부하고 있다.

그런데 문제는 실제 고객 중심적 사고를 갖는 것이 쉽지 않다는 데에 있다.

한 명이 노래의 리듬에 맞추어 책상을 두드리면, 다른 사람들은 오직 그 리듬만으로 노래제목을 맞추는 게임이 있다. 심리학자 엘리자베스 뉴턴 Elizabeth Newton 은 실험에 참가한 사람들을 두 그룹으로 나누어, A그룹은 노래의 리듬을 탁자에 두드리고, B그룹은 그 리듬만을 듣고 노래 제목을 맞추게 했다. 엘리자베스는 노래의 리듬을 두드리는 A그룹에게 미국인이라면 누구나 알만한 120곡의 노래목록을 주고 그 중에 한 곡을 골라 노래에 맞추어 책상을 두드리라고 했다. 그러면 B그룹은 오직 그 리듬만을 듣고 노래제목을 맞추는 것이다. B그룹은 120곡 중 겨우 3곡밖에 맞추지 못했다.

그런데 이 실험에서 흥미로운 사실은 사람들이 리듬을 듣고 노래제목을 잘 맞추지 못한 것이 아니다. 엘리자베스 뉴턴은 A그룹에게 당신이 두드린 리듬을 듣고 B그룹이 노래 제목을 맞출 확률을 짐작해 보라고 했다. 실험자들은 맞출 확률이 무려 50퍼센트라고 대답했다. 실제로는 120곡 중 겨우 3곡밖에 맞추지 못했는데 말이다. 왜 이런 현상이 벌어지는 것일까?

이런 현상이 왜 발생하는지는 실제로 게임을 해보면 안다. 우리도 20대 때 친구들과 이 게임을 하면서 정말 신기했던 경험을 했는데 박자를 두드리는 사람은 노래를 떠올리면서 해야 하기 때문에 노래 멜로디가 선명하게 머릿속에 들어온다. 하지만 탁자 소리를 듣는 사람은 멜로디나 가사는 없고 그저 '딱딱' 소리만 일정 간격으로 들리기 때문에 노래가 아니라 모스부호와 같이 들리게 되는 것이다.

이때 탁자를 두드리는 사람이 '지식의 저주'에 빠졌다고 표현한다. 내가 알고 있는 것을 상대방이 모를 수 있다는 사실을 모르는 것이다. 메타 인지는 나에 대한 지식에 대한 것이라면 지식의 저주는 타인에 대한 지식과 관련된 것이다. 상대방이 무엇을 알고 있으며 어떤 상태이고 어떤 사람인지에 관한 것이다. 우리는 스스로에 대한 지식도 부족하지만 상대방을 이해하는 데에도 부족한 면이 많다. 왜냐하면 대부분 상대방 중심적으로 사고하는 것이 아니라 내 중심적으로 사고하기 때문이다. 그래서 상대방이 나와 다를 수 있음을 잊을 때가 많다.

이는 비즈니스 현장에서도 일어난다. 제품과 서비스를 기획하고 만든 당사자들과 고객은 완전히 입장이 다른데 그것을 제대로 이해하지 못하는 것이다. '내가 괜찮고 좋으니 고객도 괜찮고 좋을 것이다'라는 공급자 중심의 사고방식에 빠지게 되는 것이다. 소비자는 관련 내용과 장점에 대해 잘 모르기 때문에 공급자의 생각과 판이한 반응을 보일 수 있는데도 그렇다. 매해 수없이 많은 신제품들이 고객의 선택을 받지 못하고 사라지고 있다. 그 신제품들 중에 고객이 우리 제품을 거들떠보지도 않을 것이라는 생각하에 나온 상품들은 없다. 지식의 저주에 빠진 것이다.

물론 '운'편에서 이야기했듯이 어떤 제품이 히트를 칠 것인지에 대해 정확히 예측할 수 있는 사람은 없다. 하지만 고객 중심적 사고를 했을 때 실력의 영향력을 전보다 더 키울 수 있는 것은 사실이다. 결국 공급자의 저주에서 벗어나 소비자 중심적 사고가 조직문화 속에 녹아 있다면 성공의 타율을 더 높일 수 있는 것이다.

그렇다면 어떻게 고객의 마음을 헤아릴 수 있을까? 첫째, 고객의 경험을 최대한 느껴 보는 것이다. 예를 들어 병원에 환자가 응급실로 들어가 진찰을 받고 병원 서비스를 받은 후 퇴원할 때까지 환자가 바라보는 시점의 동영상을 찍는 것이다.[81] 이것은 실제로 디자인 씽킹 회사 IDEO가 어떤 병원의 작업 흐름 개선의 도움을 받아 실시한 방법이다. 환자와 간호사가 환자가 전혀 알아듣지 못하는 의학용어로 의사소통을 하고 환자를 쳐다볼 때 인간미라고는 전혀 없는 눈들을 보고 간이침대에 누워 허연 천장만 하릴없이 쳐다보는 진짜 고객의 시각을 동영상으로 보게 된 것이다.

한결 같은 반응은 환자가 그런 시각으로 병원을 바라봤을 줄 몰랐다는 것이었다. 진짜 고객의 시각은 모른 채 병원 운영이 돌아가고 있었다. 실제 고객의 경험을 최대한 느껴보려고 하고 실제 고객이 되어 보고 고객의 목소리를 자주 경청하게 된다면 고객 중심적 사고를 함양할 수 있을 것이다.

그러나 고객 중심적 사고가 '고객이 항상 옳다'라는 격언과 같은 것이 아님을 알아야 한다. 사람들은 자신의 숨겨진 내면적 욕구에 대해 인지하지 못하거나 자신이 하는 행동에 대해 제대로 설명하지 못하는 경우가 의외로 많다.[82] 예를 들어 시장 조사 때 소비자들은 조용한 청소기를 원했지만 실제로 조용한 청소기는 팔리지가 않았다. 청소기 소리가 그저 시끄럽다고만 생각했는데 실제로는 그 소리로 인해 청소가 잘 되고 있다는 느낌을 받았기 때문이다. 반대로 소리가 안 나는 청소기는 말끔히 치웠다는 신호를 제대로 전달하지 못한 것이다.

그러므로 고객의 마음을 헤아리고 행동을 예측하기 위해서는 뛰어난 '관찰'이 필요하다. 무엇을 보는가? 고객이 제공하는 '데이터'를 보는 것이다. 그래서 관찰은 두 가지가 있다. 먼저 빅 데이터이다. 소비자가 남겨주고 있는 비정형 데이터들을 최대한 모아 관찰하고 분석하여 소비자를 이해하는 것이다. 실제로 이제는 많은 회사들이 빅 데이터 분석을 통해 소비자를 이해하고 있다. 그런데 빅 데이터만으로는 부족하다. 스몰 데이터가 필요하다. 스몰 데이터는 '육안'으로 고객을 관찰하는 것을 말한다. 영상을 통해 보거나 실제 고객의 사무실이나 집으로 찾아가 고객의 제품 활용 방법과 주변 환경을 직접 보는 것이다. 페브리즈는 시장 조사를 했을 때 실패했지만 고객들의 집을 찾아가 대화하고 사용하는 방법을 보고 주변 환경을 관찰하고 또 그 전 과정을 비디오로 열심히 본 끝에 제품의 포지션을 변경해 대성공을 거두었다.

마지막으로 고객 중심적 사고를 갖기 위해서는 고객에 대한 다양한 공부가 되어 있어야 한다. 경영서적뿐만 아니라 심리학, 뇌과학, 행동경제학 등을 공부하게 된다면 '인간'이기 때문에 어쩔 수 없이 반응하는 경향성을 알게 된다. 또한 자신의 산업과 관련된 최신 이론과 데이터들을 섭렵하면 고객을 이해하는 데에 큰 도움이 된다.

예를 들어 2017년 발행된 《맥킨지 쿼털리》에는 350여 개 브랜드를 대상으로 쇼핑하는 12만 5,000명의 데이터를 분석한 결과가 나온다.[83] 350여 개의 브랜드를 27개의 상품군으로 나눈 결과 겨우 13퍼센트만이 충성형이었고 쇼핑형이 무려 87퍼센트에 달했다. 충성형은 선호 브랜드를 고집하는 것을 말하며 쇼핑형은 이것저것 따져가며 비교 구매를 하는 것이다. 좀 더 세분화하면 이동통신사, 자동차 보험, 투자상품 분야만이 50퍼센트가 넘는 충성형을 보였다. 나머지는 충성형이 30퍼센트 아래였으며 특히 화장품과 신발은 충성형 고객의 비중이 각각 4퍼센트와 3퍼센트밖에 되지 않았다.

이런 데이터들을 통해 자사의 고객들이 구매 시 어떠한 의사결정을 하는지에 대한 힌트를 얻을 수 있는 것이다. 물론 지금까지 소개한 데이터는 국내가 아니기 때문에 국내용이 따로 있어야 할 것이고 경제상황이나 트렌드에 따라 소비자의 경향성은 바뀔 수 있기 때문에 끊임없이 고객에 대한 정보, 이론, 데이터를 업데이트해야 할 것이다.

아마존닷컴의 CEO인 제프 베조스Jeffrey Preston Bezos의 회의실에는 빈 의자 하나가 있다고 한다. 바로 고객의 자리다. 어떤 회의를 하더라도 아마존은 고객 중심적 사고를 철저히 지키기 위해 노력하고 있다. 제프 베조스는 이렇게 말했다.

"전략은 변하지 않는 것에 토대를 두어야 한다. 사람들은 나에게 5년 후나 10년 후 무엇이 변할 것인지는 묻지만 무엇이 변하지 않을 것인지는 묻지 않는다. 세상이 어떻게 바뀌더라도 고객이 원하는 가치를 제공한다면 고객은 외면하지 않는다."

그의 성공에 '고객 중심적 사고'가 있었다는 사실을 부인하는 사람은 아무도 없을 것이다.

3장

선택(選擇)

"인생은 B와 D사이의 C이다."

- 장 폴 사르트르(Jean-Paul Sartre) -

인식론적 겸손을
갖췄는가?

세상사를 다 파악했다고 생각하는
속 편한 확신을 떨쳐받치고 있는 것은
자신의 무지를 무시할 수 있는
우리의 무한한 능력이다.

- 대니얼 카너먼(Daniel Kahneman) -

▄▄▄후 회 스 러 운 선 택 들

"인생은 B와 D 사이의 C다."

이 말은 20세기 대표적인 실존주의 철학자 장 폴 사르트르가 한 말이다.
B는 Birth, D는 Death, C는 Choice를 말한다. 즉 인생은 선택의 연속이자
더 나아가 선택 그 자체라는 말이다.

어제 하루를 생각해 보자. 우리는 아침에 일어날 시간, 아침식사, 교통
편, 만나는 사람, 페이스북의 '좋아요', 스마트폰 메신저로 애인에게 보낼
달콤한 말, 사업상의 결정 등을 '선택'했을 것이다. 노벨 문학상을 거부하

기로 '선택'했던 사르트르의 말처럼 인생은 '선택'이라는 세포로 만들어진 존재와 같다. 한편 인간은 태어날 때는 누군가의 도움 없이는 아무것도 할 수 없지만, 자라면서 많은 것을 성취하여 위대한 존재로 거듭난다. 인간은 끊임없이 배우기 때문이다. 그래서 인간은 반복되고 익숙한 것에 대해서 나름대로 전문가가 되지만 흥미롭게도 인생에서 가장 큰 부분을 차지하고 있는 '선택'에서는 그렇지가 못하다.

미국의 자료를 보면 미국 변호사의 40퍼센트 이상이 변호사가 된 것을 후회하고 기업에 영입된 경영인 2만 명 중 약 8천 명은 회사에 적응하지 못하거나 자진 퇴사를 한다고 한다.[84] 교사 둘 중에 하나는 학교를 그만두며 경영인 2,207명에게 조직에서 내려진 의사결정에 대해 평가해 달라고 하자 50퍼센트는 좋지 않은 선택이었음을 고백했다.

우리나라도 마찬가지다. 직장인에게 있어 이직은 매우 중요한 의사결정이며 그렇기에 그 어떤 결정보다도 신중하게 해야 한다. 당연히 후회하는 비율이 낮을 것으로 생각할 수 있다. 하지만 온라인 취업포털 '사람인'이 이직 경험 직장인 1,014명을 대상으로 '이직 후회 여부'를 설문한 결과, 52.1퍼센트가 '후회한적 있다'라고 답했다.[85]

그렇다면 돈 문제는 어떨까? 100세 시대를 맞이하는 우리에겐 노후의 삶이 매우 중요한 문제가 되었다. 직장인들은 되직급어의 중요성을 충분히 인지하고 있을 것으로 생각한다. 하지만 고용노동부와 취업포털 잡코리아가 직장인 남녀 2,951명을 대상으로 설문조사를 한 결과 무려 60퍼센트가 퇴직금을 중도 수령한 것으로 나왔다.[86] 그런데 수령 자체가 문제가 되지는 않는다. 그 돈을 필요한 곳에 잘 쓰고 후회하지 않으면 되니 말이다. 하지만 퇴직 급여를 중도 수령한 사람의 45퍼센트가 퇴직금 중도 수령을 후회했다.

인생을 걸고 하는 창업에 관한 의사결정도 마찬가지다. 국세청과 금융감독위원회의 자료를 보면 2005년부터 2014년까지 개인사업자 생존율은 17.4퍼센트에 불과하다.[87] 최근 10년간 개인사업자 10명 중 8명이 가게 문을 닫은 셈이다. 법인의 경우도 1년 생존율이 약 60퍼센트밖에 되지 않으며 5년이 지나면 법인 10개 중 7개가 사라진다.

창업을 시작하는 사람 중에 자신이 없어서 하는 경우는 거의 드물다. 생계를 위해 하는 작은 가게라고 해도 창업을 하기로 선택했을 때는 자신감이 넘쳤을 것이다. 하지만 대부분 후회스러운 결과로 귀결되었다.

▬▬ 인 지 적   한 계

그렇다면 인생을 살아가면서 수없이 많은 선택 훈련을 함에도 불구하고 의사결정 수준이 높아지지 않는 이유는 무엇일까? 그 이유는 크게 두 가지가 있다. 첫째는 우리의 중요한 의사결정 대부분이 복잡계에 속하기 때문이다. 우리가 통제할 수 없는 '운'의 영향력이 우리의 선택을 이리저리 흔들어 버린다. 완벽한 선택이라고 여겨지는 것들도 불확실성의 마력 앞에서는 뒤틀릴 수밖에 없다. '운'편에서 이미 언급했지만 그렇기 때문에 우리는 항상 '운'적 요소를 염두에 두고 선택을 해야 한다. 그래야 좀 더 현명한 선택을 할 수가 있다.

두 번째 이유는 우리의 '인지적 한계' 때문이다. 우리 뇌는 감각을 통해 들어오는 정보를 객관적으로 처리하지 않는다. 예를 들어 우리가 가장 객관적이라고 생각하는 '시각'을 살펴보자. '내가 봤다니까!'라는 문장보다 확실한 표현은 없으니 말이다.

데이비드라는 학생이 교통사고로 2주간 혼수상태에 빠졌다.[88] 머리를 다쳐 걱정했지만 데이비드는 몇 달 만에 놀랍게 회복했다. 비록 발음이 조금 불분명하게 들리는 경우도 있었지만 의사소통은 잘했다. 책도 잘 읽었고 대상을 인식하는 데에도 큰 문제가 없어 보였다. 하지만 데이비드의 어머니는 마냥 기뻐할 수가 없었다. 왜냐하면 데이비드가 어머니를 볼 때마다 깊은 망상에 빠졌기 때문이다. 데이비드는 어머니를 볼 때마다 의사에게 이렇게 말했다.

"선생님, 이 여자는 제 어머니를 아주 닮았어요. 그러나 어머니가 아니에요. 그저 제 어머니인 체하는 사기꾼이에요."

이 말을 들었을 때 어머니의 마음은 어땠을까? 이런 망상이 나타나는 증상을 '카그라스 증후군'이라고 하며 아버지를 볼 때도 비슷한 증상이 나왔다.

시각 정보가 뇌에 들어가는 경로는 크게 세 가지 경로가 있다. 경로 1은 'how(혹은 where)' 경로로 공간에서 시각적 대상 간의 연관성에 관여한다. 단순히 물체의 위치를 인식하기보다 시각적 장면을 공간과 종합적으로 판단해 인지하고 배치하는 것이다. 'how' 경로는 인체의 운동 시스템과 강하게 연결되어 있는데 날아오는 물건을 피하거나 물건을 잡으러 팔을 뻗을 때 제대로 일을 수행할 수 있도록 돕는다.

경로 2는 'what' 경로로 시각적 대상 그 자체를 인식하는 데 관여한다. 물체를 다른 물체와 구별되게 분류한다. 특히 경로 2가 측두엽을 지나게 되면 각 물체에 연상 정보들이 통합된다. 예를 들어 철수는 영희랑 결혼했고 허리 디스크가 있으며 독서클럽에 다닌다는 정보들이 가미된다.

마지막으로 경로 3은 'so what' 경로로 물체에 대한 정서적인 반응에 관여한다. 경로 3은 눈으로 들어온 정보가 편도체로 넘어간다. 그런데 그 정보가 편도체로 들어가면 대상에 대한 감정이 요동친다. 편도체는 우리가 무엇을 보든 간에 과거에 저장된 기억과 정서적인 의미를 판단하는 뇌의 부위가 함께 작업한다. 내가 지금 보는 것이 적인가, 친구인가, 음식인가, 안전한가, 위험한가, 일상적인가 등을 판단하는 것이다.

예를 들어 일상적이라면 아무런 감흥이 일어나지 않는다. 하지만 위협적인 것이라면? 강렬한 느낌을 받고 편도체는 이 느낌을 시상하부로 전달해 우리가 적절한 행동을 하게끔 유도한다. 아마 위협을 느꼈다면 우리는 두려움을 느끼며 자신도 모르게 어느 방향이든 도망을 쳤을 것이다.

다시 어머니를 사기꾼이라고 얘기했던 데이비드의 뇌를 살펴보자. 데이비드는 교통사고로 정확하게 머리의 어떤 부위를 다쳤을까? 바로 경로 3의 신경섬유에 손상이 생긴 것이다. 데이비드가 어머니를 본다. 경로 1을 통해 보니 대상은 공간에 잘 배치되어 있다. 경로 2를 통해 보니 대상의 모습은 지금까지 데이비드가 갖고 있는 어머니의 모든 데이터와 일치한다. 그런데 이상하다. 대상이 어머니라면 '애틋한 감정'이 들어야 하는데 그런 감정이 들지 않는다. 인식과 정서 사이의 연결이 끊어진 데이비드의 뇌는 대혼란에 빠진다.

인간은 불확실성을 매우 싫어한다. 왜? 뇌가 싫어하기 때문이다. 뇌는 결론 없이 지나가는 것을 견디지 못한다. 그래서 우리는 앞에서 살펴봤듯이 '종결욕구'에 시달린다. 어떠한 판단을 하지 않으면 내 존재가 없는 것 같다. 나는 무언가를 평가할 때에야 비로소 존재한다. 데이비드의 뇌는 인식과 정서의 불일치로 발생하는 갈등을 '합리화'로 해결한다. 그렇다. 지금 보이는 대상은 어머니를 사칭하는 사기꾼인 것이다! 뇌는 외친다.

"브라보! 해결됐다!"

펜실베이니아대학 교수진은 인간의 망막이 초당 1,000만 비트의 정보를 뇌에 전송한다는 사실을 발견했다.[89] 독일의 생리학자 만프레드 치머만Manfred Zimmermann은 눈 이외의 감각에서는 초당 100만 비트의 정보를 뇌에 보낸다는 것을 알아냈다. 결국 초당 1,100만 비트의 감각정보가 뇌로 들어가는 것이다. 그런데 만약 초당 1,100만 비트의 정보를 의식적으로 처리해야 한다면 우리는 돌아버릴지도 모른다. 그래서 뇌는 의식적으로 처리할 정보를 선별한다. 그런데 선별되기가 너무 힘들다! 경쟁률이 275,000 대 1이기 때문이다. 우리가 의식적으로 처리하는 정보량은 초당 40비트에 불과하다. 게다가 선별기준은 감정에 따라, 기대에 따라, 몸 상태에 따라, 주변 환경에 따라 마구잡이로 바뀐다. 어찌 우리가 감히 '객관적'인 인지를 한다고 말할 수 있을까?

'운'편에서 읽었던 색다른 트럼프 카드 실험을 기억하는가? 모양과 색깔을 뒤바꾼 트럼프 카드를 눈으로 직접 보고 있는 순간에도 잘못 말하는 경우가 많았다. 검은색 하트 3을 열여섯 번에 걸쳐 빨간색 하트 3이라고 말한 남자는 왜 그런 실수를 했을까? 자신이 기대하는 바대로 시각정보를 처리했기 때문이다. 연구 팀은 실험 참가자들에게 빨간색 스페이드와 빨간색 클로버의 색이 무슨 색이었는지를 묘사해 보라고 했다. 다음은 일부 실험 참가자들이 묘사한 색이다.[XX]

> 갈색, 검은색과 빨간색이 섞인 것, 빨간 테두리가 있는 검은색, 빨간빛 안의 검은색, 보라색, 어딘가 붉은빛이 도는 검은색, 녹슨 철 같은 색, 녹슨 철 같은 검은색, 불그스름한 카드 위의 검은색, 칙칙한 올리브색, 회색을 띤 빨간색, 붉은색으로 보였다가 검은색으로 바뀜, 거무스름한 갈색, 흐릿한 붉은색, 검은색에 가깝지만 완전히 검은색은 아님, 노란빛 안의 검은색.

우리는 이쯤에서 '직관'이라는 것에 대해 생각해 볼 필요가 있다. 많은 사람들이 일을 할 때 '직관'의 중요성에 대해 얘기한다. 풍부한 경험에서 나오는 직관은 '통찰력'이라는 용어로 변신해 비즈니스에서 행해지는 수많은 의사결정 과정에서 활약하고 있다. 그런데 뇌가 이렇게 결함이 많은데 '직관'에 의한 선택이 제대로 작동이나 할까? 심리학자 게리 클라인은 물론 작동한다고 말한다. 전문가의 '직관'이라면 말이다.

게리 클라인은 직관의 힘을 증명하기 위해 소방대장의 예를 든다.[91] 한 소방대장이 대원들을 이끌고 화재를 진압하기 위해 집 안으로 들어갔다. 불길은 주방에서 나오고 있었기 때문에 소방대장은 대원들에게 거실에서 물을 뿌리라고 명령했다. 하지만 이상하게 주방의 불길이 잦아들다가도 다시 커지는 것이 아닌가? 그리고 거실이 자신의 생각한 것보다 좀 더 뜨겁다고 느꼈다.

소방대장은 그 순간 대원들에게 빨리 집 밖으로 나가라고 소리쳤다. 당시 논리적으로 설명할 순 없지만 소방대장은 직관적으로 위험하다는 판단을 했기 때문이다. 아니나 다를까, 소방 팀이 나오자마자 거실 바닥이 폭삭 무너져 버렸다. 불의 진원지는 주방이 아니라 지하실이었던 것이다.

게리 클라인은 소방 대장이 보여줬던 것처럼 여러 상황에서 전문가의 직관적인 판단과 선택이 훌륭한 결과를 낸다고 주장한다.

하지만 행동경제학의 창시자 대니얼 카너먼은 '직관'만큼 못 믿을 것도 없다고 말한다. 그는 자신의 책《생각에 관한 생각》에서 이렇게 말했다.

"우리의 정신세계는 '직관적인 느낌과 의견'에 지배당한다. 마주치는 거의 모든 것들에 대해서 그러하다. 어떤 사람들에 대해 많이 알기도 전에 좋은 느낌이나 싫은 느낌을 갖는다. 낯선 사람을 이유 없이 신뢰하기도 하고 불신하기도 한다. 또한 모종의 사업에 대해 분석도 해보지 않고 성공 여부를 판단한다. 놀랍게도 이러한 정신활동은 대개 막힘없이 진행된다."

카너먼은 500쪽이 넘는《생각에 관한 생각》을 통해 인간의 직관이 편향, 착각, 오류 등으로 인해 얼마나 오염되었는지를 설명한다. 이는 전문가라도 인간이라면 피할 수 없는 운명이다. 결국 직관에 의한 선택은 문제투성이일 수밖에 없다는 것이다. 우리가 앞서 설명한 인지적 한계와 맥을 같이 한다.

그런데 게리 클라인과 대니얼 카너먼은 정말 멋진 학자들이다. 두 사람은 직관에 대한 이견이 왜 생겼는지를 알아보기 위해 머리를 맞대고 연구를 했다. 그리고 2009년에 '두 사람 모두 옳다'라는 결론을 내렸다.

직관에 대해 두 사람이 이렇게 다른 결론에 이르게 된 것은 연구 대상자가 달랐기 때문이다.[92] 게리 클라인은 소방수, 응급 구조 요원, 전투기 조종사, 스포츠 선수 등을 연구했고 카너먼은 경영인, 정치사회학자, 경제학자, 투자 전문가 등을 대상으로 연구했다.

직관이란 무엇을 이야기하는 것일까? 두 사람은 '패턴을 인지하는 능력'이라는 것에 동의했다. 그렇다면 규칙적인 패턴이 있는 분야라면 직관은 힘을 발휘할 것이고 그렇지 않다면 힘을 잃게 된다는 것을 알 수 있다. 게임이나 스포츠의 세계 혹은 규칙적으로 반복되는 화재 및 응급 상황 등에 종사하는 전문가들의 직관은 신뢰할 만하다. 하지만 경영인의 의사결정, 사회과학 전문가들의 정치, 사회, 경제 예측, 투자 전문가들의 투자 결정 등에서 전문가들의 직관은 우리가 생각하는 것보다 쓸모가 없다.

우리는 '운'편에서 자신의 분야에 운과 실력의 영향력 차이를 구분하라고 조언했다. 결국 게리 클라인은 운보다 실력이 더 영향력이 큰 분야의 전문가들을 연구했던 것이고 대니얼 카너먼은 실력보다 운이 더 영향력이 큰 분야의 전문가들을 연구했던 것이다. 하지만 우리가 이 책에서 다루는 분야는 일, 비즈니스 분야이다. 학과와 직업 선택, 회사 선택, 사원 선택, 비즈니스 모델 선택, 경영 전략 선택, 마케팅 방향 선택, 주력 신제품 선택, 시장 선택, 자영업 장소 선택, 해외 진출 선택, 협력 업체 선택, M&A 선택, R&D 선택 등 일에 대한 거의 모든 분야는 게리 클라인의 세계가 아니라 대니얼 카너먼의 세계이다.

결국 일에 대한 의사결정에 있어서 직관은 통찰이 아니라 망상이 될 가능성이 큰 것이다. 그렇다면 우리는 일을 함에 있어서 어떻게 하면 선택의 수준을 높일 수 있을까?

선택 프로세스의 힘

시드니대학교 교수 댄 로발로Dan Lovallo와 컨설팅업체 맥킨지사의 임원인 올리비에 시보니Olivier Sibony는 5년에 걸쳐 사업상의 결정 1,048건을 연구했다.[93] 기업들의 의사결정 방법과 그에 따른 매출, 이윤, 시장점유율 등의 결과를 추적한 것이다. 의사결정의 주제는 새로운 제품이나 서비스 출시, 조직개편, 신규시장(국가) 진입, 기업인수 등 중차대한 사안들이었다. 연구 결과 두 사람은 직관이나 정밀한 분석에 의한 의사결정보다 '프로세스'를 활용한 선택이 훨씬 중요하다는 것을 밝혀냈다. 의사결정 프로세스란 선택을 할 때 꼭 염두에 두어야 할 항목들을 정해놓고 그 과정을 그대로 밟는 것을 의미한다.

미국에서 가장 인기 있는 비즈니스 전문가인 칩 히스^{Chip Heath}, 댄 히스 ^{Dan Heath} 형제는 선택을 할 때 다음과 같은 4가지 프로세스를 따르라고 조 언한다.

1) 선택안은 정말 충분한가?
2) 검증의 과정은 거쳤는가?
3) 충분한 심리적 거리는 확보했는가?
4) 실패의 비용은 준비했는가?

이 자체로도 매우 훌륭하지만 '일'의 차원에서 본다면 부족한 점이 두 가지가 있다고 우리는 생각한다. 그래서 우리는 두 가지 프로세스를 더 추 가하고자 한다. 첫 번째는 '인식론적 겸손을 갖췄는가?'이다. 의사결정을 하는 주체들은 자신들의 인지적 한계를 제대로, 말 그대로 '인지'하고 있어 야 한다. 인간은 객관적인 판단이란 것을 할 수 없는 존재이며 언제든 편 향, 오류, 착각에 빠져 실수할 수 있다는 사실을 꼭 받아들여야 한다. 만약 그렇지 않다면 '내 경험에 의하면…', '지금까지 놀라운 직관을 보여주셨 던 사장님의 말씀은…', '난 별로 틀린 적이 없어, 그러니…' 등 의사결정 을 내리기 전에 쓸데없는 말과 태도들이 난무하게 될 것이다. '나의 선택 은, 우리의 선택은 언제든 틀릴 수 있다'라는 인식론적 겸손을 모두 갖춰야 한다.

두 번째는 '경쟁자를 생각했는가?'이다. 히스 형제의 프로세스는 매우 훌륭하나 경쟁자를 프로세스 중심에 상정하지 않는 문제가 있다. 아무리 우리가 좋다고 생각되는 선택을 하여도 만약 경쟁자가 우리보다 더 훌륭한 의사결정을 한 게 된다면 우리의 선택은 좋은 선택이 아닌 나쁜 선택이 되어 버린다. 반대로 어리석은 결정 같지만 경쟁자를 생각하면 훌륭한 선택일 가능성이 있는 선택들이 있다.

예를 들어 어떤 유망한 스타트업을 인수했는데 인수 이후에 인수가격 이상의 효용을 내지 못했다고 해보자. 이 M&A는 좋은 선택이었다고 말하기 힘들 것이다. 그런데 만약 경쟁 기업이 그 기업을 인수했는데 우리와 다르게 엄청난 시너지를 낼 수 있었다면 어떻게 될까? 그 사업 분야의 경쟁에서 밀려 인수했을 때의 손해보다 더 큰 손해를 봤을 수도 있다. 그렇다면 결국 '우리 기업의 실력이 없는 것이 아니냐'라고 반문할 수 있지만 그렇게 단순하지 않다. 기업의 능력을 떠나서 기술적 조합이나 조직문화의 융합 등에 의해서 두 개의 경쟁회사는 같은 기업을 인수한다 할지라도 낼 수 있는 시너지가 다를 수도 있기 때문이다. 경쟁자가 있다면 꼭 경쟁자를 생각하고 의사결정을 해야 한다.

그래서 우리는 다음과 같은 의사결정 프로세스를 제안한다.

1) 인식론적 겸손을 갖췄는가?
2) 선택안은 정말 충분한가?
3) 검증의 과정은 거쳤는가?
4) 경쟁자를 생각했는가?
5) 최악의 시나리오를 그리고 대비했는가?

'충분한 심리적 거리는 확보했는가?'를 뺀 이유는 '검증의 과정은 거쳤는가?'와 맥락이 같기 때문이다. 검증을 하는 여러 이유 중에 하나가 부적절한 단기감정을 극복하기 위함이다.

물론 우리가 제시한 의사결정 프로세스를 따른다고 해서 당신과 조직의 선택 수준이 드라마틱하게 바뀌지는 않을 것이다. 하지만 작은 변화를 무시해서는 안 된다. 프로야구 선수가 100번의 타석에서 29개의 안타를 치면 평범한 선수지만, 같은 기회에서 안타 1개를 더 칠 수 있게 집중하면 3할대 타자가 되어 올스타가 될 수 있고, 그런 집중력을 꾸준히 유지하면 명예의 전당에 입성할 수도 있다. 안타 1개를 더 칠 수 있느냐, 그렇지 못하느냐의 차이일 뿐이다. 하지만 이것이 지속될 때 결과는 크게 다르다. 선택은 죽을 때까지 계속될 것이니 말이다.

5개의 프로세스 중 1번 '인식론적 겸손을 갖췄는가?'는 이번 편에 소개했고 5번 '최악의 시나리오를 그리고 대비했는가?'는 '운'편을 통해 설명했다. 지금부터는 2~4번에 대해 이야기하고자 한다. 더불어 집단 의사결정 시에 작용할 수 있는 부작용과 해결책을 제시하고자 한다.

선택안은
정말 충분한가?

> "더 많은 것은 다른 것이다."
>
> - 필립 워런 앤더슨(Philip Warren Anderson) -

▰▰▰ 케네디 정권의 실패와 성공

1961년 케네디^{John F. Kennedy} 정권은 당시 쿠바에 위협을 느껴 카스트로 정권을 없앨 궁리를 했다. 케네디는 핵심참모들과 논의한 끝에 미국으로 망명한 반(反) 카스트로 쿠바인들을 훈련시킨 후 피그스만에 상륙시켜 카스트로 정권을 전복하겠다는 놀라운(?) 아이디어를 낸다. 또한 실패를 하더라도 쿠바의 내부 봉기를 일으킬 수 있을 테니 케네디 행정부의 참모들은 이것은 꽃놀이패라고 생각했다.

결과는 참담 그 자체였다. 일단 침공은 완전히 실패로 돌아갔다. 3일 만에 100여 명의 사상자가 발생했고 1,000명이 생포되었다. 그러면 쿠바의 내부 봉기는? 봉기는커녕 카스트로 정권의 지배력을 더욱 공고히 해 주었고 쿠바는 미국에게 내정간섭이라고 몰아붙이며 포로교환의 조건으로 배상을 청구했다. 그리고 미국은 어쩔 수 없이 1961년 당시로서는 엄청난 비용인 5,300만 달러를 배상했다. 무엇보다 세계의 중심으로 여겨졌던 미국은 멍청한 짓을 했다는 비아냥을 들을 수밖에 없었고 글로벌 리더십에 치명타를 입었다.

미국의 이런 의도는 쿠바를 지원하고 있었던 소련을 자극했다. 그래서 소련은 쿠바에 워싱턴 DC와 뉴욕시를 타격할 수 있는 중거리 핵미사일을 설치하려고 했다.[94] 1962년 10월 CIA로부터 정보를 받은 케네디는 다시 참모진들과 함께 상황 극복을 위해 어떤 결정을 내려야 하는지를 논의했다. 10월 22일 케네디는 핵전쟁의 위기에도 불구하고 단호하게 쿠바를 봉쇄한다. 소련은 당황했지만 이내 아랑곳하지 않고 핵무기 기지 건설은 가속화되었고 핵무기를 탑재한 것으로 의심되는 소련 선박이 쿠바에 점점 가까이 다가오고 있었다.

위기와 긴장감은 점점 고조되어 갔고 케네디 내부에서도 핵전쟁으로 치달을 확률이 50퍼센트에 이른다는 불길한 의견까지 나왔다.[95] 상황이 더 이상 악화되는 것을 막기 위해 케네디는 소련에 최후의 담판을 시도했다. 미사일 기지를 폐쇄하지 않으면 미국은 더 이상 참지 않을 것을 천명한 것이다. 결국 이 시도는 성공을 거둔다. 소련은 쿠바의 미사일 기지를 폐쇄하고 군을 소련으로 복귀시켰다. 그리고 미국은 약속대로 쿠바의 해안 봉쇄를 풀었다. 흥미로운 사실은 쿠바 미사일 위기가 해소된 다음 미소 관계가 좋아졌다는 사실이다. 피그스만 사건으로 실망감을 주었던 케네디 정권은 쿠바 미사일 위기에서는 최고의 선택으로 미국의 능력을 보여주었다.

2년도 안 된 사이에 발생했던 피그스만 사태와 쿠바 미사일 위기는 케네디 정권의 의사결정 수준의 최악과 최선을 보여주었다. 과연 무엇이 의사결정 수준을 갈라놓았을까? 여러 요인이 있었겠지만 가장 극명하게 대조되는 요소가 있었다. 케네디 정권의 참모들은 피그스만 침공을 '만장일치'로 결정했다. 즉 다른 대안을 생각조차 하지 않았던 것이다. 이들은 자신들의 전략이 성공할 것이라 확신했다. 다른 선택안은 아예 생각조차 하지 않았다.

하지만 쿠바 미사일 위기 때는 달랐다. 실패에 대한 반성이 있었던 것일까? 첫날 회의부터 10가지 선택안을 두고 신중하게 논의하기 시작했다. 의견과 의견이 팽팽히 맞섰고 결정까지 어려움이 없진 않았지만 결국 중론을 모아 케네디는 의사결정을 하였고 핵전쟁 위기를 평화적 타결로 마무리 지을 수 있었다. 결국 두 사태에서 가장 극명하게 달랐던 점은 선택안의 차이였다. 피그스만 때는 단 하나의 선택안을 놓고 가부결정, 쿠바 미사일 때는 다양한 대안을 놓고 의사결정을 했던 것이다.

의사결정 분야의 최고 전문가인 폴 너트Paul Nutt는 기업, 비영리단체, 정부기관 등에서 내린 의사결정들을 30년 동안 분석했다. 연구결과 이들이 의사결정 과정에서 2가지 이상의 대안을 고려한 경우는 30퍼센트도 되지 않았다. 다시 말해 엄청난 파급효과를 낼 수도 있는 주요 기관의 의사결정에서 무려 70퍼센트가 선택 가능한 다른 대안들을 상정하지 않았던 것이다. 너트의 추가 연구에 의하면, 하나의 선택안으로 가부결정을 할 경우 52

퍼센트가 실패로 이어졌던 반면, 2개 이상의 대안을 고려한 경우에는 실패율이 32퍼센트로 무려 20퍼센트나 낮아졌다고 한다.

독일의 킬대학교 교수들로 구성된 연구 팀은 독일 중견 기술회사의 주요 의사결정을 연구했다. 이 회사들은 18개월 동안 83건의 주요 사안에 대해 토론을 거쳐 의사결정을 했다. 그런데 2개 이상의 대안을 두고 고민한 결정들의 경우, 하나의 선택안을 놓고 한 의사결정보다 '매우 훌륭함'이라는 등급을 받은 횟수가 무려 6배나 많았다.

케네디 정권의 두 개의 이야기, 폴 너트와 킬대학교의 연구를 통해 우리가 확실히 알 수 있는 것은 선택안을 늘리는 것만으로도 의사결정 수준이 현저하게 올라간다는 사실이다. 그래서 우리는 의사결정을 할 때 다음과 같은 질문을 꼭 던져야 한다.

"선택안은 정말 충분한가?"

▄▄▄ 기 회 비 용 과 벤 치 마 킹

질문을 던졌음에도 선택안이 잘 떠오르지 않을 때는 어떻게 하면 좋을까? 좋은 방법이 있다. 사람들에게 설문지를 주면서 답을 쓰도록 했다.[96]

비디오 매장에서 당신이 정말 좋아하는 배우가 출연할 뿐만 아니라, 즐겨보는 장르의 DVD가 특별할인가로 14.99달러에 판매되고 있다. 당신이라면 어떻게 하겠는가? 하나를 선택하라.

① DVD를 구매한다.

② DVD를 구매하지 않는다.

설문결과 75퍼센트의 사람들이 구매한다고 답했고, 25퍼센트는 구매하지 않겠다고 대답했다. 연구 팀은 다른 팀에게도 똑같은 질문을 던졌다. 그런데 이번에는 선택지의 내용을 다음과 같이 살짝 바꾸었다.

비디오 매장에서 당신이 정말 좋아하는 배우가 출연할 뿐만 아니라, 즐겨

보는 장르의 DVD가 특별할인가로 14.99달러에 판매되고 있다. 당신이라

면 어떻게 하겠는가? 하나를 선택하라.

① DVD를 구매한다.

② DVD를 구매하지 않고, 다른 물건을 구매하기 위해 14.99달러를 아껴

두다.

설문결과 45퍼센트의 사람들이 DVD를 사지 않겠다고 답했다. 선택지의 내용을 조금 바꾸었을 뿐인데, DVD를 구매하지 않겠다고 답한 사람이 기의 2배 가까이 늘었다. 이 실험을 동해서 알 수 있는 것은 우리가 항상 '기회비용'을 고려한다면, 다른 선택안이 있음을 자연스럽게 떠올릴 수 있다는 것이다.

'이것을 선택하면 대신 무엇을 포기해야 하는가?', '똑같은 시간과 비용으로 다른 무엇을 할 수 있을까?' 등과 같은 간단한 질문으로도 하나의 선

택안에 매몰되는 현상을 막을 수 있다.

선택안을 늘릴 수 있는 또 하나의 방법은 벤치마킹을 하는 것이다. 1954년 샘 월턴Samuel Walton이라는 사람이 미국의 벤터빌에서 잡화점을 운영하고 있었다.[97] 그런데 그는 자신의 잡화점에서 차로 12시간 떨어진 미네소타의 한 잡화점을 보고 큰 충격을 받았다. 그곳에서는 모든 고객이 입구 근처에 위치한 중앙 계산대에서 계산을 하고 있었다. 이는 당시 잡화점 업계의 표준방식과 다른 것이었다.

당시는 냄비를 구입한 손님은 주방용품 계산대에서, 비누를 샀다면 세면용품 계산대에서 돈을 내는 식으로 코너별로 계산대를 운영했다. 월턴은 중앙 계산대 모델을 보자마자 직원이 적게 필요하니 인건비가 절약되고, 손님들의 입장에서는 한 번에 계산할 수 있으니 편리하다는 것을 알아차렸다.

월턴은 이 모델을 바로 벤치마킹해서 자신의 잡화점에 적용했다. 이렇게 그는 자신의 잡화점을 발전시키기 위해 장사를 잘한다고 소문난 곳을 부지런히 찾아다녔고, 그곳의 장점을 바로 흡수해 자신의 잡화점에 적용했다. 이렇게 시작한 잡화점은 승승장구를 거듭하였고, 이곳은 세계 최대 유통기업인 '월마트'가 되었다.

그렇다. 기회비용을 생각해도 선택안이 떠오르지 않는다면, 월턴처럼 스스로에게 다음과 같은 질문을 던지면 된다. "나와 비슷한 문제를 해결하려고 씨름한 사람이 누가 있을까? 그리고 그에게서 무엇을 배울 수 있을까?"

항상 의사결정을 할 때 현재의 선택안이 충분한지를 물어보자. 그래서 생각하지도 못했던 대안들을 찾아보자. 그 대안들 속에 진짜 해답이 있을 수 있다. 만약 다른 선택안들이 떠오르지 않는다면 기회비용과 벤치마킹을 활용해보자. 이 하나의 프로세스만으로 당신의 의사결정의 실패율은 20퍼센트 떨어질 것이며 6배의 매우 훌륭함 평가를 받을 수 있을 것이다.

검증의 과정은
거쳤는가?

"실험은 과학적 진리의
유일한 심판관이다."

- 리처드 파인만(Richard Feynman) -

━━━ 넷 플 릭 스 의 실 패

미국의 인터넷 엔터테인먼트 서비스 업체인 넷플릭스는 2017년 현재 최고의 전성기를 맞이하고 있지만 2011년에는 기업이 파산할 수도 있는 엄청난 위기를 겪었다. 그 위기는 자초한 것이었다.

넷플릭스는 사람들이 DVD 비디오 가게에 직접 가지 않고 배달시켜 받아 본다면 기꺼이 일정량의 회비를 지급할 수 있음을 꿰뚫어 보았다.[98] 이 혜안에 힘입어 넷플릭스는 블록버스터 등의 대형 비디오 체인점에 타격을 주면서 성장을 이어갔다. 또한 넷플릭스는 온라인 스트리밍서비스를 한정적이지만 먼저 개시하면서 트렌드 선도적인 면모를 과시했다. 넷플릭스의 비즈니스 모델은 대성공을 거두면서 주가는 고공행진을 했다.

앞서 누누이 이야기했지만 항상 잘 나갈 때 조심해야 한다. 승자효과가 발동했던 것일까? 놀라운 혜안으로 폭풍처럼 성장하고 있던 넷플릭스는 상식적으로 이해할 수 없는 행보를 보이기 시작한다. DVD 배달과 온라인 스트리밍 서비스를 분리해서 고객에게 돈을 받는 새 서비스 계획을 실행한 것이다. 그전까지는 여러 옵션이 있었지만 두 개의 서비스는 통합되어 있었다. 고객은 새로운 서비스로 인해 그전보다 약 60퍼센트가 더 높은 비용을 지불해야만 했다. 처음부터 이런 가격정책이었으면 모를까, 갑자기 돈을 더 내야 하는 소비자들은 분노하기 시작했다. 고객들의 불평은 쏟아졌고 넷플릭스 회원을 탈퇴하는 사람들이 줄을 이었다. 매출과 브랜드에 타격을 입은 넷플릭스의 주가는 50퍼센트가 폭락하게 된다.

2011년 9월 넷플릭스의 대표인 리드 헤이스팅스 Wilmot Reed Hastings Jr. 는 고객들에게 사과를 하고 상황을 바로잡겠다고 발표한다. 그런데 이후 행보는 더 멍청했다. DVD 배달과 온라인 스트리밍으로 회사를 둘로 나눠버린 것이다. 넷플릭스는 고객이 왜 진짜 화를 냈는지 이해를 하지 못하고 있었다. 고객들은 비용은 그전보다 더 내야 하는 데다가 이제는 급기야 두 개의 홈페이지에 따로 회원으로 가입해 서비스를 받아야 할 처지에 놓였나. 넷플릭스의 주가는 더 떨어졌다. 넷플릭스는 다시 모든 것을 원상복귀시켜 고객들을 달랬다. 다행히 경쟁사에 비해 뛰어난 비즈니스 모델을 갖췄기에 위기를 잘 극복하고 지금은 고객들에게 사랑 받는 회사가 되었다.

만약 넷플릭스가 서비스 개편을 하기 전에 '검증'을 해 봤다면 어땠을까? 현장 실험의 최고 권위자인 경제학자 유리 그니지와 존 리스트는 넷플릭스가 미국의 일부 지역에서 실험해 봤다면 수십억 달러의 손해를 입지 않았을 것이라고 말한다. 물론 일부 지역에서 손해를 볼 수도 있었겠지만 서비스의 결과를 알게 된 점과 전국적으로 실시했을 시에 받을 타격을 고려해본다면 일부 지역 손해는 오히려 장기적 관점에서는 이득일 수도 있는 것이다.

　　과거에 잘해 왔다 하더라도 직관에 의지해 검증도 없이 의사결정을 하면 안 된다. 번거롭지만 작은 검증 하나만으로도 큰 피해를 막을 수도 있고 때로는 정말 중요한 정보를 얻을 수도 있다.

━━ 출석률을 높이는 가장 좋은 방법은?

　　저소득 국가가 장기적으로 성장하기 위해서는 교육이 매우 중요하다. 국제 여러 지원 단체들은 아프리카 지역의 아이들을 위한 학교를 세우고 있다. 그런데 문제는 학교를 세워도 여러 가지 이유로 아이들의 출석률이 높지 않다는 것이다. 아이들이 학교에 오지 않는데 학교를 세운들 무슨 소용이 있겠는가. 아이들의 출석률을 높일 필요가 있다. 만약 당신이 지원 사업 주관자였다면 출석률을 높이기 위해 어떤 조치를 취하겠는가? 1분 정도 아이디어를 생각해 보자.

　　교과서 지급, 좋은 시청각 자료, 더 많은 교사, 출석 현금 지급, 장학금 지급, 좋은 교복 제공 등 여러 안이 나올 수 있을 것이다. 자 그렇다면 이러한 옵션 중에 어떤 선택안이 가장 큰 효과를 거둘 수 있을까? 예측을 하되 절대 예측을 신뢰하지 마라. 어떤 선택안이 옳은지 어느 누구도 정확히 알 수 없다. 선택안들을 '검증'해 보면 될 일이다.

MIT 교수인 마이클 크레머 Michael Kremer 와 레이첼 글레너스터 Rachel Glennerster 는 아프리카 케냐에서 무작위 대조 실험을 통해 출석률을 높일 수 있는 가장 탁월한 선택안이 무엇인지 검증해 보기로 했다.[99] 선택안을 실행할 7개 학교와 실행하지 않는 7개 학교를 비교해 보는 것이다. 그리 새로운 것은 아니다. 제약회사의 신약테스트가 무작위 대조실험을 통해 하니까 말이다.

실험 결과 교과서, 좋은 시청각 자료, 더 많은 교사, 출석 현금 및 장학금 지급, 좋은 교복 등 우리가 일반적으로 괜찮다고 생각하는 거의 모든 아이디어가 유의미한 효과를 내지 못했다. 그런데 압도적으로 아이들의 출석률을 높이는 방법이 하나 있었다. 바로 기생충 약을 제공하는 것이었다. 혹시 이 아이디어를 생각해 낸 독자가 있는가? 아마도 거의 없을 것이다. 아프리카의 수많은 가난한 아이들은 기생충 감염에 시달리고 있다. 학교에 나와 열심히 공부를 하고 싶어도, 좋은 교과서, 교복, 선생님이 있어도 몸이 아프면 학교를 가기 힘든 법이다.

케냐 학교에서 기생충 구제로 결석률은 25퍼센트나 줄어들었으며 출석 일수는 2주가 늘어났다. 심지어 아이들을 10년 동안 추적 조사한 결과 기생충 감염 치료를 받은 아이들이 그렇지 않은 아이들보다 주당 3.4시간 더 일했으며 소득도 20퍼센트나 더 받는 것으로 밝혀졌다.

종합적인 연구 결과 1,000달러를 썼을 때 아이들의 늘어난 출석연수는 현금 지급은 0.2년, 성적 장학금은 3년, 교복 제공은 7년이었던 반면 기생충 구제는 무려 139년이었다.

일을 하는 사람이라면 이런 결과를 그냥 넘겨서는 안 된다. 그럴듯해 보이거나 감정적으로 선호되는 선택안들이 실제로는 아무런 성과를 내지 못하고 전혀 예상치 못했던 선택안이 훌륭한 결과를 내는 경우가 상당히 많기 때문이다. 감정에 휘둘리지도 말고 섣불리 예측대로 움직이지 마라. 특히 중요한 의사결정일수록 반드시 '검증'을 하도록 하자. 그렇다면 실험 이외에 검증을 할 수 있는 다른 방법들을 알아보도록 하자.

▅▅▅ 체 크 리 스 트

심장마비 환자에게 풍선을 이용해 막힌 혈관을 부풀려 확장시키는 심장관상동맥 풍선 확장술을 하려면 환자가 병원에 도착한 지 90분 내에 진행해야 한다.[100] 그렇지 않으면 환자의 생존율은 급격히 떨어진다. 그런데 환자가 가슴을 부여잡고 응급실에 도착하면 검사를 하고 진단을 하고 수술 계획을 세우고 수술법에 대해 설명 후 승인을 받고 수술을 받기에 다른 의학적 문제가 없는지 확인하고 수술실로 옮겨 수술을 하는 데에 90분이라는 시간은 결코 넉넉한 시간이 아니다. 2006년도에는 90분 이내에 이 모든 과정을 실수 없이 완벽히 해내는 비율이 50퍼센트도 되지 않았다고 한다.

너무 복잡하고 긴급하기 때문에 최고 수준의 병원 팀이라 할지라도 실수를 피하기가 쉽지 않은 것이다. 미국의 연구에 의하면 폐렴 환자의 60퍼센트, 천식 환자의 45퍼센트, 뇌졸중환자의 30퍼센트가 의사에게서 불완전하거나 부적절한 치료를 받은 적이 있는 것으로 드러났다.

존스홉킨스대 의과대학의 마취과 교수이자 집중치료 전문가인 피터 프로노보스트 Peter Pronovost 는 미국에서 해마다 약 4만 명 정도가 정맥관(카테터관) 삽입 때문에 혈액이 감염되어 사망한다는 점을 주목했다.[101] 사망 원인은 합병증으로 보고되었지만 피터 교수는 충분히 사전에 예방할 수 있다고 판단하고 해결책을 제시했다. 정맥관 삽입 때 다음의 5단계의 체크리스트를 따르면 된다는 것이었다.

1. 비누나 알코올을 사용해 손을 씻을 것.
2. 살균 소독된 장갑, 수술모, 마스크, 가운을 착용하고 환자의 몸을 살균 소독된 가리개로 가릴 것.
3. 가능한 한 사타구니에는 관을 삽입하지 말 것.
4. 항균용액으로 삽입 부위를 소독할 것.
5. 사용이 끝난 관은 곧바로 제거할 것.

과연 이 간단한 체크리스트 하나로 문제가 해결될 수 있을까? 놀랍게도 해결되었다. 체크리스트를 성실히 지킨 병원의 경우 감염률이 0퍼센트 가까이 떨어진 것이다. 피터 교수의 체크리스트에 감명을 받은 미국에서 가장 인기 있는 의대교수이자 베스트셀러 저자인 아툴 가완디 Atul Gawande 는

《뉴요커》에 기고한 칼럼에서 이렇게 말했다.

"피터 프로노보스트가 지난 10년간 실험실의 그 어떠한 과학자들보다도 많은 목숨을 구했다."

피터 교수가 제시한 체크리스트는 인과관계가 명확하고 규칙적으로 반복되는 분야에 매우 탁월한 성과를 내는 것으로 드러났다. 의료계, 항공업계, 건설업계, 제조업계 등은 체크리스트를 활용하기 좋은 분야이다. 물론 체크리스트는 자신들의 업무 상황에 맞게 충분히 변형시켜서 활용할 수 있다.

체크리스트를 작성할 때는 상황에 맞게 매우 실용적으로 만들어야 한다. 그래서 항공기 조종사의 경우 비행기를 점검할 때는 확인용 체크리스트를, 비상사태나 특이한 상황일 때는 실행용 체크리스트를 활용한다고 한다. 각 상황에 유용한 체크리스트로 검증을 함으로써 의사결정의 실수를 최대한 줄이는 것이다. 또한 조직이 체크리스트의 사용을 장려하고 점검하여 이행률을 높일 필요가 있다. 피터 교수가 체크리스트를 처음 제안했을 때에 이행률이 형편없었다고 한다. 리더를 설득하고 간호사에게 점검하게 하는 등 다방면의 노력 끝에 이행률을 높일 수 있었다.

우리가 제시한 5가지 의사결정 프로세스 또한 어떻게 보면 실행용 체크리스트라고 할 수 있다. 중요한 의사결정 시 5가지 모두 빠짐없이 챙긴다면 수술실에서와 마찬가지로 의사결정의 실수를 최대한 줄일 수 있을 것이다.

━━ 줌 아 웃 , 줌 인 (Zoom Out, Zoom In)

　카네기멜론대학교에서 사회과학과 의사결정 과학을 공부하던 28세의 대학원생 지크문트-피셔[Brian Zikmund-Fisher]는 몸에 이상이 생겨 병원에서 혈액검사를 받았다.[102] 검사결과는 충격적이었다. 그의 병명은 혈액세포를 정상적으로 만들어내지 못하는 골수이형성증후군이었다. 이 병은 8일에 한 번씩 혈소판 수혈을 받아야 하는데 이로 인해 사망할 가능성도 있었다. 사망 가능성을 없앨 수 없는 병이었다.

　골수이형성증후군을 고칠 수 있는 방법이 하나 있기는 했다. 바로 골수이식이다. 그런데 피셔가 골수이식을 받을 경우 일 년을 넘기지 못할 확률이 25퍼센트에 달했다. 다만 일 년을 넘길 경우에는 정상적으로 계속 살 수 있는 확률이 높았다. 반면 골수이식을 받지 않는다면, 8일에 1번씩 수혈을 받으면서 비교적 정상적인 삶을 영위할 수 있지만, 고작 5, 6년 정도밖에 살지 못할 확률이 높았다. 이때 그의 아내인 나오미[Naomi Zikmund-Fisher]는 임신 6개월이었다. 피셔는 이러한 극심한 딜레마 속에서 어떠한 선택을 해야 할까?

　피셔는 먼저 결정에 참고할 만한 정보를 필사적으로 찾았다. 그리고 혈액학자인 친구에게 조언을 구했다. 그 친구는 피셔는 젊기 때문에 생존 확률이 평균치보다 더 높을 것이며, 골수이식 수술 경험이 많은 병원에서 수술을 하라고 권했다. 또한 피셔는 아내 나오미와 함께 골수이식 환자들과 그 가족들을 수소문해서 만나보았다. 당시에는 온라인 커뮤니티가 활성화되지 않아서 직접 찾아가야만 했다. 부부는 이들에게서 치료와 관련된 온갖 경험담을 들었다.

피셔는 아내와 부모님과 상의한 끝에 골수이식 수술을 받기로 결정했다. 그는 골수이식으로 명성이 높은 프레드 허친슨 암연구센터에서 수술을 했고, 수술 후 운동요법에 돌입했으며 집중적인 화학요법도 병행했다. 그는 결국 1년을 무사히 넘겼고 지금도 건강하게 살고 있다.

여기서 중요한 것은 피셔의 결정이 아니라, 결정을 하기까지 취했던 프로세스다. 그는 먼저 시야를 '줌아웃'하면서 자신의 선택에 적용할 수 있는 가장 객관적인 정보를 수집하고자 했다. 전문적인 과학저널과 논문들을 보았으며, 특히 전문가인 친구에게 조언을 구했다. 친구는 피셔가 젊기 때문에 생존확률이 평균보다 더 높을 것이라고 했고, 그의 조언은 힘을 발휘했다. 또한 프레드 허친슨 암연구센터를 수술장소로 결정한 것도 친구의 힘이 컸다.

또한 피셔는 '줌아웃'만이 아니라 '줌인'도 했다. 골수이식 경험이 있는 환자 및 가족들의 다양한 경험담을 들으면서 합병증을 극복하려면 운동이 매우 중요하다는 사실을 알았다. 그리고 무엇보다 화학요법이 얼마나 고통스러우며, 어떻게 대처하면 좋은지에 대해서 자세히 들었다. 피셔는 이렇게 말했다.

"다른 사람들의 경험을 듣고, 수술 및 회복 과정이 얼마나 힘든지 미리 알지 못했더라면 아마 견뎌내지 못했을 것입니다."

이처럼 검증 과정에서는 '줌아웃'을 통해 통계적인 데이터와 전문가의 조언을 듣는 것뿐만 아니라, '줌인'을 통해 현장에서 벌어지는 일을 눈으로 직접 보거나 경험자들의 생생한 증언을 듣는 것도 필요하다.

이는 요즘 유행하고 있는 빅 데이터에도 적용될 수 있다. 아무리 요즘 빅 데이터 분석의 정확성이 날로 증가하고 있다고 하여도 현장에서만 얻을 수 있는 보석 같은 정보들이 많다. 현장 사람들과 직접 대화를 해보고 컴퓨터의 눈이 아닌 육안으로 면밀히 관찰해서 얻은 스몰 데이터가 빅 데이터의 부족함을 보완해 주는 것이다. 빅 데이터와 스몰 데이터를 제대로 조합해 검증한다면 당신과 당신 조직의 의사결정은 분명 탁월해질 것이다.

경쟁자는
생각했는가?

체스 챔피언과 빌 게이츠

스물여섯 살 망누스 칼센Magnus Carlsen은 현재 세계 최고의 체스 선수이다.[103] 이 천재 체스 세계 챔피언은 체스의 전설 아나톨리 카르포프Anatoly Karpov를 불과 13세 때 꺾었다. 칼센은 최연소 세계 랭킹 1위에 올랐으며 출전하는 대회마다 최고의 성적을 거두고 있다.

역대 최고의 승률을 기록하고 있는 칼센은 게임 막바지에 이르면 감히 다른 선수들이 따라올 수 없는 천재성이 발휘된다. 잘 버티던 상대들도 게임의 종반부에 이르면 칼센의 수를 따라가지 못하고 무릎을 꿇는다. 그런데 놀라운 사실은 칼센이 막판에 보여주는 수들은 객관적으로 최고 수준의 수라고 말하기 그렇다는 것이다.

바둑은 인간을 2016년에 이겼지만 체스는 1997년에 이미 인간을 넘어섰다. 그래서 인간의 수가 얼마나 훌륭한지는 컴퓨터와 비교해 보면 알 수가 있다. 버팔로 대학교의 켄 리건Ken Regan 교수는 체스 소프트웨어를 이용해 체스 선수들을 평가해 보았다. 평가 결과 블라디미르 크람니크Vladimir Kramnik라는 선수가 컴퓨터 평가상 최고의 점수를 얻었다. 칼센은 상위권이긴 했지만 오늘날 그의 성적에 비한다면 결코 좋은 점수를 받은 것이 아니다. 도대체 칼센은 어떻게 세계 최고가 되었던 것일까?

전문가들의 분석에 의하면 칼센의 힘은 수 자체에 있지 않고 그 수가 상대방에게 미치는 영향력에 있다. 칼센은 컴퓨터의 시뮬레이션 상 최고의 수를 두기보다 상대방을 혼동시켜 제 기량을 못 펼치게 하는 것이다. 즉 칼센은 자신의 수에 몰입하는 것이 아닌 철저히 경쟁자를 염두에 두고 수를 펼치는 것이다. 칼센은 게임 막바지에 컴퓨터가 평가하는 최고의 수를 두진 않지만 상대방으로 하여금 최악의 수를 두게 만드는 힘이 있다. 체스에서의 승리는 최고의 수를 선택할 때 얻는 것이 아니라 경쟁자를 이기는 수를 선택할 때 가질 수 있다. 물론 비즈니스도 마찬가지다.

빌 게이츠가 세계 최고 갑부가 된 것은 PC 운영체제OS를 MS-DOS로 완전 장악한 것에서 시작한다.[104] 그런데 빌 게이츠는 애플이나 구글처럼 자체적으로 OS를 개발한 것이 아니었다. MS가 PC 운영체제를 개발한 것은 IBM의 요청 때문이었다. IBM은 운영체제를 그저 PC 사용의 편의성을 제공해 주는 하나의 소프트웨어로 봤던 것이다. 대신 하드웨어와 소프트웨어 간의 연결과 번역을 담당하는 BIOS^{Basic Input Output System}를 핵심으로 보았고 IBM은 그 기술을 갖고 있었다. IBM에서 외주를 받은 빌 게이츠는 Q-DOS라는 프로그램을 7만 5,000달러에 구매해 IBM PC 규격에 맞게 개조시켜 납품을 했다.

하지만 빌 게이츠는 비즈니스에서 결국 승리하기 위해서는 자기 자신은 대체 불가능한 존재로 그리고 경쟁자는 대체 가능한 존재로 만드는 것이 중요한 것임을 깨닫게 된다. 그래서 빌 게이츠는 컴팩에게 IBM의 BIOS를 합법적으로 모방하라고 부추긴다. 컴팩은 결국 IBM BIOS를 모방해낸다. 그리고 이후 이 모방한 BIOS가 급격히 확산되면서 IBM PC는 대체가 능한 PC가 되어 버렸고 MS-DOS는 모든 PC가 써야만 하는 운영체제가 되어버렸다.

빌 게이츠는 칼센처럼 행동했다. 독보적인 운영체제를 직접 개발하는 최고의 수를 두지는 못했다. 하지만 자신을 그저 수많은 납품업체로 보았던 IBM을 전략적으로 끌어내리면서 결국 승리를 가져오는 수를 두었던 것이다.

어떤 회사에 들어가든, 자영업을 하거나 프리랜서로 일하든 관계없이 우리는 경쟁자와 부딪칠 수밖에 없다. 하지만 의사결정을 할 때 경쟁자를 생각하지 않고 하는 경우가 의외로 많다. 내가 잘해도 경쟁자가 더 잘하게 되면 나의 최선의 수는 아무런 소용이 없게 되는데도 말이다. 의사결정 프로세스에서 절대 잊지 말아야 할 것은 이것이다.

'경쟁자를 생각했는가?'

   기업 경쟁에서 빼놓을 수 없는 사람이 바로 마이클 포터[Michael Porter]이
다.[105] 포터는 기업의 궁극적인 목적은 '지속적 경쟁우위'의 획득이라고 생
각했다. 포터는 5세력 모형을 염두에 두고 기업의 경쟁전략을 세워야 한다
고 했다. 5세력은 '전통적 경쟁자', '신규 진입자', '구매자', '공급자의 교섭
력', '대체재'를 말한다. 전통적 경쟁자가 강력하거나, 신규 진입자가 많거
나, 구매자가 적거나, 공급자의 교섭력이 높거나, 대체재가 많다면 지속적
경쟁우위가 힘들다는 것이다.

   결국 지속적 경쟁우위에 있기 위해서는 가장 먼저 해야 하는 것이 경쟁
상황을 피하는 포지셔닝이 중요하다.[106] 기존 경쟁자가 강하지 않고 신규
진입자의 위협이 약하며 구매 시장이 크며 공급자의 교섭력이 약하고 대
체재의 위협이 약한 산업을 택하는 것이 가장 바람직한 상황인 것이다. 그
래서 포지셔닝과 더불어 중요한 것이 차별화 전략이다. 제품과 서비스에
차별화를 두어 경쟁자와의 치열한 경쟁을 피하는 전략이 좋다는 것이다.
그래서 포터의 경쟁전략은 '경쟁을 어떻게 하면 하지 않을까'가 핵심이다.
경쟁을 계속 피할 수 있다면 지속적인 경쟁우위가 가능하다는 것이다.

   그런데 과연 오늘날의 비즈니스에서 '지속적인 경쟁우위'는 존재할 수
있는 것일까? 위긴스 로버트[Robert Wiggins]와 티모시 루프리[Timothy Ruefli]는 그것
을 알기 위해 방대한 데이터를 분석했다. 미국의 40개 산업 내 6,772개 기
업을 대상으로 1970년대에 경쟁사의 기업보다 10년 가까이 좋은 실적을
지속적으로 낸 기업들을 알아본 것이다. 그 결과 다음 세 가지를 알 수 있

었다.

첫째, 미국에서 지속적 경쟁우위를 실현하는 기업은 존재하지만 그 비율이 2~5퍼센트에 불과하다. 둘째, 시간이 흐를수록 경쟁우위 지속시간이 짧아지고 있다. 셋째, 장기적으로 살아남는 기업은 경쟁우위를 지속한다기보다 경쟁우위에서 밀렸지만 다시 회복하고, 회복 후 밀렸지만 다시 경쟁우위를 차지하는 경향을 보인다.

이 연구를 통해 알 수 있는 것은 경쟁우위를 지속적으로 유지하기가 매우 어렵다는 것, 즉 시간이 갈수록 경쟁이 매우 심화되고 있다는 것이다. 10년 사이에 시가총액 세계 10위 기업들의 태반이 바뀐 것만 보아도 얼마나 경쟁우위를 지속하는 것이 어려운지를 알 수 있다. 점증적인 경쟁 심화는 포터가 말한 경쟁을 피하려는 포지셔닝과 차별화 전략의 실효성이 떨어진다는 것을 의미한다. 피하고 싶어도 경쟁을 피할 수가 없으니 말이다.

그렇다면 이런 무한 경쟁 상황에서 실적이 높은 기업들은 어떤 기업들일까? 켄터키 대학의 월터 페리어Walter Ferrier는 1987년부터 1998년까지 16개 산업 내 224개 기업을 대상으로 신제품 출시, 가격 인하, 마케팅 활동, 모델 수정 등 각 기업의 경쟁 행동을 면밀히 조사했다. 그 결과 경쟁행동을 더 적극적으로 취한 기업들의 주주자본 이익률이 향상되었다는 사실을 밝혀냈다. 그리고 당연하겠지만 시장이 무한 경쟁에 들어섰다고 인식하는 기업일수록 경쟁행동을 더 적극적으로 한다는 사실도 알아냈다.

2008년 켄 스미스Ken Smith 등의 다른 연구 팀도 미국의 주요 11개 산업 내 56개 기업의 447가지 경쟁행동을 연구한 끝에 페리어와 같은 결론을 얻었다. 경쟁은 더 이상 피할 수 없다는 인식하에 적극적으로 경쟁자와 부딪쳤을 때 더 높은 실적을 구가할 수 있다는 것이다.

━━ 경 쟁 자 를 활 용 하 는 방 법

그런데 경쟁자를 항상 꼭 무너뜨려야 하는 적이라고 여길 필요는 없다.
때로는 경쟁자를 활용해야 한다.

2000년에 P&G^{Procter & Gamble}는 크레스트 화이트스트립이라는 혁신적인
제품을 선보였다.^[107] 치아에 젤을 바르고 그 위에 스트립을 30분 정도 붙
여주면 일반적인 치약보다 10배 가까운 미백효과를 볼 수 있기 때문이다.
당시 치과에서 미백치료를 받으려면 약 100달러가 들었지만 P&G의 화이
트스트립은 40달러에 불과에 소비자들은 열광했다. 제품은 메가 히트를
쳤고 2001~2002년 동안 P&G는 이 제품 하나로 8억 달러에 가까운 매출을
올리게 된다.

돈 되는 곳에 경쟁자는 항상 나타난다. 화이트스트립 출시 2년 후 콜게
이트는 심플리 화이트라는 제품을 선보이게 된다. 심플리 화이트는 치약
처럼 치아에 바르기만 해도 미백효과가 있었으며 무엇보다 가격이 15달러
에 불과했다. 소비자들은 획기적인 가격에 마음을 돌렸고 화이트스트립의
시장점유율은 80퍼센트에서 37퍼센트까지 떨어지게 된다.

그런데 문제가 한 가지 있었다. 심플리 화이트가 화이트스트립보다 미
백 효과가 5배나 떨어짐에도 불구하고 콜게이트는 두 제품의 효능이 같다

고 허위 광고를 한 것이다. P&G 입장에서 얼마나 열이 받았을까? P&G가 콜게이트를 상대로 법정 소송을 걸어 만약 승리한다면 P&G는 예전 시장 점유율을 회복할 수도 있었다. 하지만 P&G는 경쟁자를 죽이는 전략이 아닌 활용하는 전략을 선택하게 된다.

그 이유는 여러 가지가 있었다. 소송에서 승리한다는 보장도 없었을 뿐만 아니라 소송난투가 소비자들에게 결코 좋게 보일 리가 없었다. 또한 승리한다고 해도 화이트스트립이 심플리 화이트보다 성능이 좋다는 세간의 평가를 받기보다 성능에 대한 의구심 때문에 미백시장 자체가 위축될 가능성이 있다고 생각했다.

P&G는 소송전에 돌입하지 않고 스키밍skimming 전략을 실시했다. 스키밍 전략이란 제품이 혁신적이고 마땅한 경쟁자가 없을 경우 초기에 가격을 올려 투자 비용을 빠르게 회수하고 이후 가격을 낮춰 시장을 확대하는 전략을 말한다. P&G는 이미 2년 동안의 엄청난 매출을 통해 투자 비용을 회수한 상태였기에 화이트스트립 가격을 심플리 화이트와 같은 15달러로 내렸다. 그리고 대대적인 광고를 통해 화이트스트립이 가격 대비 성능이 얼마나 큰지 소비자에게 알렸다.

P&G의 전략은 결국 성공하게 된다. 경쟁자를 그대로 둠으로써 시장에 대한 오해와 브랜드 타격 없이 시장을 키워냈을 뿐만 아니라 가격대비 우월한 품질로 다시 시장점유율 1위를 되찾은 것이다.

기업의 목표는 수익을 극대화하는 것이지 경쟁자를 없애는 것이 아니다. 물론 경쟁자로 인해 수익이 줄어드는 것이 일반적이나 그렇지 않은 상황이 발생하곤 한다. 그때는 경쟁자를 이용해야 한다. 애플과 삼성 관계도 마찬가지다. 계속되는 소송전으로 서로를 원수처럼 생각하는 것 같지만 이들은 경쟁과 협업을 같이 하고 있다. 아이폰의 부품을 삼성이 납품하고 있기 때문이다. 애플은 삼성이 위협적인 존재이지만 삼성의 반도체나 디스플레이 등을 대체할 수 없기 때문에 삼성이 필요하다. 삼성은 애플이 장사를 잘할수록 돈을 계속 버는 구조이기 때문에 애플과 협력을 마다할 이유가 없다.

2017년 10월 월스트리트저널[WSJ]이 의뢰한 카운터포인트 테크놀로지의 분석 결과에 의하면 삼성은 애플의 신제품 아이폰X 부품 판매로 갤럭시 S8 판매 수익보다 4조 5,000억 원을 더 벌 것이라는 전망을 내놓았다.[108] 미래는 알 수 없지만 두 경쟁회사가 어떻게 협업을 하고 있는지를 알 수 있는 대목이다.

마지막으로 경쟁자를 생각한다는 것은 선택에 있어서 '신속한 결정'이 생각보다 중요할 수 있음을 얘기한다. 신중함이라는 단어는 매우 좋아 보이지만 경쟁자는 결코 기다려주지 않기 때문이다. 너무 늦은 완벽한 선택보다 완벽하지 않지만 적시에 선택을 하는 것이 정글과 같은 비즈니스 세계에서는 더 필요하다. 결국 경쟁자를 생각한다는 것은 선택의 속도를 의사결정에 있어서 매우 중요한 요소로 여긴다는 것을 의미한다.

위대한 영화 대부2에는 이런 대사가 나온다. 의사결정 프로세스에서 꼭 염두에 두어야 하는 명언이다.

"친구를 가까이 둬라. 하지만 적은 더 가까이 둬라."

집단 의사결정

집단 사고

일을 하다 보면 거의 모든 결정이 홀로 결정하는 것이 아닌 집단 의사결정임을 알 수 있다. 그래서 모든 조직은 무엇을 하기 전에 머리를 맞대고 회의를 한다. 왜냐하면, 한 개인의 의사결정보다 다수의 선택이 더 탁월하다고 믿기 때문이다. 일단 머리가 더 많지 않은가?

집단이 개인보다 더 나은 의사결정을 할 것이라는 생각은 아리스토텔레스Aristoteles까지 올라간다. 아리스토텔레스는 《정치학Politics》에서 이런 말을 했다.

"사람들이 전부 모이면 설사 개별적으로는 그렇지 않더라도 집단적으로는 소수의 최고 인재의 자질을 능가할 것이다. 논의 과정에서 많은 사람이 참여하면 각 개인이 지닌 선량함과 도덕적 신중함이 그 과정에 반영될 것이다. 사람들은 저마다 관심 분야가 다르므로 결국 모두가 모이면 문제의 모든 측면을 고려할 수 있다."

사람들은 각자 다른 정보를 가지고 있기 때문에 사람들이 함께 논의하면 집단의 정보는 더 풍부해진다. 결국 더 나은 의사결정을 할 수 있다고 아리스토텔레스는 주장한다. 우리는 이러한 사실을 직관적으로 이해하고 있다. 그래서 중요한 사항일수록 함께 머리를 맞대고 의사결정을 한다. 그런데 과연 집단의 의사결정이 소수의 최고 인재의 자질을 능가하고 있을까? 집단은 정보를 통합하고 논의의 범위를 확대하고 있을까? 유감스럽게도 인류의 역사를 살펴보면 집단이 개개인보다 더 어리석게 행동하는 경우가 상당히 많다.

대표적인 예가 앞서 언급한 미국의 피그스만 침공사건이다. 당시 케네디 정권의 참모진은 하버드대학교 교수, 포드자동차 사장, 록펠러재단 이사장 등 엘리트 중의 엘리트들이 모인 집단이었다. 하지만 그 집단은 그 많은 경험과 능력에도 불구하고 이 집단의 어느 한 사람도 쿠바 침공이나 다른 대안에 반대하지 않았다. 이후 케네디는 이렇게 한탄했다.

"어떻게 내가 그런 침략을 허락할 만큼 어리석었단 말인가?"

이러한 집단 의사결정 과정을 집단사고라고 한다. 집단사고는 미국의 심리학자인 어빙 제니스Irving Janis가 제시한 개념으로, 결속력이 높은 소규모의 집단에서 이의를 제기하는 것을 억제하고 합의를 쉽게 이루려고 하는 경향이 있는 의사결정 과정을 뜻한다. 반대의견이 꽃필 수 없는 집단에서 집단사고가 발생한다는 것이다.

2003년 2월 1일 우주왕복선 컬럼비아호가 대기권으로 재진입하다가 상공에서 폭발해 우주승무원 7명 전원이 사망한 사건이 있었다.[109] 이륙하던 중 헐거워진 발포단열재 조각에 의해 기체의 열차폐막이 손상되면서 이런 참사가 벌어졌다. 그런데 후에 조사를 해 본 결과 NASA가 컬럼비아호가 상공에 있을 때 사태를 피할 수 있는 기회가 있었다는 사실이 드러났다. 하지만 NASA는 집단 의사결정 과정에서 치명적인 두 가지 문제를 안고 있었다. 당시 NASA 회의록을 분석한 결과 첫째, 최악의 상황을 애써 고려하지 않는 분위기가 연출됐다. 누차 이야기했지만 확률이 낮다고 여겨지는 최악의 상황은 우리가 생각하는 것보다 더 자주 발생하며 돌이킬 수 없는 막대한 피해를 주기 때문에 항상 염두에 두어야 한다. 하지만 NASA는 최악의 위험을 피하려는 진짜 위험한 분위기 속에서 의사결정을 내리고 있었다. 두 번째는 반대 정보를 논의하는 것조차 거의 불가능한 회의 분위기였다고 한다. 집단사고에 빠져버린 것이다.

피그스만 사태와 NASA의 참사를 이끈 집단 의사결정의 실패는 매우 특별한 현상일까? 문제는 그렇지 않다는 데에 있다. 우리에게 《넛지》라는 책으로 유명한 캐스 선스타인Cass Sunstein 교수는 《와이저》를 통해 집단이 의사결정을 할 때 특별한 조치를 취하지 않는 이상 개인의 의사결정보다 실패를 할 확률이 높다는 사실을 밝혀냈다. 다시 말해 더 나은 선택을 하기 위해 매일 혹은 매주 하는 우리의 회의가 오히려 좋은 결과를 내지 못할 확률이 크다는 것이다. 집단 의사결정이 왜 실패하게 되는지 그리고 그 결과 어떠한 현상이 나오는지 살펴보도록 하자. 이 내용을 숙지하는 것만으로도 우리 회의의 질은 월등히 상승하게 될 것이다.

집단 의사 결정은 왜 실패하는가?

집단의 실패에 관해 이해하려면 집단 논의가 집단 구성원들에게 미치는 두 가지 영향을 살펴보아야 한다.[110]

먼저 '정보 신호'다. 정보 신호는 다른 구성원이 공개적으로 말하는 정보를 존중하다 보니 자신이 아는 바를 밝히지 못하는 상황을 말한다. 예를 들어 직원들은 자신과 의견이 같지는 않아도 나름의 정보를 가진 직원이 있으면 그가 분명히 옳을 것으로 생각하여 굳이 본인의 의사를 개진하지 않는다. 만약 외무부 장관이 특정 나라와 외교 단절을 적극적으로 찬성하고 나서면 그 밑에서 일하는 직원들은 그의 의견에 동의해서가 아니라 그가 어련히 자기 일을 잘 알고 있으리라 생각해서 입을 다물 것이다.

집단 논의가 집단 구성원들에게 미치는 두 번째 영향력은 '사회적 압력'이다. 사람들은 사회적 압력을 느끼면 그로 인한 불이익을 피하려고 자연히 침묵을 택하게 된다. 예를 들어 어떤 의견에 반대 의견을 내놓으려고 할 때 그 의견을 주장한 사람이 자기 상사라면 자신의 반대 의견이 후에 자신의 조직 생활에 불리하게 작용할 것을 미리 생각해 잠자코 앉아 입을 닫게 된다.

이런 두 가지 영향력이 집단 내에서 작용한 결과 집단의 논의는 집단 의사결정의 실패 원인이 될 네 가지 문제에 직면하게 된다.

1) 오류 확대

개인은 여러 가지 오류를 갖고 있다. 대표성 휴리스틱은 확률에 대한 판단이 서로 닮은 점에 따라 평가가 되는 경향을 의미한다. 예를 들어 만약 어떤 입사 지원자가 전형적인 대표이사처럼 생겼다고 생각되면 이런 생각은 인사 담당자의 판단에 큰 영향을 미친다. 프레이밍 효과는 문제를 제시하는 방식에 따라 반응을 달리하는 현상을 말한다. 예를 들어 환자에게 3년 내 사망률이 20퍼센트라고 설명할 때보다 3년 내 생존율이 80퍼센트라고 설명할 때 수술에 동의하는 비율이 더 높아진다. 그 외에도 비현실적인 낙관주의와 자기 과신에 의한 계획오류, 이미 투입한 비용에 연연하느라 합리적으로 행동하지 못하는 매몰 비용 오류도 개인이 자주 갖는 오류다.

그렇다면 집단은 어떨까? 최신 연구결과는 다음과 같다.

- 집단은 대표성 휴리스틱에 대한 의존도를 약화하기보다 오히려 강화한다.
- 집단은 집단 구성원 개개인보다 더 비현실적인 자기 과신 성향을 보이며 그것으로 계획 오류에 더 잘 빠진다.
- 집단은 개인보다 프레이밍 효과에도 더 취약하다.
- 집단은 변호사들의 거짓된 변론에 더 크게 영향을 받는다.
- 집단은 매몰비용 오류에 빠질 가능성이 더 높다.

결국, 집단은 개개인이 가진 오류를 확대하는 경향이 크다는 것이다. 물론 집단은 개인보다 자기중심적 편향 등을 줄이는 경향이 있지만 대체로 개인의 오류를 확대시킨다. 일단 대부분의 집단 구성원이 특정한 오류를 저지르기 쉽다고 가정해보자. 만일 집단 내에서 다수의 사람이 같은 오류를 범한다면, 대다수의 구성원은 남들이 자신과 똑같은 오류를 범하는 상황을 보게 된다. 만약 전문지식이 없다면 사람들은 '다수의 사람이 같은 오류를 저지른다면, 그것은 사실상 오류가 아닐 수도 있다'라고 생각하기 쉽다(정보 신호)는 것이다. 또한, 대다수의 집단 구성원이 오류를 저지르면, 다른 구성원들 역시 바보처럼 보이거나 무례하게 굴지 않으려고 오류를 따라 할 가능성이 커진다(사회적 압력).

2) 폭포 효과

폭포 효과는 사람들이 서로 영향을 받아 자신의 개인적 지식을 무시하고 공적으로 알려진 남들의 판단에만 전적으로 의존하는 경우를 말한다.

매슈 살가닉의 음악 다운로드 실험을 다시 상기해 보자. 인기가 있는 음악은 가수나 장르에 따라 결정되지 않고 그저 초기 다운로드 수가 많은 음악일수록 계속 상위권에 머물렀었다. 반대로 초기 다운로드 횟수가 적은 노래는 거의 예외 없이 하위권을 벗어나지 못했다.

그런데 집단 논의를 연구한 결과 살가닉의 연구와 비슷한 일이 발생했다. 만일 어떤 사업, 정치인, 주장 등이 초반에 큰 지지를 얻으면 그 집단의 최종적인 선택을 받을 가능성이 높다. 게다가 초반 발언을 리더나 집단의 영향력 있는 사람이 하게 된다면 폭포 효과는 더 가중되게 일어난다. 왜냐하면, 권위 있는 리더가 처음에 발언하거나 초기 발언이 지지를 얻으면 집단 구성원들은 그 정보를 존중하여 더는 의견을 내지 않거나(정보 신호) 다른 의견이 있더라도 리더 등이 지지한 발언에 이의를 제기하면 사람들이 자신을 비난할 거라는 생각에 의견을 내지 않기 때문이다(사회적 압력).

3) 극단화

극단화는 폭포 효과의 연장선에 있는 것으로 집단 구성원들이 논의하면 논의를 시작하기 전보다 그들이 선호하는 방향으로 더 극단화된 결론이 나는 현상을 말한다. 특히 비슷한 사람으로 구성된 집단이라면 극단화 현상은 더 강하게 나타난다. 예를 들어 중국을 못마땅하게 생각하는 사람들이 중국에 대해서 논의를 하면 중국을 더욱 싫어하게 되는 현상이 벌어진다는 것이다. 연구에 따르면 이러한 현상은 미국, 프랑스, 독일 등 전 세계적으로 비슷한 양상을 보인다고 한다. 하지만 이러한 논의는 '무엇이 좋거나 나쁘다'라는 선호 판단이나 '무엇이 옳거나 그르다'라는 가치 판단뿐만 아니라 사실 판단까지 극단화시킨다고 한다.

이런 현상이 일어나는 이유는 구성원들이 특정 성향이 강하다면 자연스럽게 그 성향을 지지하는 근거들이 많이 나올 것이며 더 신뢰를 얻게 될 것이다(정보 신호). 그런데 이렇게 근거가 많이 나오는데 특정 성향을 반대하면 자신이 집중포화를 당하거나 심하면 비난을 받기 때문에 가만히 있게 된다(사회적 압력). 결국, 논의는 집단을 극단화시킨다.

4) 정보 누락

집단 논의를 실패하게 하는 네 번째 원인은 정보 누락이다. 연구 결과 대부분의 집단은 소수만 알고 있는 정보의 가치는 소홀히 하지만 대부분이 알고 있는 정보에 대한 선호가 높은 경향이 있다는 것이 밝혀졌다. 누구나 아는 이야기를 하면 '그래, 그렇지!'라고 말하며 호응을 받는다는 것이다. 그렇게 되면 논의에서 공유된 정보가 더 많이 나오기 때문에 다른 정보를 가진 소수는 자신이 가진 정보보다 다수가 호응하는 정보를 더 신뢰할 가능성이 커진다(정보 신호). 혹은 굳이 자기가 다른 정보를 꺼내 들어 분위기를 망칠 수 있다는 생각에 침묵을 지키게 된다(사회적 압력).

그렇다면 정말 중요한 정보들은 어디에 있는 것일까? 정치에서야 특급 정보들은 고위층의 전유물이지만 비즈니스에서의 핵심 정보는 거의 현장에서 발생한다. 하지만 현장에는 높은 직급의 사람이 아닌 낮은 직급의 사람이 있을 확률이 높다. 이러한 사실이 상황을 더 악화시킬 수 있다. 왜냐하면, 보통 회의에서 낮은 직급에 있는 사람은 발언권이 별로 없고 그 어떤 구성원보다 사회적 압력을 더 크게 받기 때문이다.

지금까지 집단 의사결정을 실패로 이끄는 4가지 원인을 알아봤다. 그렇다면 어떻게 해결할 수 있을까?

반대자를 세워라

'위대한' 세종대왕은 토지조세제도를 개혁하고자 했다.[111] 토지가 유일한 생산수단이었던 당시 토지세는 국가가 걷을 수 있는 가장 중요한 세원이었다. 토지조세제도는 '답험손실법'에 의해 실시되었다. 답험손실법은 농사가 잘 안되었을 때에 그 손실 정도에 따라 10단계로 나누어 1단계마다 세금을 감면해 주는 법이다. 매우 합리적으로 보였지만 실상은 문제가 많았다. 손실 정도를 측정하는 담당자의 재량권이 너무 큰 나머지 조작이 빈번했기 때문이다. 예를 들어 재량권이 있었던 토지소유자는 자신의 땅을 경작하는 소작농들의 피해를 축소시켜 소작료를 비싸게 받아먹는 부정을 저질렀다.

불합리한 것들을 참지 못한 세종은 이 제도를 개혁해 공법을 실시하게 된다. 〈왕의 경영〉의 김준태 저자는 세종의 공법을 다음과 같이 평가했다.

"세종의 공법은 토지소유주로부터 답험권을 회수하고, 세금 징수과정에서의 사적 개입을 차단하며, 불필요한 징세비용을 줄이는 등 '조세 확실의 원칙'을 구현하고자 한 개혁이었다. 또한 토지 등급에 따른 정액세를 백성들의 농사작황과 담세능력을 고려해 가감하도록 한 선진적인 정책이라고 평가할 수 있다."

토지조세제도의 개혁은 나라의 근간에 영향을 미치는 일이기 때문에 결코 쉬운 일이 아니었고 당연히 많은 반대가 있었다. 그리고 세종은 왕의 권력으로 그 반대를 묵살하지 않고 함께 논의하고 토의하며 모든 백성에게 가장 좋은 제도를 만들기 위해 노력했다. 특히 당시 영의정이었던 황희가 공법 반대파를 이끌었고 세종은 15년에 가까운 시간 동안 반대의견을 철저히 수렴하여 제도를 만들어갔다. 실제 반대의견을 수렴하는 과정에서 공법의 부족함을 보완할 수 있었고 이로 인해 성공적인 제도를 정착시킬 수 있었다.

세종의 공법 개혁을 통해 알 수 있듯이 집단 의사결정의 실패를 줄이는 방법은 의외로 간단하다. 반대 의견을 내는 데에 아무런 거리낌이 없어야 한다. 특히 회의할 때 직급에 상관없이 누구나 자유롭게 발언할 수 있는 분위기가 만들어져야 한다. '악마의 변호인'이나 '레드팀' 제도를 이용해도 좋다. 악마의 변호인은 무조건 반대 의견을 내는 사람을 뜻하고 레드팀은 본래 팀의 실행계획을 비판하거나 무산시키는 임무를 받은 팀을 말한다.

다만 형식적인 악마의 변호인이나 레드팀 제도는 그 효용이 떨어진다는 것이 연구로 밝혀졌다.[112] 반대를 위한 반대가 아닌 소수라고 할지라도 진정성 있게 반대하는 사람이나 팀이 있다면 그 사람이나 팀을 중심으로 악마의 변호인이나 레드팀 제도를 활용하라. 한 실험에서 진정성 있는 반론자는 형식적인 악마의 변호인보다 해결책을 48퍼센트나 더 많이 내놓았고 해결책의 질도 훨씬 좋았다고 한다.

랠프 월도 에머슨은 다음과 같이 집단의 모습을 통찰력 있게 표현했다.

"우리가 서로에 대해 절대로 용서하지 않는 유일한 죄는 의견 차이일 뿐이다."

이제 죄를 바꿔야 한다. 우리가 서로에 대해 의견 차이를 죄로 여기는 '죄'를 용서하지 않아야 한다. 그렇게 될 때 집단 의사결정은 '실패'로 떨어지기보다 '성공'으로 향할 수 있을 것이다.

━━ 조직 내 침묵 현상, 리더가 조직을 침묵시킨다

　　송강호라는 배우를 세상 밖으로 끄집어낸 〈넘버 3〉라는 영화가 있다. 3류 건달 송강호가 부하들을 앞에 놓고 '헝그리 정신'에 대해 말도 안 되는 일장 연설을 하는 장면은 지금 다시 봐도 재밌고, 명연기란 바로 이런 것이 아닌가 하는 생각이 든다. 그런데 이 장면은 우리 사회의 한 단면을 보여주기도 한다.

　　리더가 말도 되지 않는 주제로 논리도 없이 이야기한다. 그리고 부하들은 리더 말이 터무니없음에도 불구하고 무릎 꿇고 경청만을 해야 한다. 이러한 3류 건달 문화가 우리 사회에, 비즈니스에 만연해 있다는 것이다.

　　이렇듯 리더만 홀로 이야기하고 나머지 구성원들은 조용히 듣고만 있는 현상을 '조직 내 침묵 현상Organizational Silence'이라고 한다. 그렇다면 조직 내 침묵 현상은 왜 생기는 것일까? 영화를 보면 힌트를 얻을 수 있다. 송강호가 헝그리 정신의 위대함에 대한 예를 들면서 "현정화, 현정화도 라면만 먹고 육상에서 금메달 3개나 따버렸어."라고 말하자, 부하 하나가 "임춘애입니다, 형님!" 하고 정확한 사실을 알려준다. 그러자 열이 받은 송강호는 그 부하를 죽일 듯이 패고 다른 부하들에게 "하, 하늘이, 내, 내가 빨간색이라면 빨간색인 거야!"라고 분에 못 이겨 더듬거리며 호통을 친다. 그리고 침묵은 이어진다.

조직 내 침묵 현상은 1차적으로 리더의 커뮤니케이션 능력 부재에서 시작된다. 부하 직원이 직언을 하거나 자기와 다른 의견을 내놓았을 때 모욕감을 주거나 무시하는 발언을 통해 부정적 피드백을 계속 주게 되면 부하 직원은 결국 말을 할 수 없게 된다. 또한 팀원들의 적극적 아이디어에 긍정적 피드백을 주더라도 실제 실행에 옮기지 않는다면 당연히 팀원들은 말을 하고 싶어하지 않게 된다. 말해도 소용이 없기 때문이다.

리더의 이런 부적절한 반응도 문제지만 다양한 아이디어를 제시하고 올바른 비즈니스를 위해 열심히 일하는 직원들은 승진이 안 되고 묵묵히 리더의 말만 따르는 이들이 임원이 되는 인사 시스템도 조직 내 침묵 현상을 불러일으킨다. 거기에 복종이 미덕이라는 유교 문화까지 뿌리 깊게 박혀 있게 된다면 침묵의 시간은 길고 깊어질 수밖에 없다.

그렇다면 이런 조직 내 침묵 현상이 지속되게 될 경우 어떤 문제점이 발생하게 될까? LG경제연구원에 의하면 세 가지 폐해가 생긴다고 한다.[113]

먼저 조직 내에 집합적 창의성이 발휘되기 어려워진다. 창의성은 이질적인 요소들이 서로 충돌할 때 나타난다.

버클리 대학교 심리학 교수인 찰란 네메스Charlan Nemeth는 창의성에 대한 흥미로운 실험을 하였다. 실험 참가자들에게 한 가지 색으로 되어 있는 슬라이드를 보여준 후 자유연상을 하게 했는데, 파란색 슬라이드를 보여 주자 약 80

퍼센트가 파란색과 관련된 것을 떠올렸고, 약 20퍼센트가 '외롭다', '아일랜드' 등 파란색과 그다지 관련이 없는 것들을 말했다.

이후 네메스 교수는 실험에 작은 변화를 주었다. 각 실험 그룹에 몰래 배우들을 참여시켜 매우 엉뚱한 답을 하게 한 것이다. 실험자의 의도에 따라 배우들은 파란색 슬라이드를 보여주자 저것은 빨간색이나 녹색이라며 엉뚱한 말을 늘어놓았다. 그러자 신기하게도 다른 피실험자들도 매우 창의적인 답을 쏟아내기 시작했다. 서로 이질적인 것이 충돌해 창의성을 발휘한 것이다. 당연히 조직 내 침묵 현상은 이러한 조직 내의 집합적 창의성을 억제하게 된다.

둘째, 리더의 계획이나 의도가 부하 직원들에게 명확히 전달되지 않아 좋은 성과를 내기가 어렵다. 부하 직원들이 리더의 의도를 이해하지 못했다면 '질문'을 해야 한다. 질문을 하지 않은 상태에서 그냥 일을 진행한다면 리더가 의도한 것과 상이한 결과가 발생하는 것은 당연하다. 하지만 조직 내 침묵 현상은 '질문'을 차단한다. 그래서 어떤 임원들은 "다들 열심히 적고 있길래 내 말을 다 알아들은 줄 알았다. 그런데 나중에 전혀 엉뚱한 일을 해놓은 걸 보고 황당했다."라고 말하기도 한다.

마지막으로 조직 내 침묵 현상은 조직원들의 냉소주의를 확대 재생산한다. 침묵은 하고 싶은 말도 못 하는 상황을 말한다. 다시 말해 그 자체가 스트레스가 될 수 있다. 스트레스가 쌓이면 조직에 대한 충성도나 의욕이 꺾일 수밖에 없고, 이러한 상황을 조직원 스스로가 인지하게 되면서 조직에 대해 태도가 냉소적으로 된다는 것이다. 이런 조직의 생산성은 굳이 말하지 않아도 알 것이다.

비즈니스에서 삼류는 살아남기 힘들다. 조직 내 침묵 현상이 지배하고 있다면 그 조직은 삼류나 마찬가지다. 리더가 '헝그리 정신'을 잊지 말자고 강조하면서도, 조직 내 침묵 현상을 조장하거나 방관한다면 조직의 생산성을 낮춰 조직 자체를 '헝그리'하게 만들 뿐이다.

지위 고하를 막론하고 자유롭게 아이디어와 의견을 내놓을 수 있는 조직이야말로 '넘버 1' 조직의 자격이 있는 게 아닐까?

대학원에 가야 하나요?

　대학원은 어떤 곳이고 누가 대학원에 가야 하는가? 단도직입적으로 학문을 깊게 공부하고 싶은 사람은 대학원에 가는 것이 맞다. 여기서 '깊게' 공부한다는 것에 대해 정의할 필요가 있다. 단순히 많은 양의 지식을 습득하거나 이미 연구된 영역을 더 이해'만' 하고 싶은 경우는 대학원 진학 기준으로 봤을 때 깊게 공부한다고 말할 수 없다. 완벽히 일반화하기는 어렵지만 대학원은 단순히 공부만 하는 곳이 아니라 연구를 집중적으로 하는 곳이기 때문이다.

　대학원 연구를 쉽게 표현하면 다음과 같다. 대학원에서는 학부 과정 때보다는 조금 더 범위를 좁혀서 세밀하게 학습하고 그렇게 축적된 지식을 기반으로 탐구되지 않은 새로운 영역을 파고들어야 한다.

　대개 공부를 잘하면(학부 시절에 높은 학점을 받았으면) 대학원에 가서도 계속 훌륭한 성과를 낼 것이라고 생각하지만 절대 그렇지 않다. 달리기를 잘하면 축구 선수로서 좋은 자질을 가진 것은 분명하지만, 그렇다고 100미터 달리기 육상 선수 모두가 최고의 축구 선수가 될 수 없는 것과 같은 이치다.

　여기서 다시 아주 현실적으로 대학원 진학에 적합한 자질이 무엇인지 말해야 한다면 주저하지 않고 '호기심'이라고 답하겠다. 어느 정도 학문적 기초 체력이 뒷받침된 상황에서 호기심이라는 동력으로 깊게 파고들면서 새로운 영역을 발견하고 그것을 분석하고 연구하여 새로운 지식을 탄생시키는 곳이 바로 대학원이다. 그렇다면 대학원에 절대 가지 말아야 할 사람은 누구인가? 다음의 두 가지 목적으로 대학원에 진학하는 사람은 여러모로 힘들 가능성이 높다.

첫 번째는 취업이 안 돼서 대학원에 진학하는 사람이다. 앞에서 언급했듯이 대학원에 가려면 최소한의 임계점을 넘긴 학문적 내공이 필요하고 새로운 영역을 개척하려는 강력한 동기가 필요하다. 단순히 취업 경쟁이 심하다는 이유 혹은 취업에 낙방했다는 이유로 대학원에 진학한다면 그것은 문제에 대한 해결 방안이 아닌 상황을 더 악화시키는 선택이 될 것이다. 대학원이 학교에 속해 있다고 해서 학부 생활의 연장이라고 보면 안 된다. 오히려 프리랜서처럼 일하는 직장생활에 더 가깝다(연구 활동에 대한 경제적 지원을 받는다면 더 그렇다). 막연하게 대학원을 졸업하면 어떤 능력이 향상되어서 새롭게 기회가 생길 것으로 생각하는 것은 매우 위험한 발상이다.

학위와 면허는 다르다. 대학원을 졸업했다고 보장되는 것은 단 하나도 없다. 현실은 공부와 일(연구)을 동시에 병행해야 하지만, 일반적인 직장인에 비해 수입은 턱없이 부족한 데다 오로지 졸업 후 새로운 삶에 대한 비전에 의존해야 하므로 정신적 스트레스도 크다.

게다가 대부분의 연구 환경은 생각보다 자유롭기 때문에 방심하면 허송세월하기 딱 좋다. 특히 대학원은 개인의 능력에 따라 연구 성과의 정도가 아주 심하게 차이가 나는 곳이기 때문에 막연하게 진학하면 상대적으로 경험도 실적도 얻지 못할 확률이 높다(가능하다면 학부 연구생으로 대학원을 경험해보는 것이 여러 관점에서 진로에 대한 리스크를 줄일 수 있는 좋은 전략이다).

두 번째 경우는 학력 콤플렉스를 극복하려고 대학원에 진학하는 것이다. 우선 예전 대학원 재학 시절 세계적인 대가로부터 들었던 대학교와 대학원의 선정 기준부터 공유한다. "대학교는 가장 유명한 대학을 선택하고, 대학원은 가장 유능한 교수를 선택해라." 사람마다 선택의 기준은 다르겠지만 대학교와 대학원 선택의 판단 기준을 이토록 명료하게 납득시키기도 어렵다. 그만큼 대학원은 개인의 브랜딩branding 및 네트워킹networking보다는 철저하게 깊은 내공을 쌓으러 가는 곳이기 때문에 소위 말하는 '학벌 업그레이드'의 목적으로 진학한다면 학위 과정도 그 결과도 참담할 것이다. 석·박사를 평가할 때 가장 중요한 요소는 연구 실적이다. 절대 학교 간판이 아니다.

대학원 진학을 결심했다면 그다음에는 석사 학위까지 공부해야 하는지 아니면 박사 학위까지 공부해야 하는지 고민이 생길 것이다. 공부하는 목적은 천차만별이기 때문에 여기에 어떤 정답이 있다고 말하기는 어렵다. 회사 기준에서 석사와 박사를 어떻게 생각하는지 파악해보면 결정에 조금이나마 도움이 될 수 있을 것 같다.

보통 석사 학위를 받고 취업하면 사원 3년 차로 입사를 하고, 박사 학위를 마치고 회사에 가면 약간의 편차는 있지만 보통 과장 정도의 직위로 회사 생활을 시작한다. 석사에게 요구되는 역량은 당연히 학부 졸업생보다는 더 전문적인 관련 분야 지식과 연구 과정을 처음부터 끝까지 소화해낸 경험이다. 석사를 마치고 3년 차로 입사하면 당연히 처음에는 1년 차 사원으로 시작한 동일 연차 동료보다 업무적으로 조금 느리다. 그렇지만 시간이 조금만 지나면 (석사 때 제대로 공부와 연구를 했다면) 무리 없이 업무를 따라잡는다. 사실 대학원 연구가 겉으로 보기에는 회사의 양산이나 연구/개발보다 훨씬 조악한 것 같지만, 과정을 처음부터 끝까지 겪어봤다는 것은 생각보다 엄청난 경험이 된다 (회사에서는 특정 업무를 담당해서 일을 시작하기 때문에 업무의 큰 그림을 파악하기는 생각보다 어렵다). 또 직접 경험하지는 않았어도 문헌 조사 등을 통해 인접 기술 혹은 학문에 대한 간접 지식을 알고 있다는 것도 나중에 큰 힘이 된다. 하지만 생각보다 본인의 연구 영역이 아닌 분야를 공부한 경우는 드물다. 안타깝지만 자신의 연구 분야 논문도 충분히 안 읽은 경우가 생각보다 많은 게 현실이다.

그렇다면 박사는 석사와 어떻게 다른가? 사실 석사와 거의 모든 부분에서 요구되는 역량은 크게 다르지 않다. 가장 큰 차이점은 처음부터 끝까지 모든 일을 혼자서 주도적으로 끝낼 수 있다는 것이며, 이것이 바로 박사의 핵심 역량이라고 해도 과언이 아니다. 단순히 알고 있는 것과 그것을 실제로 해내는 것은 전혀 다르다. 하지만 또 애석하게도 생각보다 지도교수가 시킨 일만 열심히 하다가 박사 학위를 받은 사람도 많다. 생각보다 연구 실적은 많지만 본인이 아이디어를 직접 제안해서 실험을 진행하지 않은 경우, 대개 지도교수 그늘 밖으로 나왔을 때 아무것도 못 한다(이런 경우를 냉소적으로 '석사 5/6호봉'이라고 부르기도 한다).

박사 학위를 마치고 과장 직급으로 시작한다는 것은 단순히 일만 하는 것이 아니라, 사원, 대리, 동료들을 이끌고 함께 나아가야 한다는 것을 의미한다. 그 말은 이론적으로는 물론 실무적으로도 어느 정도 충분히 준비되어 있어야 한다는 뜻이다. 이론적으로 준비가 되었다는 의미는 문헌 조사를 통해 다양한 연구 논문을 읽고 고민했어야 한다는 것이고(자신의 주력 연구 분야는 가르칠 수 있을 정도로), 실무적으로 준비가 되었다는 것은 다양한 실험을 통해 수많은 예상치 못한 상황에 부딪히면서 위기 혹은 문제를 극복해본 경험이 있어야 한다는 의미이다(이때 쌓인 직접 경험이 회사에서 고스란히 적용되는 경우는 별로 없다. 하지만 문제의 성격이나 형태가 다르더라도 많은 문제를 극복해본 경험이 있다면, 열 번 시도할 것을 일고여덟 번 만에 해내게 된다).

박사 학위를 받으려면 학부 졸업 후 보통 4~7년 정도의 시간이 걸리기 때문에 단순히 미래의 어떤 보상을 바라고 연구와 공부를 하기에는 생각보다 힘들다. 석사까지는 누구나 크게 무리 없이 도전해볼 수는 있지만, 새로운 것을 탐구하고 싶어 하는 열정이 없다면 박사 과정의 길은 그렇게 순탄하지는 않을 것이라 생각된다.

　마지막으로 직장을 다니면서 대학원 진학을 고려하는 경우를 생각해보자.
많은 직장인이 회사생활에 염증을 느끼거나 불안감을 느낄 때 대학원 진학을
생각하는 경우가 있다. 하지만 앞에서 언급한 것처럼 대학원을 졸업한다고 보
장되는 것은 없다. 특히 직장인은 대학생과 다르게 현재 직장을 포기하고 대학
원에 가야 하기 때문에 더 큰 기회비용을 치러야 한다. 그런데도 정말 학문적
역량을 키우고 심도 있는 공부를 통해 새로운 분야로 진출하기 위해 대학원에
가고 싶다면, 새로운 선택에 따른 리스크를 줄이기 위해 좀 더 신중하게 준비
해야 한다.

　요즘은 해외에서 직업을 구해 새로운 환경에 정착하기 위한 징검다리로 해
외 대학원 진학을 선택하는 경우가 많다. 직업 전환을 위한 하나의 전략이기는
하지만 여전히 기회비용도 리스크도 크다. 이 경우 무작정 대학원만 고려할 것
이 아니라 기회는 많지 않더라도 경력을 살릴 수 있다면 연구실 같은 곳에 연
구 엔지니어나 스태프staff로 취업해보는 것도 하나의 대안이 된다. 아니면 경
력을 활용할 수 있는 연구실의 교수에게 연락해서 연구 장학금을 받을 수 있
는지 알아보는 것도 좋다. 보통 최상위권 대학은 워낙 지원자가 많아서 연구
장학금을 받기가 매우 어렵지만, 적극적으로 연락을 하다 보면(그리고 인터뷰
를 통해 경력에서 축적된 내공을 인정받는다면) 연구 장학금을 지원해줄 수 있는
연구실을 찾을 수도 있다.

앞에서 말했듯이 대학원은 '간판'보다는 안정적인 환경에서의 '연구'를 위해 가는 것이다. 하지만 생각보다 많은 사람이 여전히 유명한 대학교에 진학하면 장밋빛 미래가 보장되어 있다고 착각하고 있다(우리나라에서 채용을 가장 많이 하는 한 기업의 해외채용 인사 담당자가 말하기를, 해외대학 유명 MBA를 나오면 무조건 모셔오던 시절도 있었지만, 이제는 2년 공부한 것을 2호봉으로 인정해주는 것이 전부라고 한다. 또 해외대학교(원) 졸업자가 워낙 많아서 과거처럼 무조건 채용도 되지 않는다고 말했다).

다시 한 번 말하지만 대학원 졸업 후에 가장 중요한 것은 연구 실적과 실력이다. 만약에 어떤 구조적 모순 때문에 학벌에 관련된 난관에 부딪히게 된다면(요즘 이런 경우는 드물다) 그 실력으로 최고의 연구실이 있는 최상위권 대학에 박사 후 과정이나 연구원으로 들어가서 불합리를 이겨내면 된다(아니면 애초에 외국에서 직장생활을 하면 된다). 결국 실력이 출중하면 많은 것은 생각보다 쉽게 해결된다.

대학교를 진학했던 것처럼 막연한 생각으로 어떻게든 졸업하면 뭐라도 될 것이라는 마음으로 대학원에 간다면 기다리는 미래는 매우 암울할 것이다. 반대로 열심히 그리고 제대로 연구와 공부를 한다면 생각보다 실력을 많이 쌓고 많은 것을 얻을 수 있는 곳이 대학원이다. 여러 가지 상황을 고려한 끝에 결국 대학원 진학을 결정했다면 개인적으로는 세상을 좀 더 깊게 이해할 수 있는 내공이 쌓이는 계기가 되기를 바라고, 동시에 사회적으로는 훌륭한 연구 결과가 나와서 본인과 사회 모두에게 도움이 될 수 있기를 진심으로 응원한다.

    p.s.) 본 글은 주로 일반대학원 기준으로 작성되었다. 전문대학원이나 특수
대학원 기준으로 보면 상황이 다를 수 있음을 알아두자.

과 학 적 인 진 로 선 택 5 단 계

인생에 있어서 여러 선택이 있지만 2030에게 가장 중요한 선택을 꼽자면 진로 선택일 것이다. 어떤 일을 하든 항상 불확실성이 영향을 미칠 것이기 때문에 완벽한 진로를 선택하는 것은 쉽지 않다. 하지만 우리가 '선택' 편에서 살펴보았듯이 과학적으로 그리고 경험적으로 검증된 '프로세스'를 따르게 된다면 의사결정 수준을 높일 수 있다.

이번에 소개할 내용은 진로 코칭 단체 '8만 시간'의 창립자인 윌리엄 맥어스킬William MacAskill이 수년간 수많은 젊은이의 진로를 도와주면서 겪은 실전적 경험과 의사결정과 관련된 사회과학 근거를 융합하여 구성한 '과학적 진로 선택 5단계'이다. 진로에 대해 고민하는 젊은 독자들에게 도움이 되기를 기원한다.[114]

1) 열정을 따르지 마라

존경하는 스티브 잡스가 2005년 스탠퍼드 대학교 졸업 연설에서 다음과 같이 말했다.

"여러분이 애정을 쏟을 수 있는 대상을 찾아야 합니다. 직업을 찾는 건 사랑하는 사람을 찾는 것과 다르지 않습니다. 직업은 여러분의 삶에서 큰 비중을 차지합니다. 진정으로 만족을 얻을 수 있는 단 하나의 길은 훌륭하다고 생각하는 일을 하는 것이고, 훌륭한 일을 할 수 있는 자기 일을 사랑하는 것입니다. 아직 그런 일을 발견하지 못했다면 계속 찾아보세요. 안주하지 마세요. 가슴이 시키는 대로 하는 일들이 으레 그렇듯, 그런 일은 발견하면 저절로 알 수 있습니다. 훌륭한 관계들이 으레 그렇듯, 그런 일은 세월이 갈수록 점점 더 좋아지기 마련입니다. 그러니 계속 찾으세요. 안주하면 안 됩니다."

하지만 존경하는 인물이라고 해서 항상 옳은 말만 하는 것은 아니다. 잡스는 훌륭한 기업가이자 혁신가이지만 진로 선택 전문가가 아니기 때문이다.

직업을 찾는 것은 사랑하는 사람을 찾는 것과는 완전히 다르다. 만날 때부터 헤어질 것을 생각하고, 어떻게 하면 더 좋은 사람을 만날까를 고민하며, 다른 사람을 만나기 전에 양다리를 걸치는 것이 훌륭한 연애라고 할 수는 없기 때문이다.

진로를 선택할 때 절대 현혹되지 말아야 힐 단어는 단연 '열정'이다. 물론 잡스의 조언처럼 자신의 애정과 열정을 쏟아 부을 수 있는 일을 찾으면 좋겠지만 현실은 그리 녹록하지 않다.

일단 대부분의 젊은 사람이 열정을 태울 수 있다고 생각하는 분야는 비슷하다. 캐나다 대학생들을 대상으로 한 조사에서 열정을 쏟는 분야가 있는가 하는 질문에 90퍼센트가 스포츠, 음악, 예술 분야라고 답했다. 그런데 캐나다에서 이 세 개 분야에 해당하는 일자리는 전체의 3퍼센트밖에 되지 않는다. 열정을 좇은 대다수가 제대로 된 직장을 얻을 수 없을 것이란 얘기다.

국내 관련 자료는 없지만, 캐나다의 경우와 비슷하게 대부분 열정을 쏟을 만큼 좋아하는 분야는 엔터테인먼트, 게임, 스포츠, 예술 분야일 가능성이 크다. 취미 생활 대부분이 TV 시청, 영화 감상, 게임, 스포츠 등인 것을 보면 알 수 있다.

게다가 우리의 관심사는 자주 바뀐다. 심리학자 조르디 쿠아드박Jordi Quoidbach, 대니얼 길버트Daniel Gilbert, 티모시 윌슨Timothy Wilson은 연구 결과 우리의 관심사는 생각보다 더 자주 바뀌는 것으로 나타났다며 현재의 열정을 과대평가하지 말라고 조언했다.

선택 프로세스 첫 번째가 '인식론적 겸손은 갖췄는가?'이다. 우리가 갖는 여러 오류 중에 하나가 '정서 예측 오류'이다. 여러 연구에서 증명되었듯이 우리는 자신의 감정이 미래에 어떻게 변할 것인지 잘 모른다. 지난 10년을 한번 돌아보라. 자신의 관심사가 어떻게 변했는지.

그리고 무엇보다 초보나 아마추어일 때의 열정이 프로나 전문가가 되었을 때도 그대로 남아있을지 장담할 수 없다. 많은 아마추어 게임 고수가 프로의 길을 가려고 할 때 포기하는 이유 중 하나가 프로 생활에 적응하지 못해서이다. 왜냐하면 프로나 전문가가 되었을 때 그 직업이 요구하는 수준은 아마추어나 초보 때와는 전혀 다르기 때문이다.

실제 '리그 오브 레전드' 같은 인기 있는 프로게이머 지망생들이 집단 합숙, 기계적이고 전략적인 게임에 대한 접근, 끊임없는 연습, 성적에 대한 압박 등 예전에는 경험해보지 못한 프로게이머라는 '직업 생활'에 적응하지 못해 결국 프로의 꿈을 포기한다.

게다가 어떤 사람은 '열정' 자체가 없을 수도 있다. 괜찮다. 열정으로 진로를 선택하는 것이 아니며 일을 하다가 운이 좋게 그 일에 갑자기 열정이 생기거나 진짜 인생을 걸고 하고 싶은 일이 생길 수도 있으니 말이다.

내 안에 있는 열정을 찾으려고 하지 말고 직업을 찾아야 한다.

2) 선택의 폭을 넓혀라

이와 관련해서는 '선택 안은 정말 충분한가'에서 충분히 살펴봤다. 우리는 '범위 한정 성향'에 빠지는 경향이 강하다. 여러 대안이 있음에도 불구하고 한두 가지 선택안을 놓고 고민하는 것이다. 연구에서 밝혀졌듯이 선택안이 많을수록 선택 실패율이 줄어든다. 여기서 많은 선택안은 여러 기업에 원서를 내는 것을 의미하는 것이 아니다. 진지하게 시간을 갖고 자신이 평소에 생각하지 못한 여러 직종에 대해 마음을 열고 고민해보라는 것이다.

편견을 벗고 여러 직업을 살펴보면 의외로 수입이나 근무 환경이 괜찮은 직업을 찾을 수도 있으며, 반대로 다른 직업과의 비교를 통해 원하는 분야의 일이 생각보다 매력적이지 않다는 것을 깨달을 수도 있다.

선택안은 많을수록 좋다.

3) 투 트랙으로 검증하라

선택안을 늘렸다면 '검증'을 통해 자신이 추진할 만한 직업을 선별해야 한다. 가능한 한 검증은 투 트랙two-track으로 하는 것이 좋다. 먼저 간접 경험이다. 그 직업에 관련한 책이나 인터넷 정보를 최대한 살펴보고 직업 관련 커뮤니티 등에 질문을 던져본다. 또한 지인 중에 관련 직종에 종사하는 사람이 있다면 직접 만나 직업에 대해 최대한 많이 들어본다. 직장생활은 어떤지, 어떤 능력이 필요한지, 무엇을 준비하면 좋은지 등을 물어보는 것이다.

간접 경험만으로도 성실하게 조사했다면 큰 도움이 될 것이다. 하지만 만약 잠깐이지만 직접 경험을 할 수 있는 기회가 있다면 무조건 해볼 것을 권한다. 머리가 아니라 몸으로 알 수 있는 것들이 있기 때문이다. 인턴도 좋고 아르바이트도 좋고 자원 봉사도 좋다. 직접 부딪치면 의외로 답을 쉽게 얻는 경우가 많다.

간접 경험과 직접 경험의 투 트랙으로 자신의 선택안을 꼭 검증해보도록 하자.

직무특성이론에 따르면 우리가 어떤 일을 즐겁게 하는 이유는 그 일에 대해 열정이 있기 때문이라기보다 일 자체가 매력적이기 때문이다. 즉 직무만족도는 우리 자신이 아닌 일 자체와 그 일을 둘러싼 조직 문화에 달려 있다. 그런 의미에서 뒤에 있을 '조직' 편을 꼭 정독하길 바란다. 이번 내용이 더 쉽게 이해가 될 것이다.

앞서 투 트랙으로 직업을 검증할 때 꼭 해야 하는 과정은 해당 일에 대한 직무만족도가 어느 정도인지를 예측하는 것이다. 당연히 같은 직종이라고 할지라도 각 조직마다 문화와 직무 설계 성격이 다르기 때문에 직무만족도는 다 다르다.

다음의 7가지 기준은 직무만족도를 예측하는 데에 매우 좋은 툴이다. 물론 각자 주관적 평가를 내릴 수밖에 없겠지만 자신만의 기준점을 잡고 각 요소마다 점수를 매겨 판단하면 큰 도움이 될 것이다.

① 자율성 : 입무에 대한 주도권을 얼마니 갖고 있는가?[15]

② 완결성 : 맡은 업무가 전체 업무의 완결성에 얼마나 기여하는가? 최종 결과에 대한 기여도가 단순한 부품 역할에 그치는 게 아니라 눈에 띌 정도로 큰가?

③ 다양성 : 다양한 역량과 재능이 필요한 폭넓은 활동이 요구되는가?

④ 평가 : 업무를 잘 수행하고 있는지 쉽게 파악할 수 있는가?

⑤ 기여도 : 얼마나 영향을 미칠 수 있는가? 타인의 행복에 긍정적인 영향을 미치

는가?

⑥ 복지 : 근무 시간은 어느 정도이며 그것이 잘 지켜지고 있는가? 휴가 제도 및

복지 정책은 잘 갖춰져 있으며 제대로 실행되는가?

⑦ 연봉 : 다른 직종에 비해 얼마나 비교 우위가 있는가? 자신의 생활을 영위하는

데 만족할 만한가? 일의 난이도에 합당한가?

5) 첫 직장을 새롭게 바라보라

제대로 된 직장 하나 구하기도 힘든 현실이기 때문에 첫 직장에 사활을 걸고 싶겠지만 그러지 않는 편이 더 바람직하다. 일을 열심히 하지 말라는 것이 아니라 첫 직장에 대한 관점을 새롭게 하라는 것이다. 3가지 관점을 항상 견지하자.

첫째, 첫 직장은 진로 선택의 끝이 아니라 시작이라 생각하라. 첫 직장이 평생직장일 가능성은 거의 없다. 나 또한 1년 만에 첫 직장을 그만두었고 심지어 직종까지 바꿨다. 작가가 된 것이다. 아마 나에 대해 잘 모르는 사람은 원래 작가에 대한 열정 혹은 재능이 있었는데 직장을 다닌 후로 진정 자신이 원하는 것을 찾아간 것으로 생각할 것이다.

하지만 나는 31세까지 작가를 직업으로 삼아야겠다는 생각을 단 한 번도 하지 않았다. 심지어 학창시절 글로 상을 받은 적도 없다. 당연히 작가에 대한

열정이 있을 리가 만무하다. 나는 그전까지 글을 전혀 안 쓰다가 31세 때부터 우연치 않게 글을 쓰기 시작했으며, 운이 좋아 글이 인기를 얻어 출판사로부터 출간 제의를 받아 작가가 되었다. 지난 8년 동안 10권의 책을 냈는데, 이 또한 처음 작가가 되었을 때 전혀 예측하지 못했다. '운' 편에서 언급했듯이 내가 어디서 어떻게 일하게 될지 정확히 예측하기란 어렵다.

또한 인공지능 시대가 열리는 등 비즈니스 환경이 과거보다 더 빠르게 변화하고 있기 때문에 직장뿐만 아니라 직종 자체도 큰 변화의 소용돌이 속에 있다. 그러므로 첫 직장은 앞으로 이어가야 할 전체 경력의 일부분이라는 관점을 견지할 필요가 있다.

둘째, 경력 자본을 얼마나 쌓을 수 있을 것인지를 생각하자. 첫 직장을 통해 얻을 수 있는 스펙, 역량, 인맥, 자격, 경험 등이 무엇인지를 따져보고 그 속에서 자신이 쌓을 수 있는 최고의 경력 자본을 쌓자. 이런 자세로 직장생활을 한다면 직장 내에서 성과를 올릴 가능성도 클 뿐만 아니라 다른 일을 할 때도 큰 도움이 될 것이다.

셋째, 이직 기회의 용이성을 따져보자. 예를 들어 영리 기업에서 일을 하다가 비영리 단체로 이직하는 것은 쉽지만 그 반대는 쉽지 않다. 또한 학계에서 산업계로 이직하는 것은 그 반대보다 쉽다. 경쟁 기업이 많은 분야의 직업은 이직이 쉽지만 소수의 기업만이 시장에서 경쟁하는 분야의 직업은 그렇지 않다. 성장하고 있는 산업에 속해 있다면 이직이 쉽지만 사양 산업이라면 이직이 쉽지 않다.

그런 의미에서 첫 직장을 다니면서 특정 전문 분야의 능력뿐만 아니라 기회가 된다면 모든 회사가 필요하다고 여기는 역량을 키워나가는 것이 중요하다. 마케팅, 영업, 프로젝트 관리, 데이터 분석, 리더십, 대인관계 기술 등이 그 예다.

그렇다면 창업은 어떻게 해야 할까? 창업은 '선택' 프로세스를 따르는 것이 좋다. 창업은 직장보다 기회비용이 월등히 높기 때문에 실패에 대한 대비가 철저히 되어 있어야 한다. 또한 직장을 구하는 것보다 검증을 더 혹독하게 해야 한다. 그런 의미에서 창업은 직장생활을 병행하면서 하는 것이 좋다. '성장' 편에서 더 자세히 살펴보겠지만 실제 양다리를 걸치는 것이 올인하는 것보다 창업 성공률이 높다. 창업이 자리 잡기까지 버틸 수 있는 현금이 확보될 뿐만 아니라 실패에 대한 대비도 되기 때문에 정신적 측면에서도 긍정적인 영향을 미친다.

만약 양다리를 걸칠 수 없는 일이라면 수입이 전혀 안 나더라도 최소 2년은 생활할 수 있는 자금을 마련하고 시작해야 한다. 생활 자체에 걱정이 생기면 일에 몰입하기가 쉽지 않다.

마지막으로 창업할 분야의 일을 창업 전에 최소한 1년 이상 경험해보자. 고깃집을 창업하고 싶으면 최소한 1년 이상은 고깃집에서 일을 해보라는 것이다. 그 경험을 통해 창업에 필요한 스킬을 더 배울 수 있을 뿐만 아니라 창업의 타당성까지도 검증할 수 있다. 기억하자.

1) 창업은 직장을 다니면서 한다.

2) 그럴 수 없다면 최소 2년 이상 수입이 없어도 생활할 수 있는 자금을 마련하고 창업하자.

3) 창업하기 전 최소 1년 이상 관련 업종을 경험해보자.

4장

혁신(革新)

"성공과 실패를 포상하라.
그러나 아무것도 하지 않는 경우는 처벌하라."

- 로버트 서튼(Robert Sutton) -

혁신은
왜 어려운가?

"정말 어려운 일은 새로운 생각을 떠올리는 것이 아니라
다른 이와 같은 방식으로 자란 사람들의
마음 구석구석까지 뿌리내린
낡은 생각에서 벗어나는 것이다."

- 존 메이너드 케인스(John Mayhard Keynes) -

제멜바이스와 벨

19세기 비엔나 종합병원에는 2개의 산부인과가 있었다.[116] 그런데 실제 출산을 하려는 산모들은 2개의 산부인과 중 첫 번째 산부인과에서는 출산을 하지 않으려고 기를 썼다. 온갖 방법을 다 동원해 어떻게든 두 번째 산부인과에서 아이를 낳으려고 했다. 거기에는 합당한 이유가 있었다. 첫 번째 산부인과에서는 산모 중 무려 10퍼센트가 산욕열(분만할 때에 생긴 상처에 세균이 침입하여 생기는 병)로 사망했기 때문이다. 두 번째 산부인과의 사망률보다 3배 가까이 높았다.

1846년부터 두 번째 산부인과에서 부과장으로 근무한 이그나즈 제멜

바이스^{Ignaz Semmelweis}는 첫 번째 산부인과에서 많은 산모가 죽는 이유를 밝히기 위해 연구를 시작했다. 하지만 어떤 요소를 비교 연구해 보아도 첫 번째 산부인과의 높은 사망률을 지지하는 원인을 찾을 수가 없었다.

그러던 중 1847년에 자신의 친구 의사가 죽는 사건이 발생한다. 함께 부검을 하던 의대생이 실수로 친구를 베어버린 것이다. 그런데 사망한 친구를 부검한 결과, 산욕열로 사망한 산모와 비슷한 병변이 발견됐다. 제멜바이스는 그 순간 첫 번째 산부인과와 두 번째 산부인과의 명백한 차이점을 떠올리게 된다. 의대생을 가르치는 곳은 첫 번째 산부인과뿐이었던 것이다. 두 번째 산부인과에서는 조산사들만 가르쳤는데, 의대생과 조산사의 차이점은 시체와의 접촉 여부였다. 그래서 제멜바이스는 한 가지 가설을 세운다. 생명에 위험을 야기할 수 있는 특정 물질이 시체에서 산모에게 전염된다고 생각한 것이다.

제멜바이스는 자신의 가설을 확인하기 위해 부검을 한 의대생들에게 기존에 사용하던 일반 비누가 아닌 강력한 세척력을 지닌 클로르석회로 손을 씻게 했다. 클로르석회가 죽은 조직에서 발생하는 썩은 냄새를 지우는 데 효력이 높다는 점에 착안한 것이었다.

결과는 놀라웠다. 첫 번째 산부인과의 사망률이 순식간에 90퍼센트나 떨어진 것이다. 심지어 몇 달이 지나자 사망자가 더 이상 나오지 않았다. 결국 제멜바이스의 가설은 옳았고, 이 발견은 의료계의 대혁신이라 불러도 손색이 없었다. 얼마나 많은 생명을 살린 것인가?

제멜바이스는 자신의 발견을 주변 전문가들에게 알리기 시작했다. 그런데 동료 의사들은 제멜바이스를 조롱하고 때로는 신랄하게 비난했다.

그렇게 반응한 이유는 두 가지였다. 하나는 의사들이 기존의 상식으로 제멜바이스의 이론을 이해할 수가 없었기 때문이다. 이때는 질병이 '세균'에 의해 생긴다는 지식이 없었다. 그렇기 때문에 시체를 만진 손과 질병은 관계가 있을 수 없다고 생각한 것이다. 두 번째, 제멜바이스 이론을 인정하면 산모들을 사망으로 이르게 한 주체가 결국 의사 자신이라는 사실을 시인하는 셈이 되므로 더욱 용납하기가 쉽지 않았던 것이다.

제멜바이스는 예상치 못한 전문가들의 조롱과 비난에 격렬히 저항했다. 때로는 자신의 비판자들을 살인자라고 부르며 격노하기까지 했다. 주변 사람들은 제멜바이스가 점점 미쳐간다고 생각했고, 급기야 1865년에 그를 강제로 정신병원에 감금시켰다. 그리고 2주 후 그는 쓸쓸하게 병원에서 죽게 된다. 제멜바이스의 혜안은 이후 파스퇴르의 연구를 통해 입증된다.

그런데 문제는 19세기에만 이런 일이 발생한 것이 아니라는 점이다. 미국의 소아과 의사인 돈 버윅Don Berwick은 응급실에서 수천 명의 환자들이 가슴에 카테터catheter를 삽입한 후 감염으로 죽는다는 사실을 알게 되었다. 그리고 응급실에서 체계적으로 손을 세척하고 멸균거즈로 환부를 닦는 관행만 정착되어도 감염률을 90퍼센트 이상 줄일 수 있다는 연구 결과를 접하게 된다. 그는 이 결과를 모두 적용하면 해마다 2만 명 이상의 생명을 구할 수 있다는 사실을 병원들에게 홍보했지만, 많은 병원이 받아들이지 않았다.

근본적인 이유는 제멜바이스 사례와 마찬가지다. 기존에 갖고 있는 상식과 지식으로 이해가 되지 않는다는 것과 그렇게 되면 결국 문제에 대한 책임이 자신들의 몫이 되기 때문이다. 그래도 몇몇 병원은 버윅이 제시한 방법을 도입했고, 놀라운 결과를 보게 된다. 조사 결과 18개월 만에 10만 명이 넘는 환자들이 죽음에서 벗어난 것으로 추정되었다.

혁신이 왜 어려운가? 혁신적 아이디어는 기존의 상식, 지식, 선입견, 편견을 깨야 얻을 수 있는 것이다 보니 그런 아이디어를 내는 것 자체가 힘들다. 후에 자세히 살펴보겠지만 그래서 많은 혁신이 의도를 했다기보다 의도하지 않은 결과를 통해 드러난다. 그만큼 아이디어 자체가 어떠한 효과를 낼 때까지 그 아이디어가 혁신적인 아이디어라는 것을 인지하기가 힘들다. '선택' 편에서 살펴본 케냐 아이들의 출석률을 높이는 프로젝트를 다시 떠올려보자. 검증된 결과가 나오기 전까지 '기생충 구제'가 아이들의 출석률을 높이는 가장 혁신적인 방법임을 아는 사람은 거의 없었다.

두 번째, 혁신은 만들어내기도 힘들지만 주변에서 받아들이는 것도 힘들다. 제멜바이스처럼 누군가 혁신에 대한 확신이 있다 하더라도 그 혁신이 상식에서 벗어난 것들이 대부분이기 때문에 주변 인물들에 의해 받아들여지지 않는다. 심지어 자신들이 혁신적인 아이디어나 제품을 소유하고 있으면서도 그것이 혁신인지 모를 때가 많다.

세 번째는 혁신이 만들어지는 과정에 대한 이해가 부족하기 때문이다. 우리는 창의성을 무에서 유를 창조하는 것으로 생각한다. 그것은 신이 하는 일이지 인간이 하는 것이 아니다. 혁신의 대부분은 무에서 나온 것이 아니라 유를 재창조하거나 유와 유를 창의적으로 연결시킴으로써 탄생된다. 그래서 반대로 혁신의 창조 메커니즘을 이해하면 혁신에 더 가깝게 다가설 수 있다.

그럼 어떻게 혁신을 촉진할 수가 있을까?

▬▬▬혁 신 의 공 간 : 산 호 초 , 도 시 그 리 고 웹

인도양 어디서든 1만 세제곱피트 정도의 물을 퍼서 그 속에 살고 있는 생물을 조사하면 약 12종의 해양생물을 찾아낼 수 있다고 한다.[117] 거기에 산호초가 껴 있다면 1,000개가 넘는 살아 있는 생물의 종류를 발견할 수 있게 된다. 지구 표면의 약 0.1퍼센트를 차지하는 산호초에는 우리에게 알려진 해양생물의 약 1/4이 살고 있다. 그래서 찰스 다윈Charles Darwin은 대양 한가운데에 있는 산호초의 생태계를 발견하는 것은, 사막 한가운데서 오아시스를 만나는 것과 같다고 말했다.

'클레버의 법칙'이라는 것이 있다. 종과 무관하게 모든 생물의 평생 심장박동 수는 일정하게 정해져 있다는 것이다. 그런데 대체로 몸집이 큰 동물들은 몸집이 작은 생물보다 더 오래 산다. 다람쥐보다 1,000배 정도 무거운 암소는 다람쥐보다 평균 5.5배 더 오래 산다. 그런데 클레버 법칙에 의하면 오래 사는 동물일수록 심장박동이 느려질 수밖에 없다. 그래서 암소는 다람쥐보다 심장박동이 5.5배 느리다. 즉 생명체는 크기가 클수록 신진대사가 느려진다는 것이다.

하지만 이 클레버의 법칙에 반하는 것이 있다. 바로 도시의 혁신 속도다. 이웃 도시보다 10배가 큰 도시는 17배 더 혁신적이며, 50배 더 큰 도시는 130배 더 혁신적이다.

20세기에 가장 중요한 대중적 개발품인 각종 통신수단들은 '10/10 법칙'이라는 동일한 사회적 혁신 속에 등장했다. 10/10 법칙이란 새로운 플랫폼이 만들어지는 데 약 10년이 걸리고, 그 방식을 대중이 받아들이는 데또 약 10년이 걸린다는 것이다.

AM 라디오, 비디오카세트, DVD 플레이어, 휴대폰, PC, GPS 내비게이션 등도 처음 개발된 시점부터 대중이 받아들이게 될 때까지 10/10 법칙을 따랐다.

하지만 유튜브를 보자. 우리는 유튜브를 통해 동영상을 올려 공유하고, 점수를 매기고, 논쟁을 벌이는 등의 과정을 바로 볼 수 있다. 다시 말해 동영상 관련 제품 중에 이보다 혁신적인 것은 없다. 그런데 유튜브는 세상에나와 대중에게 받아들여지기까지 채 2년이 걸리지 않았다. 10/10 법칙이깨진 것이다. 그리고 그 시점은 바로 웹이 이 세상의 주류가 된 때이다. 웹은 기존의 혁신 법칙을 과감히 뛰어넘었다.

《탁월한 아이디어는 어디서 오는가》의 저자인 스티븐 존슨^{Steven Johnson}은 지금까지 살펴본 산호초, 도시, 웹을 통해 혁신에 대한 많은 것을 알 수있다고 말한다.

우리는 세상을 바꿀 혁신적 아이디어는 천재가 고요한 연구실에서 연구에 몰두하다가 번뜩이는 순간에 떠오르는 것으로 생각하는 경향이 강하다. 하지만 스티븐 존슨은 그것은 매우 예외적인 사례라고 말한다. 그는 훌륭한 아이디어란 산호초, 도시, 웹으로 대표되는 혁신의 공간에서 창출된다고 주장한다. 즉 좋은 아이디어가 어디에서 오는지 제대로 알고 싶다면,

아이디어가 나오는 그 찰나의 순간을 떠올리기보다 혁신의 공간에서 이루어지는 전체 맥락을 봐야 한다는 것이다.

그렇다면 어떻게 산호초, 도시, 웹 같은 혁신의 공간을 만들 수 있을까? 다양성과 연결, 질보다는 양, 굴절적응, 결핍과 한계상황 등의 개념들이 충족될 수 있는 환경을 만들면 된다. 개인도 마찬가지다. 언급한 개념들을 지향하는 태도를 갖게 된다면 전보다 더 높은 창의성을 갖게 된다. 지금부터 하나씩 알아보도록 하자.

다양성과 연결

━━ 다 양 하 고 연 결 될 때 !

미네소타 대학교의 생물학자 데이비드 틸먼$^{David\ Tillman}$은 《네이처》에 발표한 논문을 통해 자연 속 다양성의 힘을 이렇게 평가했다.[118]

"평균적으로 다양성이 더 풍부해질수록 식물군락의 생산성은 더 높아지고, 생태계는 더 많은 영양소를 보진하며 생태계의 안정성은 더 높아진다. 예컨대 북미 지역, 그리고 유럽 남동쪽의 그리스에서 서쪽의 포르투갈과 아일랜드, 북쪽의 스웨덴에 이르기까지 이 대륙의 여덟 곳에서 실시한 초지 현장 실험은 한 구획의 당에 서식하는 식물 종의 숫자가 절반으로 줄어들 때마다 생산성이 10~20퍼센트 감소하는 결과를 보여준다. 하나의 식물 종만 서식하는 구획은 24~32종이 서식하는 구획에 비해 평균적으로 생산성이 절반에도 못 미친다. 또한 식물의 다양성이 줄어들수록 토양의 침출에 따른 영양소 손실률이 더 높아지며, 이는 궁극적으로 토양의 비옥도를 떨어뜨려서 식물의 생산성을 더욱 낮추는 결과를 가져온다."

혁신의 공간이었던 산호초, 도시, 웹은 '다양성'을 품고 있다는 특징이 있다. 틸먼의 연구도 같은 이야기를 한다. 서식하는 식물의 종이 다양할수록 생산성이 올라간다는 것이다. 반대로 하나의 종만 서식하는 구획은 생산성이 현저하게 떨어진다. 다양성의 싹이 잘린 곳에서는 혁신이라는 꽃을 찾기 힘들다는 것이다.

2차 세계대전 동안 독일 나치 정권은 유대인을 학살했다.[119] 이미 그전부터 유대인을 박해하고 추방했는데, 이로 인해 특히 유대인 과학자들은 버티기가 힘들었다. 경제학자 파비안 발딩거Fabian Waldinger는 유대인 과학자 추방이 독일의 학문에 어떤 영향을 미쳤는지를 연구했다. 그리고 유대인이나 반체제 학자들을 쫓아낸 것이 전쟁 중 연구실이나 학과 사무실에 폭탄을 떨어뜨린 것보다 학문 발전에 더 큰 악영향을 미쳤다는 결과를 얻었다. 즉 순혈주의에 사로잡힌 학과일수록 연구 실적이 형편없어진다는 것이다. 히틀러는 '앞으로 몇 년간은 과학 없이도 잘 해낼 것'이라고 말했지만, 결국 독일은 전쟁에서도 패했고, 한동안 독일 과학은 불구가 되어버렸다. 그리고 독일에서 쫓겨난 과학자들은 미국과 영국 등에서 과학 혁신을 이끄는 주역이 되었다.

혁신을 원한다면 다양성을 적극적으로 포용해야 한다. 하지만 다양성만으로는 불충분하다. 그 다양성이 '연결'될 때 비로소 혁신이 가능하기 때문이다.

　경제학자 마이클 크레머Michael Kremer의 연구를 시작으로 인구와 기술 발전의 상관관계는 다음 두 가지로 요약할 수 있다.[120]

　1. 인구 규모와 기술 혁신은 비례한다.
　2. 인구 밀도는 인구 규모보다 혁신을 더 빨리 이루어낸다.

　1번은 사람이 많을수록 더 큰 혁신이 발생한다는 것을 의미한다. 더 큰 다양성을 내포하고 있기 때문이다. 즉 1번은 혁신에 있어서 다양성이 얼마나 중요한지를 나타낸다. 2번은 혁신에 더 중요한 것은 규모보다 인구 밀도임을 강조한다. 인구 밀도가 높다는 것은 무엇을 의미하는가? 바로 아이디어의 연결과 교류가 더 빈번할 수 있다는 뜻이다. 즉 2번은 '연결'이 혁신에 얼마나 중요한 요소인지를 드러낸다.

　노스웨스턴 대학교 교수인 브라이언 우지Brian Uzzi와 벤 존스Ben Jones는 약 1만 2,000종의 학술지에 발표된 1,790만 편의 학술 논문을 조사해 창의성 연구를 했다.[121] 알고리즘을 개발해 논문의 인용 횟수, 논문에 담긴 개념의 양, 개념들의 과거 언급 횟수 등 학술 논문을 다각도로 살펴본 결과, 혁신적인 논문들에서 한 가시 공통된 특징을 발견했다. 그것은 바로 이미 알려진 개념을 새로운 방식으로 결합하고 연결한 점이다. 뛰어난 논문에 나온 개념들은 90퍼센트 이상이 이미 알려진 것들이었다. 하지만 대다수의 연구자들은 그 개념들을 유의미하게 연결하지 못했지만, 창의성이 높은 연구자들은 그 개념들을 새로운 시각으로 연결하고 조합했다.

지구에는 셀 수 없을 만큼 다양한 생명이 존재한다. 생명 하나하나가 혁신의 결정체이다. 하지만 그 생명을 만든 기초 원자는 매우 단순하다. 탄소, 수소, 질소, 산소, 인, 황이 모든 생명체의 99퍼센트를 차지한다.[122] 이 중에서도 특히 탄소가 핵심이다. 그런데 흥미롭게도 탄소는 지각의 구성요소의 0.03퍼센트밖에 차지하고 있지 않다. 규소는 탄소보다 100배 더 많다. 그렇다면 왜 탄소를 중심으로 생명이 만들어진 것일까?

결국 연결이다. 탄소는 그 어떤 원자들보다 다른 원자들과 연결을 맺는 데 특별한 능력을 보인다. 핵산에 저장되어 있는 유전정보에서부터 단백질의 구성요소와 탄수화물 및 지방의 에너지 저장에 이르기까지 모두 탄소의 연결 능력에 의지한다.

그럼 지금부터 혁신에서 가장 중요한 개념인 '다양성'과 '연결'을 중심으로 공간, 이동, 인간의 측면에서 혁신이 어떻게 이루어지는지를 살펴보도록 하자.

공간

1943년 젊은 건축가 돈 휘스턴 Don Whiston은 MIT 대학으로부터 1만 8,000 제곱미터 부지에 세울 건물 도면을 보내달라는 요청을 받았다.[123] 기한이 하루밖에 없었기 때문에 휘스턴은 일을 빠르게 처리했고, 이후 휘스턴의 도면을 바탕으로 건물이 순식간에 올라갔다. 건물의 모양새는 평범하다

못해 보기 흉할 정도였으며, 내부 구조도 제멋대로였다. 사람들은 이 건물을 '빌딩20'이라고 불렀다.

이런 형편없는 건물에서 무슨 연구가 제대로 되겠는가? 그런데 놀랍게도 빌딩20은 혁신의 공간이 되었다. 빌딩20에서 무려 9명의 노벨상 수상자가 나왔으며, 전쟁의 양상을 바꾼 레이더, 세계 최초의 상업용 원자시계, 입자가속기, 최초의 아케이드 방식 비디오게임, 노암 촘스키 등에 의해 탄생된 언어학 혁명, 음파를 흡수하는 무반향실, 보스 스피커와 초기 PC 시대를 호령했던 DEC^{Digital Equipment Corporation} 등도 모두 빌딩20에 그 기원을 두고 있다. 그래서 1970년대 MIT 총장이었던 제롬 위즈너^{Jerome Wiesner}는 "MIT 캠퍼스에서 최고의 건물은 빌딩20이다."라고 말했다.

볼품없는 빌딩20은 어떻게 해서 MIT 최고의 건물이 되었을까? 빌딩20은 핵 과학, 비행제어, 유도미사일 프로그램, 전자공학, 태양열자동차, 언어학, 음향 등은 물론, 플라스틱, 접착제, 조명디자인, 사진, 얼음, 모형기차 등 별의별 연구가 이뤄지는 공간이었다. 즉, 다양성의 보고였던 것이다.

그런데 빌딩20은 건물 자체가 무질서한 데다가 방 번호가 일관성 없이 매겨졌다. E동이 A동과 D동 사이에 있다든가 226번 연구실이 2층이 아닌 3층에 있는 식이었다. 그렇다 보니 연구원들은 빌딩20 안에서 길을 잃고 헤매는 경우가 다반사였고, 다른 학과 전문가들과 우연한 만남을 갖는 경우가 빈번했다.

무질서하고 비효율적으로 지어진 것 같았던 빌딩20은 다양성과 우연한 연결이라는 혁신의 가장 중요한 요소들을 충족시킨 공간이었던 것이다. 스티브 잡스는 픽사 본사를 빌딩20의 철학을 담아 지었다.¹²⁴⁾ 중앙에 위치한 화장실, 여러 주요 출입구, 카페, 우편함, 세 개의 극장, 회의실, 시사회실 등을 통해 직원들 간의 우연한 만남을 유도한 것이다. 픽사의 에드윈 캣멀은 이렇게 말했다.

"매일같이 우연한 만남이 일어났습니다. 커뮤니케이션이 훨씬 자연스럽게 이어지고 우연하게 무언가를 발견할 가능성이 늘어난다는 뜻이죠. 건물에 들어서면 활기가 느껴집니다."

경제학의 선구자 알프레드 마셜Alfred Marshall은 '산업 클러스터'에 대해 이렇게 말한 적이 있다.[125]

"이처럼 한 산업이 한곳에 모이면, 그 자리는 오랫동안 유지될 확률이 높다. 같은 기술을 가진 사람들이 주변 지역에서 몰려들 것이고 이로써 일어나는 지역 간의 이동은 상당한 이점을 안겨준다. 업계의 수수께끼는 더이상 수수께끼가 아니라, 마치 공기 중에 감도는 기운 같은 것이 된다."

마셜의 주장은 상당 부분 옳은 것으로 판명 났다. 산업이 함께 뭉쳐 있을 때 두터운 노동시장, 전문적 산업 인프라의 존재, 원활한 지식의 흐름이라는 세 가지 이점이 생겨나기 때문이다.[126] 하지만 '혁신'의 측면에서 볼때 마셜의 주장에는 한계가 있다. 한 산업이 아니라 여러 산업이 모일 때, 즉 다양성의 연결이 빈번할 때 혁신이 탄생되기 때문이다.

1999년 경제학자 메리안 펠드먼Maryann Feldman과 데이비드 오드레치David Audretsch는 여러 전문 잡지에 소개된 신제품들을 분석해 어떤 산업 클러스터에서 혁신적인 제품이 나오는지를 연구했다.[127] 연구 결과 특정 산업이 특화된 산업도시보다 다양한 산업이 뭉쳐 있는 산업 클러스터에서 혁신이 더 활발한 것으로 나타났다.

작은 사무실이든 큰 빌딩이든 아니면 거대한 산업 클러스터와 도시든 규모에 상관없이 다양성이 서식하기 좋고 연결이 원활하게 수행되는 공간이라면 혁신적인 공간이라고 할 수 있을 것이다.

━━ 이 동

역사서의 고전인 《서구의 부상The Rise of the West》을 쓴 역사학자 윌리엄 맥닐William H. McNeill은 역사적으로 주요 사회 혁신들은 생소한 기술을 가진 낯선 이(다양성)들과의 접촉(연결)을 통해 가능했다고 주장했다. 그는 다음과 같이 말한다.[128]

"《서구의 부상》을 쓸 때 나는 유라시아 대륙의 각 문명이 어떻게 그들의 역사가 시작될 때부터 서로 교류했는지를 보여줌으로써 토인비의 주장을 발전시키려고 준비했다. 이들은 결정적인 기술을 서로 차용했으며, 오래전부터 소중하게 간직해온 지식과 경험을 새롭게 빌린 것들과 함께 조정해야 할 필요성이 커지면서 변화는 더욱 촉진됐다. (중략) 물론 인간에게 궁극적인 변화의 원동력은 새로운 아이디어와 실행 방법, 제도를 발명하는 데 있다. 그러나 발명은 낯선 사람들과 접촉하면서 생각하고 일하는 방식을 바꿔야 할 때 꽃피울 수 있다. 그런 상황에서는 서로 다른 경쟁적인 방식 가운데 의식적인 선택이 이뤄지고 오랜 관행들을 개선하는 것은 쉬워지며 종종 불가피해진다."

그리고 이런 혁신의 역사는 오늘날에도 계속 이어지고 있다. 이민자들을 통해서 말이다. 이민자들의 나라인 미국에서 이민자들의 혁신을 향한 노력은 눈부시다. 2012년에 실시한 조사에 의하면, 공학과 기술 분야의 신생 기업 네 개 중 하나는 이민자가 창업했으며, 미국에서 가장 성장 속도가 빨랐던 기업 네 개 중 하나도 이민자가 세운 것으로 밝혀졌다. 실리콘밸리로 한정한다면 이민자의 창업 정신은 더 불이 붙는다. 실리콘밸리의 공학과 기술 분야 기업 355곳을 분석한 결과, 이들 기업 중 무려 43.9퍼센트가 이민자의 참여로 창업된 것으로 나타났다.[129]

이민자 증가와 수출 증대가 유의미한 관계에 있음을 나타내는 연구 결과도 있다.[130] 이 역시 핵심은 다양성과 연결이었다. 또 영국 식민지 경험이 있는 나라 26개와 그렇지 않은 나라 22개를 분석한 결과, 식민지 경험이 없는 나라에서 이민자 증가에 의한 무역 증진 효과가 더 높은 것으로 나타났는데, 이를 통해 익숙한 이가 아니라 낯선 이와의 접촉이 더 큰 교류와 생산성을 이끌어낸다는 사실을 알 수 있다.

그런데 기술직 이민자가 오면 국내 기술자들과 가격 경쟁이 일어나 임금이 낮아지는 결과를 초래하지는 않을까 우려된다. 하지만 이는 기우에 불과하다. 경제학자 마이클 크레머의 연구에 의하면, 기술직 이민자가 늘어나면 오히려 국내 기술자의 임금이 올라가는 일이 벌어진다![131] 이민자들이 혁신적인 생태계를 구축하여 더 큰 성장을 이끌어내기 때문이다. 이민자들은 낯선 아이디어를 이동시켜 새로운 연결을 만들어 혁신을 이끌어낸다.

그렇다면 이직은 어떨까? 회사 입장에서 일을 잘하던 직원이 다른 회사로 가는 것만큼 안타까운 일은 없다. 그런데 메릴랜드 주립대학교와 와튼 스쿨의 연구 결과에 의하면, 떠날 사람은 과감하게 보내주는 것도 괜찮다. 왜냐하면 두 회사 모두에게 이익이 될 수도 있기 때문이다. 연구 팀은 미국 특허청에 등록된 154개 회사의 4만 2,000건의 특허를 분석해[132] 특허 출원서에 발명가로 기록된 인재들의 이직이 양 회사에 어떤 영향을 미치는지를 조사했다. 놀랍게도 두 회사 모두 이직자에게 영향을 받아 서로의 특허를 더 많이 인용하는 것으로 나타났다. 이직자는 새로운 회사에서 이전 회사의 특허를 인용하거나 그 지식을 회사에 전파한다. 또한 이직자들은 친분이 있는 이전 회사 직원들과 지속적으로 교류할 확률이 높다. 그런 교류를 통해 이직자가 새로운 회사에서 얻은 아이디어를 이전 회사로 흘려보낸다는 것이다. 이직자로 인해 다양성이 더 풍부해지고 새로운 연결이 형성되면서 혁신이 탄생하게 되는 것이다.

그대여, 낯선 이를 환영하라!

인 간

21세기 혁신의 아이콘을 단 한 명 꼽으라면 많은 이가 스티브 잡스를 거론할 것이다. 실제로 스티브 잡스가 《와이어드》와의 인터뷰에서 창의성에 관해 다음과 같이 말했다.[133]

"창의성은 단지 사물을 잇는 것이다. 창의적인 사람들에게 그토록 굉장한 일을 어떻게 할 수 있었는지 물어보면 약간 죄책감을 느낀다. 뭔가를 한 것이 아니라 그저 본 것이기 때문이다. 일단 눈에 띈 후에는 당연한 것처럼 생각된다. 과거의 경험을 연결하여 새로운 것을 합성하기 때문이다. 그것이 가능한 이유는 그들이 경험이 많거나 다른 사람들보다 자신의 경험에 대해 많이 생각했기 때문이다.”

잡스는 혁신이 무엇인지 몸으로 느끼고 있었다. 한 개인이 다양성을 확보할 수 있을까? 당연히 가능하다. 다양한 경험(지식), 더 나아가 낯선 경험을 많이 하면 혁신의 중요한 한 요소인 다양성을 확보하게 된다. 그리고 그것들을 새로운 방식으로 연결하면 되는 것이다.

《총, 균, 쇠》는 1998년에 퓰리처상을 받은 세계적인 베스트셀러이다. 이 책은 ‘왜 어떤 민족들은 정복과 지배의 대상으로 전락하고 말았는지’, ‘왜 각 대륙마다 문명의 발달 속도에 차이가 생겼는지’ 등 인류 문명의 굵직한 수수께끼들을 새로운 시각으로 풀어낸 명저 중의 명저이다. 이 수수께끼를 풀기 위해서는 유전학, 분자생물학, 진화생물학, 생태지리학, 행동생태학, 유행병학, 언어학 지식뿐 아니라, 모든 대륙과 주요 섬들에 대한 고고학적 연구 그리고 기술, 문자, 정치 조직의 역사에 대한 연구 등이 필요하다.[134)]

저자인 재레드 다이아몬드 Jared Diamond는 책에서 어떻게 자신이 이 작업을 해낼 수 있었는지를 이야기한다. 그의 어머님은 언어학자이고 아버지는 유전학 분야를 전공한 의사이다. 부모의 영향으로 그는 언어학과 생리학을 공부하게 된다. 특히 그는 조류에 대한 관심이 많았다. 조류진화론이 전공 분야가 되면서 진화생물학에 조예가 깊어졌으며 조류 관찰을 위해 세계 곳곳의 현장 탐사를 해야 했기 때문에 생태지리학에 대해 깊이 공부했다.

그는 조류 탐사를 위해 남아메리카, 남아프리카, 인도네시아, 오스트레일리아, 뉴기니 등을 33년 동안 돌아다니며 각 지역에 대한 연구를 계속했고, 수렵 채집인, 부족 생활을 하는 농어민을 만나면서 원시 사회에 대해 알게 되었다. 마지막으로 그는 1958년부터 1962년까지 유럽에 살면서 20세기 유럽 역사로 인해 큰 정신적 상처를 입은 유럽인 친구들과 만나게 되었는데, 그로 인해 역사의 전개에 작용하는 인과관계의 사슬에 대해 더욱 진지하게 생각하게 되었다고 한다. 결국 잡스가 말한 대로 다이아몬드는 다양한 경험과 지식을 자신만의 관점으로 잘 엮어내어 《총, 균, 쇠》라는 대작을 쓸 수 있었다.

물리학자 아르망 트루소Armand Trousseau는 "최악의 과학자는 예술가가 아닌 과학자이다."라고 말한 바 있다. 그의 주장은 1901년에서 2005년 사이에 노벨상을 받은 과학자들의 취미를 동시대 주요 과학자들의 취미와 비교한 연구를 통해 어느 정도 증명되었다.[35] 연구 결과, 일반 과학자나 노벨상을 받은 과학자나 과학적 전문성 측면에서는 그리 큰 차이가 나지 않았다. 하지만 노벨상을 받은 과학자들은 다른 과학자들과 달리 예술적 취미를 즐기는 비율이 훨씬 높았다.

다른 과학자들과 비교했을 때, 노벨상 수상자가 취미로 음악(악기 연주, 작곡, 지휘 등)을 할 확률은 2배, 미술(스케치, 유화, 판화, 조각 등)은 7배, 공예(목공, 기계, 전기, 유리 등)는 7.5배, 글쓰기(시, 희곡, 소설, 단편, 에세이, 대중서)는 12배, 공연(연기, 무용, 마술)은 무려 22배나 높았다. 즉, 노벨상 수상자들은 다른 과학자들보다 더 많이 악기를 연주하고 더 많이 그림을 그렸으며 더 많이 기계를 만졌고 더 많이 글을 썼으며 더 많이 공연을 했다는 말이다.

경력이 상당한 40여 명의 과학자들을 연구한 결과도 앞의 연구와 비슷한 이야기를 해준다.[136] 중요한 논문을 연이어 쏟아내는 과학자들은 일반적인 과학자들보다 연구 주제를 자주 바꾼 것으로 드러났다. 백 번째 논문을 쓸 때까지 평균 43번이나 주제를 바꾼 것이다.

알렉산더 플레밍Alexander Fleming과 루이스 파스퇴르Louis Pasteur는 지속적으로 훌륭한 과학적 업적을 낸 사람들이다. 반면 제임스 왓슨James Dewey Watson과 조나스 솔크Jonas Salk는 일생에 단 한 번 훌륭한 업적을 냈다. 두 부류의 차이점은 무엇일까? 플레밍과 파스퇴르는 연구 주제를 자주 바꿨다.

'몰입' 연구로 유명한 미하이 칙센트미하이Mihaly Csikszentmihalyi는 창의적이라고 평가받는 100명의 사람을 연구했다. 노벨문학상 수상자 나딘 고디머Nadine Gordimer, 명성 있는 논픽션 작가 스티븐 제이 굴드Stephen Jay Gould, 세계 최초로 인력 비행기를 만든 폴 맥크레디Paul MacCready 등이 포함되었다. 이들의 공통점 중에 하나는 여러 가지 다양한 프로젝트를 동시에 진행하는 경향이 있다는 것이었다.

이민자들은 자신들의 이동을 통해 주변을 혁신적으로 변모시키지만, 그 자신 또한 이민자라는 사실 자체가 창의성 측면에서 큰 도움이 된다.[137] 왜냐하면 현지인들보다 더 다양한 문화와 언어에 노출되기 때문이다. 외국에서 태어난 이민자들은 미국 인구의 13퍼센트에 불과하지만 노벨상 수상자는 25퍼센트를 차지하며 미국 특허의 30퍼센트를 차지한다. 심지어 미국의 수학자 중에는 이민자 2세가 무려 52퍼센트를 차지하고 있다.

창의성을 발휘하고 싶은가? 해외 경험이 있다면 그 경험을 떠올려보라. 낯선 다양한 경험들을 머릿속에 떠올리는 것만으로도 창의성이 증진된다는 연구 결과도 있다.

이 정도면 마무리해도 될 것 같다. 어떤 분야든 어떠한 존재든 상관없이 혁신과 창의성은 '다양성'과 '연결'이라는 두 가지 키워드로 촉진될 수 있다. 당신과 당신의 조직도 마찬가지다.

질보다 양

자라의 혁신

인구 60명 정도의 작은 스페인 마을에서 4형제 중 막내로 태어난 아만시오 오르테가Amancio Ortega는 12세 때 어머니가 식료품 가게에서 외상 거래를 거절당하는 것을 본 후, 학교를 그만두기로 결심했다.[138] 어서 빨리 돈을 벌어 어머니를 생활고에서 벗어가게 해주고 싶었기 때문이다. 학교를 그만둔 오르테가는 셔츠 제조업체에 일자리를 구했고, 몇 년 후 의류 사업에 뛰어들게 된다.

오르테가는 일반 의류 회사들이 갖고 있는 몇 가지 문제점을 인식하고 있었다. 먼저 수요 예측에 빈번히 실패한다는 사실을 알았다. 유행에 맞춰 신상품을 출시하지만 그새 유행이 바뀌어 전혀 관심을 얻지 못하거나, 유행을 선도할 것이라는 자신감으로 내놓은 옷이 소비자들에게 외면을 당하기 일쑤였다. 이런 제품들은 재고 비용과 운영 비용을 끌어올리는 주범이었다. 결국 회사 입장에서는 안 팔리는 옷들의 리스크를 분산시키기 위해 전체적으로 마진율을 올릴 수밖에 없어 소비자가격은 도매가격의 2배 이상 되는 경우가 흔했다.

오르테가는 의류 제작부터 판매까지 전 과정을 자신이 직접 운영하면서 동시에 수요 예측이 필요 없는 물류 시스템을 갖추게 된다면 소비자가격을 기존보다 50퍼센트 이상 낮출 수 있다는 생각을 하게 된다. 결국 오르테가는 디자인에서 판매까지 걸리는 시간을 2주 안으로 단축해버리는 혁신을 이루어낸다. 오르테가가 만든 브랜드는 자라이고, 이로써 '패스트 패션'이 탄생되었다. 그리고 현재 자라의 지주회사인 인디텍스는 세계 1위의 의류 대기업 자리를 차지하고 있다.

그런데 자라가 세계적인 성공을 거두게 된 건 단순히 값이 싸서가 아니다. 제품 디자인이 유행에 뒤처지지 않고 세련되고 고급스러워 보이는 데도 불구하고 값이 상대적으로 저렴했기 때문에 소비자의 마음을 살 수 있었던 것이다. 그렇다면 사라는 어떻게 해서 소비자가 원하는 상품을 '예측'할 수 있었을까?

이미 우리가 수차례 언급했듯이, 대중이 어떤 디자인의 상품을 좋아할지는 정확히 예측할 수 없다. 오르테가는 이 점을 역으로 이용해 예측이 필요 없는 시스템을 만든 것이다. 어떻게? 소비자에게 최대한 많은 디자인을 선보여 고객의 반응을 살핀 후, 반응이 없는 것은 빠르게 폐기하고, 반응이 좋은 것은 더 양산하되 비슷한 콘셉트의 다른 옷들을 몇 종 추가하는 방식으로 말이다.

자라의 디자이너들은 1년에 무려 3만 개의 디자인을 만들고, 그중 1만 8,000개가 고객들에게 선을 보인다. 대다수의 디자인이 소비자의 눈에 들지 않지만 워낙 많은 디자인을 선보이기 때문에 디자인 수가 적은 다른 회사에 비해 월등히 많은 히트 상품을 만들어낼 수 있었다. 심지어 저렴하기까지 하니 고객의 선택을 받는 건 당연한 일인지도 모르겠다.

오르테가는 알고 있었던 것 같다. 혁신은 질보다는 양에 의해 탄생되는 사실을.

━━ '스 나 이 퍼' 보 다 '람 보' 가

우리는 혁신을 이끌어낸 창의적인 사람들을 총을 난사하는 '람보'라기보다 '원 샷 원 킬'하는 '스나이퍼'로 생각하는 경향이 있다. 뛰어난 사람은 항상 정답만 내놓는다는 이미지가 있기 때문이다. 하지만 사실 전혀 그렇지 않다.

애덤 그랜트Adam M. Grant는 그의 저서 《오리지널스》에서 우리가 생각하는 창의적인 사람들이 실제는 스나이퍼가 아니라 람보였음을 증명하고 있다. 당신이 기억하는 셰익스피어의 작품은 어떤 것들이 있는가? 실제 최근까지 셰익스피어 작품 중 인기를 끌고 대중에게 사랑을 받는 작품은 《맥베스》, 《리어왕》, 《오셀로》 등 많아야 10편 이내다.[39] 그리고 실제 많은 사람이 셰익스피어가 평생 10편 내외의 대작만을 쓴 것으로 여긴다. 하지만 셰익스피어가 20년에 걸쳐 쓴 희곡만 37편, 소네트는 154편에 이른다. 《아테네의 티몬》, 《끝이 좋으면 다 좋다》 같은 것들은 셰익스피어의 작품인데도 불구하고 수준 미달이라는 비판을 받았다. 셰익스피어의 작품 중에는 대작보다 평범하거나 작품성이 떨어지는 것이 더 많다.

클래식도 마찬가지다. 런던 교향악단이 선정한 세계 50대 클래식에 모차르트의 작품은 다섯 곡, 베토벤의 작품은 네 곡, 바흐의 작품은 세 곡이 올랐다. 좀 더 기대치를 낮춰서 대중들에게 사랑받는 곡들까지 포함하면 각각 15곡 내외가 될 것이다. 음악계 최고의 천재들이라고 할 수 있는 이들은 얼마나 많은 곡을 작곡했을까? 모차르트는 35세에 세상을 떠났음에도 불구하고, 작곡한 작품 수가 600여 곡에 이른다. 베토벤은 650곡 이상 작곡했으며, 심지어 바흐의 작품은 1,000곡에 이른다.

피카소는 드로잉 1만 2,000점, 도자기 2,800점, 유화 1,800점, 조각 1,200점을 남겼지만, 찬사를 받은 작품은 극소수에 불과하다. 또한 에디슨 역시 1,098개의 특허를 받았지만 진정 탁월한 발명품은 손에 꼽을 정도다.

아인슈타인은 좀 달라 보일 수 있다. 그는 1905년에만 5개의 논문을 발표했는데 그중 4개가 물리학계의 패러다임을 완전히 뒤흔든 대작이었다. 그리고 당시 그의 나이는 26세에 불과했다. 이 젊은 과학자의 미래가 뻔히 보이지 않는가? 아마 논문 하나하나마다 파괴력이 엄청났을 것이라고 생각할 수 있다. 하지만 그렇지 않았다. 물론 이후 일반상대성 이론과 후대에 재평가된 우주상수가 등장하기는 했지만, 이후 그가 남긴 248개의 논문 대부분이 과학계에 별 영향을 미치지 못했다.

창의적인 생각을 잘 하지 못하는 사람들은 일단 내는 아이디어의 수가 적을 뿐만 아니라, 새로운 아이디어를 내려고 하기보다는 기존에 냈던 아이디어에 집착해 그 아이디어가 완벽해질 때까지 수정하는 것을 반복하는 경향이 있다. 반면 창의적인 사람은 일단 아이디어를 많이 낸다. 1만 5,000곡의 클래식을 분석한 결과, 일정 기간 안에 작곡한 작품 수가 많을수록 걸작을 작곡할 확률이 높아지는 것으로 나타났다. 많이 시도하는 것 자체가 창의적인 행동인 셈이다.

다작이 혁신을 이끄는 이유는 자라의 사례와 같다. 어떤 아이디어가 혁신적일지 예측할 수 없기 때문에 많은 아이디어를 내는 것이 해답이 되는 것이다. 그런 의미에서 아이디어의 질은 아이디어의 양으로 측정된다.

하지만 우리가 여기에서 놓쳐서는 안 될 중요한 내용이 있다. 많은 시도를 하지만 빛을 본 것들은 몇 개 되지 않는다는 것은 무엇을 의미하는가? 바로 실패를 많이 했다는 것이다. 즉, 실패의 양이 성공의 질을 규정한다.

■■■ 많은 실패는 성공의 어머니

괴짜 억만장자 하워드 휴스Howard Hughes가 세운 비영리 의학연구기관인 하워드 휴스 의학연구소는 특이하게 운영된다.[60] 연구소는 연구자들에게 상세한 연구 계획을 요구하지 않으며, 5년 안에 연구에 설득력 있는 신호만 확인되면 연구비 지원은 자동으로 갱신된다. 단, 연구 주제가 '입증되지 않은 미지의 것'이어야 한다. 결과가 불확실하고 실패할 확률이 높아도 연구소는 개의치 않는다.

경제학자 피에르 아줄라이^{Pierre Azoulay} 연구 팀은 하워드 휴스 의학연구소에서 지원을 받은 연구자들과 미국국립보건원에서 지원을 받은 연구자들의 실적을 비교해보았다. 결과는 흥미로웠다. 하워드 휴스 의학연구소 연구원들이 인용 빈도가 높은 논문의 양이 2배나 많았고, 연구와 관련된 상을 받을 확률도 높았으며, 심지어 그 연구 팀의 제자들까지 상을 받은 비율이 높게 나왔다. 그런데 이와 상반되게 실패한 연구도 훨씬 많았고, 인용이 전혀 안 된 논문의 비율도 더 높았다. 실패의 양이 성공의 질을 규정함을 하워드 휴스 의학연구소가 증명한 셈이다.

전설의 타자 베이브 루스^{Babe Ruth}는 메이저리그 최다 홈런을 경신한 주에 최다 삼진 아웃 기록도 경신했다.¹⁴¹⁾ 베이브 루스의 삼진 아웃 기록은 약 30년이 지나서야 깨진다. 기록을 깬 타자는 미키 맨틀^{Mickey Mantle}이다. 그는 16회나 올스타에 오른 인물이다. 또 미키 맨틀의 기록은 레지 잭슨^{Reggie Jackson}이 깼는데, 그는 월드 시리즈 우승을 5번이나 한 외야수이다.

유럽 16개국의 12만 7,338개 기업을 대상으로 한 연구에 의하면, 기업의 잦은 실패가 혁신 성과, 지식 습득, 기업 성과 전반에 긍정적인 영향을 주는 것으로 밝혀졌다.¹⁴²⁾

1966년부터 2005년까지 40년간 평면 디스플레이 산업 데이터를 30개 이상의 기업 현직자의 인터뷰와 함께 분석한 연구에서도 실패의 경험과

좋은 제품 간에 유의미한 상관관계가 있다는 것이 드러났다.[143]

실패를 경험하면 두 가지 이점을 얻을 수 있다. 첫째, 정확한 예측은 불가능하다는 것을 직감적으로 알게 된다. 실패한 제품들 역시 성공을 예측하고 내놓은 것들일 가능성이 크기 때문이다. 둘째, 반성적 사고를 갖게 된다. 이를 통해 비효율적인 관행을 타파할 가능성이 커지며, 더 현명한 전략 수정의 계기를 마련할 수 있다.

실패의 꽃들은 혁신의 길을 따라 피어 있다. 꽃이 많을수록 길은 더 화려할 것이다.

실패를 보상하라

구글은 다음과 같은 특징을 가진 제품을 2009년 9월에 출시했다.[144]

1) 실시간이다. 현재 출시되어 있는 대부분의 제품과 달리, 사람들이 대화와 댓글을 작성하는 내용을 실시간으로 보여준다. 어떤 사용자가 뒤늦게 합류했을 경우, 전체 대화를 실제 진행된 순서대로 재생해줌으로써 그 사람이 그 현장에 함께 있다는 느낌을 받을 수 있도록 한다.

2) 플랫폼이다. 대부분의 이메일이나 채팅 제품과 다르게 이 플랫폼에 온갖 앱을 설치할 수 있다. 뉴스 제공 도구를 덧붙일 수 있고, 게임을 올릴 수 있으며, 오늘날 대부분의 소셜 네트워크 서비스에서 할 수 있는 건 무엇

이든 할 수 있다.

3) 오픈 소스다. 코드가 일반에 공개되어 있어 얼마든지 수정되고 개선될 수 있다.

4) 로봇이 장착되어 있다. 사용자가 미리 설정해둔 방식으로 대화를 쌍방향으로 이끌어갈 수 있는 자동 대리인을 생성할 수 있다. 예를 들어 주식시장의 어떤 종목이 언급될 때마다 실시간으로 그 종목의 주식 시세를 대화창에 올리도록 로봇에게 미리 명령해둘 수 있다.

세계 최고의 혁신 기업인 구글이 많은 돈을 들여 최고의 인재들과 함께 만든 '웨이브wave'라는 실시간 커뮤니케이션 플랫폼에 대한 설명이다. 일단 내용만 보면 매우 혁신적으로 보이며 이 정도면 시장을 휩쓸었을 것 같지만, 사실 웨이브는 1년도 안 되어 서비스를 중단했다. 사용자가 늘지 않았기 때문이다. 다시 한 번 얼마나 혁신이 어렵고 상품의 성공을 예측하기가 힘든지를 확인할 수 있다.

자, 당신이 기업의 오너라면 웨이브 개발 팀을 어떻게 할 것인가? 구글은 놀랍게도 이들에게 '보상'을 주었다. 장렬한 실패였지만 위대한 도전을 했기 때문이다. 물론 성공했을 때 받을 수 있는 보상에 비하면 작지만, 똑똑한 실패에 대한 보상은 실패를 두려워하지 않는 혁신적 조직 문화를 유지하는 데에 필수적이라고 구글의 리너는 생각한 것이다.

실패를 두려워하는 조직 문화라면 누가 과감하게 도전하고 시도하겠는가? 실패가 용인되고 더 나아가 똑똑한 실패에 대해 보상을 해줄 때 조직원들은 더 많은 실패를 할 것이며, 그 많은 실패는 결국 혁신을 불러올 확률을 높일 것이다. 그래서 로버트 서튼은 이렇게 말했다.

"성공과 실패를 포상하라. 그러나 아무것도 하지 않는 경우는 처벌하라."

웨이브가 실패하고 한두 해 후에, 구글 기술 팀장인 제프 휴버 Jeff Huber 는 기술자들과 다음과 같이 회의를 했다. 이와 비슷한 대화가 우리나라 기업의 회의장 곳곳에서도 꽃피길 기원한다.

"제가 코드 한 줄을 완전히 망가뜨렸습니다. 그 바람에 100만 달러의 비용이 발생하고 있습니다."

제프는 팀과 함께 이 문제를 해결하고 다음과 같이 말했다.

"우리는 지금의 이 실패에서 100만 달러보다 더 값비싼 교훈을 얻었어. 그렇지 않나?"

"맞습니다."

"자, 그럼 돌아가서 다시 열심히 일들 하자고."

굴절적응

금속 광산의 화려한 변신

광명동굴은 2017년 유료 개장 2년 만에 한국관광공사가 선정한 '한국
100대 관광지'에 포함됐다.[145] 2016년에만 유료 관광객을 142만 명이나 모
았기 때문이다. 이 수치는 국내 관광지 중에 꽤 유명한 한국민속촌(149만)
과 동급 수준이다. 광명동굴이 개장하기 전 광명시를 찾는 관광객은 수천
명에 불과했으니 광명동굴이 지역사회에 주는 이득은 어마어마하다고 할
수 있다. 또한 광명동굴은 400여 개의 일자리까지 직접적으로 창출했다.

그런데 흥미롭게도 광명동굴은 천연동굴이 아니다. 광명동굴은 1912년

일제 강점기 때 수많은 노동자에 의해 만들어진 금속광산이다. 지하 8층에 총길이가 약 8킬로미터에 달하는 수도권 최대 금속광산이었지만 1972년 홍수가 나면서 문을 닫았고, 이후 지하수가 계속 솟아나와 7층까지 물이 차버린 폐광이 되었다.

1990년 후반 광명시는 이 죽어 있는 폐광을 다시 보기 시작했고, 2010년 양기대 시장의 부임 이후 본격적으로 이곳을 관광지로 탈바꿈하는 사업을 시작하게 된다. 미국 텍사스 캘리코 광산, 폴란드 비엘리치카 소금광산, 대만 진과스 황금 박물관 등 여러 나라의 다양한 관광 동굴을 벤치마킹했고, 드디어 2015년 4월 다양한 테마를 지닌 광명동굴이라는 이름으로 유료 개장식을 연 것이다. 사업은 지금까지 대성공을 거두며, 관광의 불모지였던 베드타운 광명시를 새롭게 성장시키고 있다.

▬▬ 굴절적응

1971년 스티븐 제이 굴드 Stephen Jay Gould 와 엘리자베스 브르바 Elisabeth Vrba 는 《굴절적응 Exaptation》이라는 논문을 발표한다.[16] 굴절적응이란 하나의 유기체가 특정 용도에 적합한 한 가지 특성을 발전시키고 이후에 그 특성이 전혀 다른 기능으로 이용되는 것을 말한다. 고전적인 사례로 처음에는 추운 날씨를 보호하던 기능에서 하늘을 나는 용도로 이용된 '새의 깃털'을 들 수 있다.

만약 모든 사람이 깃털을 따뜻함의 용도로만 보고 있을 때 누군가가 깃털이 비행의 용도에도 적합할 수 있다는 눈을 갖고 그것을 실현시킨다면 이는 '혁신'이라고 할 수 있다. 그러므로 굴절적응의 가능성을 볼 수 있는 시선을 갖추는 것이 중요하다.

1800년대 초 조셉 마리 자카르Joseph Marie Jacquard라는 직공이 직기를 사용해 옷감에 복잡한 무늬를 짜는 천공카드를 최초로 개발했다.[147] 그로부터 수십 년 후, 찰스 배비지Charles Babbage는 이것으로 해석기관의 프로그램을 짰고, 이후 천공카드는 1970년대까지 컴퓨터에 아주 중요한 역할로 활용된다. 미국의 전기공학자 리 디포리스트Lee De Forest가 발명한 3극 진공관은 처음 의도와는 전혀 다르게 수소폭탄을 만드는 문제에도 쉽게 적용되었다.

구텐베르크Gutenberg의 인쇄기는 포도 압착틀을 활용했고, 현미경은 망원경의 기능을 뒤집은 것이다.[148] 헨리 포드Henry Ford는 유류가공공장에서 도살한 소를 옮기는 메커니즘을 보고 자동차 조립 라인의 아이디어를 떠올렸으며, 아동용 장난감 점토 플레이도는 원래 벽지 청소 도구였다. 1933년에 개발된 플레이도는 20년 후에 쓸모없는 물건이 되었다가 장난감으로 변모하면서 매출 300만 달러짜리 혁신 제품이 되었다.

굴절적응의 가장 대표적인 사례를 들자면 '월드와이드웹'일 것이다. 티모시 버너스 리Timothy Berners Lee는 원래 하이퍼텍스트 포맷으로 연구 내용을 공유하는 플랫폼을 만들려고 했다. 하지만 이 플랫폼이 세상 밖으로 나와 다양한 사람들과 관계를 맺자마자 엄청난 굴절적응이 일어났다. 사람들은 이제 모두 다 알다시피 웹을 통해 쇼핑을 하고 사진을 공유하며 동영상을 본다. 수천수만 가지의 역할로 굴절적응이 일어난 것이다.

▄▄▄ 전 문 가 의 눈 을 버 려 라

라이스 대학교 교수 에릭 데인Erik Dane은 연구를 통해 전문성과 경험이 깊어질수록 새로운 관점을 갖는 것이 더 힘들다는 사실을 알아냈다.[149] 경험이 많은 회계사들은 세법 규정이 바뀌면 초보 회계사들보다 일을 서투르게 한다. 브리지 게임 고수들도 게임 규칙이 변경되면 초보보다 더 헤매는 경향을 보인다.

하버드 비즈니스 스쿨의 카림 라카니Karim R. Lakhani는 창의적인 해결책과 분야에 대한 비전문성이 '양의 상관관계positive correlation'를 갖는다는 것을 밝혀냈다.[150] 즉 전문성이 떨어질수록 창의성이 올라가는 경향이 있다는 것이다.

2000년에 설립한 이노센티브는 대기업이나 영리 목적인 R&D 연구소 등으로부터 어려운 문제를 받아 온라인 게시판에 올려놓고, 보상을 걸어 세계 다양한 사람들이 문제를 해결할 수 있도록 한다. 그런데 놀랍게도 문제 해결의 40퍼센트가 관련 분야의 학위가 없는 사람들에 의해 행해졌다. 이노센티브에서 가장 많은 문제를 해결한 이는 물리학 박사 과정을 포기하고 이것저것 닥치는 대로 아무 일이나 하는 사람이었다.

굴절적응을 위해서는 기존 지식에서 벗어나 생각할 줄 알아야 한다. 하지만 전문가는 너무도 확고한 지식 체계 속에 있기 때문에 그 이외의 용도나 활용에 대해서는 잘 생각하지 못하는 경우가 있다. 이를 '지식의 저주'라고 한다. 엄밀한 전문 지식이 그 지식을 파괴할 수도 있는 혁신의 길을 막는 것이다.

그래서 비전문가의 눈을 소유할 필요가 있다. 심리학자 칼 던커^{Karl Duncker}가 말한 '기능적 고착에 빠지지 않고 자신이 갖고 있는 전문 지식도 충분히 뒤집힐 수 있다고 여기는 유연성'을 소유해야 한다. 더 나아가 혁신을 위해서는 경력이 화려한 전문가가 아닌 비전문가나 초보 전문가의 의견을 적극 수용해야 한다.

그런 의미에서 비즈니스를 할 때는 항상 고객의 관점을 갖도록 노력하는 것이 중요하다. 고객이 항상 옳은 것은 아니지만 고객의 목소리를 듣고 고객을 유심히 관찰하다 보면 상품 제작자가 빠질 수 있는 지식의 저주에서 벗어날 가능성이 커진다. 미국 생활용품 기업인 처치앤드와이트는 '암앤해머'라는 빵 굽는 소다(중탄산나트륨)를 팔았다.[151] 그런데 이들은 고객들을 관찰하면서 놀라운 광경을 보게 된다. 어떤 고객은 암앤해머를 치약에 섞어 쓰거나 세탁 세정제에 들이붓는 것이 아닌가. 상품 전문가가 보지 못한 상품의 다른 가능성을 상품에 대해 초보자인 고객들이 발견한 것이다. 다음은 고객 관찰을 통해 알게 된 암앤해머의 기능들이다.

입안 청결 유지하기

냉장고 냄새 없애기

수영장 물을 청결하게 유지하고 환경 보호하기

겨드랑이 청결 유지하기

카펫 깨끗하고 산뜻하게 관리하기

고양이 배변상자의 냄새 없애기

방 안 공기 신선하게 유지하기

욕실 얼룩과 곰팡이 제거하기

암앤해머의 놀라운 굴절적응력을 회사는 고객을 통해 본 것이다. 처치앤드와이트는 새로운 관점으로 제품을 개발하여 빵 굽는 소다를 세계 최초의 인산염 없는 세탁용 세정제, 고양이 배변상자용 점토, 카펫 청소제, 공기청정제, 탈취제 등으로 변모시킨다. 현재는 암앤해머 브랜드 매출 가운데 7퍼센트만이 빵 굽는 소다 사업이다.

선구적인 컴퓨터 과학자인 앨런 케이는 이런 말을 한 적이 있다.

"관점의 차이는 IQ 80의 차이에 준한다."

비전문가의 신선한 관점을 갖도록 노력하자. 자신의 많은 경험과 전문지식이 오히려 창의성에는 장애물이 될 수 있음도 인정하자. 고객, 다른 분야의 사람들, 초보자의 목소리에 귀를 기울이자. 그렇다면 혁신을 이끌 수 있는 새로운 IQ 80을 더 부여받게 될 것이다.

결핍과 한계상황

> "탈출구가 막혀있으면
> 자기 소리를 낸다."
>
> - 앨버트 허쉬만(Albert Hirschman) -

▬▬ 연 주 할 수 없 는 피 아 노 가 연 주 될 때

1975년 독일에서 가장 어린 콘서트 기획자인 17세 베라 브란데스 ^{Vera} ^{Brandes}는 미국의 유명 피아니스트 키스 재럿^{Keith Jarrett}의 즉흥재즈 콘서트를 오페라하우스에서 열기로 했다. [52] 키스 재럿은 콘서트를 하기 전, 피아노에 앉아 몇 마디를 연주해 보았다. 그런데 피아노가 이상했다. 튜닝도 전혀 안 되어 있고, 검은 건반 몇 개는 소리조차 나지 않았으며, 페달은 작동되지 않았다. 키스 재럿은 베라 브란데스에게 이렇게 말했다.

"피아노를 바꾸지 않으면 오늘 밤 연주는 힘들 것 같아."

오페라하우스가 피아노를 준비하기로 되어 있었지만 착오가 생긴 것이다. 콘서트 기획자인 베라 브란데스에게는 최대의 위기였다. 게다가 문제 해결도 쉽지 않았다. 오페라하우스의 행정직원은 이미 퇴근한 상태였고, 키스 재럿이 요청한 뵈젠도르퍼 피아노는 쉽게 구할 수도 없는 데다 심지어 밖에는 폭우가 쏟아졌다. 뵈젠도르퍼 피아노를 찾기도 쉽지 않는데, 찾는다 하더라도 피아노를 옮길 수조차 없는 날씨였던 것이다. 결국 현장에 있는 피아노를 고칠 수밖에 없었다. 하지만 전문 조율사를 불러 최선을 다했음에도 불구하고 상황은 나아지지 않았다. 1,400명의 콘서트 예매자들은 헛걸음을 할 가능성이 커졌고, 브란데스의 커리어도 제대로 꽃피우기 전에 무너질 위기에 놓였다. 해결 방법은 단 하나뿐이었다. 키스 재럿이 마음을 바꾸어 연주할 수 없는 피아노를 연주하는 것.

하지만 자신의 요구가 제대로 실현이 되지 않자 키스 재럿은 집으로 돌아가기 위해 차에 올랐다. 브란데스는 폭우를 맞으며 차 밖에서 키스 재럿에게 연주해 달라고 애원을 했다. 처절하게 사정하는 10대 소녀를 피아니스트는 외면할 수가 없었고, 결국 키스 재럿은 이렇게 말하며 무대에 들어섰다.

"잊지 마. 오늘 공연은 순전히 너 때문에 하는 거야."

결론부터 말하자면 콘서트는 이날 새 역사를 썼다. 이날 연주를 라이브로 담은 앨범 〈쾰른 콘서트〉는 무려 350만 장이나 팔려나갔다. 솔로 재즈 앨범으로는 획기적인 사건이었다. 어떻게 최악의 상황에서 최고의 퍼포먼스가 나오게 된 것일까?

피아노가 고음 부분에서 이상한 소리를 내는 바람에 재럿은 어쩔 수 없이 중간 톤을 많이 활용했다. 또한 피아노의 공명이 부족한 탓에 재럿의 왼손은 베이스 리프를 유지했다. 그러자 연주는 어떤 곳에서도 들어보지 못한 기묘함과 아름다움을 표출했으며, 또 어떤 부분에서는 가슴을 끓게 하는 열정을 느끼게 했다. 피아노는 소리가 작은 탓에 일반적으로 연주를 하면 콘서트홀 구석에는 소리가 닿지 못하는데, 재럿은 소리를 크게 하기 위해 평소 때보다 더 세게 피아노를 두들겼고, 심지어 일어서서 연주하기까지 했다.

이날의 명연주는 키스 재럿의 놀라운 기지 때문이기도 하지만, 이상한 피아노를 연주했기 때문에 가능한 것이었다. 연주할 수 없는 피아노를 연주하려다 놀라운 창의성이 발휘된 것이다.

앨버트 허쉬만은 "탈출구가 막혀 있으면 자기 소리를 낸다."고 말했다. 혁신이라는 소리는 풍요로운 환경보다 결핍과 한계상황에서 울리는 경향이 강하다. 우리는 가는 길이 막혔을 때 그냥 주저앉지 않는다. 막혀 있지 않았을 때는 생각지도 못한 새로운 길을 발견한다. 그리고 그 새로움 속에 혁신이 생긴다.

2014년 파업으로 런던 지하철역 270개 중에 171개가 임시 폐쇄된 일이 있었다.[153] 지하철로 출퇴근하던 사람들은 어쩔 수 없이 새로운 길을 찾을 수밖에 없었다. 파업이 끝난 후 세 명의 경제학자는 시민들의 교통카드 데이터를 중심으로 이동 경로를 파악해보았다. 그리고 흥미로운 사실을 발견했다. 새로운 길을 찾은 사람들 20명 중에 한 명은 파업이 끝난 이후에도 지하철을 이용하지 않고 새로운 길을 고수했다는 사실이다. 그전까지 지하철 이용이 출퇴근에 있어 가장 적합하다고 여겼지만 한계상황에 봉착해 새로운 길을 찾아보자 더 훌륭한 루트가 있음을 알게 된 것이다.

미국 일리노이 대학 존스홉킨스 마케팅 연구자들은 95명의 실험자들을 대상으로 창의성 연구를 실시했다.[154] 실험자들을 세 그룹으로 나누어 레고와 비슷한 장난감을 조립하게 한 후 추가로 모집한 15명의 사람들에게 각 작품의 창의성 점수를 매겨보라고 했다.

첫 번째 그룹은 그냥 장난감을 받고 작품을 만들었고, 두 번째 그룹은 풍족한 환경에서 자란 이야기를 에세이로 쓴 뒤 작품을 만들었고, 세 번째 그룹은 부족한 환경에서 자란 이야기를 쓴 뒤 작품을 만들었다. 실험 결과, 세 번째 그룹의 창의성이 유의미하게 높게 나왔다. 250개의 뽁뽁이 포장지의 재활용을 목적으로 비슷한 실험을 했는데, 결과는 같았다. 부족한 환경으로 설정된 그룹이 풍요의 그룹보다 더 창의적으로 재활용을 한 것이다.

결핍과 한계상황은 불편하고 고통스럽고 짜증스런 상황이나 흥미롭게도 우리에게 새로운 길을 찾게 해주는 동기를 부여한다. 특히 '시간' 없을 때 혁신이 춤을 추곤 한다.

━━ 데 드 라 인

로드아일랜드 디자인스쿨에 재학 중이던 조 게비아Joe Gebbia는 룸메이트인 브라이언 체스키Brian Chesky와 함께 멋진 사업을 하고 싶었다.[155] 하지만 이들은 졸업하기 전까지 마땅한 사업 모델을 만들지 못했을 뿐만 아니라 브라이언 체스키는 사업에 대한 확신조차 없었다. 이후 조 게비아는 홀로 디자인 회사를 차렸지만, 체스키와 함께 사업하고자 하는 꿈을 버리지 못했다. 게비아는 결국 체스키를 설득했고, 이들은 샌프란시스코에서 무언가 큰일을 하기 위해 움직이기 시작했다.

하지만 돈도 한 푼 없었던 두 청년이 사업을 한다는 것은 결코 쉬운 일이 아니었다. 이들은 최소한 생활할 수 있는 돈을 마련하기 위해 머리를 맞대었다. 그런데 때마침 샌프란시스코에서 유명 컨퍼런스가 계획되어 있었다. 분명 외부의 많은 인사가 올 것이고, 이들이 묵을 방이 부족할 터였다. 두 사람은 이 점에 착안해 자기들이 쓰고 있는 방을 돈을 받고 빌려주어 생활금을 충당할 계획을 세운다. 이후 이들은 이것이 사업이 될 수 있음을 깨닫게 된다. 집주인은 집을 일시적으로 제공해 돈을 벌고, 여행자들은 일반 숙박시설보다 가격대 효율이 높은 방을 얻을 수 있기 때문이다.

하지만 이 사업을 하기 위해서는 사람들을 연결할 웹 사이트가 필요했으며, 적잖은 기술적인 요소도 있어야 했다. 그래서 게비아는 옛 룸메이트였던 네이선 블레차르지크Nathan Blecharczyk를 끌어들인다. 그는 고등학교 때 마케팅 소프트웨어를 만들어 100만 달러를 벌었으나 하버드 대학교 재학 중 교육 관련 스타트업을 하다가 망해 돈을 다 날려 업계를 떠나려고 했다가 게비아의 이야기를 듣고 함께 해보기로 한다.

초창기 사업은 정말 힘들고 형편없었다. 돈이 너무 없어 무언가를 시도하려고 해도 잘되지 않았고, 투자자들도 이들의 미래를 암울하게 생각했다. 그러던 도중 네이선은 몇 번이고 회사를 그만두려고 했다. 이렇게 회사가 사라질 뻔할 즈음, 운이 좋게도 실리콘밸리에서 가장 권위 있는 스타트업 지원센터인 와이 콤비네이터^{Y Combinator}에 들어가게 된다.

2005년에 설립된 와이 콤비네이터는 입주 자격을 갖춘 스타트업에게 5,000달러의 초기 사업 자금을 주고, 비즈니스에 도움이 되는 여러 지식과 인맥을 연결해준다. 또한 사업 전반을 제대로 컨설팅 해주기 때문에 스타트업이라면 꼭 들어가고 싶은 곳이다.

와이 콤비네이터에 들어간 이들은 이후 여러 어려움이 있었지만 자신의 회사를 성공시킨다. 이 회사의 이름이 바로 '에어비앤비'이다. 에어비앤비는 창업한 지 10년도 되지 않아 기업 가치가 300억 달러에 이르렀다. 에어비앤비는 우버와 함께 공유경제의 최선두에 있으며 실리콘밸리는 이들이 써나가는 새로운 역사를 현재 목도하고 있다.

그런데 잘 알려지지 않은 사실 하나가 있다. 이들은 와이 콤비네이터에 들어갔을 때 자신들의 온 열정과 시간을 쏟는 시간을 3개월로 한정했다. 3개월 후에도 유의미한 성과가 나오지 않는다면 회사를 그만두자고 협정한 것이다. 데드라인을 정한 이들은 3개월 동안 1분 1초도 허투루 쓸 수 없었고, 자신들이 할 수 있는 모든 열정과 에너지를 쏟아 붓게 된다. 또한 자신들의 비즈니스를 성장시킬 최선의 효율을 좇았다. 데드라인이 회사를 살리는 역할을 한 것이다.

현재 우리도 데드라인을 걸어 놓고 이 책을 쓰고 있는데, 데드라인만큼 사람을 피곤하고 힘들게 하는 것도 없다. 하지만 데드라인이 있기에 글의 생산성이 더 올라간다는 것을 잘 알고 있다. 실제로 많은 연구가 이를 뒷받침해주고 있다.

심리학자 아모스 트버스키^{Amos Tversky}와 엘다 샤퍼^{Eldar Shafir}는 대학생들에

게 설문을 작성해 오면 5달러를 보상으로 주겠다고 말했다.[156] 대신 대학생들을 두 그룹으로 나누어 조건을 달리했다. 한 그룹에게는 기한을 정해주지 않았고, 다른 그룹에게는 5일이라는 데드라인을 정해줬다. 데드라인을 설정하지 않은 그룹은 25퍼센트만이 설문지를 작성했다. 하지만 데드라인을 정해준 그룹의 학생들은 무려 66퍼센트나 설문지를 작성하고 햄버거 값을 벌어갔다.

데드라인은 생산성을 넘어 새로운 방법을 모색하게 한다.[157] 심리학자 제임 커츠Jaime Kurtz는 4학년 2학기를 맞은 대학생들을 두 그룹으로 나누어 각각 남은 시간에 대한 다른 인식을 갖게 했다. 한 그룹에게는 졸업까지 여섯 달이면 충분히 즐길 수 있는 시간이라고 말했고, 다른 그룹에게는 이제 졸업까지 여섯 달밖에 남지 않았다고 말한 것이다. 연구 결과 시간이 부족하다고 느낀 그룹의 학생들은 대학 생활의 마지막 6개월을 새로운 방식으로 변화하게 만들었다. 효율적이면서도 의미 있게 시간 관리를 한 것이다. 결국 즐기라고 한 그룹보다 데드라인의 느낌을 준 그룹이 나머지 시간을 더 알차게 보냈고, 실제 스스로의 삶에 대한 만족도도 더 높았다.

데드라인의 힘은 '해커톤'을 통해서도 확인할 수 있다. 해커톤은 '해커'와 '마라톤'의 합성어로 마라톤처럼 쉬지 않고 기획에서 프로그래밍을 거쳐 프로토타입(본격적인 상품화에 앞서 성능을 검증·개선하기 위해 핵심 기능만 넣어 제작한 기본 모델)을 만들어내는 것을 말한다. 대개 기획자, 디자이너, 프로그래머 등 5명 내외가 한 팀이 되어 진행된다.[158] 하지만 마라톤을 계속할 수는 없다. 데드라인이 있기 때문이다. 게다가 데드라인은 무언가 혁신적인 것을 개발할 때 필요한 시간에 비해 터무니없이 부족하게 설정된다.

최초의 해커톤은 1999년 캐나다에서 시행한 컴퓨터 암호 개발 이벤트였다. 하지만 해커톤이 실리콘밸리를 넘어 각 정부에서도 도입할 정도로 유명하게 된 계기는 페이스북이 사내에서 해커톤을 실시한 이후이다.

페이스북은 6주마다 정기적으로 전 직원이 참여할 수 있는 해커톤을 진행했는데, 직원들은 이를 정규 업무를 벗어나 새로운 아이디어를 실행할 수 있는 기회로 여겼다. 페이스북이 대표하는 '좋아요Like' 버튼과 타임라인 등의 아이디어도 해커톤에서 나왔다. 48시간 내에 이뤄낸 혁신인 셈이다.

결핍, 한계상황, 데드라인 등은 구성원들로 하여금 '절박함'을 느끼게한다. 하버드 대학교 존 코터John Kotter 교수는 중요한 변화를 도입하려고 애쓰는 100여 개 기업을 연구한 결과, 변화 도입에 실패한 대부분의 경우는 '절박함'을 조성하는 데에 실패한 것이 그 원인이었다고 밝혔다.[159] 경영전문가인 린 앤더슨Lynne Andersson과 토머스 베이트먼Thomas Bateman은 '절박함' 이야말로 특정 문제를 공론화해 구성원들을 몰입시키는 데에 가장 중요한 핵심 요소라는 것을 알아냈다.

애니메이션 감독인 리 언크리치Lee Unkrich는 사무실에서 스티브 잡스에게 이렇게 말했다.[160]

"진짜 엄청난 영화가 될 거라고 확신합니다. 그런데 우리에게 주어진 시간 안에 해내기 어렵습니다."

"글쎄요, 우리로서는 선택의 여지가 없어서 말이죠. 순서를 기다리는 일들이 줄줄이 있잖아요. 여태까지 일해 온 과정을 돌아볼 때 내가 가장 자랑스럽게 생각하는 것은 최상의 조건이 아닌 바로 이런 상황에서 거둔 성공입니다."

스티브 잡스는 언크리치와 협상 없이 데드라인을 설정했다. 1년도 남지 않은 상황에서 언크리치는 공동 감독인 존 라세터John Lasseter와 함께 제작에 매진했다. 그렇게 탄생한 것이 〈토이 스토리 2〉이다. 세계적인 찬사를 받았던 〈토이 스토리〉보다 더 훌륭한 작품이라는 평을 받았으며, 존 라세터 또한 전편을 능가했다고 자평했다. 〈토이 스토리 2〉는 7억 달러가 넘는 돈을 벌었고 그해 애니메이션 최고 흥행작이 되었다.

다만 결핍과 한계상황의 설정은 맥락적 사고를 요구한다. 스티브 잡스가 야박하게 데드라인을 정한 것 같지만 실제로 잡스는 10년 동안이나 작품을 기다리며 픽사를 먹여 살렸다. 맥락적 사고가 없는 터무니없는 한계 설정은 역효과를 초래할 수 있기 때문에, 이 혁신 전략은 상황에 따라 적절히 구사하는 것이 중요하다.

해커톤을 매일 하면 어떻게 될 것 같은가? 혁신은커녕 모두 지쳐 쓰러져 아무것도 못하게 될 것이다. 우리가 지금 쓰고 있는 책도 마지막 3개월을 남겨놓고 데드라인을 잡았던 것이지 그전에는 매우 유동적이었다. 자료를 더 찾고 아이디어를 더 모아야 했기 때문에 이때는 오히려 어떤 한계도 두지 않고 자유롭게 작업했다.

현재 결핍과 한계상황에 직면했다면 관점을 바꾸어 오히려 혁신의 기회로 삼도록 하자. 결핍된 상황이 아니라 하더라도 가장 적절한 때에 데드라인을 설정하는 등 절박함을 불러일으키는 한계상황을 만들자. 결핍과 한계상황에 처했다고 바로 혁신의 결과가 나오진 않겠지만 그 어느 때보다 혁신의 쾌거를 이룰 확률은 높을 것이다.

소소한 혁신

소셜 미디어는 매우 거대한 전형적인 '복잡계'이다. 하루에도 셀 수 없을 만큼 많은 콘텐츠가 쏟아져 나오는데, 그런 콘텐츠의 소용돌이에서 '블랙 스완'은 어김없이 태어난다. 소셜 미디어에서 콘텐츠가 기하급수적으로 퍼지기 시작하면 관련 상품은 초대형 인기 상품이 되기도 하고, 어떤 이는 단 한순간에 스타가 되기도 한다. 이런 정글에서 어딘가에 숨어 있는 블랙 스완을 사냥하기 위해 지금도 누군가는 게시물 업로드 버튼을 누르고 있다.

나와 고작가가 의장과 상임고문으로 속해 있는 기업 '체인지 그라운드'도 페이스북이나 유튜브 같은 대표적인 소셜 미디어를 통해 대중과 소통한다. 기획하는 일마다 세부적인 목표는 다르지만 모든 일의 공통분모는 역시 제작한 콘텐츠의 확산이다. 제작한 게시물이 많이 퍼지면 브랜딩과 채널 확장 등 모든 측면에서 도움이 된다. 그렇게 폭발적인 반응을 얻는 혁신적인 창작물을 만들기 위해 우리는 이번 '혁신' 편에서 배운 전략을 고스란히 채널 운영에 적용하고 있다. 다음은 체인지 그라운드 피디[PD] 중 한 명인 옥건희 피디가 만들어낸 '소소한' 혁신에 대한 이야기이다.

옥 피디는 체인지 그라운드에서 다양한 콘텐츠를 제작한다. 그중에서도 옥 피디만의 특기를 꼽으면 직접 만화를 그려 삽입한 카드뉴스인 '읽툰(읽는 웹툰의 줄임 말)'이다. 옥 피디는 만화 전공자가 아니다. 그래서 전문적인 만화가처럼 그림을 빠르게 그리지는 못한다. 하지만 소셜 미디어에서 직접 그린 그림으로 카드뉴스를 만드는 것 자체가 상당히 독특한 경우이기 때문에 힘들어도 꾸준히 읽툰을 제작하고 있다.

앞에서 언급한 것처럼 모든 제작자는 자신의 콘텐츠가 확산되기를 꿈꾼다. 당연히 옥 피디도 예외는 아니었다. 열심히 며칠 동안 만든 읽툰이 대중의 호응을 얻지 못하면 그 허무함을 이겨내기가 쉽지 않았다. 특히 비전공자이다 보니 몇 배는 힘들게 만들어서 허탈감도 그에 비례하게 커졌다.

나도 페이스북에서 〈인생공부〉 페이지를 운영하면서 수많은 카드뉴스를 만들어봤고, 고작가도 블로그를 오랫동안 운영하면서 수많은 글을 써봤기 때문에 자신의 창작물이 대중과 교감하지 못했을 때의 감정을 누구보다도 잘 이해했다. 그런 경험을 바탕으로 옥 피디에게 다음과 같은 조언을 해줬다.

"온갖 정성을 들여 콘텐츠를 만들어도 어떤 것이 대중에게 사랑을 받을지 아는 방법은 없다. 폭발적인 반응을 얻는 게시물을 만드는 가장 확실한 방법은 단 하나이다. 많이 시도하는 것이다."

'많이 시도하는 것'은 얼핏 들으면 누구나 할 수 있는 일 같지만 절대 그렇지 않다. 우선 가장 큰 걸림돌인 시간은 누구에게나 한정적이다. 결국 많이 시도하려면 빨리해야 한다. 그래서 나는 옥 피디에게 한계상황을 통한 혁신을 요구했다. 즉, 제작에 데드라인을 적용해 읽툰 제작을 2시간 안으로 단축해보라고 권유한 것이다. 처음 그 조언을 들은 옥 피디는 매우 당황스러워했다. 어떻게 며칠이나 걸리는 작업을 2시간 이내로 줄일 수 있다는 말인가? 나는 그 시작으로 모든 작업 시간을 기록하라고 하였다(여기서도 DR은 적용된다). 그렇게 옥 피디의 도전은 시작되었다. (옥 피디가 터무니없어 보이는 나의 제안을 받아들인 이유는 옥 피디와 내가 상사와 부하 직원의 관계를 떠나서 입사 전부터 멘티와 멘토의 관계를 맺고 있어 둘 사이의 신뢰가 누구보다 두터웠기 때문이다.)

일단 의식적으로 작업 시간을 기록하면서 제작하자 정확한 작업 시간이 파악되었다. 2~3일 정도 걸렸다고 느껴졌던 작업은 정확하게 파악해보니 하루 조금 넘게 걸렸다. 그래서 우선은 하루 안에 제작하는 것을 목표로 작업을 진행하였고, 의식적으로 더 집중해서 밀도 있게 작업하자 생각보다 어렵지 않게 제작 시간은 하루 안으로 단축되었다.

그렇게 작업 시간 단축의 성취감을 맛본 옥 피디는 무작정 열심히 그리기보다는 어떻게 하면 기존의 퀄리티를 유지하면서 작업 속도를 단축할 수 있는지 '연구'를 하기 시작했다.

예를 들면 작업 시간을 줄여줄 수 있는 다양한 툴tool의 사용법을 익혔고, 자주 나오는 장면에 대한 콘티는 데이터베이스화하기 시작했다. 그렇게 프로세스에 대한 고민과 연구를 치열하게 하자 제작 시간은 6시간 이내까지 줄어들었다.

그런데 문제는 지금부터였다. 작업 시간을 6시간까지는 생각보다 어렵지 않게 줄일 수 있었지만, 그 이하로 줄이는 것은 여간 힘든 일이 아니었다. 아무리 집중하고 그림을 그려도 도저히 제작 시간은 단축되지 않았다. 한계상황에 부딪혔던 옥 피디는 나에게 매우 늦은 밤에 전화를 걸어 다양한 시도를 하고 있지만 생각보다 시간이 줄지 않고 또 너무 시간만 생각하면 퀄리티가 떨어지지 않을까 하는 걱정도 든다고 이야기했다. 나는 옥 피디의 고민을 듣고 다음과 같이 조언해 줬다.

"혁신을 추구하고 있는 너의 모든 시도는 옳다. 심지어 실패조차도 옳은 일이다. 어떤 카드뉴스가 폭발적인 반응을 얻을지 모르는 것처럼 어떤 시도가 혁신적인 결과를 가지고 올지 여전히 모른다. 그렇기 때문에 혁신하기로 마음을 먹었다면 모든 시도는 그 자체만으로도 훌륭하고, 발생하는 실패에는 그 누구도 책임을 물을 수 없다. 그래서 나는 누구보다도 최선을 다하고 있는 너에게 심지어 해줄 조언조차 없다. 내가 할 일은 더 많은 시도를 할 수 있도록 지원하고 응원하는 것뿐이다."

옥 피디는 뭔가 깨달은 듯 전화를 바로 끊고, 다음 읽툰에 완전히 새로운 도전을 했다. 기존 읽툰에서는 모든 그림을 색칠했지만 과감하게 대부분의 그림을 흑백으로 구성한 것이다. 그러자 제작 시간은 3시간 근처까지 확 줄어들었다.

그렇게 색을 뺀 읽툰은 꾸준하게 게시되었고 그 누구도 색이 빠져서 읽툰의 퀄리티가 낮아졌다는 언급은 하지 않았다. 계속 혁신을 만들어내기 위해 다양한 시도를 했고 최종적으로 작업 시간은 2시간에 근접하게 되었다. 그렇게 예전보다는 훨씬 짧은 시간에 제작된 읽툰은 꾸준히 게시됐고, 옥 피디는 결국 페이스북에서 백만 도달 콘텐츠를 탄생시키는 데 성공했다.

옥 피디에게 백만 도달 콘텐츠는 특별히 더 신경 써서 그린 읽툰인지 물어봤다. 모두가 예상은 했겠지만 대답은 수많은 다른 읽툰과 마찬가지로 비슷한 수준의 노력과 시간이 투입되었다는 것이었다. 옥 피디는 그렇게 올바른 전략 수립과 실천을 통해 소소한 혁신을 만드는 데 성공했다.

결국은 답은 두 단어로 정리된다. 빠르게 그리고 많이. 빠르게 많이 하려면 매번 전력투구할 수는 없다. 그래서 기본기가 중요하다. 기본기는 절대 하루아침에 향상되지 않는다. 꾸준히 고민하면서 노력해야 아주 조금씩 쌓인다. 그렇게 기본 실력이 올라갈수록 안타 그리고 홈런을 칠 확률도 올라간다. 이런 이유로 체인지 그라운드는 직원이 자기계발을 위해 책을 사야 한다거나 수업을 들어야 한다고 요청하면 관련 비용은 한도 없이 지원하고 있다. 이제 우리는 혁신의 원리를 알았고 사례도 확인했다. 남은 것은 실천뿐이다.

━━ 오픈 이노베이션

캐나다 토론토의 작은 금광회사인 골드코프는 처참한 상황에 몰려 있었
다.[161] 파업은 계속되었고 빚은 줄어들 기미가 보이지 않았으며, 기회를 잡기
위해서 필요한 비용은 여전히 높았다. 금 거래 시장은 위축되었고, 무엇보다
반세기 동안 회사를 지탱해주었던 온타리오 주의 레드 레이크 광산이 고갈되
고 있었다. 새로운 금광을 하루빨리 찾아내지 않는 한, 회사는 파산할 수밖에
없었다.

절망이 이어지는 가운데 골드코프 대표 롭 맥이웬Rob McEwen은 젊은 경영자
를 위한 MIT 강연회에 참석했다가 리눅스Linux에 대한 이야기를 들었다. 리누
스 토발즈Linus Torvalds와 자진해서 모인 자유분방한 소프트웨어 개발자들이 세
계적 수준의 컴퓨터 운영체제를 개발하여 인터넷에 퍼뜨린 놀라운 이야기를
들은 것이다. 강사는 토발즈가 세상에 코드를 공개한 후, 수천 명에 달하는 익
명의 프로그래머들이 그것을 연구하고 자기 나름대로 기여할 수 있었던 과정
에 대해 설명했다.

이때 한 가지 생각이 맥이웬의 머릿속을 스쳤다.

'골드코프 직원들이 더 이상 금을 찾을 수 없다면 누군가 다른 사람이 할 수 있지 않을까? 그리고 그런 사람을 찾기 위해서는 토발즈가 리눅스의 소스를 공개했던 것처럼 우리도 탐사 과정을 공개하는 것이 최선의 방법일지도 모른다.'

맥이웬은 수석 지질학자에게 자신의 아이디어를 말하고 회사 전체의 데이터를 종합해 공개하자고 제안했다. 그리고 2000년 3월 총 57만 5,000달러의 상금을 내걸고 '도전! 골드코프'라는 콘테스트를 개최했다. 골드코프 웹사이트에 약 2억 2,248만 제곱미터에 달하는 광산에 대한 모든 정보가 공개되었고, 콘테스트 소식은 인터넷을 통해 빠르게 퍼졌다.

결과는 어떻게 되었을까? 맥이웬은 결과를 보고 의자에서 굴러 떨어질 뻔했다고 한다. 50개국에 흩어져 있는 1,000여 명이 콘테스트에 도전했으며 레드 레이크 광산에서 무려 110곳의 후보지가 나왔다. 그중 50곳은 회사의 최고 지질학자 팀도 찾아내지 못한 장소였고, 맙소사! 새로운 후보지 중 무려 80퍼센트 이상에서 금이 쏟아져 나왔다. 금은 220톤이나 발견되었으며, 골드코프의 실적은 1억 달러에서 90억 달러로 치솟았다.

골드코프의 놀라운 성공이 있은 지 7년 후, 리눅스 메커니즘은 또다시 한 천문학 전공 대학원생에게 특별한 영감을 주었다. 천문학 전공 대학원생이었던 케빈 샤윈스키Kevin Schawinski는 어려운 문제에 직면했다. 그는 로봇 망원경이 촬영한 5만 장의 성운 사진을 살펴보고 각 성운을 분류하는 작업을 해야 했다.

컴퓨터의 도움을 받아 과학 연구를 진행하는 시대이긴 했지만, 분류가 제대로 되었는지 확인하려면 사진 한 장 한 장 직접 면밀하게 살펴보아야 했다.

당연히 일의 진행이 더딜 수밖에 없었다. 2007년 어느 여름밤에 샤윈스키는 술집에 앉아서 연구를 함께 진행하고 있는 동료이자 옥스퍼드 천문학자인 크리스 린토트Chris Lintott에게 "사진을 모두 살펴보려면 시간이 얼마나 걸릴지 가늠할 수 없을 정도"라며 불평을 늘어놓았다. 린토트는 샤윈스키에게 리누스 토발즈가 리눅스를 개발하기 위해 사용했던 방법을 말해주며, 그대로 활용하여 전 세계에 문제를 공개하고 아마추어 천문학자 중 협력할 의사와 능력이 있는 사람들이 있는지 찾아보는 것이 어떻겠느냐는 의견을 내놓았다.

이에 샤윈스키는 온라인 시민과학 프로젝트 '갤럭시 주' 사이트를 만들고, 관심 있는 사람이라면 누구든지 접속하여 경이로운 우주 공간의 모습을 관찰하며 최첨단 과학 분야의 발전에 기여할 수 있게 했다. 결과는 대성공이었다. 2년 동안 27만 5,000명이 넘는 사용자들이 100만 장의 사진을 분류한 것이다. 샤윈스키가 혼자 했다면 아마 124년이 걸렸을 것이다.

초고속 인터넷이 지구촌을 하나로 연결하는 흐름 속에서 결코 놓치지 말아야 할 화두는 바로 '오픈 이노베이션'이다. 외부 자원을 최소의 비용으로 활용할 수 있는 협업 시스템과 플랫폼을 구상할 수만 있다면 상상할 수 없는 성과를 얻을 수 있기 때문이다.

오픈 이노베이션이란 개념과 용어를 최초로 주창하고 체계화한 사람은

UC버클리 대학 경영학 교수인 헨리 체스브로Henry W. Chesbrough이다. [162] 혁신

분야의 대가로 여겨지는 그는 자신의 책《오픈 이노베이션》에서 오픈 이노베

이션을 '내부 혁신을 가속하고 기술을 발전시키기 위해 내·외부 아이디어를

모두 활용하고, 가치를 창출하기 위해 내·외부의 시장 경로를 모두 활용하는

것'으로 정의했다.

체스브로에 의하면, 현재 기업들의 단위당 R&D 비용은 지속적으로 증

가하고 있는 데 반해 제품 라이프 사이클은 축소됨에 따라 내부 조직 중심의

R&D 투자 효율성이 낮아지고 있다고 한다. 또한 4차 산업혁명 시대로 접어

들면서 기존 시장을 주름잡고 있던 가치와 기술의 파괴가 빈번해지고 있으며,

특히 애플의 아이폰에서 볼 수 있듯이 컨버전스(융합)로 인해 산업, 기술, 가치

간의 경계가 소멸되고 새로운 기술과 제품 그리고 시장의 탄생이 자주 이루어

지고 있다. 이렇다 보니 기업들은 조직 내부에 갇힌 생각이나 역량만으로는 도

저히 빠르게 변화하는 흐름을 좇아갈 수 없다는 것을 절감하게 되면서 오픈

이노베이션을 통해 조직 외부의 자원을 활용하여 혁신을 이루는 것에 지대한

관심을 갖게 된 것이다.

그런데 오픈 이노베이션은 생각보다 쉽지 않다. 왜냐하면 먼저 자신과 조

직의 편견, 인식을 깨부수어야 하기 때문이다. 앞에서 소개한 골드코프는 협업

을 위해서 자사의 생명줄인 레드 레이크 광산에 대한 데이터를 모두 공개해야

만 했다. [163] 광산업은 매우 은밀한 산업으로 지질 데이터는 코카콜라의 제조

비법처럼 회사가 꼭 지켜야 할 핵심 정보이다. 그러나 맥이웬은 파격적인 길을 선택했다. 산업의 전례를 깨고 데이터를 공개한 것이다.

사실 콘테스트를 시작할 때 회사 안의 지질학자들은 매우 회의적이었다고 한다. 탐사는 고도의 전문 영역이어서 전문가들이 아니면 함부로 접근할 수 없다는 것이 그 이유였다. 그러나 세상은 넓고 인재는 많다. 금광 후보지를 찾아낸 사람들 중에는 지질학자도 있었지만, 대학원생, 컨설턴트, 수학자, 군 장교 등 다양했다. 만약 골드코프가 자기 안에 갇혀 있었다면 그대로 고사했을지도 모른다.

케빈 샤윈스키는 또 어떠한가? 그는 오픈 이노베이션 플랫폼을 만들기는 했지만 결과를 크게 기대하지는 않았다. 왜냐하면 천문학 자체가 관심이 매우 적은 분야인 데다 그중에서도 성운을 분류하는 일은 작은 영역이어서 협업에 참가하려는 사람들이 매우 적을 것이라고 예상한 것이다. 또한 천문학이 쉬운 분야가 아니어서 아마추어가 참가한다고 해서 뚜렷한 성과가 나지는 않을 것이라고 판단했다. 그래서 그는 5만 장 정도가 참가자들이 분류할 수 있는 최대치일 거라 생각했다. 그런데 사람들은 2년 만에 100만 장의 사진을 분류했다. 샤윈스키는 큰 결과를 기대하지는 않았지만 완전히 편견에 갇혀 있지는 않았다. 기존의 생각과 인식을 깨부수었기에 플랫폼을 만든 것이다. 그리고 혁신이 일어났다.

오픈 이노베이션도 시간이 지남에 따라 진화하고 있다. LG경제연구원에

의하면 최근에는 세 가지 새로운 형태로 오픈 이노베이션이 실시되고 있다고
한다.[164]

첫째, R&D 중심에서 비즈니스 전 분야로 진화하고 있다. 기존에는 오픈 이
노베이션이 획기적인 제품이나 문제 해결 방법론 등에 한정되어 있었으나, 최
근에는 디자인, 제품 기획, 제품 개발, 생산, 마케팅, 서비스 등 거의 전 분야에
걸쳐 이루어지고 있다.

둘째, 외부 기관 중심에서 사용자 중심으로 진화하고 있다. 버클리 대학과
독일의 프라운호퍼 연구소의 공동 연구에 의하면 오픈 이노베이션의 핵심 원
천이 B2B, B2C 상관없이 '고객'이라는 것이 드러났다. 고객은 실제 제품과 서
비스를 이용하고 있기 때문에 누구보다 문제점과 해결안을 알 수 있다. 3M의
경우, 실제 사용자 주도로 개발한 제품과 마케팅 시장 조사를 기반으로 개발
한 제품을 비교한 결과, 매출 차이가 무려 8배나 났다. 레고 또한 '레고 디지털
디자이너'라는 프로그램을 통해 레고 고객들의 창의적인 아이디어로 혁신을
이루어내고 있다. 잊어서는 안 된다. 고객이 항상 옳지는 않다. 하지만 대체로
옳다.

셋째, 한 방향One way 중심에서 쌍 방향Two way 중심으로 진화하고 있다. 한 방
향은 외부 아이디어를 내부 혁신 과정에 유입하는 것을 말한다. 하지만 최근
에는 특허나 양질의 데이터 등 내부의 핵심적인 혁신 자료들을 외부에 공개해
시너지를 내는 과감한 시도가 이루어지고 있다. 테슬라는 전기차 시장 확대를

위해 2014년 6월 핵심 특허를 외부에 공개했다. 구글은 크롬 웹 브라우저를 전 세계 개발자들에게 완전히 공개해 자신들이 원하는 방향으로 마음껏 쓰도록 했다. 영국의 제약회사 글락소스미스클라인^{GSK}은 임상시험 데이터를 온라인에 공개했는데 그 데이터에는 실패한 데이터까지 있었다. 자신들의 치부를 드러낸 것으로 제약 업계에서는 상상도 못 할 일이었다. 하지만 파격적 행보가 오히려 수혜를 얻자 다른 제약회사들도 자신들의 데이터를 오픈하기 시작했다. GSK 대표는 자신들의 자료를 공개하며 이렇게 말했다.

"현대 과학으로 자원, 지식, 전문성을 모두 보유했다 하더라도 개별 기업이 고객이나 소비자, 더 나아가 사회와 인류가 원하는 문제를 해결할 수 없다. 우리는 파트너십, 협동, 열린 혁신을 기반으로 하여 새로운 방법을 찾아야 한다."

지금으로부터 1억 4,000만 년 전, 예전에는 없었던 이상한 시도를 한 식물이 열대우림에 나타났다. 바로 꽃이다.[165] 그전까지 식물은 에너지 효율성을 극대화하는 방향으로 진화했기 때문에 에너지를 많이 써야 하는 꽃 같은 것을 만들 이유가 없었다. 하지만 꽃을 피우는 현화식물은 발상을 전환했다. 꽃에는 생식기관과 꿀이 있다. 즉, 외부 세계를 돌아다니는 곤충을 꿀로 유인해 꽃가루를 묻혀 종족 번성을 도모한 것이다.

이 전략은 한마디로 대박을 쳤다. 곤충들은 공짜 꿀에 열광했고 꽃에서 꿀을 더 많이 얻기 위해 다양한 방법을 찾아내거나 심지어 유전적 변이까지 일으켰다. 결국 곤충들은 꽃가루를 온 세상에 퍼뜨리기 시작했고 현화식물의 유전적 다양함은 급증했다. 꽃을 통한 오픈 이노베이션 전략이 대성공을 거둔 것이다.

그 결과는 어떻게 되었을까? 현재 지상에 있는 식물계의 80퍼센트가 현화식물이다. 꽃은 오픈 이노베이션으로 식물계를 지배하고 있다.

5장

전략(戰略)

*"이론상, 이론과 실제 사이에는 아무런 차이가 없다.
실제로는, 차이가 있다."*

- 요기 베라(Yogi Berra) -

전략은
실행 능력이다

뇌와 움직임

멍게라고도 불리는 우렁쉥이는 빛을 감지하는 안점, 중력을 감지하고 균형을 잡을 수 있게 해주는 이석뿐만 아니라 뇌신경절이라 불리는 작은 뇌를 갖고 있다.[166] 어릴 적 우렁쉥이는 바다를 자유로이 헤엄치며 자신이 뿌리를 내리고 살 만큼 영양분이 풍부한 장소를 찾아다닌다. 적합한 장소를 찾으면 자리를 잡고 물결에 쓸려가지 않도록 몸을 바닥에 단단히 붙인다. 그리고 평생 동안 식물처럼 물속의 영양분을 걸러 먹으며 살아간다.

그런데 우렁쉥이는 자리를 잡을 때 흥미로운 변신을 한다. 자신의 뇌를 흡수해버리는 것이다. 뇌는 더 이상 필요 없는 것처럼 말이다.

케임브리지 대학의 신경과학자인 대니얼 월퍼트^{Daniel Wolpert}와 동료들은 신경학적으로 보았을 때 우렁쉥이를 통해 뇌의 존재 이유를 알 수 있다고 했다. 더는 움직일 필요가 없어진 우렁쉥이가 뇌를 흡수해버렸듯이, 뇌는 신체의 움직임을 위해서 존재한다는 것이다.

생명의 에너지 측면에서 뇌는 크기 대비 매우 비효율적으로 보인다. 인간의 뇌의 경우, 몸무게의 2퍼센트가 되지 않지만 생명 유지에 필요한 에너지의 20퍼센트를 소모하기 때문이다. 에너지의 5분의 1을 사용하는 뇌가 단순히 신체의 움직임 때문에 존재한다는 주장은, 그래서 좀 이상하게 들린다.

그런데 로봇 개발의 역사를 보면, 신체의 움직임이라는 것이 그리 '단순'하지 않다는 사실을 알 수 있다. 초창기 인간을 닮은 로봇을 만들려고 했을 때 인간의 이성적인 부분을 따라하는 것은 오래 걸리겠지만 신체 움직임은 금세 모방할 수 있을 것으로 예상했다. 하지만 인간보다 계산을 더 빨리하고 심지어 바둑을 이기는 수준까지 알고리즘은 발달했지만, 오히려 로봇의 움직임은 여전히 뭔가 부자연스럽다. 하버드 대학교 진화심리학자인 스티븐 핑커^{Steven Pinker}는 인간이 달에 로켓을 보내고 그 어려운 양자역학을 이해하고 있지만 신체 움직임을 역설계하는 데에는 고전을 면치 못하고 있다고 지적했다.

뇌는 움직임을 위해 존재한다는 주장은 타당성이 있다.

전략은 원래 군사 용어로 전쟁을 전반적으로 이끌어 가는 방법이나 책략을 의미한다. 1965년 이고르 앤소프[Igor Ansoff]가 자신의 저서 《기업 전략》에 전략이라는 단어를 차용한 이후, 비즈니스에서도 전략이라는 단어가 매우 중요한 주제로 사용되고 있다. 그런데 많은 사람이 전략과 실행을 이분법적으로 구분해서 생각하는 경향이 있다. 전략가라는 존재를 떠올려보라. 아니면 자신이 있는 조직에서 스스로 전략가라고 말하는 이들의 이미지를 떠올려보라. 책상에 앉아 펜대를 굴리며 아이디어를 짜고 실행가들에게 지시하는 이미지가 그려지지 않는가?

뇌가 신체의 움직임을 위해 존재하듯 전략 또한 실행을 위해 존재한다. 그래서 전략가는 생각만 하는 자가 아니며 아이디어만 던지는 사람이 아니다. 아이디어가 실제로 실행될 수 있게 실행과 관련된 프로세스, 자원, 조직 등을 실제로 정비하고 구축하는 자가 전략가이다. 그러므로 전략은 실행 능력 그 자체를 의미한다. 실행할 수 없는 아이디어는 전략이라고 할 수 없으며, 실행 가능성이 없는 좋은 전략이란 있을 수 없다. 위기에 빠진 구찌를 다시 정상 궤도에 올려놓은 도미니코 드 솔레[Domenico De Sole]는 이렇게 말한 바 있다.

"훌륭한 전략가를 확보해놓고 말만 많이 하는 기업들이 있습니다. 결국 그들은 제대로 일을 해내지 못합니다. 반면 나는 끝까지 일을 처리합니다. 나는 늘 관리자들에게 전화를 걸어 자신이 해야 한다고 말한 일을 실제로 행동에 옮겼는지 확인합니다."

나심 탈레브 또한 "기업가는 사상가가 아니라 행동가가 되어야 한다. 그리고 행동가는 말보다 행동이 앞서야 한다."라고 말했다. 전략은 실제 실행을 가능하게 하는 모든 것이어야만 하고, 전략가는 실행을 현실화하기 위한 모든 것을 행동으로 해내는 사람이다.

그렇다면 어떻게 실행을 이끄는 전략을 구사할 수 있을까?《성과를 내고 싶으면 실행하라》의 세 명의 저자는 여론조사업체인 해리스 인터랙티브와 함께 전 산업군 500여 개의 기업을 내부 평가하고 30만 명에 가까운 리더와 팀장을 조사했다.[167] 그리고 조사 결과로 나온 실행 원칙 아이디어를 1,500번 넘게 실제 경험해보면서 다음 4가지 원칙을 충실히 이행하면 전략의 실행 능력이 비약적으로 올라간다는 사실을 알게 되었다.

1. 가장 중요한 목표에 집중하라.
2. 선행지표에 따라 행동하라.
3. 점수판의 강점을 활용하라.
4. 책무를 서로 공유하라.

먼저 조직이나 팀이 여러 가지 목표에 힘을 쏟는 것이 아니라 우선순위를 정해 가장 중요한 목표에 집중하는 것이 중요하다. 조직의 집중력이 분산될수록 실행 능력이 떨어질 가능성이 크다. 단 실행을 할 때 후행지표가 아닌 선행지표를 기준으로 행동한다. 예를 들어 3개월 동안 몸무게 10킬로그램을 감량한다는 목표를 세울 경우, 10킬로그램 감량은 후행지표가 된다. 10킬로그램을 감량하려면 어떻게 해야 할까? 식단을 짜고 식사량을 줄이며 운동을 해야 한다. 이때, 식단, 식사량, 운동이 선행지표가 되며 이는 곧 전략적 요소에 속한다.

기업에서는 선행지표라는 전략을 짤 때 전략 바퀴를 구성하면 좋다.[168] 가장 중요한 목표를 바퀴의 중심 원으로 하고, 연구개발, 인사, 제조, 유통, 마케팅, 서비스, 재무 등을 바퀴살로 놓아 각 부분의 전략들이 목표에 얼마나 부합하며 서로 어떻게 시너지를 내는지를 확인하는 것이다.

선행지표들의 진행 사항을 가시적으로 확인할 수 있도록 하는 것 역시 중요하다. 전략이 얼마나 진행되었는지를 눈으로 확인할 수 있을 때 실행력은 더 올라갈 수 있으니 말이다. 또한, 정기적이고 짧은 회의를 통해 각자 맡은 책임에 대해 피드백을 하며 서로를 격려하는 시간을 갖는다.

이 4가지 원칙을 무조건 따를 필요는 없다. 맥락적 사고가 중요하다. 4가지 원칙의 핵심은 우선순위 목표에 집중할수록, 결과가 아니라 원인을 관리할수록, 진행 사항을 눈으로 확인할수록, 각자의 책임을 공유하며 격려할수록 실행력이 높아진다는 것이다. 자신의 조직에 맞게 프로세스를 구축한다면 전략의 실행 능력은 비약적으로 올라갈 것이다.

━━ 전 략 의 놀 라 운 힘

실행이 극대화되기 위해서 가장 중요한 것은 무엇일까? 앞서 논의했던 뇌와 신체 이야기로 돌아가보자. 인간의 신체 조건은 다른 동물에 비해 결코 뛰어난 편이 아니다.[169] 코끼리, 기린 등은 인간보다 덩치가 크다. 치타, 가젤 등은 인간보다 빠르다. 호랑이, 곰 등은 인간보다 힘이 세다. 개의 후각과 올빼미의 청각은 인간보다 월등하며, 인간은 새처럼 날지도 못하고 물개처럼 오랫동안 잠수할 수도 없다.

여기까지만 보면 인간의 '신체 능력'은 좋게 봐도 평범해 보인다. 하지만 과연 어떤 동물이 스키를 타고 산 아래로 시속 200킬로미터가 넘는 속도로 내려온 뒤, 공중에서 200미터 거리를 날아올라 정확하게 착지할 수 있을까? 어떤 동물이 아름다운 선율에 몸을 움직이면서 공중에서 세 번을 돌고 연속으로 두 번이나 뛸 수 있을까? 어떤 동물이 나무를 깎고 선을 이어 아름다운 연주를 정교하게 해낼 수 있으며, 어떤 동물이 새보다 빠르고 물고기보다 더 헤엄을 잘 치는 기계를 만들어낼 수 있을까?

인간의 신체 조건은 동물들의 왕국에서 내세울 것이 없지만, 실제적인 '실행 능력'은 그 어떤 동물도 따라올 수 없을 정도로 압도적이다. 그 이유는 다른 동물과 비교할 수 없을 정도로 뛰어난 '뇌'를 갖고 있기 때문이다. 결국 신체 능력은 신체 조건보다 뇌의 능력에 달려 있다. 신체 조건이 조금 부족하더라도 뇌의 능력이 출중하다면 신체 능력 또한 비약적으로 상승한다.

전략과 실행의 관계도 마찬가지다. 훌륭한 전략은 실행 능력을 극대화한다. 실행 자원이 부족하여도 뛰어난 전략은 그 부족함을 기꺼이 극복한다. 빌 게이츠, 스티브 잡스, 래리 페이지와 세르게이 브린, 제프 베조스, 엘론 머스크Elon Musk, 에어비앤비의 젊은 3인방 중 억만장자의 자식인 사람은 없고, 처음부터 자본, 사람, 경영 프로세스를 제대로 갖추고 시작한 이도 없다는 점을 잊어서는 안 된다. 이들은 적잖은 행운과 함께 시대를 관통하는 훌륭한 전략으로 성공했다.

많은 전략이 있지만 지금부터 일하는 모든 이가 알아두면 좋을 훌륭한 경영 전략, 자원 전략, 마케팅 전략, 브랜드 전략 등 4가지를 소개하고자 한다. '지식의 탐색'으로 4가지 전략을 심도 있게 이해하고, '지식의 심화'로 4가지 전략을 자신의 일에 제대로 변형시킬 수 있는 양손잡이 경영이 이루어지길 바란다.

저스트 두 잇

라이트 형제와 랭글리

1903년 12월 17일 미국 노스캐롤라이나 해안가에서 라이트 형제의 '플라이어 1호'가 260여 미터를 59초 동안 날아 인류 최초의 동력 비행에 성공했다. 하지만 라이드 형제만 동력 비행을 연구한 것이 아니었다.[170] 당대 최고의 물리학자이자 스미소니언 협회 회장인 새뮤얼 피어폰트 랭글리 Samuel Pierpont Langley 박사 또한 정부의 지원을 받으며 비행기를 개발하기 위해 17년간이나 노력하고 있었다. 라이트 형제의 비행 성공 9일 전에도 랭글리 박사는 워싱턴 포토맥 강변에서 수많은 인파가 지켜보는 가운데 세계 최초의 동력 비행을 선보였다. 하지만 비행기는 조금 날다가 강으로 추락해버렸고, 《뉴욕타임스》는 '하늘을 날려면 앞으로 천 년은 족히 걸릴 것'이라고 보도했다.

그렇다면 어떻게 해서 자전거포를 운영하고 있던 무명 발명가가 정부의 전폭적인 지원을 받고 있던 당대 최고의 과학자 팀을 이기고 세계 최초의 비행에 성공하게 되었을까? 그 원인으로 많은 것이 거론되는데, 가장 두드러진 것은 두 그룹의 개발 방식의 차이이다. 랭글리가 지휘하는 팀은 '계획주의'에 입각해서 비행기를 개발했다. 전체적인 그림부터 세부 단계까지 철저하게 계획했고, 계획에 부합되는 조건이 갖춰지면 다음 단계로 넘어가는 식이었다. 어찌 보면 대부분의 프로젝트가 진행되는 방식과 크게 다르지 않다.

하지만 라이트 형제는 개발의 모든 단계를 세세하게 기획하기보다 준비도 부족하고 조건도 충족되지 않는 상태지만 바로 비행 실험을 시도했다. 대신 실패의 원인을 정교하게 분석하여 수정한 후 또다시 비행 실험을 하였다. 라이트 형제는 1920년 9월에는 700회의 비행 실험을, 10월에는 무려 1,000회의 비행 실험을 했다고 한다. 라이트 형제의 접근법을 '학습주의'라고 한다. 지속적인 시도를 통해 얻은 피드백을 학습하여 개발 수준을 올리는 방식이다.

결국 학습이 계획을 이겨버렸다. 그냥 이긴 정도가 아니다. 랭글리 박사는 17년 동안 개발에 매진했지만 실패한 반면, 라이트 형제는 불과 4년 만에 동력 비행에 성공했으니 말이다.

라이트 형제의 학습주의 방식은 '운'이 지배하는 모든 일에 있어 최고의 '전략'이라 할 수 있다. 학습주의 접근은 '예측 불가능성'을 대전제로 삼는다. 자신의 아이디어와 계획이 어떠한 결과를 낼지 정확히 예측할 수 없기 때문에 일단 시도해보고 피드백을 받아 원하는 결과를 낼 수 있도록 최대한 수정을 한 후 다시 시도해보는 것이다. 그리고 이를 반복해 최적화된 결과에 접근해나간다.

또한 학습주의 접근은 뛰어난 적응력과 유연성을 중요시한다. 특히 점점 시대의 변화가 더 빨라져 불확실성이 커지고 있는 실정이기 때문에 비즈니스에 있어 학습주의 접근은 필수불가결한 '전략'이라고 할 수 있다. 오죽했으면 링크드 인의 대표이자 실리콘밸리 최고의 투자자 중 하나인 리드 호프먼이 "당신 제품의 첫 번째 버전이 부끄럽지 않다면, 출시가 너무 늦은 것이다."라고 말했을까.

그래서 학습주의 접근은 일단 크게 3가지를 이야기한다고 볼 수 있다.

1. 완벽하지 않은 상태이더라도 새로운 아이디어(제품)가 나오면 그냥 시도(실험, 출시)해본다.
2. 피드백을 통해 배운다.
3. 배운 내용을 적용하여 다시 시도한다.

경영 용어로 회자되고 있는 린 스타트업lean startup, 애자일agile, 테스트 베드test bed, 패스트 패션fast fashion, 총 먼저 쏘고 대포 쏘기Fire Bullets Before Cannonballs, 스몰 베팅 스케일 업small betting scale up 등은 용어만 다를 뿐 모두 학습주의 접근을 표방하고 있다. 그래서 우리는 이 전략들을 '저스트 두 잇'just

^{do it}'이라고 총칭하기로 했다. '그냥 일단 해보자!'라는 철학이 기저에 깔려 있기 때문이다.

그런데 앞에서 언급한 학습주의 접근의 요점 3가지에는 가장 중요한 하나가 빠져 있다. 일을 잘하기 위해서 꼭 갖춰야 하는 것은 재무적 사고이다. 시도를 했는데 비용이 너무 들어 일을 유지하는 것조차 힘들면 어떻게 될까? '시도-피드백'이라는 연결고리를 만들 수가 없다. 그래서 시도의 비용은 실패하더라도 감당할 수 있는 정도여야 한다.

예를 들어, 어떤 퇴직자가 지금까지 모아둔 돈과 퇴직금으로 큰 고깃집을 열 계획이라고 해보자. '저스트 두 잇' 하면 될까? 안 된다. 실패의 비용이 너무 커 다시 시도하기조차 힘들기 때문이다. 실패를 통해 배우면 배운 것을 활용하기 위해 다시 시도할 수 있어야 하는데 치러야 할 비용이 너무 크면 재시도가 불가능하다. 그렇다면 '저스트 두 잇' 전략은 자영업에서는 안 통하는 것일까?

그렇지 않다. 이때는 맥락적 사고가 필요하다. 비용은 단순히 돈만 얘기하는 것이 아니다. '시간'도 비용이다. 전 세계 60개국에 체인점을 두고 있는 쉐이크쉑^{Shake Shack}은 대니 메이어^{Danny Mayor}가 만든 회사로, 가로세로 6미터 넓이의 매장에서 버거, 쉐이크 등을 파는 비즈니스 모델이다.^[71] 2017년 현재 1조가 넘는 시가총액을 기록 중이다.

대니 메이어는 연봉 1억 5,000만 원에 육박하는 수입을 얻는 영업직에 종사하고 있었지만, 항상 레스토랑을 하고 싶어 했다. 그래서 창업을 결정한다. 그런데 무작정 바로 시작하지 않았다. 레스토랑을 어떻게 해야 하는지 제대로 학습하지 못했기 때문이다. 그래서 돈이 아닌 시간이라는 비용을 써서 레스토랑을 끊임없이 체험하기로 했다. 주급 30만 원을 받으며 레스토랑의 보조 매니저로 일한 것이다. 물론 그는 주급의 10배가 넘는 금액의 기회비용(일을 그만두지 않았다면 받았을 돈)을 치렀지만, 기회비용과 자신의 시간이라는 비용은 실패하더라도 충분히 감당할 수 있는 정도였다.

대니 메이어는 약 2년이라는 시간 동안 자신의 위치에서 많은 것을 실험하고 학습하면서 성공적인 레스토랑 영업의 진수를 배우게 된다. 그리고 드디어 뉴욕 시에 첫 레스토랑을 열었고, 음식 평가 사이트에서 1위 평가를 받으며 2년 동안 자신의 노력이 헛되지 않았음을 증명했다. 이후 레스토랑 사업이 번창하여 뉴욕에만 몇 개의 레스토랑을 더 세웠는데, 대니는 이에 머물지 않고 다시 새로운 시도를 하게 된다. 그것이 바로 쉐이크쉑이다. 쉐이크쉑은 규모가 작았기 때문에 몇 번을 실패하더라도 대니에게는 전혀 지장이 없었다. 그는 시행착오 끝에 대중들이 원하는 쉐이크쉑 메뉴를 탄생시켰고, 세계적인 음식 체인점의 오너가 되었다.

그래서 '저스트 두 잇' 전략을 정리하면 다음과 같다.

1. 완벽하지 않은 상태이더라도 새로운 아이디어(제품)가 나오면 그냥 시도(실험, 출시)해본다.
2. 실패의 비용은 감당할 수 있는 정도여야 한다.
3. 피드백을 통해 배운다.
4. 배운 내용을 적용하여 다시 시도한다.

지금부터 '저스트 두 잇' 전략의 몇 가지 예를 더 알아볼 것이다. '저스트 두 잇' 전략을 어떻게 적용할지를 고민하면서 사례를 접하면 큰 도움이 될 것이다.

▬▬ 린 스 타 트 업 과   애 자 일

　도요타의 창업자 도요타 기이치로^{豊田 喜一郎}는 어떻게 하면 도요타의 자동차 공장을 가장 효율적으로 가동시킬 수 있을지에 온 정신을 쏟고 있었다.[172] 하지만 뾰족한 수가 나오지 않아 골치가 아팠다. 그러던 어느 날 슈퍼마켓에 물건을 사러 갔다가 물건이 바닥나려 하자 마켓 측에서 재빨리 새로운 물건을 채워 넣는 것을 보게 된다. 유레카^{Eureka}! 기이치로는 그것을 보자 놀라운 생각이 떠올랐다. 자동차 공장 생산라인도 슈퍼마켓처럼 재고 없이 돌리자!

　재고 없이 공장을 가동하는 것은 그때 당시만 해도 상상하기 어려운 일이었다. 수많은 협력업체가 정확한 시간에 맞춰 부품을 공급해 줘야 가능할 뿐만 아니라 이를 실현시킬 수 있는 맞춤형 관리제도도 필요했기 때문이다.

　도요타는 칸반 시스템^{Kanban System}을 도입했다. 각종 부품의 정보를 담은 종이표인 칸반을 부품 상자에 부착하여 실시간으로 부품 사용 수량 정보를 파악해 납품업체에 정보를 전달하여 재고의 문제점을 해결한 것이다. 이로 인해 탄생한 것이 그 유명한 재고 없는 생산 시스템을 뜻하는 JIT^{Just}

In Time이다. 또한 도요타는 카이젠('개선'의 일본식 표현)이라는 문제 개선 방법을 도입하여 사소한 것이라도 문제점을 수시로 개선하려는 기업 문화를 이끌어냈다. 당시 카이젠 숫자가 50만 건을 넘고 이로 인한 비용 절감 효과가 1조 원을 넘었다고 하니 엄청난 혁신이 아닐 수 없다.

이렇게 자동차 제국 미국을 물리치고 도요타를 세계 최고의 자동차회사로 거듭나게 한 JIT, 칸반 시스템, 카이젠 등을 TPS^{Toyata Production System} 즉, 도요타 생산시스템이라고 한다. TPS를 다시 정리하자면, 인력과 설비, 재고 등 각 자원을 적정 수준으로 유지하면서 생산 효율을 최대한으로 높일 수 있도록 실시간 정보를 교환하고 지속적으로 품질을 개선하는 방식이다.

이후 MIT의 제임스 워맥^{James Womack} 교수 등 여러 경영학자들은 TPS를 미국의 기업 설정에 맞게 재구성하여 제조와 서비스 등 다양한 분야의 기업들이 적용할 수 있는 린 경영^{lean management}을 고안하기에 이른다. 린 경영은 생산, 유통, 마케팅 등 여러 기업 활동에서 불필요한 요인을 제거하고 낭비를 최소화하여 최대의 효율을 내는 경영을 말하는데, 여기서 린은 '마른', '엷은' 혹은 '비계 없는 고기'를 뜻한다. 한마디로 군더더기 없는 상태이다. 린의 뜻을 떠올리면 린 경영이 무엇인지 감이 올 것이다. 특히 컴퓨터 제조업체 델^{Dell}이 린 경영으로 성공하면서 이후 업종을 막론하고 많은 기업이 열정적으로 린 경영을 도입하기 시작했다.

큰 열정 이후에는 빠른 냉정이 오기 마련이다. 최근 들어 이런 린 경영의 열풍이 다소 시들 즈음, 에릭 리스^{Eric Ries}에 의해서 '린'이 다시 뜨겁게 부활하기 시작했다. 이름하여 린 스타트업^{Lean Startup}. 린 스타트업은 린 경영을 재해석하여 실리콘밸리의 스타트업 기업에 적용한 경영 전략이다.

린 스타트업은 세상에 나오자마자 벤처 기업들 사이에 선풍적인 인기를 끌면서 스타트업의 필수 전략이 되었을 뿐 아니라 스타트업을 넘어 일반 기업과 공공 기관에서도 이를 적용하려는 붐이 일었다.

린 스타트업은 앞서 소개한 대로 에릭 리스가 새롭게 고안한 경영 전략으로, 그가 실제 벤처 기업을 창업하여 성공한 사례를 일반화한 것이다.[173] 그전까지 전통적인 실리콘밸리 벤처 기업의 제품 개발 프로세스는 다음과 같았다. 먼저 핵심적인 아이디어를 도출하고, 이후 제품 개발과 출시를 위한 정확한 스케줄을 짜고, 필요한 예산을 마련한 뒤 최고의 제품을 내기 위해 제품 개발에 온 힘을 기울인다. 특히 모두들 자신들의 제품이 세상을 놀라게 할 것이라고 생각하기 때문에 제품 개발이 완성될 때까지 이 모든 과정을 철저히 비밀에 부친다. 하지만 안타깝게도 제품이 세상에 나오는 순간 대부분의 제품은 소비자들에게 외면을 당하고 제품 개발에 올인한 스타트업은 역사 속으로 사라진다.

하지만 린 스타트업은 조금 다르다. 처음부터 세상을 놀라게 할 명품을 만들 생각은 교만으로 치부하고, 승산이 있는 새로운 아이디어가 나오면 조금은 어설프더라도 새로운 아이디어를 테스트할 수 있는 최소한의 제품을 재빨리 만들어 출시한다. 이런 제품을 MVP^(Minimum Viable Product)라고 하는데, 이를 통해 고객들의 반응을 파악하고 분석하여 발 빠르게 제품을 개선하는 것이다. 만약 처음 아이디어를 낼 때 세웠던 가설이 잘못되었다고 판단되면 미련 없이 방향을 선회한다. 이를 Pivot(방향전환)이라고 한다. 이런 일련의 시행착오를 거쳐 제품의 완성도를 높인 후 검증된 가설을 바탕으로 마케팅 및 판매 전략을 수립하고 본격적인 제품 출시 및 판매를 실행한다. 이것이 바로 '린 스타트업'이라는 경영 전략이다.

이런 방식의 소프트웨어 개발을 애자일^{agile}이라고도 하는데, 요즘은 린 스타트업보다 애자일이라는 경영 용어를 더 많이 쓰는 추세이다.[174] 제프 서덜랜드^{Jeff Sutherland}, 켄 슈와버^{Ken Schwaber} 등 15명의 소프트웨어 혁명가들은 성공적인 소프트웨어 개발 방식에 대해 논의한 후 기존의 워터폴^{waterfall} 전략은 실효성이 떨어진다는 것에 합의했다. 워터폴 전략은 예측을 기반으로 한 전체적인 계획 아래, 모든 개발 프로세스를 통제하는 방식이다. 하지만 예측하여 완벽을 기해 만든 제품은 번번이 실패했고, 그에 따른 낭비 비용은 상당했으며, 철저한 계획과 통제하에 프로세스가 진행됐기 때문에 시간도 많이 걸리고 개발자들의 사기도 높지 않았다.

반면 이들은 소프트웨어를 빠르게 출시하고^{do}, 반응을 통해 수정한 후^{feedback}, 다시 출시^{redo}하는 전략은 워터폴 전략에 비해 월등한 생산성을 기록한다는 점에 합의하며, 이러한 개발 방식을 애자일이라고 명명했다.

자료에 의하면 애자일은 수만 가지 소프트웨어 개발 프로젝트의 성공률을 11퍼센트에서 39퍼센트까지 상승시켰으며, 대형 프로젝트일수록 성공률은 더욱 올라가는 것으로 나타났다. 현재는 소프트웨어 기업 이외의 기업들도 제품 출시에 있어 린 스타트업과 애자일 전략을 자신들의 상황에 맞게 수정하여 적용하고 있다.

2017년 4월 한국콘텐츠진흥원이 소비자들을 대상으로 실시한 설문 조사에서 카카오프렌즈가 뽀로로를 제치고 캐릭터 선호도 1위를 차지했다.[175] 갈기 없는 곰 같은 수사자 라이언에서 볼 수 있는 것처럼 '결핍'이라는 콘셉트로 만들어진 카카오프렌즈의 캐릭터들은 현대인들에게 많은 공감을 불러일으키고 있다. 그런데 이 카카오프렌즈 또한 애자일 전략으로 탄생했다.

카카오프렌즈는 원래 카카오톡 메신저의 매력도를 높이기 위해 이모티콘으로 도입된 것이다.[176] 카카오는 인형 1,000개를 제작해 선물하기라는 커머스 채널을 시범적으로 운영했는데, 소비자들의 반응이 뜨겁다는 것을 알게 된다. 이어 캐릭터가 새겨진 머그컵, 수첩 등도 소량 출시해 소비자들의 반응을 살펴봤다. 이런 실험적인 접근을 통해 시행착오를 겪은 후 사업 가능성을 타진할 수 있었고, 카카오프렌즈 사업 조직을 구축해 결국 분사까지 하게 된다. 카카오프렌즈의 오프라인 숍 역시 백화점 내에 팝업스토어를 시범적으로 운영하여 가능성을 시험해본 뒤 오픈한 것이다. 카카오프렌즈는 애자일 전략을 캐릭터 사업 분야에 접목해 성공한 대표적인 케이스이다. 자신이 하는 일이 소프트웨어 영역이 아니라고 할지라도 예측 불가능성이 높은 영역이라면 애자일 전략 활용은 필수라고 해도 과언이 아니다.

▬ 실 험 문 화

퀵북스QuickBooks와 터보택스TurboTax로 유명한 실리콘밸리 소프트웨어 기업 인튜이트의 조직 문화는 한마디로 실험 문화라고 해도 과언이 아니다.[177] 예측을 신뢰하지 말고 다양하고 많은 실험을 통해 학습하고 검증하여 소비자가 원하는 제품을 만드는 것이 이 기업의 철학이다. 하지만 처음부터 그렇게 한 것은 아니었다. 과거 인튜이트는 일반적인 기업과 다르지 않았다. 개발 아이디어가 나오면 각 사업 단위 팀이 자료를 취합하고 분석해 그 결과를 파워포인트로 작성하여 배포했고, 이후 중역들이 그 프로젝트를 추진할 것인지 그리고 얼마의 예산을 책정할 것인지를 결정하여 예측을 기반으로 한 계획 아래 프로젝트를 진행했다. 하지만 창업자인 스코트 쿡Scott Cook은 이런 방식이 혁신을 만들어내기에는 너무 느리고 비용이 많이 든다는 생각을 하게 된다. 쿡은 이렇게 선언한다.

"우리는 경영 분석과 의견 조율을 통하여 하향식으로 결정을 내려왔습니다. 앞으로는 작은 규모의 실험을 연속적으로 실시해서 결정을 내리도록 하겠습니다."

쿡은 150명의 혁신의 촉매들을 통해 모든 부서에서 나오는 아이디어를 신속하게 실험했다. 한 예로 인튜이트의 주력 소프트웨어인 터보택스의 경우, 과거에는 1년에 7번 실험을 했지만 쿡의 선언 이후로는 연 140회가 넘는 실험을 하고 있다. 또한 직원들은 자신이 원하는 프로젝트를 자유롭게 활용하게 하여 새로운 아이디어를 발굴하고 바로 실험해보면서 가능성을 타진하는 데 근무 시간의 10퍼센트를 할애하고 있다.

실험 문화를 조직에 정착시킨 인튜이트는 업계를 지배할 여러 혁신을 이루어내면서 2008년 금융위기를 잘 극복했고, 위기 전 30달러 선에 머물던 주가는 2017년 현재 150달러에 육박할 정도로 급성장 중이다.

세종대왕이 공법(貢法)을 도입할 때 반대 의견만 수렴했던 것은 아니다.[78] 세종은 공법을 전국적으로 시행하기 전에 각 도별로 테스트베드 역할을 할 고을을 선택해 공법을 시범적으로 적용했다. 테스트를 통해 고을마다 토지의 품질이 매우 다르고 또한 지역마다 다른 환경에 노출되기 때문에 현재의 공법을 더 세밀화할 필요가 있음을 알게 된다. 세종은 이렇게 지속적으로 실험함으로써 나라에 최적화된 공법을 만들기 위한 수정 작업을 계속할 수 있었고 결국 성공적인 제도를 만들 수 있었다.

예측할 수 없는 것을 예측하려고 노력하지 말고, 일단 작게 시도해보고 실험해보자. 이것이야말로 답을 아는 가장 빠른 길이다.

━━ 총 알 먼 저 쏘 고 대 포 쏘 기

1980년 4월 14일 벤처 캐피탈리스트 윌리엄 보우스William Bowes와 과학자 윈스턴 셀서Winston Salser는 여러 투자자들과 과학자들을 캘리포니아 공과대학으로 불러 모아 새로 설립할 바이오테크 회사에 관해 논의했다.[179] 최신 재조합 DNA 기술로 유용한 결과를 내는 회사를 만들자는 것이 취지였다. 그렇게 탄생한 회사가 암젠Amgen이다. 암젠은 2017년 10월 현재 1,300억 달러가 넘는 시가총액을 기록하며 대성공을 거두었다.

그렇다면 암젠의 성공 전략은 무엇이었을까? 《위대한 기업의 선택》의 저자 짐 콜린스Jim Collins는 암젠이 '총알 먼저 쏘고 대포 쏘기'라는 전략을 실행했다고 말한다. DNA 재조합 기술에 적합한 약을 사전에 예측한 것이 아니라 가능한 모든 것에 적용해본 것이다. 즉, 적은 비용을 들여 총알을 난사한 것이다. 다음은 암젠이 DNA 재조합 기술로 난사한 총알들이다.

1. 바이러스성 질환 치료용 루코사이트 인터페론 leucocyte interferon

2. B형 간염 백신

3. 위궤양 치료를 위한 상피세포증식인자

4. 의료 진단 테스트 향상을 위한 면역학적 감정

5. 암, 감염성 질환, 유전 장애 진단을 위한 하이브리디제이션 프로브
   hybridization probe

6. 만성신부전 환자의 빈혈증 치료를 위한
   에리스로포이에틴 erythropoietin

7. 닭의 성장을 돕는 닭 성장 호르몬

8. 우유를 더 많이 얻을 수 있게 하는 소 성장 호르몬

9. 성장호르몬방출인자

10. 돼지 증식률을 높이는 돼지파보바이러스 백신

11. 새끼 돼지의 장 감염을 막는 돼지전염성위장염 바이러스 백신

12. 청바지 염색용 생체공학적 염료

난사한 총알의 면면을 보면 알겠지만 적용 분야가 매우 다양하다. 혁신에서 살펴보았듯이 혁신의 질은 시도의 양에 규정된다. 암젠은 총알을 난사하면서 결과를 면밀히 살펴보았고, 그 결과 에리스로포이에틴EPO의 성장 가능성이 가장 크다는 것을 알게 된다. EPO의 화력이 심상치 않음을 알게 된 암젠은 이 총알에 자금을 집중시켜 대포로 만들기 시작했다. 대규모 임상실험을 실시해 효과를 증명하고 관련 특허를 획득했으며 시장 상황에

맞춰 생산 시설을 증축했다. 그 결과 EPO는 생체공학 제품 사상 최초의 메가 히트 제품이 된다.

짐 콜린스의 연구 팀은 '텐엑스10X' 기업으로 지칭되는, 소위 잘나가는 기업들은 비교 기업들에 비해 대포를 쏘기 전 총알을 쏘아 성공 가능성을 테스트한 경우가 훨씬 많음을 알게 되었다. 그 결과 대포의 적중률도 4배나 높다는 사실도 밝혀냈다. 예측을 기반으로 무작정 먼저 대포를 쏘는 경우 오히려 실패 확률이 현저히 높아진다는 것이다.

대포를 먼저 만들지 말자. 일단 결과를 예측하지 말고 총알을 많이 쏴보자. 그러면 어떤 총알이 적중률 높은 대포의 기질을 가지고 있는지 알 수 있을 것이다. 물론 그 대포는 우리의 일에 승리를 가져다줄 테고 말이다.

히든 에셋

맥주와 디지털 카메라

2015년 어떤 사람이 자기 집에 오랫동안 있었던 에일 맥주 한 병을 팔기로 했다. [180] 맥주이기는 하지만 좀 오래됐으니 몇 십만 원에서 운이 좋으면 백만 원대도 기대해볼 만하다고 생각했다. 그는 이베이에 299달러로 공개입찰을 제안했고, 304달러에 맥주가 낙찰되었다. 맥주 한 병에 30만 원이 넘는 가격이면 나쁘지 않아 보인다.

그런데 낙찰된 이 맥주는 누구 뱃속에 들어간 것이 아니라 3일 만에 '올소프 북극 에일'이라는 명칭을 달고 다시 이베이에 등장했다. 낙찰가가 얼마였을까? 무려 50만 3,330달러였다. 맥주의 원래 주인은 5억 원이 넘는 맥주를 단돈 30만 원에 넘겨버린 것이다.

이 북극 에일은 1850년대에 양조된 것으로 북극에서 태평양으로 가는 북서항로를 개척하려는 북극 항해 선원들을 위해 유명 맥주 양조 대회에서 만들어진 것이다. 그때 맥주가 몇 병 남았는데 맥주 수집 애호가나 역사광들 사이에서는 매우 귀하게 여기는 골동품이었고, 실제 이베이에 이 병을 포함해 단 두 병만이 등장했었다. 결국 북극 에일의 원주인은 자신의 '숨은 자산Hidden Asset'을 몰랐던 것이다.

아마도 에일의 원주인이 어리석어 보일 것이다. 그러나 자신의 숨은 자산을 몰라보는 것은 의외로 비즈니스에서 자주 발생하며, 심지어 몰라봤다는 이유로 100년이 넘은 회사가 망하기도 한다.

미국의 폴리테크닉 대학교의 전자공학을 전공한 스티븐 새슨Steven Sasson은 어느 한 회사의 장치사업부 연구소에 입사한다.[181] 입사 몇 개월 후, 그는 상관으로부터 한 가지 요청을 받는다. 페어차일드 반도체에서 전하를 트랜지스터로 쉽게 이동시킬 수 있는 CCD(전하 결합 소자)라는 것을 얼마 전 발명했는데, 이 장치를 필름 사진 이미지 처리에 이용할 수 있을지 알아봐 달라는 것이었다.

스티븐 새슨은 소규모 팀을 이끌고 열심히 연구한 끝에 1975년 토스터만 한 크기의 카메라 하나를 개발하게 된다. 이 카메라는 0.01메가 픽셀의 해상도로 흑백 '디지털' 사진을 30장 찍을 수 있었다. 세계 최초의 디지털 카메라이자 디지털 기록 장치가 등장한 것이다. 그리고 이 디지털 카메라는 카메라 업계의 85퍼센트까지 장악했던 코닥을 무너뜨리는 장본인이 된다.

그렇다면 스티븐 새슨이 다니던 회사는 어디였을까? 바로 코닥이다. 코닥은 자신의 회사에서 만들어낸 디지털 카메라의 잠재력을 알아보지 못한 죄로 가혹한 결과를 맞이할 수밖에 없었다.

코닥의 경영진은 지금까지 워낙 잘해왔기 때문에 카메라와 사진의 미래는 자신들이 훤히 내다보고 있다고 생각했다. 하지만 예측은 자주 배반한다. 심지어 놀라운 사실은 디지털 카메라의 1달러당 픽셀 수가 매년 2배가 된다는 '헨디의 법칙'까지 코닥의 엔지니어들은 알고 있었다는 것이다. 왜냐하면 그 법칙을 찾아낸 배리 헨디^{Barry Hendy}가 호주 코닥 직원이었기 때문이다.

"한 장면, 한 장면 지날 때마다 우레와 같은 박수가 뒤따랐다. 여섯 번째 신이 끝나고 나는 홀의 불을 켰다. 관객들은 심하게 동요하고 있었다. 울음이 터져 나왔다."[182]

최초의 영화를 본 관객들의 반응을 나타낸 말이다. 움직이는 이미지를 상영해 영화라는 장르를 세계 최초로 개척한 뤼미에르 형제가 이 센세이션의 주인공이다. 이들의 미래가 얼마나 밝게 느껴지는가! 하지만 이들은 "영화는 미래가 없는 발명품"이라는 말을 철석같이 믿었고, 결국 영화 상영을 계속하지 않고 컬러 사진 현상 기술을 개발하는 데에 전념했다. 그 말을 한 이가 바로 자신들이었기 때문이다.

발명왕 에디슨조차 자신의 발명의 잠재력을 몰라보곤 했다. 에디슨은 자신이 발명한 최초의 축음기를 '비즈니스맨이 서신의 내용을 구술할 수 있는 기기'라고 소개했다. 특히 자신 있게 "이 기기를 음악 연주에 사용할 사람은 없을 것"이라고 주장했다. 하지만 엘드리지 존슨^{Eldridge R. Johnson}은 축음기의 진짜 잠재력을 발견했고 축음기를 이용해 레코드 산업을 태동시켰다.

기업이 성장하기 위해서는 새로운 비즈니스 모델을 구축하고 새로운 제품과 서비스를 출시해야 한다. 하지만 그에 앞서 조직에 숨은 자원이 있는 것은 아닌지 꼼꼼히 따져봐야 한다. 고정관념에 매몰되지 않고 새로운 관점으로 자원들을 살펴본다면 의외로 숨은 보석을 찾을 수 있을 것이다. 물론 앞에서 이야기했듯이 완전한 평가를 내리기보다 가능성이 조금이라도 보이면 '저스트 두 잇', 실험하고 시도해보는 것이 정답이다.

지금부터는 숨은 자원을 발굴해 비상하고 있는 기업들을 살펴보자.

아마존과 어벤저스

'아마존' 하면 떠오르는 것이 온라인 서점, 킨들, 전자상거래 등이다. 하지만 2017년 현재 세계 시가총액 기준 Top10에 드는 아마존의 이익 대부분은 아이러니하게도 자회사인 아마존웹서비스[AWS]에서 나온다.[183] AWS는 세계 최대의 클라우드 서비스 제공 업체로 현재 아마존 이익의 70퍼센트를 담당하고 있다.

클라우드 서비스 제공은 아마존이 원래 주력으로 하던 사업이 아니었다. 미국의 쇼핑 최대 성수기인 블랙 프라이데이 때 웹 사이트가 다운되는 것을 막기 위해 대규모 서버를 구축했는데, 평소에는 쓸 일이 없어 애물단지로 전락했다. 하지만 새로운 관점 덕분에 이 애물단지는 꿀단지가 된다. 스스로 클라우드 서버를 구축할 여력이 없는 작은 기업들에 저렴한 가격으로 임대해주기 시작한 것이다. 숨은 자산이 매력적인 자산으로 변신하는 순간이었다.

AWS의 성공으로 온라인 서버뿐만 아니라 다른 자산들도 숨은 자산이었음을 알게 된 아마존은 오프라인 물류와 배송 인프라까지 활용한다. 베인&컴퍼니는 광범위한 조사를 한 끝에 아마존 같은 유통업체들은 무려 15개 정도에 이르는 숨은 자산을 가지고 있다는 사실을 밝혀냈다. 눈을 부릅뜨고 우리 안에 잠자고 있는 자산이 무엇인지 찾을 필요가 있다.

어벤저스로 유명한 '마블'도 숨은 자산을 발굴한 케이스이다. 마블은 1998년 주가가 1달러까지 곤두박질치며 파산 위기를 맞았지만, 마블의 캐릭터들이 영화에서 맹활약을 해준 덕분에 반등을 노릴 수 있었다.[184] 영화 8편에서 주인공으로 등장하면서 장난감, 패션, 파티 아이템 등 여러 분야에 라이선스를 제공하게 된 것이다. 마블은 이후 사업의 목표를 마블의 역할에 적합한 라이선스 파트너를 찾는 것에 두었다. 라이선스 매출은 수백억에 달했다.

그런데 과연 마블은 자신들의 소중한 자산의 잠재력을 잘 활용했던 것일까? 전혀 그렇시 않다. 마블의 캐릭터들이 갖는 부가가치는 실로 어마어마했다. 소니 픽처스는 스파이더맨 캐릭터를 주인공으로 한 영화를 만들어 약 1조 원의 매출을 올렸는데, 마블은 라이선스 비용으로 겨우 약 300억 원을 받았을 뿐이다. 〈스파이더맨 2〉도 기록적인 흥행을 기록했지만, 마블이 번 돈은 불과 약 120억 원에 불과했다. 자신들이 소유한 자산을 실제로는 다른 회사가 더 잘 활용한 셈이다.

결국 마블은 자신들의 숨은 자산을 직접 활용하기로 결정한다. 물론 라이선스 사업과 영화 산업은 비교도 할 수 없을 만큼 리스크 차이가 크지만, 마블 캐릭터들의 영화 흥행은 〈스파이더맨〉과 〈엑스맨〉 등으로 이미 검증된 상태였기에 사업 리스크는 보기보다 적고 이익은 막대하다고 판단한 것이다.

마블은 2005년 영화 제작에 뛰어들었고, 2008년도에 드디어 첫 작품을 내놓는다. 바로 〈아이언맨〉이다. 〈아이언맨〉은 7천억 원의 매출을 올리며 마블 캐릭터의 잠재력이 얼마나 큰지를 다시 한 번 입증했다. 두 번째 작품 〈헐크〉까지 대박이 나자 여타 다른 캐릭터 산업도 부흥하면서 마블은 영화 제작에 거침이 없게 된다.

픽사와 디즈니가 합친 것처럼, 디즈니는 마블의 잠재력을 높게 평가해 2009년 주당 29퍼센트의 프리미엄을 더해 마블을 전격 인수한다. 마블의 캐릭터에 디즈니의 스토리텔링 능력까지 갖추게 되었으니 무슨 일이 벌어져도 이상하지 않았다. 이후 슈퍼히어로가 떼 지어 나오는 영화 〈어벤저스〉로 2조 원 가까운 매출을 기록하게 된다. 이처럼 마블은 자신들의 자산의 숨겨진 가능성을 제대로 활용하여 수백 배의 매출을 더 올릴 수가 있었다.

숨은 자원을 바라볼 때는 선입견을 버리고 맥락적 사고를 할 줄 알아야 한다. 당신에게 성냥 하나가 있다. 만약 지금 칠흑같이 어둡다면 성냥 하나는 밝은 빛을 내어 시야를 환하게 해줄 것이다. 하지만 그 시간은 잠깐일 수밖에 없다. 하지만 불을 잠깐 켜서 주위를 둘러보았더니 엄청나게 많은 마른 장작이 불쏘시개와 함께 준비되어 있다면 성냥 하나의 가치는 어떻게 될까? 같은 성냥 한 개라도 이렇듯 맥락을 달리하면 그 가치가 완전히 달라지는 것이다.

어떤 자원은 국내보다 해외에서 더 잘 먹힐 수 있다. 두피 탈모 치료 전문 업체인 닥터 스칼프의 경우 국내보다 중국에서 성장률이 월등히 앞선 케이스이다.[185] 뷰티 한류 붐이라는 운과 현지화를 철저히 준비한 실력이 함께 어우러지면서 높은 성장을 이어가고 있다.

야쿠르트 아줌마도 숨은 자원을 활용한 좋은 예이다.[186] 한국야쿠르트는 야쿠르트 아줌마들이 구축했던 지역 단위의 긴밀한 유대 관계에 신선하고 희소성이 높은 고품질 상품들을 결합해 매출 상승과 브랜딩을 동시에 달성하고 있다.

콘텐츠의 경우, 여러 유통 채널을 모두 이용함으로써 숨은 자산을 찾아낼 수 있다. 페이스북, 유튜브, 카카오페이지, 블로그, 인스타그램, 트위터 등 같은 콘텐츠라고 하더라도 각 채널을 사용하는 고객층이 다르기 때문에 의외의 채널에서 대박이 날 수도 있고 각 채널을 활용하면서 전략상 많은 것을 배워나갈 수도 있다.

당신과 당신 조직의 숨은 자산을 찾아 활용하는 것, 지금 당장 할 수 있는 최고의 전략이다.

리마커블

퍼플 카우

한 가족이 함께 대륙횡단열차를 타고 여행을 하고 있다고 가정해보자. 창밖을 보고 있던 아이가 "엄마, 아빠, 저기 봐요!"라고 말하며 어딘가를 가리킨다. 그곳을 바라본 가족들은 감탄사를 쏟아냈다. 수백 마리의 소가 이동을 하고 있는 것이 아닌가. 가족 모두는 소 떼에게서 시선을 떼지 못했다.

하지만 10분이 지나자 이들은 소 떼를 외면하기 시작했다. 새로 나타난 소들은 아까 본 소들과 다를 바가 없었고, 한때 경이롭게 보이던 모습은 평범해 보였다. 아니 평범 그 이하였다. 한마디로 지루하기 짝이 없었다.

처음에 아무리 멋있어 보였던 소 떼라고 할지라도 오래 바라보면 지겨워진다. 분명 그 소들 중에는 좀 더 강한 놈, 매력적인 놈, 포악한 놈들이 있겠지만 자주 보면 눈에 들지 않게 된다.

그런데 지루하게 보이는 소 떼 사이에 이상한 놈이 눈에 띄었다. 바로 '퍼플 카우(보랏빛 소)'다. 소 떼 사이에 퍼플 카우가 나타났다면 어떤 반응을 보이겠는가. 일단 소가 아무리 많다고 하더라도 퍼플 카우를 보지 않을 수가 없다. 퍼플 카우는 현저하게 두드러져 보일 뿐만 아니라 주목하게 만든다. 또한 놀라움을 선사한다. 세상에 이런 소가 다 있다니! 그런데 거기서 끝나지 않는다. 당신이 만약 퍼플 카우를 보았다면 바로 사진을 찍어 SNS에 올렸을 것이다. 그리고 여행에서 돌아온 후 친구들과 직장 동료들에게 퍼플 카우에 대해 말했을 것이다. 그렇다. 퍼플 카우는 '정말 이야기하고 싶은' 대상이다.

퍼플 카우라는 용어는 사랑받는 미국의 마케팅 전문가 세스 고딘Seth Godin의 저서 《보랏빛 소가 온다》에 등장한다.[187] 마케팅 전략에 있어서 많은 'P'가 있지만(4P, 7P 등) 이제는 그것만으로는 역부족하다고 그는 설명한다. 그래서 새로운 'P'가 필요하다며 '퍼플 카우Purple Cow'를 도입한 것이다.

퍼플 카우의 핵심적 특징은 '리마커블Remarkable'이다. 리마커블은 '현저하게 눈에 띄는', '놀랄 만한', '이야기할 만한 가치가 있는'이란 뜻을 갖고 있다. 지겨운 소 떼 가운데 보랏빛 소는 눈에 확 들어올 뿐만 아니라 놀라움을 선사하며 이야기하고 싶은 욕구를 일으킨다. 퍼플 카우가 리마커블하기 때문이다.

라디오와 TV 등이 나오기 전에 마케팅 수단은 무엇이었을까? '입소문'

이었다. 쓸모 있다 싶은 것들은 사람들의 입을 타고 팔려나갔다. 시장판에서 제일 좋은 가게라고 평판을 얻게 되면 그 가게는 손님들로 북적였다.

이후 매스미디어가 도입되면서 '입소문'이 아닌 '광고'가 가장 강력한 마케팅 수단이 된다. 지속적인 경제 성장과 끝이 보이지 않는 소비자들의 욕구, 거기에 텔레비전 등의 매스미디어의 힘이 결합되면서 물건은 엄청나게 팔려나갔다.

하지만 소셜 네트워크의 급속한 발달로 입소문이 다시 힘을 쓰는 시대가 되었다. 만약 어떠한 상품이, 어떠한 브랜드가, 어떠한 아이디어가 '리마커블'하다면 그것은 광속의 속도로 사람들 사이로 확산될 것이다.

그런 의미에서 '리마커블'이라는 단어는 마케팅 전략에서 가장 중요한 요소를 모두 담고 있다고 해도 과언이 아니다. 첫 번째 '현저하게 눈에 띄는'은 상품을 고객들의 눈에 많이 노출시키고(가시성) 고객들이 상품을 많이 노출할 수 있도록(소셜 화폐) 해야 함을 말한다. 두 번째 '놀랄 만한'은 마케팅에 있어 고객의 감성을 움직이고 실용적 가치를 제공하는 것이 얼마나 중요한지를 드러낸다. 세 번째 '이야기할 만한 가치가 있는'은 스토리텔링 능력이 입소문의 힘임을 나타낸다.

리마커블

1. 현저하게 눈의 띄는 : 소셜 화폐, 가시성

2. 놀랄 만한 : 감성, 실용성

3. 이야기할 만한 가치가 있는 : 스토리

지금부터는 우리가 최고의 마케팅 책 중 하나로 생각하는 조나 버거 Jonah Berger 의《컨테이저스 전략적 입소문》을 중심으로 마케팅 전략에서 꼭 염두에 두어야 할 5가지 요소를 알아볼 것이다. 그런데 5가지 요소는 완전히 분리되지 않는다. 현저하게 눈에 띄는 것은 놀랄 만한 것일 뿐만 아니라 이야기할 만한 가치도 있는 것이니 말이다. 단, 각 요소가 어떻게 해서 고객의 마음을 사로잡을 수 있는지를 이해할 필요가 있다. 먼저 소셜 화폐부터 알아보도록 하자.

소 셜 화 폐

뉴욕 시에는 19세기풍 건물과 빈티지 가게가 모여 있는 세인트 마크스 플레이스라는 거리가 있다.[188] 그 거리에 '크리프 도그스'라는 가게가 있는데 이곳에서는 총 17가지 핫도그를 판매한다. 여러 잡지사에서 최고의 핫도그로 인정할 정도로 인기가 많다. 그런데 매장 안을 들어가면 가게 한구석에 빈티지 느낌이 물씬 나는 나무로 된 전화 부스가 있다. 손님들은 왜 이런 구식 전화 부스가 핫도그 가게 안에 있는지 궁금해하고, 호기심이 강한 고객은 부스 안으로 들어가 보기도 한다. 부스 안에는 역시 구식 전화기가 놓여 있다. 재미 삼아 수화기를 들고 다이얼을 돌리자 갑자기 사람 목소리가 들려온다.

"손님, 예약하셨습니까?"

이게 난데없이 무슨 일인가? 그런데 당황한 고객을 더 당황시키는 일이 벌어진다. 전화 부스 뒤쪽 벽이 문처럼 열리는 것이다. 그리고 그 문으로 들어가면 '플리즈 돈 텔Please Don't Tell'이라는 비밀 술집이 나온다.

플리즈 돈 텔은 성공했을까? 광고도 하지 않고 눈에 띄지도 않는다. 플리즈 돈 텔은 크리프 도그스의 사장인 브라이언 셔베이로Brian Shebairo가 만든 술집이다. 그런데 크리프 도그스에서조차 특별히 술집을 홍보하지 않는다. 상식적인 생각으로는 성공하기 힘들다. 하지만 이 술집은 대박을 쳤다. 당일 오후 3시부터 예약할 수 있고, 엄격하게 예약 순으로 입장이 가능하며 30분 후면 예약이 마감된다. 그렇다면 이 술집이 어떻게 성공할 수 있었을까? 술집의 칵테일 메뉴를 책임지고 있는 짐 미한Jim Meehan의 인터뷰에 답이 있다.

"가장 효과적인 마케팅은 경험자의 추천입니다. 비밀 공간에 직접 가본 사람들이 퍼트리는 입소문이 가장 빠르고 믿을 만하니까요."

당신이 만약 이 술집을 우연히 알게 되었다면 어떻게 하겠는가? 술집의 이름처럼 아무에게도 말하지 않겠는가? 십중팔구는 아닐 것이다. 우리는 이러한 비밀을 알게 되면 오히려 누군가에게 말하고 싶은 강한 충동을 받는다. 왜냐하면 우리는 자신의 사회적 가치를 높여주는 것을 공유하고 싶어 하기 때문이다. 이것이 바로 소셜 화폐Social Currency이다.

우리 대부분은 자신이 재미있고 똑똑하며 눈치가 빠른 사람이라는 이미지를 타인에게 주고 싶어 한다. 그리고 플리즈 돈 텔의 스토리를 친구들에게 들려주면 그러한 이미지를 획득할 수가 있다. 우리는 우리가 더 나은 존재라는 것을 알리기 위해 실제 화폐로 자동차나 명품 백을 산다. 이와 동일하다. '플리즈 돈 텔'이라는 소셜 화폐를 가족, 친구, 동료들에게 기꺼이 지불함으로써 긍정적 이미지를 살 수 있는 것이다. '플리즈 돈 텔' 술집은 소셜 화폐로서 가치가 높았고, 사람들은 이 화폐를 소비했다. 자연스럽게 술집은 입소문을 타게 되었고 돈을 벌었다.

이처럼 기업이나 조직은 소셜 화폐를 만들어야 입소문을 끌어낼 수 있다. 그렇다면 어떻게 소셜 화폐를 만들 수 있을까?

먼저 내적 비범성inner remarkability을 갖춰야 한다. 고작가는 20대 초반 시절 한 친구가 소위 대박이라고 평한 영화 테이프를 가지고 왔다. 공포 영화인데 영화가 '실화'라는 것이다. 관련 영화 홈페이지에도 그렇게 소개되었다. 그래서 고작가는 두 명의 친구와 이 영화를 보았다. 영화는 믿기지 않을 만큼의 공포를 고작가에게 선사해주었다. 실제 무서운 존재가 등장한 것은 아니었고 간접적으로 혹은 추론할 수 있는 형태로 공포가 형성되었는데, 이게 만약 그냥 영화였다면 별로 무섭지 않았을 것이다. 하지만 실제로 있었던 일이 아닌가!

고작가와 친구들은 이 영화를 보자마자 바로 친구들에게 강력 추천했다. 그리고 며칠 후 충격적인 사실을 알게 된다. 홈페이지에 나온 내용이 거짓말이었던 것이다. 이는 영화 제작사의 고도의 전략이었다. 사람들은 사실을 알기 전까지 이 영화의 진위에 대해 논쟁을 했고, 그 사실을 믿고 본 사람들은 극도의 공포를 맛보았으며 주변인들에게 강력하게 추천했다. 이 영화의 제목은 〈블레어 위치〉다. 〈블레어 위치〉의 제작비는 4,000만 원도 되지 않았다. 하지만 영화는 전 세계적으로 흥행해 2,500억 원이라는 수익을 얻었다.

일반 사람들이 기대하는 틀을 깨뜨리는 놀라움, 흥미, 신선함이 곧 내적 비범성이다. 내적 비범성을 갖춘 〈블레어 위치〉는 가치가 높은 소셜 화폐가 되었고, 고작가와 친구들은 이 화폐를 아낌없이 소비하며 입소문을 내었다. 내적 비범성은 모든 제품과 아이디어에 있을 수 있다. 화장지로도 내적 비범성을 갖출 수 있을까? 물론이다. 만약 당신이 어느 레스토랑에서 화장실에 갔는데 거기에 검은색 화장지가 있다면? 테이블로 돌아오자마자 이 소셜 화폐를 활용할 것이다.

두 번째 방법으로 게임 메카닉스가 있다. 어느 날 온라인 서점에서 회원 등급이 '골드'라는 알림 메일을 받는다. 아니 내가 골드라고? 메일을 받은 독서광은 흥분하여 바로 온라인 서점으로 들어가 나중에 주문하려고 장바구니에 담아놓은 책들을 마구 사들이기 시작한다. 그리고 시간이 좀 지난 후 서점에서 다시 메일을 받는다. '플래티넘' 등급이 되었다는 것. 독서광은 안정감을 되찾는다.

생각해보면 참 우스운 일이다. 다 큰 어른이 어린이처럼 플래티넘에서 골드로 떨어졌다고 흥분하다니. 하지만 독서광에게는 가능한 일이다. 이것이 바로 전형적인 게임 메카닉스다. 게임화gamification라고도 한다.

누구든 한두 번은 게임을 해본 적이 있을 것이다. 프로게이머가 아닌 이상 게임을 한다고 해서 돈이 나오는 것도 아닌데, 우리는 퀘스트를 해결하고 레벨업을 하고 좋은 아이템을 얻기 위해 열심히 게임을 한다. 다시 말해 게임은 내적 동기를 유발한다. 만약 기업에서 성공적인 게임 메카닉스를 실행하면 아주 적은 비용으로 충성도를 올릴 수가 있다. 마일리지, 차별 등급 회원제, 포인트, 퀘스트 이벤트 등이 여기에 속한다.

소셜 화폐를 만들 수 있는 세 번째 방법은 고객에게 '인사이더insider'라는 소속감을 심어주는 것이다. 소속감을 주기 위해서는 희소성과 배타성을 활용해야 한다. 사람들은 남이 갖지 못한 것을 손에 넣는 순간, 자신을 특별하고 대단한 사람처럼 여기게 된다. 그래서 그 상품을 손에 넣으면 그것에 큰 애착을 보이는 것은 물론 누가 시키지 않아도 다른 사람에게 자랑하게 된다. 플리즈 돈 텔 술집은 접근성이 떨어지는 희소성도 있으면서도 빠르게 예약하지 않으면 들어갈 수 없는 배타성까지 갖췄다. 술집의 단골들은 엄청난 소속감을 느꼈을 것이고 이러한 사실을 소셜 화폐로 활용했을 것이다.

물론 상품 접근성을 어렵게 한다는 것과 완전히 차단하는 것은 전혀 다른 개념이다. 플리즈 돈 텔 술집은 접근성이 떨어지고 인기가 많아 예약하기는 힘들지만 모든 이에게 술집에 올 수 있는 자격이 부여되었다. 만약 완전히 차단한다면 가게나 회사가 자칫 오만하거나 쌀쌀맞다는 인상을 주어 역효과가 날 수도 있다. 고객의 실물을 최소화하면서 희소성과 배타성을 만들어가는 것이 인사이더 전략의 핵심이라 할 수 있다.

기대의 틀을 깨는 내적 비범성을 갖추고, 효과적인 지위 체계를 이용하는 게임 메카닉스를 활용하며, 희소성과 배타성을 적절히 배합해 고객들에게 소속감을 주게 된다면 이는 가치 있는 소셜 화폐가 될 것이다. 그리고 사람들은 기꺼이 이 소셜 화폐를 활용할 것이고 입소문은 널리 퍼질 것이다.

▬▬ 가 시 성

스티브 잡스는 크리에이티브 디렉터인 켄 시걸Ken Segall과 노트북 문제를 고민하고 있었다.[189] 그런데 그 고민이 일반적인 것이 아니었다. 노트북의 성능이나 디자인이 아니라 로고 방향에 대한 것이었으니 말이다.

우리는 당연히 로고는 사용자가 보았을 때 똑바로 서 있어야 한다고 생각한다. 하지만 노트북의 경우는 상황이 좀 복잡하다. 노트북의 특성상 사용자가 봤을 때 바른 방향으로 노트북 위에 로고를 넣는다면, 노트북을 사용하려고 덮개를 열었을 때 다른 사람들은 거꾸로 된 로고를 보게 된다. 그렇다고 주변 사람들이 바른 방향의 로고를 보게 하려면 노트북에는 거꾸로 된 로고를 넣을 수밖에 없다. 잡스는 이 점을 고민한 것이다.

결국 잡스는 놀라운 결정을 한다. 로고를 거꾸로 넣기로 한 것이다. 주변의 다른 사람들이 바른 방향의 로고를 볼 수 있도록 말이다. 잡스가 가시성을 이토록 중요하게 여긴 이유는 무엇일까? 그것은 단순 노출 효과와 모방 욕구에서 해답을 찾아볼 수 있다.

심리학자인 로버트 자이언스Robert Zajonc는 실험 대상자들을 다양한 자극에 노출시켰고 그 결과 특정 자극을 더 많이 접할수록 그것에 대한 긍정적인 느낌이 강해진다는 사실을 알아냈다.[190] 이를 '단순 노출 효과'라고 한다. 예를 들어 자기 자신은 좌우가 뒤바뀐 거울 속 얼굴을 선호하지만, 친구나 가족들은 좌우가 뒤바뀌지 않은 실제 얼굴을 더 선호한다. 즉 익숙할수록 더 많은 호감이 생긴다. 단순 노출 효과는 수많은 실험에서 계속 확인되고 있다. 사람들은 익숙한 얼굴, 문자, 소리, 브랜드, 한자, 숫자일수록 더 좋아하는 것으로 나타났다.

우리는 외부로부터 너무나 많은 정보를 접하기 때문에 뇌는 그 정보를 선별해 빠르게 처리하고 싶어 한다. 따라서 어떤 대상이 자주 보고, 느끼고, 듣고, 맛본 것이라면 고민 없이 그것을 받아들일 수 있도록 뇌가 작동하는 것이다.

그런 의미에서 야쿠르트 아줌마는 가시성 측면에서 매우 영리한 마케팅 전략이라고 할 수 있다. 야쿠르트 아줌마의 상품을 사지 않더라도 자주 보는 것만으로 야쿠르트 브랜드를 익숙하게 만드니 말이다. 심지어 야쿠르트 아줌마들은 대부분 친절하고 붙임성도 좋다!

만약 당신이 페인트 회사의 사장이라면 어떻게 당신의 브랜드와 제품을 소비자에게 지속적으로 노출시키겠는가? 페인트는 노트북처럼 사람들이 들고 다니는 물건도 아닐뿐더러 야쿠르트 아줌마처럼 페인트 배달원 시스템을 구축해 동네마다 장악할 수도 없는 노릇이다. 답이 없어 보이지만 그 보이지 않는 답을 찾은 기업들이 있다.

페인트 제조사인 벤저민무어 페인트는 '벤 컬러 캡처'라는 모바일 앱을 개발했다.[91] 만약 당신이 길을 가거나 여행을 하다가 너무나 예쁜 색깔을 띠고 있는 꽃을 발견했다고 하자. 만약 그 꽃의 색을 집 안에 들여놓고 싶다면 벤 컬러 캡처를 활용하면 된다. 사진을 찍어 앱에 올리면 앱은 친절하게 사진의 색에 맞는 페인트를 추천해준다. 꼭 제품을 사지 않더라도 색의 이름을 알려주기 때문에 앱을 자주 사용할 동기가 생긴다. 페인트 제조사의 브랜드를 소비자에게 지속적으로 노출시킬 수 있는 최고의 전략 중에 하나가 아닐까?

1990년 테니스 선수 모니카 셀레스^{Monica Seles}는 16세 나이에 그랜드 슬램 경기의 최연소 우승자가 되었다.[192] 심지어 프로로 뛴 지 1년 만에 이룬 쾌거이기에 당시 엄청난 센세이션을 일으켰다. 하지만 셀레스는 최연소 그랜드 슬램 경기 우승보다 더 놀라운 유산을 테니스계에 남겼다. 프로 선수들에게 괴성을 전염시킨 것이다. 그전까지 몇몇 선수가 시합 중에 소리를 낸 적은 있지만 셀레스처럼 기이한 괴성을 지른 선수는 없었다.

셀레스가 활동을 본격적으로 한 1990년에 최고 랭킹 테니스 선수 10명을 살펴보자.

남자 선수

1. 이반 렌들(Ivan Lendl)

2. 보리스 베커(Boris Becker)

3. 스테판 에드베리(Stefan Edberg)

4. 브래드 길버트(Brad Gilbert)

5. 존 매켄로(John McEnroe)

여자 선수

1. 슈테피 그라프(Stefanie Graf)

2. 마르티나 나브라틸로바(Martina Navratilova)

3. 가브리엘라 사바티니(Gabriela Sabatini)

4. 지나 게리슨(Zina Garrison)

5. 아란차 산체스 비카리오(Aranzazu Sánchez Vicario)

이 중에 괴성을 지른 선수는 단 한 명도 없다. 그렇다면 2013년 시즌 초 최고 랭킹 선수 10명을 살펴볼까?

남자 선수

1. 노박 조코비치(Novak Djokovic)

2. 로저 페더러(Roger Federer)

3. 앤디 머레이(Andy Murray)

4. 라파엘 나달(Rafael Nadal)

5. 다비드 페레르(David Ferrer)

여자 선수

1. 빅토리아 아자렌카(Victoria Azarenka)

2. 마리아 샤라포바(Maria Sharapova)

3. 세레나 윌리엄스(Serena Williams)

4. 아그니에슈카 라드반스카(Agnieszka Radwanska)

5. 안젤리크 케르버(Angelique Kerber)

놀랍게도 로저 페더러와 앤디 머레이를 제외한 모든 선수가 괴성을 지른다. 특히 마리아 샤라포바와 세레나 윌리엄스는 100데시벨에 가까운 소리를 지르는데 이는 잔디 깎는 기계(90), 지하철(95)보다 더 크고 오토바이 엔진(100)과 맞먹는 크기다. 급기야 2012년에는 여자테니스협회가 지나친 괴성을 없애기 위해 규정을 정할 정도였다.

아직까지 괴성이 승부에 유리한지는 밝혀지지 않았다. 전문가들은 인간의 모방 욕구가 이러한 현상을 발생시켰다고 이야기한다. 실제로 인간에게 모방은 본능에 가깝다.

1981년 미국의 발달심리학자인 앤드류 멜조프Andrew Meltzoff는 태어난 지 42분밖에 되지 않은 아기에게 혀를 내밀어 보였다. 그런데 이 우스꽝스러운 행동은 유아심리학이라는 새로운 영역을 꽃피운 역사적인 행동이 되었다. 혀를 단 한 번도 본 적이 없고 아직 자기가 혀를 가지고 있는지조차 알지 못하는 아기가 멜조프에게 혀를 내민 것이다. 아기는 본능적으로 자신이 보고 있는 대상을 모방했던 것이다.

10년 후, 이탈리아 파르마 대학교의 자코모 리촐라티Giacomo Rizzolatti는 모방 본능에 대한 신경학적 근거를 제시했다. 바로 '거울신경세포'의 발견이다. 우리는 거울신경세포로 인해 타고난 모방자가 될 수 있으며, 엄마, 아빠를 흉내 내고 친구를 흉내 내고 사회를 흉내 내면서 인간사회의 한 구성원으로 성장해 나간다. 그러므로 모방은 한 인간을 만든다고 해도 과언이 아니다.

우리는 자신도 모르게 같이 식사하는 사람들을 모방한다. 그래서 모방할 대상이 많으면 서로를 따라가다가 밥을 더 많이 먹게 되는 현상이 발생한다. 한 명과 함께 식사를 할 때는 평균 35퍼센트를 더 먹고, 4명과 함께 식사할 때는 75퍼센트를 더 먹으며, 8명과 함께 먹을 때는 심지어 96퍼센트를 더 먹게 된다. 만약 다이어트를 하는 중이라면 누군가와 함께 식사할 때 필히 조심해야 할 것 같다.

영화에 대한 SNS 평점 또한 친구들의 평가를 따라간다.[193] 온라인에 영화 리뷰를 올린 2만 8,000여 명의 사람을 대상으로 연구한 결과, 낯선 사람들의 평점은 영화 인기도와 상관관계가 있었지만 친구들의 평점은 영화 인기와는 상관없이 따라가는 경향이 있다는 것이 밝혀졌다. 인기도를 따라 평가하는 것도 친구를 따라 평가하는 것도 모두 모방 형태 중 하나이다. 남들이 많이 사는 것을 따라 사려는 욕구, 자신이 믿을 만한 사람들을 따라 하려는 욕구가 표출된 것이다. 그런데 중요한 것은 이러한 사실을 스스로는 잘 인지하지 못한다는 것이다.

가시성은 모방을 자극하고 많은 사람이 모방한다는 사실을 알게 되면 또 그것을 모방하기 마련이다. 상품과 브랜드의 지속적인 노출이야말로 마케팅 전략의 가장 기본이면서 가장 중요한 요소임을 잊지 말자.

감성

2012년 최고의 마케팅 광고를 꼽자면 레드불의 자유낙하일 것이다.[194] 레드불은 '도전'이라는 브랜드 가치를 소비자들에게 각인시키기 위해 오스트리아 출신의 스카이다이버 펠릭스 바움가르트너Felix Baumgartner의 초음속 자유낙하를 후원했다. 그런데 낙하 높이가 상상을 초월했다. 상공 38킬로미터에서 뛰어내리는 것이었다. 자유낙하는 전 세계에 생중계되었고, 실시간으로 펠릭스의 심박수, 호흡수, 낙하 속도 등이 체크되었다.

흡사 우주 한가운데서 지구로 떨어지는 듯한 장관이 연출됐다. 이 놀라운 장면은 60개국에 8천 회 이상 전파를 탔는데, 뛰어내리기 직전 초당 트위터 멘션이 2,000회에 육박했고, 그중 50퍼센트가 '레드불'이라는 브랜드를 썼다. 전문가들은 이 장면 하나로 레드불이 1,783억 원의 마케팅 가치를 얻어냈다고 평가했다.

무엇이 사람들을 이토록 열광하게 했을까? 이 위대한 도전은 '경외심'을 불러일으킨다. 경외심은 놀라운 지식이나 힘, 숭고함, 아름다움을 접할 때 느끼는 충격과 놀라움을 의미한다.[195] 인간은 자신을 훨씬 능가하거나 압도하는 존재나 힘을 대면할 때면 경외심을 느낀다. 경외심을 느끼게 되면 우리는 사고 범위가 넓어지며 자신의 한계를 극복할 힘이 생긴다. 위대한 예술작품, 아름다운 음악, 숨 막히는 자연 환경, 인간의 손으로 이룬 놀라운 업적과 새로운 발견 등은 모두 경외심을 자아낸다. 그래서 아인슈타인은 이렇게까지 말하기도 했다.

"경외심에 사로잡히거나 압도된 느낌을 맛보지 못하는 사람은 죽어 있는 것과 마찬가지다."

그렇다면 어떤 감정이 경외심처럼 입소문을 일으키는 것일까? 슬픔을 자극하는 기사는 얼마나 공유될까? 눈물을 쏟게 하는 감정을 불러일으켰으니 감정의 법칙에 의하면 많이 공유되어야 할 것 같다. 그런데 실제 그렇지가 않다. 조나 버거의 연구에 의하면 슬픔을 자극하는 기사가 공유될 확률은 일반적인 기사보다 16퍼센트나 낮았다. 즉, 슬픔은 공유 욕구를 감소시킨다!

그래서 조나 버거는 혹시 긍정적인 기사가 부정적인 기사보다 공유 자극을 더 일으키는 것이 아닌가 하고 생각하게 된다. 그런데 이것도 좀 의아한데, 일반적으로 기사를 읽을 때 긍정적인 기사보다 부정적인 기사를 사람들이 더 많이 본다. 그래서 뉴스에서는 좋은 소식보다 안 좋은 소식을 더 많이 다룬다. 하지만 분석 결과, 부정적인 기사보다는 긍정적인 기사가 공유되는 비율이 13퍼센트나 높게 나왔다.

조나 버거는 이제 해답을 찾은 것 같았다. 그런데 또 그게 그렇지가 않았다. 부정적인 기사라도 분노와 불안을 유발하는 내용이 담겨 있을 경우에는 공유 빈도가 매우 높아졌기 때문이다.

해답을 찾지 못한 조나 버거는 한 가지 실험으로 돌파구를 찾게 된다. 참가자 중 절반에게는 60초 동안 아무것도 하지 않고 그냥 의자에 앉아 있으라고 주문했고, 나머지 절반에게는 60초 동안 실험실에서 뜀뛰기 등을 하며 적절히 움직여 보라고 했다. 그리고 60초가 지난 후 이들에게 최근 기사를 보여주면서 사람들이 어떤 소식을 공유하는지 알아보는 실험이라고 얘기했다. 결과는 무척이나 놀라웠다. 뜀뛰기 등을 한 참가자들이 가만히 있었던 참가자들에 비해 공유 비율이 75퍼센트나 높았던 것이다.

드디어 문제가 풀렸다. 과연 어떤 감정이 공유 욕구를 더 자극할 것인가? 이는 내용의 문제가 아니었다. 내용이 부정적인지 긍정적인지에 상관없이 '생리적 각성'을 불러일으키느냐 그렇지 않느냐에 달려 있는 것이다. 즉 각성 효과가 있을수록 우리는 공유를 더 많이 한다. 긍정적인 감정 중에 경외심(감동)이나 흥분 혹은 유머 같은 경우는 각성 상태가 높은 감정이다. 당연히 공유 자극을 불러일으킨다. 하지만 만족감 같은 경우는 각성 상태가 낮은 감정이어서 오히려 공유 자극을 감소시킨다.

부정적인 감정 중에서는 분노와 불안이 각성 상태가 높다. 반대로 슬픔은 각성 상태가 낮다. 그래서 분노와 불안은 입소문을 부르지만 슬픔은 입을 닫게 만든다. 공유한다는 것은 또 다른 어떤 행동을 해야 하는 것인데, 만족감이나 슬픔은 뭔가 해야겠다는 의욕을 오히려 감소시킨다. 따라서 공유가 촉발되지 못하고 입소문이 나지 않는 것이다.

마케팅 할 때 입소문을 내고 싶다면 대중에게 경외심, 감동, 흥분, 유머, 분노, 불안이란 감정을 불러일으켜야 한다. 만족감이나 슬픔은 오히려 입을 닫게 만들 수 있음을 잊지 말자.

▬▬ 실 용 성

조나 버거 연구 팀은 15분 간격으로 《뉴욕타임스》 홈페이지를 자동으로 검색하고 기록해주는 프로그램을 개발해 6개월 동안 7,000여 개의 기사를 분석했다.[196] 분석 결과는 예상과 크게 다르지 않았다. 흥미도가 높은 기사의 경우, 다른 기사보다 공유될 확률이 25퍼센트나 높았고, 경외심이나 놀라움을 일으키는 과학 기사 또한 많이 공유되었다. 그런데 특이한 점이 있다. 가장 많이 공유되는 기사는 흥미를 유발하거나 놀라움을 주는 것이 아닌 유용성이 높은 기사였다. 일반적인 기사보다 공유될 확률이 30퍼센트나 높았다. 우리가 생각하는 것보다 실용적 가치는 입소문을 내는 데에 큰 힘이 있는 것이다.

그렇다면 비즈니스에서 실용적 가치로 대표되는 것은 무엇이 있을까? 바로 '할인'이다. 먼저 할인이라는 단어가 얼마나 큰 힘이 있는지 알아보자.

마케팅 전문가인 에릭 앤더슨^{Erick Anderson}과 덩컨 시메스터^{Duncan Simester}는 두 종류의 카달로그를 제작해 각각 5만 명에게 배송했다. 하나는 일부 제품에 '프리 시즌 세일^{Pre-Season Sale}'이라고 표시했고, 다른 하나에는 할인 상품을 전혀 넣지 않았다. 이후 세일 상품의 주문량이 증가해 매출이 50퍼센트 이상 올랐다. 할인 행사를 했으니 당연해 보인다. 그런데 재미있는 건 두 카달로그에 동일 제품 가격을 같게 기재했다는 것이다. 즉 '할인'이라는 단어 하나로 50퍼센트 이상의 매출을 올린 셈이다.

우리는 자신의 돈뿐만 아니라 지인의 돈도 아끼려 하는 마음이 넓은 사람들이다. 우리 아내들도 유아용품 관련 할인 행사가 있으면 주변 아이 엄마들에게 입소문을 내기 바쁘다. 이를 보면 할인은 입소문을 낼 만한 실용적 가치임에 틀림없다.

그런데 할인이라고 모두 같은 할인은 아니다. 매우 똑똑한 할인이 있다. 다음 두 가지 시나리오를 보자.¹⁹⁷⁾

A : 전자레인지를 사러 마트에 갔다. K모델이 마음에 드는데 금상첨화로 할인행사 중이라고 한다. 원래 35만 원인데 지금은 25만 원에 살 수 있다. K모델을 바로 살 것인가 아니면 좀 더 둘러볼 것인가?

B : 전자레인지를 사러 마트에 갔다. K모델이 마음에 드는데 금상첨화로 할인행사 중이라고 한다. 원래 25만 원인데 지금은 24만 원에 살 수 있

다. K모델을 바로 살 것인가 아니면 좀 더 둘러볼 것인가?

100여 명에게 두 가지 사니라오를 제시했는데 시나리오 A에서 당장 제품을 구입하겠다는 응답자는 75퍼센트였고, 시나리오 B는 22퍼센트에 그쳤다. 얼핏 보면 당연한 결과 같지만 최종 가격을 보면 전혀 그렇지 않다. 시나리오 B의 제품 가격이 더 싸기 때문이다. 그런데도 사람들은 왜 이런 선택을 한 것일까?

우리는 절대적 기준이 아닌 상대적 기준에 근거해 사물의 가치를 판단하는 경향이 있다. 시나리오 A에서는 기준점은 35만 원이다. 25만 원에 살 수 있다면 무려 10만 원이나 이득을 보는 것 같다. 하지만 시나리오 B에서는 기준점은 25만 원이다. 24만 원에 산다면 겨우 1만 원의 이득이 있을 뿐이다. 구미가 당기지 않는다. 그래서 할인을 할 때는 상대적으로 높은 '정가'를 할인가와 함께 표시하는 것이 중요하다. 여기까지는 어느 정도 상식적인 이야기일 수 있다. 그러면 할인가를 적을 때 할인율을 같이 적는 것이 좋을까 아니면 할인된 가격을 적는 것이 좋을까? 정답은 상황에 따라 다르다는 것이다.

이번에도 두 가지 시나리오를 보자.

A : 매장에서 라디오를 사려고 한다. 라디오의 가격은 35달러다. 그런데 점원이 다른 매장에 가면 25달러에 살 수 있다고 말한다. 다른 매장은 차로 20분 거리다. 당신은 라디오를 그냥 이 매장에서 사겠는가 아니면 다른 매장으로 가겠는가?

B : 매장에서 텔레비전을 사려고 한다. 텔레비전의 가격은 650달러다. 그런데 점원이 다른 매장에 가면 640달러에 살 수 있다고 말한다. 다른 매장은 차로 20분 거리다. 당신은 텔레비전을 그냥 이 매장에서 사겠는가 아니면 다른 매장으로 가겠는가?

시나리오 A의 경우 100명 중 83명이 다른 매장으로 가서 사겠다고 답했다. 무려 30퍼센트의 할인율 아닌가. 똑똑한 소비자라면 무조건 가야만 한다. 시나리오 B의 경우는 100명 중 13명만이 다른 매장에서 사겠다고 했다. 600달러가 넘는 제품에 겨우 10달러 아끼자고 20분을 움직인다는 것이 말이나 되는 소리인가.

그런데 흥미로운 것은 두 제품의 할인 조건이 동일하다는 사실이다. 20분을 이동하면 똑같이 10달러 할인받을 수 있다. 하지만 합리적 소비자라고 자처하는 우리의 행태는 상황에 따라 정반대로 나왔다.

지금까지 할인에 관련한 내용을 분석해보면 우리는 절대적인 할인 가격보다 할인이 우리에게 주는 느낌을 더 중요시한다는 것을 알 수 있다. 우리에게 주어지는 할인이 우리의 기대치 혹은 기준점에서 멀어질수록 우리는 그 할인에 더 매력을 느낀다. 즉, 더 실용성이 있다고 여긴다.

또한 연구에 의하면, 100달러를 기준으로 할인율과 할인 가격을 나눠서 제시하는 것이 판매에 더 유리하게 작용한다고 한다. 이를 100달러 법칙이라고 하는데, 100달러가 안 되는 상품은 할인율을 표시하는 것이 좋고, 100달러가 넘는 고가의 상품은 할인 가격을 알려주는 것이 더 효과적이라는 것이다.

예를 들어, 50달러 제품을 45달러로 할인할 때는 '10퍼센트'가 할인되었다는 정보를 제시하고, 500달러 제품을 10퍼센트 할인했다면 '50달러'가 할인되었다고 제시하는 것이 좋다.

정리해보자. 우리는 유용하고 실용적 가치가 있는 정보가 있다면 이를 공유하려 하는 작은 이타심을 갖고 있다. 그리고 당연히 정보 수용자가 실용적 가치가 크다고 생각할 때 입소문의 파급력은 더 커진다. 하지만 실용적 가치의 판단은 전혀 합리적이지 않다. 정보 수용자의 기대치와 기준점에서 얼마나 파격적으로 벗어났는지가 중요하다. 정보 제공자가 아무리 유용한 정보라고 생각해도 정보 수용자의 기대치가 높다면 입소문은 나지 않는다. 기대치를 최대한으로 뛰어넘고 기준점과 최대한 괴리시키는 '파격'이 있을 때 정보 수용자는 높은 실용적 가치를 느끼게 된다. 그리고 그 실용성이 좋은 마음을 갖고 온-오프 지인들에게 도움을 주고자 하는 우리들로 하여금 자연스럽게 입소문을 내게 만드는 것이다.

━━━ 스 토 리

2017년 하반기 음악 분야 한류 중심에는 방탄소년단이 있다.[198] 아이돌 그룹 방탄소년단은 국내외적으로 놀라운 기록을 써내려가고 있는데, 2017년 9월에 발매한 앨범은 2001년 god 4집 이후 16년 만에 120만 장을 돌파한 단일 앨범이 되었다.[199] 이 앨범은 '빌보드 200' 차트 7위, 영국 오피셜 앨범 차트 14위를 기록했다. 또한 이들은 글로벌 모든 가수의 꿈이라고 할 수 있는 '빌보드 핫100' 차트에 〈DNA〉라는 노래가 67위에 랭크되면서 최고의 주가를 올리고 있다. 트위터 팔로워 수도 천만 명으로 K팝 뮤지션 중 가장 많으며 〈DNA〉 뮤직비디오는 24일 1시간 23분 만에 유튜브에서 1억 뷰를 돌파하며 K팝 그룹의 최단기록을 갈아치웠다.

소위 우리나라 3대 기획사 소속도 아닌 방탄소년단이 어떻게 해서 이런 대성공을 이어가고 있는 것일까? 국내와 글로벌 동시 공략, 힙합풍의 트렌디한 음악 선정, 사회적 이슈에 거침없는 목소리 내기 등 여러 가지 요인이 거론되고 있지만, 절대 뺄 수 없는 하나의 요인을 꼽자면 '스토리텔링을 통한 팬덤 강화'라고 할 수 있을 것이다.

방탄소년단의 스토리텔링은 두 가지 측면에서 살펴볼 수 있다. 방탄소년단을 탄생시킨 빅히트 엔터테인먼트의 방시혁 대표는 멤버들에게 자신들의 이야기를 만들라고 자주 주문했다고 한다. 같은 것을 하더라도 어떠한 관점을 갖느냐에 따라서 기대할 수 있는 결과는 달라진다. 방탄소년단은 자신들의 삶과 일상을 노래로 만드는 과정을 피드백 받으며 연습생 생활을 했고, 결국 노래에 자신들의 이야기를 제대로 녹여놓는 데 성공했다. 자기 자신의 진솔한 이야기만큼 사람의 마음을 움직이는 것은 없다. 이들의 노래 가사가 같은 10대들의 공감을 불러일으켜 연예인으로서 가장 중요한 팬을 확보할 수 있었던 것이다. 또한 이들의 스토리텔링 능력은 노래 가사에만 머물지 않고, 블로그, SNS, 방탄 TV를 통해 나타나면서 기존 팬들의 팬덤 강화를, 새로운 사람들의 '입덕'을 이끌어냈다. 방탄소년단은 어떤 K팝 아이돌보다 적극적으로 스토리를 노출시킴으로써 팬덤의 크기를 키워나간 것이다. 더불어 빌보드 진입이나 성황리에 끝난 남미 투어 등 가슴 뭉클하게 하는 성공 및 성장 스토리마저 운 좋게 형성되면서 2017년 현재 명실상부한 국내 최고의 한류 K팝 스타가 되었다.

이렇게 스토리텔링이 힘을 갖는 이유는 이야기 형식으로 내용을 들을 때 기억을 더 잘하기 때문이다. 우리의 두뇌는 단편적 지식보다 일련의 이야기 흐름 속에 담겨 있는 정보를 더 잘 기억하도록 만들어졌다. 또한 스토리에는 단편적 지식이 아닌 생생한 인물이나 사건이 나오기 때문에 우리의 감정을 움직이게 한다. 감정이 움직이게 되면 공감을 하게 되고, 공감을 하게 되면 그 내용을 좀 더 친밀하게 받아들이게 되어 생각과 행동에 큰 변화를 일으킬 수 있다. 그리고 무엇보다 매우 어렸을 때부터 커뮤니케이션을 하거나 정보를 얻는 거의 모든 형식이 스토리텔링이었기에 스토리텔링 자체가 우리 본성일 정도로 매우 익숙하다.

일리노이 대학교 커뮤니케이션학과 교수인 페기 밀러(Peggy Miller)는 볼티모어에 사는 젊은 엄마들과 아이들을 대상으로 관찰 실험을 했는데, 대화한 시간에 약 8.5개의 스토리가 등장했고 각 스토리의 길이는 6분 정도 되었다고 한다. 다시 말해 대화 거의 전체가 스토리텔링으로 이루어졌다는 것이다. 그래서 미국의 심리학자 조너선 하이트(Jonathan Haidt)는 "인간의 마음은 이야기를 처리하는 프로세서이지 논리를 처리하는 프로세서가 아니다."라고까지 말했다.

기업 중에서 스토리텔링 능력이 가장 출중한 회사는 미국의 신발 온라인 쇼핑몰인 자포스(Zappos)이다. 다음은 SNS에서 엄청난 입소문을 탔던 자포스 이야기다.

한 여성이 몸이 아픈 어머니를 위해 자포스에서 신발을 구입했다.[200] 그런데 머지않아 어머니는 병세가 악화되어 세상을 떠나고 말았다. 얼마 뒤, 뒷정리로 분주한 그녀에게 이메일 한 통이 날아왔다. 구입한 신발이 잘 맞는지, 마음에 드는지 묻기 위해 자포스에서 보낸 메일이었다. 상실감에 빠져 있던 그녀는 겨우 정신을 차리고 답장을 썼다.

'병든 어머니에게 드리기 위해 구두를 샀던 것인데, 어머니가 그만 돌아가셨습니다. 너무 갑작스러운 일이라 구두를 반품할 기회를 놓쳐버렸네요. 그렇지만 이제 어머니가 안 계시니 이 구두는 꼭 반품하고 싶습니다. 조금만 기다려주면 안 될까요?'

그러자 곧바로 자포스에서 답장을 보내왔다.

'저희가 택배 직원을 댁으로 보내 반품 처리를 해드리겠습니다. 걱정하지 마십시오.'

자포스의 기존 정책에 따르면, 반품할 경우 요금은 무료지만 고객이 직접 택배로 물건을 보내야 한다. 하지만 자포스는 정책을 어기면서까지 그녀의 집으로 직접 택배 직원을 보내 물건을 반품하게 해주었다. 이 '기업답지 않은' 자포스의 진심 어린 배려에 그 여성은 신선한 충격과 함께 큰 감동을 받았다.

이야기는 여기서 끝나지 않았다. 다음날 그 여성에게 한 다발의 꽃이 배달되었다. 카드에는 어머니를 잃고 슬픔에 빠진 여성을 위로하는 글이 적혀 있었다. 자포스에서 보낸 것이었다. 그 여성은 이렇게 말했다.

"감동 때문에 눈물이 멈추지 않았습니다. 제가 다른 사람의 친절에 약하긴 하지만 지금까지 받아본 친절 중에서 가장 감동적인 것이었습니다.

혹시 인터넷에서 신발을 사려고 하신다면 자포스를 적극 추천합니다.”

이 이야기는 기업과 관련된 이야기라고 할 수 없을 정도로 감동스럽다. 한마디로 '리마커블'하다. 입소문을 내고 싶은 욕구를 거의 반사적으로 불러일으키는 데다 또한 스토리여서 기억에도 잘 남는다.

그런데 이 이야기는 그저 감동스러운 이야기로 국한되지 않는다. 여기에는 많은 정보가 들어 있다. 먼저 자포스는 무료로 반품해준다는 사실을 알 수 있다. 또 자포스가 정해진 매뉴얼 안에서 회사 중심의 비즈니스를 하는 것이 아닌 철저한 고객 중심의 비즈니스를 구사하고 있다는 것을 알 수 있다. 반품은 원칙적으로 고객이 직접 택배로 보내야 하지만 고객의 사정에 따라 회사에서 택배 직원을 보내준다는 것도 알 수 있다. 게다가 '고객에게 감동을 줄 수 있는 정이 넘치는 회사'의 이미지와 피날레로 고객이 눈물로 쓴 별 5개짜리 추천 후기까지 담겨 있다.

자포스가 의도했건 하지 않았건 간에 사람들은 자포스 스토리를 입소문 내었고, 이 회사는 창업 10년 만에 연 매출 10억 달러를 돌파하는 기염을 토했다. 자포스 스토리에서 또 하나 우리가 꼭 염두에 둬야 하는 것은 단순히 사람들의 입에 오르내리는 것만이 중요한 것이 아니라 그 스토리에 비즈니스의 핵심을 담아야 한다는 사실이다.

글로벌 생수 회사 에비앙은 롤러 베이비스Roller Babies라는 동영상을 만들었다.[201] 기저귀를 입은 아기들이 등장해 롤러스케이트를 타고 갖가지 묘기를 부린다. 완벽한 CG로 인해 사람들은 동영상에 열광했고 5천만 조회수를 넘기며 당시 온라인 동영상 광고 부분 기네스 세계 신기록을 기록했다. 이쯤 되면 에비앙의 매출이 환상적으로 오를 것은 뻔해 보인다. 그러나

이게 웬걸? 매출은 25퍼센트나 떨어졌다.

기저귀를 입은 아기들이 신기에 가까운 솜씨로 롤러스케이트를 타는 것은 리마커블하다. 그러나 거기에는 에비앙에 있어 가장 중요한 비즈니스 핵심인 생수가 빠졌다. 아기들이 묘기 부리는 것과 생수는 쉽게 연결되지 않는다.

그런 의미에서 심리학자 고든 올포트^{Gordon Allport}와 조셉 포스트먼^{Joseph Postman}의 연구를 꼭 기억해야 한다. 이들은 입소문이 어떻게 진행되는지 알고 싶어서 '전화 게임'이라는 것을 실시했다. 첫 번째 사람에게 특정 상황이 담긴 사진을 보여주면 이 사람은 다음 사람에게 전화로 사진에 대해 이야기하는 방식으로 다섯 차례 이 과정을 반복한 것이다. 결과는 어떻게 나왔을까?

전달 과정이 반복될수록 전달되는 정보의 양은 크게 줄어들었다. 마지막인 여섯 번째 사람에게 전달된 내용은 최초로 사진을 본 사람이 말한 내용의 30퍼센트에 지나지 않았다. 그런데 특별한 점이 하나 있었다. 이야기는 짧아졌지만 핵심적인 부분은 오히려 더 부각되었다. 전달 과정을 열 번 이상 반복해도 같은 현상이 나타났다. 세월이 무수히 흘러 화석에 뼈만 남는 것처럼 입소문이 진행될수록 핵심이 남는다는 것이다.

마케팅에 있어 이야기를 이용하는 것은 매우 중요하다. 그러나 절대 간과해서는 안 되는 사실은 아이디어나 제품의 핵심적 가치가 이야기의 중심이 되어야 한다는 것이다.

마케팅을 할 때 몇 번이고 물어보자. 과연 우리가 하는 마케팅이 '리마커블'한가? 눈에 확 띄는가? 이야기할 만한 가치가 있는가? 실용적 가치를 제공해주고 있는가? 놀랄 만한 감정을 불러일으키고 있는가?

소셜 화폐, 가시성, 감성, 실용성, 스토리라는 5가지 요소를 갖추게 된다면 최고 수준의 마케팅 전략을 펼칠 수 있을 것이다.

굿 컴퍼니

홀 푸드 마켓의 생존 비결

1981년 70년 만에 닥친 최악의 홍수로 인해 미국 텍사스 숄 크리크 강둑이 무너지면서 오스틴 일부 지역이 침수되는 일이 발생했다.[202] 150밀리미터의 강수량이 불과 4시간 만에 쏟아신 결과였다. 홍수로 인해 1억 달러의 재산 피해가 발생했고 많은 인명 피해도 따랐다.

가게들도 많은 피해를 입었다. 1년 전에 천연 식품 매장을 창업한 존 맥키는 망연자실했다. 보험도 들지 못했고 저축한 돈도 없었다. 자신의 꿈이 그대로 무너져 내리는 것을 보고만 있을 수밖에 없었다.

그때 놀라운 일이 벌어진다. 협력업체 직원들과 손님들이 삽, 걸레 등을 들고 매장에 와서 직원들과 함께 수해복구 작업을 하는 것이 아닌가. 존 맥키는 감격하여 손님들에게 왜 자신을 도와주는지 물었다. 손님은 이렇게 답했다.

"이 가게가 없으면 오스틴에 살고 싶지 않을 것 같거든요. 이 가게는 내 삶에 큰 변화를 일으켰어요."

협력업체와 손님들의 도움으로 존 맥키는 피해를 최소화할 수 있었다. 하지만 손해를 너무 많이 본 탓에 직원들의 월급을 줄 수 없는 상황에 놓이고 말았다. 그런데 50명이 넘는 직원들이 존 맥키가 돈을 마련할 때까지 월급을 받지 않고 일하겠다고 선언한다. 기업의 위기를 직원, 협력업체, 손님들의 도움으로 극복할 수 있게 된 것이다.

존 맥키가 창업한 홀 푸드 마켓은 2017년 북미와 영국에 걸쳐 350개가 넘는 매장을 운영하고 있으며, 연 매출 100억 달러 이상을 기록하고 있다. 2017년 7월 아마존은 홀 푸드 마켓을 15조 6,000억 원이라는 거금을 들여 인수했다. 홀 푸드 마켓의 잠재 가능성을 매우 높게 본 것이다.

홀 푸드 마켓이 창업 초창기 위기를 잘 극복하고 북미 최고의 천연 식품 체인으로 성장할 수 있었던 결정적인 이유는 '착한 회사'를 추구했기 때문이다. 존 맥키는 기업이란 단순히 이익을 내는 조직이 아닌, 직원, 고객, 지역사회를 위해 헌신하는 회사라는 가치를 기업 문화에 녹여 왔다. 또한 자신이 만든 기업 가치를 스스로 철저히 실천했다.

2007년 그는 "이제 나는 충분히 부유해졌다."고 선언하며 매년 연봉 1달러만 받기로 한다.[203] 심지어 보너스나 무상 주식 인센티브도 모두 포기했다. 스톡옵션의 93퍼센트를 직원 몫으로 돌리고 있으며, 이민자나 소수 민족의 채용 비율도 높다. 9만 명에 달하는 홀 푸드 마켓 직원의 만족도는 세계 최고 수준으로 평가받는다.

또한 유전자변형농산물^{GMO} 표시제를 스스로 전면 시행하여 고객의 선택적 편의를 제공하는 한편, 연방정부를 오히려 압박하여 기업들이 지역 사회를 위해 마땅히 선도적으로 해야 할 것들을 할 수 있는 제도를 만들도록 이끌고 있다. 존 맥키는 이렇게 말한다.

"사람은 먹지 않고 살 수 없다. 기업은 이익을 내지 않고 살아남을 수 없다. 하지만 대부분의 사람은 먹기 위해 살지 않는다. 기업도 이익을 내기 위해서만 존재해서는 안 된다."

기업의 브랜드 전략은 여러 가지가 있다. 그중에서 시대 흐름에 맞는 가장 탁월한 브랜드 전략은 '굿 컴퍼니', 즉 착한 기업을 추구하는 것이라 생각한다.

경제학자이자 인적 자본 분석 컨설팅 기업인 맥바시&컴퍼니 대표 로리 바시$^{Laurie Bassi}$는 더 나아가 4가지 사회적 영향이 '굿 컴퍼니'가 아니면 오히려 손해를 볼 수 있는 상황까지 몰고 가고 있다고 말한다.[204] 4가지 사회적 영향은 폭로 문화, 세계 시민의 부상, 환경에 대한 지속 가능성, Y세대의 등장이다. 즉, 우리는 상품에 대한 나쁜 경험과 기업의 잘못된 행동이 실시간으로 폭로되는 사회에 살고 있으며, 현재의 시민들은 환경을 중시할 뿐만 아니라 중요한 이슈에 대해서는 글로벌 차원에서 연대를 해 기업을 압박한다. 그리고 그 어느 시대보다 시민의식이 뛰어난 Y세대는 못된 기업을 가만두지 않는다.

심리학자 샬롬 슈바르츠^{Shalom Schwartz}는 30년 동안 전 세계 다양한 문화권의 사람들의 행동 양식에 대해 연구해 왔다.[205] 샬롬은 호주, 칠레, 핀란드, 프랑스, 독일, 이스라엘, 말레이시아, 네덜란드, 스페인, 남아프리카, 스웨덴, 미국 등 12개국 수천 명의 성인을 대상으로 살아가는 데에 가장 중요한 가치가 무엇인지를 물었는데, 12개 나라 모두에서 베푸는 것이 최고의 가치로 꼽혔다. 그는 더 나아가 같은 설문 조사를 아르헨티나, 벨기에, 브라질, 싱가포르 등 70개 이상 나라로 확장하였다. 역시 최고의 가치로 '베풂'이 꼽혔다. 동서양을 막론하고 모두 베푸는 사람과 조직에 최고의 가치를 느끼는 것이다.

그러므로 진정성 있는 '굿 컴퍼니' 전략은 가장 탁월한 브랜드 전략이 될 수 있다. 그런데 정말 착한 기업이 득을 보는 것이 맞을까?

━━ 착한 기업이 성공한다

다음은 2017년 10월, 국내 19~59세 성인 남녀 2천 명을 대상으로 한 설문 조사 결과이다.[206]

- 68.9퍼센트 : 윤리적 경영을 실천하려는 기업의 제품이라면 조금 비싸더라도 구매할 의향이 있다.
- 68.1퍼센트 : 누군가에게 도움을 줄 수 있다면, 제품이 조금 비싸더라도

구매할 의향이 있다.

- 69.1퍼센트 : 누군가에게 도움이 되는 소비를 해보고 싶었기에 착한 소비를 한다.
- 71.4퍼센트 : 향후 착한 소비 활동에 (재)참여할 의향이 있다.

설문 조사를 진행한 엠브레인 트렌드모니터는 착한 기업의 상품을 이용하려는 소비자의 행동은 단순한 트렌드가 아니라 지속적인 소비문화로 자리 잡아가고 있다고 말한다. 이는 전 세계적인 추세이며 당연히 착한 기업들은 소비자들의 사랑에 힘입어 큰 이득을 얻고 있다.

《굿 컴퍼니》의 저자들이 만든 '착한 회사 지수'로 《포춘》 선정 100대 기업을 같은 산업 내 다른 기업과 1년, 3년, 5년의 기간으로 나누어 비교해보았을 때 착한 회사 지수가 높은 회사들은 경쟁사들에 비해 전반적으로 주식시장에서 높은 평가를 받는 것으로 나타났다.[207]

심지어 2008년부터 시작된 극심한 금융 위기와 경제 침체를 겪는 과정에서도 착한 기업의 상품을 사고자 하는 소비자들의 열의는 사라지지 않았다. 2009년 전 세계 6,000명의 소비자를 대상으로 한 조사에서 61퍼센트가 가장 싸지 않더라도 선한 의도를 가진 기업의 브랜드 제품을 샀다고 응답했으며, 64퍼센트는 착한 기업의 브랜드를 추천할 것이라고 응답했다.

2009년에 실시된 연구에 의하면 기업의 사회적 책임CSR, Corporate Social Responsibility을 다하는 기업일수록 투자매력도가 큰 것으로 밝혀졌다.[208] 캐나다 정유회사 세 곳에 대한 심층 자료를 31개 투자기관에 배포해 투자 의향을 물어봤을 때 투자기관들이 CSR에 적극적인 회사를 선호한 것이다.

그 이유에 대해 물어본 결과, 착한 기업은 대외 이미지가 좋기 때문에 위기를 극복할 수 있는 좋은 브랜드 자산을 갖고 있고, 기업 방식이 투명하며, 우호적인 브랜드로 인해 시장 기회를 더 많이 갖게 될 것으로 인식되기 때문이었다.

한국, 미국, 캐나다의 공동 연구 팀이 《포춘》 선정 500대 기업 중 222개의 트위터 계정을 조사한 결과, 착한 기업일수록 트위터의 팔로워 수가 많고 그 증가 속도도 빨라졌다.[209] 또한 적극적으로 CSR을 다하는 기업일수록 소비자들이 트위터에 그 기업의 브랜드를 언급할 확률이 높았다. 즉, 소비자들은 착한 기업에 대한 관심이 높을 뿐만 아니라 자발적으로 입소문을 내준다는 얘기다.

때로는 착한 일을 하다가 상품 개발 아이디어를 얻을 수도 있다. 일본의 대표적인 조미료 회사인 아지노모토는 2009년 창립 100주년을 맞아 영양실조로 고통받는 아프리카 가나의 영유아들을 도와주기로 결정한다. 가나 아기들이 주로 먹지만 영양분이 부족한 '코코(옥수수 발효 죽)'에 잘 섞어서 먹을 수 있는 코코 플러스를 개발한 것이다. 게다가 가나의 시골 마을에서도 쉽게 구입할 수 있을 만큼 매우 저렴한 가격에 제공했다.

아지노모토는 단순히 상품만 개발한 것이 아니었다.[210] 가나 현지에서 파트너 회사를 발굴해 기술 이전을 실시했을 뿐만 아니라 정부와 협력하여 여러 실험을 통해 코코 플러스의 영양 개선 효과도 지속적으로 측정했다.

영양 개선 효과를 검증한 아지노모토는 이런 영양 보조 상품의 개발을 통해 BoP[Bottom of Pyramid] 시장(하루 2달러 미만으로 생활하는 40억 명 소비자)에 진출할 수 있음을 깨닫고 현재 여러 상품 개발에 매진 중이라고 한다. 착한 일도 하고 새로운 상품 개발 아이디어도 얻으며 새로운 시장을 미리 경험하는 1석 3조의 효과를 얻은 것이다.

이렇듯 착한 기업에는 성공의 기운이 감돈다.

진정성 있는 행동의 힘

글락소스미스클라인GSK은 에이즈나 종양 등 난치병을 치료하는 의료품으로 이득을 많이 내는 회사이다.[211] 난치병 치료에 긍정적인 효과를 가져오는 약을 개발하는 것은 쉬운 일이 아니다. 막대한 자금과 시간이 소요된다. 최소 1만 번의 실험을 거쳐 개발된 5,000개의 약 중 시장에 유통되는 약은 하나일 뿐만 아니라 그중에서도 30퍼센트만이 상업적으로 성공한다고 한다. 그런 만큼 힘겹게 만들어낸 자사 의약품 복제는 결코 용납할 수 없는 문제다.

2001년 남아프리카공화국 정부가 불법으로 에이즈 치료 복제품을 구매한 일이 있었다. 당연히 GSK는 남아공 정부를 상대로 특허 침해 소송을 제기했다. 하지만 GSK는 예기치 못한 상황에 직면하게 된다. 특허를 침해당한 GSK를 세계 여론이 옹호해주기는커녕 오히려 비난한 것이다.

저소득 국가에서 에이즈로 죽어가는 수많은 생명을 살리는 일에 '특허' 제도는 힘을 낼 수가 없었다. 기업의 이익을 위해 생명을 담보로 소송을 제기하는 GSK는 졸지에 나쁜 기업이 된 것이다.

제약회사는 '약'을 파는 회사다. 건강과 직결되는 문제인 만큼 신뢰는 무엇보다 중요하다. 만약 그 약을 만든 회사를 믿을 수 없을뿐더러 나쁜 기업으로 인식된다면 누가 그 회사의 약을 먹겠는가? GSK는 위기에 몰렸다.

하지만 GSK는 현명하게 대처했다. 소송을 폐기하고 에이즈 치료약 등 아프리카 대륙에 수출하고 있는 특허 약들의 가격을 파격적으로 낮췄다. 저개발 국가들에게는 이미 낮은 가격으로 약이 제공되고 있었는데, 거기에 약 45퍼센트나 가격을 더 내린 것이다. 물론 더 파격적으로 하기 위해서는 무료 공급을 선언할 수도 있었다. 하지만 기업은 지속 가능해야 한다. GSK는 중선진국들에게 제공되는 약은 그대로 두고 저개발 국가들에 납품하는 약들은 매우 저렴하게 판매하는 방식으로 명예 회복과 지속 가능성을 둘 다 잡으려고 한 것이다.

또한 유엔, 유니세프, 세이브더칠드런 등의 여러 단체와 힘을 합해 저개발 국가에 백신을 제공하는 일에 적극적으로 나섰으며, 저개발 국가 국민들의 건강을 위한다는 명분 안에서는 다른 경쟁 제약사와의 협력도 주저하지 않았다. 그리고 병원, 보건소 등의 인프라가 턱없이 부족해 저개발 국가 국민들이 약을 제때 공급받지 못한다는 사실을 파악하고, 2009년부터 여러 NGO 단체와 손잡고 보건 인프라도 구축하기 시작했다. 2009년 이후 약 365억 원을 투자하고 4만여 명의 인력을 양성하게 된다.

GSK는 남아공 사태 이후 브랜드 전략 방향을 정확히 잡고, '진정성' 있게 이 모든 것을 추진해 나갔다. 왜냐하면 여러 연구에서 드러났듯이 진정성이 결여된 CSR은 오히려 역효과가 날 수 있기 때문이다. 문제를 봉합하려는 목적이나 생색내기용 CSR은 착한 기업이 아니라 위선적인 기업으로 인식될 뿐이다. GSK는 위기를 진정성 있는 자세로 슬기롭게 극복해 CSR로 착한 기업의 브랜딩을 이어가고 있다.

옥시는 정반대이다. 옥시는 고객 안전 차원에서 최악의 잘못을 저질렀을 뿐만 아니라 사태 이후 불성실한 태도로 문제를 회피하고 진정성 없는 사과를 되풀이하면서 국내 사업을 거의 접어야 할 처지에 놓이게 됐다. 한국 매출의 1퍼센트에 불과한 제품의 원가 절감을 위해 고객 안전을 멀리한 대가로 10년치에 가까운 영업 이익을 배상했으며, 2017년 상반기 매출도 전년도 대비 90퍼센트 이상 폭락했다. 국민들은 돌아올 수 없는 수많은 생명과 평생 아픈 몸으로 살아야 하는 이들을 생각하며 같이 슬퍼했고, 동시에 옥시의 진정성 없는 사후 대처에 함께 분노했다.

기업이 본연의 이익을 추구하면서도 동시에 고객에게 의미 있는 가치를 제공하고, 직원들에게 좋은 일터를 제공하며, 지역사회 발전에 기여하고, 무엇보다 사회적 가치를 수호하고 윤리적인 모범을 진정성 있게 추진해 나간다면, 홀 푸드 마켓의 사례처럼 소비자들은 이 착한 기업이 '영원한 기업'으로 성장할 수 있도록 도와줄 것이다.

우리는 더 많은 기업이 진정성 있게 착한 기업 전략을 경쟁적으로 추구하기를 기원한다.

사표를 쓰는 타이밍

한 취업 전문 포털 사이트가 약 500명의 직장인을 대상으로 진행한 퇴사에 관한 설문 조사에서 35퍼센트는 퇴사 욕구가 매우 높고, 28퍼센트는 대체로 그렇다고 응답했다. 당장이라도 회사를 그만두고 싶어도 '먹고사니즘'을 생각하면 호기롭게 썼던 사표는 모두에게 보여주지 못하고 페이스북 '나만 보기' 모드처럼 정말 내 마음속에만 고이 간직하게 된다.

그렇게 쳇바퀴 돌듯이 힘겨운 출근과 지친 퇴근을 반복하며 꾸역꾸역 하루를 살아낸다. 습관처럼 들어간 SNS에서 어떤 퇴사한 사람의 용기 있는 이야기를 보고 자극받아 한 번 사는 인생 가슴 뛰게 살자고 사표를 쓰고 싶은 강력한 충동이 다시 불쑥 올라오기도 한다. 하지만 현실에서는 세파에 이리저리 휩쓸려 가슴 뛰는 인생이 아닌 폐에 무리만 가는 숨만 차는 인생을 살지도 모른다. 사표를 쓰기 전에 우리가 한번 떠올려야 하는 《미생》의 명대사가 있다. "회사는 전쟁터지만 밖은 지옥이야."

하지만 무작정 참고 회사에서 버티는 것도 정답은 아니다. 어떤 기회가 문득 찾아올 수도 있고, 회사 자체에 문제가 생겨서 미리 나가는 게 좋을 때도 있다. 회사 생활 때문에 내 삶이 위기에 처해 있다면, 타의적으로 회사를 나오기보다는 마음먹고 사표를 쓰는 게 여러모로 나은 선택이다. 그렇다면 사표를 쓰는 최적의 타이밍은 언제일까? 최고의 순간은 개인이 처해 있는 상황이 다 다르기 때문에 정확하게 정의하기 어렵다. 하지만 최악의 타이밍은 조금만 고민하면 어렵지 않게 모면할 수 있다.

첫째, 절대 감정에 치우쳐서 퇴사를 결정하면 안 된다. 퇴사의 욕구를 불러일으키는 가장 큰 원인 중의 하나는 바로 인간관계다. 실력도 부족하고 인격적으로 못된 상사가 내 위를 탁 막고 있다면 그것처럼 숨 막히는 일도 없다. 하지만 우리는 세계 3대 보존 법칙인 질량 보존의 법칙, 에너지 보존의 법칙 그리고 '미친놈' 보존의 법칙을 절대 잊으면 안 된다. 어디를 가도 나쁜 사람이 있을 확률은 언제나 존재한다. 만약에 없다면 둘 중 하나이다. 정말 좋은 곳이거나 아니면 애석하지만 자신을 (본인이 나쁜 사람은 아닌지) 진지하게 돌아봐야 한다.

실제로 이직자를 대상으로 한 설문 조사 결과, 62퍼센트는 이직을 후회한 적이 있다고 응답했다. 역으로 생각해보자. 서두에서 언급했듯이 퇴사하고 싶은 사람이 63퍼센트이다. ('미친놈' 보존의 법칙은 설문 조사에서 어렵지 않게 증명되었다.) 이 회사도 저 회사도 사정이 크게 다르지 않다는 이야기이다. 어느 유명 만화의 명대사처럼 도망치는 곳에 낙원은 없다.

감정에 휘둘려서 상황 파악을 잘못해서도 안 된다. 업무에 대한 메타인지가 높지 않으면 자신이 일을 잘 못하면서 회사가 자신에게 무리한 업무를 준다고 착각하게 된다. 실제로 불합리하고 과도한 업무를 할당받는 경우도 많지만, 그에 못지않게 개인의 능력이 부족해서 업무를 따라가지 못하는 경우도 적지 않다. (회사에 있을 때 사실 이런 부류의 사람을 생각보다 많이 목격했으며, 다양한 사람을 상담하거나 멘티들에게 고민을 들을 때, 이런 업무 메타인지가 떨어지는 상사와 힘든 인간관계 때문에 고충을 토로하는 이가 정말 많다.) 특히 아무런 준비가 되지 않은 상태에서 호봉제의 부작용으로 근속 연수에 비례해서 직급이 올라간 경우는, 역량 부족으로 위치에 맞는 업무를 해내지 못하는 경우가 다반사이다. (해내는 것을 떠나서 이해도 못 하는 경우도 많다.) 그런 상황에서 이직이나 창업을 꿈꾸면서 사표 쓰고 나간 사람이 정말 많기 때문에 어쩌면 회사 밖은 전쟁터를 넘어선 지옥일지도 모르겠다. 문제는 자신 때문에 발생했는데 답을 밖에서 찾으면 영원히 문제는 풀 수 없다.

둘째, 계획이 없는 상태에서 사표는 절대 쓰면 안 된다. 이직을 원한다면 차분하게 현실적으로 가능성이 있는지 최소한 미리 알아봐야 한다. 가장 좋은 경우는 공백 기간 없이 바로 다른 회사로 이직하는 것이겠지만, 만약 퇴사 후 휴식을 취하거나 공부를 더 하면서 이직을 시도하려 한다면 그만큼 버틸 수 있는 경제 계획도 충분히 잘 설계해 놓아야 한다. 돈이 부족해지기 시작하면 생활고에 쫓겨서 판단하기 때문에 최상의 결과를 얻지 못할 확률이 높다. (실제로 내 주변에 돈 때문에 퇴사 후 다시 원래 직장으로 돌아간 사례도 종종 있다.)

창업을 목표로 퇴사를 한다면 회사에 다니면서 저녁 시간과 주말을 이용해 최소한의 시도를 해보는 것이 좋다. 직장에서는 하나의 업무만 전문적으로 하는 경우가 많지만, 창업은 모든 분야를 다 잘해야 한다. 사업을 하다 보면 예상치 못한 문제가 너무 자주 발생하기 때문에 위기 대처 능력이 없을 경우 한 번에 허무하게 사업이 끝날 수도 있다. 자영업 10곳 중에 9곳은 10년 안에 폐업한다는 사실을 절대 잊지 말자. 통계가 이렇게 명확한데 아무 생각 없이 일단 나가서 생각하자는 식으로 퇴사를 한다면 준비운동을 전혀 하지 않고 찬물에 뛰어드는 것과 똑같다. (심장마비처럼 '인생마비'의 위험성이 높다.)

셋째, 소소하지만 매우 실용적인 조언이다. 진급이 얼마 안 남았으면 조금만 버텨 진급한 후에 사표를 쓰는 게 좋다. 모든 회사 생활은 경력으로 남는다. 예를 들어 대리 1년 차로 퇴사했을 때와 대리 4년 차로 퇴사했을 때 경력 차이는 3년이나 나지만 결국 대리로 퇴사한 것이다. 이력서를 꼼꼼하게 보면 그래도 경력이 있다는 것을 알 수 있겠지만 새로운 고용주나 창업을 위한 투자자들에게 4년 차라는 인식보다는 대리의 업무 영역scope에 대한 인식이 더 크게 작용한다.

학력이나 배경보다 실력을 더 알아주는 경우도 점점 많아지고 있지만, 때로는 구구절절 설명하는 것보다 어느 회사에서 어떤 직급까지 일한 경력 자체가 큰 신뢰감을 줄 수 있다. 특히 대리나 과장 진급이 머지않았다면 가능한 한 진급을 꼭 하고 나서 퇴사할 것을 강력하게 권한다.

개인의 실력도 중요하지만 조직 생활에서는 리더십도 연차가 올라가면 갈수록 정말 중요해진다. 직급은 리더십의 경험치를 가늠하게 해주는 가장 명료한 지표 중 하나이다. (리더십의 경험치랑 실력치는 많이 다르다. 경험이 있으면 좋기는 하지만 무조건 실력이 있다는 뜻은 아니다. 아무리 실력치로 연결되지 못한 경험치더라도 유무의 차이는 작은 차이가 아니라 무한대의 차이라고 봐도 무방하다.) 특히 과장부터는 관리자 직급이기 때문에 과장 직위까지 경험해봤다는 것은 실무와 관리를 다 해봤다는 뜻이다. 그렇게 조금이라도 더 넓은 업무 영역에서 일할 수 있다는 것을 이력으로 보여줄 수 있으면 새로운 직장을 구할 때도 선택의 폭이 조금은 더 넓어질 것이다.

마지막으로 해주고 싶은 조언은, 어떤 이유가 되었건 간에 진짜 그만두기로 마음먹었다면 이것저것 회사에서 해보고 싶은 것은 다 해보고 나서 퇴사하라는 것이다. 예를 들어, 업무 영역을 바꿔보고 싶었다면 새로운 업무 직군에서 일하게 해달라고 회사에 건의를 해볼 수도 있다. 또 휴가도 눈치 안 보고 다 쓰는 것도 꼭 해봐야 할 일 중 하나이다. 어차피 그만둘 예정이니 합법적이고 상식적인 한도 내에서 이것저것 다 시도하다 보면 새로운 길이 열릴 수도 있고, 또 자신의 새로운 모습을 찾을 수도 있다.

실제로 내가 퇴사 신청을 했을 때 회사에서 생각보다 좋은 조건들을 제시하면서 퇴사를 만류했었다. 만약에 여러분이 회사에 필요한 존재인데 어떤 나쁜 환경 때문에 회사를 나가려고 한다면 회사는 적극적으로 여러분의 처우를 개선하기 위해 노력할 것이다. (다시 한 번 강조하지만 여러분이 회사에 필요한 존재인 경우일 때 그렇다.)

자신 혹은 가정의 생계를 유지해야 하는 상황이라면 대부분 살아가면서 자는 시간을 제외하고 가장 오래 머무르는 곳이 바로 직장이다. 그런 일터가 정말 행복한 곳이면 더 이상 바랄 게 없겠지만 회사라는 곳이 (내부 경쟁은 일단 생각하지 않더라도) 시장에서 치열한 경쟁 속에서 살아남지 못하면 결국 문을 닫아야 하기 때문에 절대 낭만적인 장소가 될 수 없다.

회사의 존속도 중요하겠지만 결국 제일 중요한 것은 우리 개개인의 행복일 것이다. 하지만 그런 정글 같은 곳에서 우리의 행복을 싹틔울 기회가 절대 녹록하지 않은 것이 또한 냉정한 현실이다. 그런 냉혹한 상황 속에서 사표라는 카드는 어쩌면 우리가 가지고 있는 최후의 레버리징^{leveraging} 수단일지도 모르겠다. 잘 쓰면 명약이고 조금만 잘못 써도 독이 되는 사표. 마지막을 위한 카드가 아니라 새로운 시작을 위한 비장의 카드가 될 수 있는 소중한 사표이니 모두가 신중하게 제대로 사용했으면 좋겠다.

6장

조직(組織)

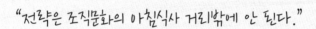

"전략은 조직문화의 아침식사 거리밖에 안 된다."

- 피터 드러커(Peter Drucker) -

몰입과 6가지 동기

> "10년 안에 디지털 격차는 거의 사라질 것이다.
> 동기 격차 한 가지만 문제가 될 것이다."
>
> - 마리나 고비스(Marina Gorbis) -

조직 문화의 힘

'전략' 편에서 소개되었던 홀 푸드 마켓은 '굿 컴퍼니'라는 브랜드 전략
의 대표적인 성공 사례이다. 그렇다면 착한 회사는 누구에게 착해야 할까?
첫 번째, 고객에게 착해야 한다.[212] 고객에게 지불된 가격 이상의 가치를
제공해줌으로써 회사와 고객이 윈윈win-win 하는 것이다. 이를 '판매자'로서
의 사회적 가치 추구라고 한다. 두 번째, 기업 활동에 의해 영향을 받는 환
경과 지역사회에 착해야 한다. 환경을 생각하고 일자리를 창출하고 기업
의 윤리 문화를 확립해 나가는 행동을 하는 것이다. 이를 '집사'로서의 사

회적 가치 추구라고 한다.

하지만 이 두 가지만으로 진정한 착한 회사라 할 수 없다. 가장 중요한 한 가지가 빠졌기 때문이다. 바로 '고용주'로서의 사회적 가치 추구다. 기업은 직원을 존중하고 직원들이 보람을 느끼는 조직 문화를 제대로 갖출 때 비로소 '굿 컴퍼니'로 거듭날 수 있다.

실제로 조직 문화가 주는 이득은 대단하다. 하버드 경영대학원 존 코터 John Kotter 와 제임스 헤스켓 James L. Heskett 교수가 훌륭한 조직 문화를 갖춘 기업과 보통 기업의 실적을 11년 동안 비교한 적이 있다.[213] 훌륭한 조직 문화를 갖춘 기업의 주식 가치는 901퍼센트 상승했지만 보통 기업은 74퍼센트 상승에 그쳤다. 순수익의 경우는 756퍼센트와 1퍼센트로 비교도 할 수 없을 만큼 큰 차이가 났다. 최고의 경영 사상가로 추앙받고 있는 피터 드러커가 괜히 다음과 같이 말한 것이 아니다.

"전략은 조직 문화의 아침식사 거리밖에 안 된다."

홀 푸드 마켓은《포춘》에서 선정한 '2017년 업계에서 가장 존경받는 기업 50'에 들어갔을 뿐만 아니라 20년 연속 '일하기 좋은 100대 기업'에 선정됐다. 창업자 존 맥키는 자신은 일을 '즐거움을 위해서, 또한 진정 마음에서 우러나기 때문에' 하고 싶다고 직원들에게 전했으며, 직원들 또한 그렇게 되기를 바라는 마음으로 조직 문화를 창조하였다. 존 맥키는 근무 환경과 복지를 잘 갖춘 것뿐만 아니라 기업의 웬만한 내용을 투명하게 밝히고 직원들과 공유함으로써 직원들이 자신이 회사에 단순히 고용된 것이 아니라 회사가 곧 나의 회사라는 마음을 갖도록 했다. 그래서 심지어 1990년대 중반에 홀 푸드 마켓 6,500명의 직원들은 증권거래위원회로부터 기업의 기밀 정보에 접근했다는 혐의를 받기까지 했다. 해프닝으로 끝났지만 국가 제도를 뛰어넘은 조직 문화를 보여준 것이다.

조직 문화와 관련한 최고의 명저인 《무엇이 성과를 이끄는가》의 저자 닐 도쉬와 린지 맥그리거는 자신들이 만든 '총 동기 이론'을 기반으로 홀 푸드 마켓을 평가해보았다. 총 동기는 즐거움, 의미, 성장, 정서적 압박감, 경제적 압박감, 타성이라는 6가지 동기를 말한다. 평가 결과, 홀 푸드 마켓 은 다른 세 군데 경쟁 업체의 평균보다 동기 지수가 3배나 높은 것으로 나 타났다. 또한 홀 푸드 마켓 이외에도 '2017년 업계에서 가장 존경받는 기 업 50'에 속한 많은 기업이 6가지 동기로 평가된 동기 지수가 경쟁 기업들 보다 훨씬 높은 것으로 드러났다.

그렇다면 동기 지수는 어떻게 산출한 것일까? 6가지 동기 중 앞에 나온 즐거움, 의미, 성장은 직접 동기로 일을 스스로 하게 만드는 요인이다. 뒤 에 나온 정서적 압박감, 경제적 압박감, 타성은 간접 동기로 어쩔 수 없이 하게 하는 요인이다. 동기 지수가 플러스면 직접 동기가 간접 동기보다 많 은 것이고, 마이너스면 간접 동기가 직접 동기보다 많은 것이다. 결국 동기 지수가 높은 기업의 직원들은 '몰입' 수준이 높은 상태이고, 구성원들의 높 은 몰입은 조직에 그 어떤 것보다 긍정적인 혜택을 준다.

직원 몰입의 혜택

'직원 몰입'이란 직원이 자신의 일, 조직, 관리자, 동료에 대하여 느끼는 높은 수준의 정서적·지적 유대감으로 인해 자신의 업무에 대해 자발적인 노력을 하는 상태를 말한다. 즉, 몰입은 내면에 뿌리가 깊고 흔들림 없는 강력한 헌신, 자부심, 충성심을 포괄하는 개념이다.

《존중하라》의 저자 폴 마르시아노 Paul Marciano는 백여 개가 넘는 조직을 대상으로 '무엇을 보면 직원의 몰입도가 높은지 알 수 있는가?' 하는 직원 몰입의 특징에 대해 연구하였다. 엄청난 데이터를 분석한 결과, 그는 직원의 몰입도가 높다는 것을 보여주는 10가지 행동을 다음과 같이 정의했다.

1. 업무에 관해 새로운 아이디어를 제시한다.

2. 업무에 열정과 의욕을 보인다.

3. 일을 주도적으로 처리한다.

4. 자신과 동료의 능력 향상과 회사 발전을 위해 적극적으로 노력한다.

5. 목표와 기대 수준을 항상 뛰어넘는다.

6. 매사에 호기심이 많고 질문을 자주 한다.

7. 동료들을 격려하고 지지해준다.

8. 긍정적이고 낙관적인 태도를 보인다. 표정이 밝다.

9. 어려움을 극복하고 업무에 계속 집중한다. 끈기가 있다.

10. 조직에 헌신적이다.

이 10가지 행동을 통해 직원의 몰입도가 어느 정도인지 가늠할 수가 있다. 폴 마르시아노는 이 10가지를 한마디로 이렇게 정리했다.

"회사가 자기 것인 것처럼 행동한다."

그렇다면 직원 몰입도가 기업에 어떠한 영향을 미칠까? 많은 연구를 통해 직원 몰입도가 높을수록 이직률과 결근율이 낮고, 회사의 생산성과 수익성은 높인다는 사실이 증명됐다.

2만 3,910개 기업을 대상으로 한 갤럽의 메타분석에 따르면, 직원 몰입도가 가장 낮은 4분위에서는 몰입도가 가장 높은 1분위에 비해 이직률이 31~51퍼센트 높았다. 미국 기업리더십협회가 29개 기업에서 일하는 직원 5만여 명을 대상으로 한 조사에서도 몰입도가 가장 낮은 직원들은 몰입도가 높은 직원에 비해 이직할 확률이 9배나 더 높은 것으로 나타났다.

미국 연방정부 소속기관의 목표 달성에 대한 평가에서 직원 몰입도가 가장 높은 기구는 100점 만점에 65점을, 몰입도가 가장 낮은 기구는 37점을 받았다. 미국 컨설팅업체 타워스왓슨의 《2008~2009년 미국 근로현황 보고서》에 따르면 몰입도가 높은 근로자는 몰입도가 낮은 근로자에 비해 생산성이 26퍼센트 더 높다고 한다.

타워스왓슨이 1년에 걸쳐 50개 글로벌 기업을 연구한 결과, 직원 몰입도 수치가 높은 기업은 주당순이익이 28퍼센트, 영업이익이 19퍼센트 증가한 반면, 직원 몰입도가 낮은 기업은 주당순이익과 영업이익이 각각 11퍼센트, 32퍼센트 감소한 것으로 나타났다. 갤럽의 연구에서도 직원 몰입도 수치가 높은 1분위의 주당순이익이 몰입도가 평균 이하인 조직의 2.6배로 나오면서 직원 몰입도가 기업 수익성에 큰 영향을 미치는 것으로 나타났다.

또한《2008~2009년 미국 근로현황 보고서》에 따르면 몰입도가 높은 직원의 병가 사용 일수는 몰입도가 낮은 직원에 비해 20퍼센트 더 적었다. 미국 연방정부 소속기관 근로자를 대상으로 실시한《2008년 연구 보고서》에서도 몰입도가 낮은 직원의 병가 사용 일수는 몰입도가 높은 직원에 비해 25퍼센트 더 많은 것으로 나왔다.

이렇듯 직원 몰입이 조직의 활력에 결정적인 요소라는 사실을 많은 연구와 데이터가 뒷받침해주고 있다. 직원을 몰입시키는 조직 문화일수록 성과가 탁월하다는 것이다. 그렇다면 어떤 동기가 몰입시키며 어떤 동기가 몰입을 감소시킬까? 닐 도쉬와 린지 맥그리거가 말한 6가지 동기를 기준으로 살펴보자.

6가지 동기

1) 일의 즐거움[214] : 6가지 동기 중에 직원을 몰입하게 하는 가장 강력한 동기이다. 많은 사람이 영화, 드라마, 게임, 낚시, 축구, 독서, 레고 등에 빠져 있다. 왜? 즐겁기 때문이다. 인간은 원래 '호모 루덴스', 즉 놀이하는 인간으로 즐거움을 추구한다. 그런데 만약 일 자체가 유희의 근원이 된다면 어떻게 될까? 별도의 동기부여가 필요 없을 만큼 사람을 몰입시킬 것이며 생산성 향상은 불 보듯 뻔할 것이다.

물론 일에서 즐거움을 찾고 있는 직장인은 현실적으로 거의 없다. 하지만 순수한 즐거움은 아닐지라도 일을 통해 즐거움을 느낄 수 있도록 환경을 조성하는 회사들은 많다. 성취와 호기심이 자율성과 조합되면 즐거움을 느낄 가능성이 매우 크다. 도요타는 공장 직원들이 새로운 아이디어와 도구를 조립 라인에 실험해볼 수 있는 기회를 주고 있으며, 구글, 3M, 인튜이트 등 많은 기업은 근무 시간의 10~20퍼센트를 자신이 진짜 하고 싶어 하는 것에 할애하도록 한다. 즐거움을 추구할 수 있게 한 것이다. 흥미로운 사실은 그런 자유 시간을 통해 때론 혁신이 생긴다는 것이다. 구글의 지메일이 바로 20퍼센트의 자유로운 시간에서 탄생한 혁신 사례이다.

직원의 성향과 맞는 직무 설계도 즐거움을 찾는 데에 도움이 될 수 있다. 자신의 성향이나 능력과 괴리감이 큰 업무에서 즐거움을 찾기란 힘들기 때문이다. 사회적 욕구 충족도 즐거움의 중요한 요소이다. 무엇을 하는가에 못지않게 누구와 일하는가도 매우 중요하다. 얼굴만 봐도 즐거운 사람들과 함께 일을 한다면 일이 즐거울 가능성도 커진다. 자율성과 사회적 욕구는 조직에서 매우 중요하기 때문에 '자율성과 통제권', '팀워크' 장에서 더 자세히 다룰 예정이다.

2) 일의 의미 : 의미 동기는 일의 결과가 가치 있다고 생각할 때 발생한다. 일 자체에서 동기를 얻는 즐거움 동기보다는 영향력이 낮지만, 그래도 자신이 하는 일에서 의미를 느끼고 있다면 충분히 몰입할 수 있다.

사람을 살리는 일을 하고 있다는 의사와 간호사, 정의를 실현하는 일을 하고 있다는 검사와 변호사, 공간에서 최고의 가치를 제공하려는 건축 관련 종사자, 최상의 맛을 고객들에게 제공하고 있다고 여기는 요리사, 올바른 지식을 전하고 있다고 믿는 작가, 고객의 귀한 돈을 지켜주고 있다는 자부심을 가진 금융전문가 등은 일은 비록 힘들지만 자신의 일의 가치가 의미 있다고 여기기 때문에 일에 몰입할 수가 있다.

그런 의미에서 굿 컴퍼니 전략은 소비자들에게는 긍정적인 브랜딩이 됨과 동시에 직원들에게는 일의 의미를 고취시키는 역할을 하기도 한다. 정신분석학의 대가인 빅터 프랭클Viktor Frankl은 "인간이 의미를 찾는 것은 그 사람의 삶에서 가장 기본적인 동기부여이다."라고 말했다. 구성원 모두가 공감할 수 있는 가치 있는 비전을 세우고 그 비전을 일을 통해 다양한 방식으로 느낄 수 있게 한다면 구성원들은 몰입하게 될 것이다.

3) 일의 성장 : 성장 동기는 일의 2차적인 결과가 자신이 원하는 가치에 부합할 때 발생한다. 일의 의미가 조직의 목표와 연관이 있다면, 일의 성장은 개인의 목표와 관련이 깊다. 현재 하는 일을 자신이 미래에 원하는 모습이 되기 위한 과정으로 여기는 것이다.

예를 들어 핸드폰을 만드는 회사에서 근무할 때, 매일 하는 일에 즐거움을 전혀 느끼지 못할 수도 있고, 자사의 핸드폰이 고객들의 삶의 질을 높여주는 가치 있는 것이라 생각하기 힘들 수도 있다. 하지만 개인적 목표가 회사 '임원'이 되는 것이라면 비록 일이 재미있지도 않고 일의 결과가 주는 의미에 고취되지 못한다 하더라도 일에 충분히 몰입할 수 있다.

쉐이크쉑Shake Shack의 창업자 대니 메이어가 레스토랑을 창업하기 전 2년 넘게 식당에서 일을 한 것도 성장 동기 때문이었다. 주방 보조를 하면서 즐거움이나 의미를 느끼지 못했지만 개인적인 창업이라는 목표가 있었기 때문에 일을 열심히 잘할 수 있었던 것이다.

구성원들의 성장을 이끌 수 있는 여러 교육 프로그램, 공정성 있는 성과 측정, 투명한 승진 제도 등을 통해 성장 동기를 이끌 수 있다.

다음에 언급할 정서적 압박감, 경제적 압박감, 타성은 몰입을 방해하는 동기들이다.

4) 정서적 압박감 : 정서적 압박감은 부정적 감정으로 인해 일을 해야 하는 상황을 말한다. 부정적 감정을 일으키는 요인은 내·외부에 모두 존재한다. 예를 들어 개인의 목표가 성장 목표가 아닌 증명 목표일 경우 내부 요인으로 인한 정서적 압박감을 느낄 수 있다. 성장 목표와 증명 목표는 우리가 《완벽한 공부법》을 집필하면서 만든 개념인데, 일의 목적을 어디에 두느냐에 그 차이가 있다.

성장 목표는 자신의 능력을 향상하는 데 목적을 둔다. 즉, 비교 대상은 과거의 자신이며, 현재의 모습이 좀 부족하다 할지라도 과거의 자신보다 성장했다면 그것으로 만족한다. 자신의 실패나 실수는 과정의 일부로 받아들인다. 목표의 결과가 자기 자신에게 달려 있음으로 압박감을 덜 느낀다.

반면 증명 목표는 자신의 능력을 주변 사람들에게 입증하는 것이 목적이다. 실수와 실패를 하게 되면 자신의 능력을 증명하지 못할 가능성이 크기 때문에 압박감을 느끼게 된다. 또한 타인과 비교하기 때문에 일의 결과에 대한 통제력이 자기 자신에게 없다고 느낄 가능성이 크다.

하지만 직장에서 느끼는 정서적 압박감은 이러한 내적 요인보다 외적 요인으로 인한 것이 더 크다. 항상 호통을 치는 상사, 눈치를 주는 동료나 각종 감시 등에 의해서 일을 하게 된다면 당연히 몰입은커녕 일의 성과조차 나오기가 쉽지 않을 것이다.

5) 경제적 압박감 : 경제적 압박감은 단지 보상을 위해서 혹은 처벌을 받지 않기 위해서 일을 할 때 발생한다. 실제 우리나라 대부분의 직장에서 작용하는 동기이다. 하지만 경제적 동기만으로는 구성원들을 몰입시킬 수는 없다. 그저 돈을 받은 만큼 일하고 처벌을 피할 만큼 일한다는 마인드로 일에 접근하기 때문이다. 그래서 오히려 조직에서 원하는 결과를 못 얻는 경우도 많다.

한 예로, 제조업 공장에서 일정 기간 동안 안전사고가 나지 않으면 인센티브를 주는 제도를 실시했더니 사고가 발생해도 신고를 하지 않는 경우가 발생했다. 심지어 크게 다쳤음에도 동료들의 압박으로 눈치를 봐야 하는 상황까지 벌어졌다. 사고율을 낮춰 생산성을 올리기 위해 실시한 인센티브 제도가 실패한 것이다. 실제로 많은 조직에서 인센티브 혹은 처벌을 주기 위해 시행하는 개인성과 평가나 과오 평가가 객관적이고 공정하지 않은 것으로 알려져 있다.

2017년 대한상공회의소가 대기업과 중견기업 직장인 700명을 대상으로 실시한 '인사평가제도에 대한 직장인 인식조사' 결과, 직장인 75.1퍼센트가 '인사평가제도를 신뢰하지 않는다'고 답했다.[215] 즉, 직장인 4명 중 3명은 조직의 평가를 믿지 않는 것이다. 이런 상태에서 경제적/처벌 동기는 일에 몰입하는 데에 매우 좋지 않은 영향을 끼칠 수밖에 없다.

물론 돈을 중시하는 현대사회에서 금전적 보상은 의외로 강력한 내적 동기를 불러일으킬 수도 있다. 이 경우, 엄청난 스톡옵션이나 보너스처럼 그야말로 확실한 보상이 주어져야만 한다. 수백억짜리 프로젝트에 큰 기여를 했는데 인센티브가 수십 혹은 수백만 원에 그친다면 내적 동기가 되기 힘든 건 당연해 보인다.

또한 1945년 심리학자 카리 둔커Kari Dunker가 실시한 유명한 실험을 시작으로 많은 연구를 통해 밝혀졌듯이 경제적 압박감은 창의성을 저하시키는 역할을 한다. 일의 결과가 그저 돈이나 처벌이라고 여길 경우 자유로운 생각을 할 수 없다는 말이다. 그러므로 경제적 압박감으로 일을 하면 몰입할 수가 없다.

6) 타성 : 타성은 어제도 일을 했으니 오늘도 그저 일을 하는 것을 말한다. 이는 동기가 거의 없는 수준으로, 타성에 젖은 구성원들이 많은 조직은 답이 없다. 좀 시간이 지난 자료이지만 2012년에 실시된 '회사를 다니는 이유'에 대한 설문 조사에서 약 7퍼센트의 직장인들이 '다른 할 일이 없어서'라고 답했다. 생계유지, 이직, 개인적 목표 달성, 사회 기여 등 여러 가지 동기가 제시되었지만 이들은 그것들에서 아무런 동기를 받지 못한 것이다. 다른 할 일이 없어서 그저 일을 하는 것은 전형적인 '타성'의 모습이다. 조직은 이 7퍼센트의 구성원들로 하여금 새로운 동기를 만들 수 있도록 할 필요가 있다. 그렇지 않다면 개인이나 조직이나 득이 될 것이 아무것도 없다.

조직은 일의 즐거움, 의미, 성장이라는 3가지 동기를 극대화하는 것은 물론, 정서적 압박감, 경제적 압박감, 타성이라는 3가지 동기를 최소화하고 이를 보완함으로써 직원들을 몰입시켜 성과를 끌어올릴 수 있다. 조직의 리더들이 '타성'에 젖어 훌륭한 조직 문화를 만드는 데에 주저하고 소극적으로 대처한다면 비즈니스라는 전쟁터에서 승승장구하기 힘들 것이다. 변화하기 가장 좋은 때는 바로 지금이다.

자율성과 통제권

> "시키는 대로 해서
> 노벨상을 탄 사람은 아무도 없다."
>
> - 조이 이토(Joi Ito) -

규칙을 어기다

미국 해병대 총사령관이었던 찰스 크룰라크^{Charles Krulak} 장군은 기초 훈련 과정에 '지옥의 용광로'라는 프로그램을 만들었다.²¹⁶⁾ 새벽 2시에 출발해 80킬로미터에 달하는 장애물 훈련장을 완주하는 프로그램으로, 모든 소대원이 15킬로그램 군장을 착용하고 54시간을 버텨야 하며, 잠도 3~4시간밖에 잘 수 없는 말 그대로 '지옥'의 길을 헤쳐 나가야 한다.

지옥의 용광로에서 최고의 하이라이트 코스는 '팀버맨 병장의 탱크'라는 코스이다. 축구장 크기의 웅덩이에서 한 교관이 훈련병들에게 이렇게 소리쳤다.

"적들이 저 지역을 화학 무기로 오염시켰다. 완전 군장을 하고 방독면을 쓴 채로 저곳을 지나가야 한다. 몸이 바닥에 닿으면 처음부터 다시 시작한다. 웅덩이에서 60분 이상 지체해도 실패한 것으로 간주해 처음부터 다시 시작한다. 모든 소대원은 팀 리더의 구두 지시에 따라야 한다. 반복한다! 팀 리더의 구두 명령 없이는 움직이지 마라. 명령을 받은 후 행동하라. 이 지시를 한 사람이라도 어기면 실패한 것이므로 처음부터 다시 시작한다."

최고 지옥의 코스를 앞두고 다들 긴장해 있을 때, 어느 한 소대의 훈련병이 웅덩이 가장자리에서 긴 두 개의 나무판자를 발견했다. 밧줄도 함께 있어서 소대원들이 모두 나무판자를 발에 묶고 함께 발을 맞춰 가면 웅덩이를 쉽게 건널 수 있을 것 같았다. 리더는 훈련병의 얘기를 듣고 그 아이디어를 실행해보자고 했다. 이들은 나무판자에 발을 묶고 방독면을 쓴 후 출발했다.

하지만 생각보다 이동이 쉽지 않았다. 오른발과 왼발을 모든 소대원이 동시에 움직여야 하는데 방독면 때문에 리더의 구두 지시가 잘 들리지 않아 우왕좌왕했다. 이렇게 해서는 60분 안에 웅덩이를 건너는 것은 요원해 보였다. 리더는 자신의 뒤에 있는 대원에게 멈추라고 지시했고, 그 내용이 전달돼 소대원들은 멈춰 섰다. 리더는 결단을 내려야만 했다. 자신이 아무리 큰 소리를 낸다 하더라도 방독면 때문에 전 소대원이 자신의 목소리를 들을 수 없다. 소리가 아닌 다른 신호로 박자를 맞추게 해야 한다.

리더는 왼쪽 어깨와 오른쪽 어깨를 차례로 들썩였고 이 신호를 보고 소대원들이 발을 맞추어 올 수 있게 했다. 처음에는 쉽지 않았지만 차츰 소대원들은 리더의 어깨 움직임을 보고 발을 맞출 수 있었고 웅덩이를 60분 이내에 건널 수 있었다.

하지만 이는 명백한 규칙 위반이다. 교관은 리더의 '구두 지시'에 의해서만 훈련병들에게 움직이라고 했기 때문이다. 이들은 처음부터 다시 웅덩이를 건너야 했을까? 교관은 소대를 합격시켰다. 그리고 말했다.

"엄밀히 따져서 그들에게 처음부터 다시 시작하라고 할 수도 있었습니다. 팀원들이 리더의 구두 명령을 듣지 않고 움직였으니까요. 하지만 그 훈련의 목적은 거기에 있었습니다. 훈련병들이 방독면을 쓰고 있어서 소리를 잘 듣지 못한다는 걸 이미 알고 있습니다. 웅덩이를 건너는 유일한 방법은 제2의 해결책을 생각해내는 것입니다. 리더의 명령대로 움직이는 척하는 편법을 생각해내는 겁니다. 우리는 훈련병들에게 명령대로만 움직일수 없다는 걸 가르치려고 노력합니다. 때로는 혼자 힘으로 상황을 통제하는 방법을 생각해낼 수 있어야 한다고 가르칩니다."

독일 군인 헬무트 폰 몰트케Helmuth von Moltke는 "어떤 계획도 적과의 교전에서 살아남지 못한다."라고 말했고, 권투선수 마이클 타이슨Michael Tyson은 "누구나 계획이 있다. 주둥이를 얻어터지기 전까지는."이라고 말했다. 전쟁과 승부의 세계에서 현장은 불확실성 덩어리다. 전략에 따른 세밀한 계획이 소용없을 때가 많다. 그렇기에 실전에 투입된 군사들에게는 때론 규칙과 명령을 어길 수 있는 '독립적 사고'가 필요하다. 또한 조직은 구성원들이 '독립적 사고'를 할 수 있는 자율성을 허락해줘야 한다.

특히 규모가 큰 조직일수록 독립적 사고는 더 중요해진다. 영국 경제학자 프리드리히 하이에크Friedrich Hayek는 정보에 대한 맥락을 이해해야 한다

고 주장한다.[217]

중앙에서 결정을 내릴 경우, 소모적인 업무 중복을 피할 수 있고, 전체적인 균형감이 좀 더 높아지며, 조직 전체로 고장 자원을 분산함으로써 평균 비용을 낮출 수 있다. 그렇지만 조직의 말단이나 현장 담당자가 위에서 간과하고 있는 국지적인 정보를 바탕으로 판단을 내려야 할 때가 있다. 특히 예기치 못한 상황이나 위기 시에 그렇다. 만약 중앙의 결정이 현장 상황과 맞지 않는다면, 현장 실무자는 독립적으로 판단할 수 있어야 하며 그렇게 하는 것이 더 바람직하다.

미국의 플로리다행 비행기가 고도 3만 6,000피트 상공에서 조종석이 연기에 휩싸이는 비상사태가 발생했다.[218] 연기의 원인이 무엇인지도 알 수도 없었을 뿐만 아니라 연기로 인해 어떤 일이 벌어질지도 알 수 없는 상태였다. 조종사가 호흡곤란을 일으켜 조종석에 앉아 있을 수도 없는 최악의 상황이 일어날 수도 있었다. 조종사는 공중을 감시 중이던 관제사에게 즉시 하강이 필요하다고 무전을 쳤다.

그런데 하필 그때 플로리다로 향하는 또 다른 비행기가 문제가 발생한 비행기 2,000피트 아래에 있었다. 연방항공국의 규칙에 따르면 비행 중에는 다른 비행기와 1,000피트 이상 고저 차이를 유지해야 하며, 5마일 이내로 근접해서는 안 된다. 안전거리를 확보하지 못하면 충돌할 수도 있기 때문이다. 게다가 두 비행기는 매우 좁은 항로로 비행하고 있었다. 이때 관제사는 어떠한 판단을 내려야 할 것인가?

당시 항공 관제사는 규칙을 어기고 문제의 비행기에 강하하라고 지시했다. 문제의 비행기가 강하하면 다른 비행기와의 안전거리를 침해하게 된다. 안전거리가 침해되면 경고 알람이 울려 다른 비행기에 혼란을 가중시킬 수 있다. 하지만 노련한 관제사는 문제 비행기에 강하 지시를 내린 직후 다른 비행기에 무전을 쳐 현재 상황을 명확히 설명해 최대한 당황하지 않게 했고, 충돌 위험을 피할 수 있도록 조율했다. 고장 난 비행기가 강하하면서 또 다른 3대의 비행기를 지나쳤을 때에도 관제사는 모두 무전을 보내 조종사들이 상황을 제대로 파악할 수 있도록 했다. 결국 연기가 난 문제의 비행기는 안전하게 착륙했고, 다른 비행기들도 문제없이 플로리다에 도착할 수 있었다.

126명의 승객을 살릴 수 있었던 것은 규칙을 깰 수 있는 관제사의 독립적 사고였다. 정보가 있는 곳에 권한이 있어야 한다. 비상시 규칙을 어길 수 있는 조직 문화를 만들 때 현장에서 리더의 계획과 매뉴얼을 뛰어넘는 창의적인 판단이 나올 수 있다. 그렇다면 승리는 더 가까워진다.

관리자가 없는 조직

'연쇄할인마'.

연쇄살인마의 오타가 아니다. 연쇄할인마는 게임을 즐기는 사람들이 '스팀'을 일컫는 말이다. 스팀은 세계 최대의 게임 온라인 유통 플랫폼으로 게임계의 아이튠즈라고 생각하면 된다. 스팀의 매출은 평상시에는 생각보다 높지 않다. 하지만 할인 기간에는 평소의 1,000퍼센트가 넘는 매출을 기록하는데 그 이유는 할인 혜택이 매우 파격적이기 때문이다. 그래서 스팀이 할인을 시작하면 너무나 놀라운 가격에 두 손 두 발 다 들고 결제를 하지 않을 수 없기에 스팀을 '연쇄할인마'라고 부르게 된 것이다.

스팀을 출시한 밸브 소프트웨어는 역대 최고의 게임 중에 하나인 하프라이프를 만든 게임회사로 직원 400명을 거느린 중견기업이다.[219] 비상장기업이지만 추정되는 기업의 가치는 30~40억 달러에 이른다.

밸브에 처음 들어온 신입사원들은 회사에 적응하는 데 6개월이나 걸린다고 한다. 왜냐하면 누구도 신입사원에게 무엇을 하라고 지시하지 않기 때문이다. 밸브는 조직의 기본이라고 할 수 있는 '관리자'가 없다. 직책도 없고 정해진 일도 없다. 당연히 신입사원들은 밸브의 조직 문화에 당황할 수밖에 없을 것이다. 결국 주어진 시간에 무엇을 할지 스스로 결정해 회사의 가치를 끌어올릴 만한 일을 찾아야 한다.

밸브의 조직 문화를 대변하는 것은 직원들이 쓰는 책상이다. 모든 책상에는 바퀴가 달려 있어 회사 내 어디든 갈 수 있으며 누구와도 협업할 수 있다. 근무 환경까지도 스스로 바꿀 수 있는 권리가 부여된 것이다.

2010년 심리학자 알렉스 하슬람Alex Haslam과 크레이그 나이트Craig Knight는 4개의 사무실 환경을 만들어 실험 참가자들에게 각 사무실에서 한 시간 동안 일을 하게 한 후 업무 성과와 정서적 만족감을 측정해보았다.[220] 첫 번째 사무실은 아무런 추가적인 장식을 하지 않고 깨끗한 책상과 회전의자 하나로 이루어진 깔끔한 사무실이었다. 두 번째 사무실에는 벽에 여러 사진도 걸어두고 화분도 몇 개 가져다 놓았다. 사람들은 첫 번째보다 두 번째 사무실에 있을 때 업무 성과나 일의 만족도가 높은 것으로 나타났다.

세 번째 사무실과 네 번째 사무실은 두 번째 사무실과 똑같이 설정해 놓았다. 그런데 흥미롭게도 세 번째 사무실에서 일을 한 실험 참가자들이 4개의 사무실 중에 가장 좋은 업무성과를 냈을 뿐만 아니라 만족도 또한 최고로 높았다. 반면 네 번째 사무실은 4개의 사무실 중 성과와 만족도가 가장 낮게 나왔다. 도대체 무슨 일이 벌어진 것일까?

세 번째와 네 번째 사무실은 두 번째 사무실과 환경이 같았지만, 세 번째 사무실에서 일하는 사람들에게는 환경을 자신이 원하는 대로 바꿀 수 있도록 했다. 네 번째 사무실 역시 환경을 원하는 대로 바꿀 수 있게 했지만 일정 시간이 지나자 원래대로 복구했다. 결국 자율권의 유무가 실험 참가자들의 업무성과와 만족도에 큰 영향을 미친 것이다.

밸브에서는 이런 실험 결과가 긍정적으로 적용되고 있다고 볼 수 있다. 기업에서 자율권이 성과를 끌어올리는 데에 중요한 역할을 한다는 것을 증명한 연구는 매우 많다. 로체스터 대학교 교수인 에드워드 데시[Edward L. Deci]와 리처드 라이언[Richard M. Ryan]은 미국 투자은행의 직원들을 대상으로 자율성과 성과의 관계를 연구했다.[221] 직원들이 회사에서 느끼는 자율성은 자신이 하는 일에 대한 결정권이 얼마나 있는지, 상사가 얼마나 자신의 의견을 경청하는지와 관련이 깊었다. 두 교수는 자율성 조사를 끝낸 후 직원들의 업무 성과표를 받아보았다. 비교 결과 자율성과 업무 성과에는 유의미한 상관관계가 있음이 드러났다.

혹시 밸브 같은 소프트웨어 회사나 금융회사 같은 화이트칼라 회사에서나 자율성이 효과를 발휘한다고 생각할지 모르겠다. 하지만 전혀 그렇지 않다. 생산 공장에서도 자율성과 생산성의 긍정적인 상관관계는 존재한다.

셰필드 대학교의 카말 버디Kamal Birdi 교수 연구 팀은 무려 22년에 걸쳐 308개의 제조회사를 조사했다. 이들은 기업에서 채택한 다양한 생산성 향상 제도를 추적했다. 공급망 제휴, 전사적 품질 관리, 적시생산 같은 것들 말이다. 그런데 놀랍게도 이것들은 생산성과 유의미한 상관관계가 별로 없었다. 그러나 단 하나는 생산성에 큰 영향을 줬는데, 바로 직원들에게 통제권과 자율권을 부여한 제도였다. 즉, 시스템을 효율적으로 하는 제도를 마련하는 것보다 직원들에게 적절한 권한을 부여하는 것이 더 효용이 높다는 것이다. 실제 자율권을 얻은 직원은 일반적인 직원들보다 1인당 부가가치를 9퍼센트나 더 냈다.

심지어 토마토 생산에도 자율성의 마법은 유효하다. 모닝스타 컴퍼니는 세계에서 가장 큰 토마토 가공회사이다. 이 회사 또한 밸브처럼 관리자가 없다. 여기서는 같이 일하는 동료들끼리 '동료 양해 각서'라는 것을 만들어 각자 자신의 역할에 책임을 지고 있다. 이런 시스템으로 모닝스타는 40년간 성장했다.

직원이 자신의 동료를 자발적으로 돕거나 회사의 가치를 높이기 위해 아이디어를 스스럼없이 내는 행동을 '조직 시민행동'이라고 한다. 어떤 조직이든 조직 시민행동이 많이 나타날수록 좋다. 홍콩 시립대학교 교수인 무아메르 외저Muammer Özer가 보석 세공사 266명을 연구한 결과, 자율성이 높은 직원일수록 조직 시민행동을 더 많이 한다는 것을 알게 되었다. 다시 말해 통제가 아니라 자율성을 허락할 때 조직에 대한 헌신도가 더 높아진다는 것이다.

앞서 살펴본 총동기 이론으로 볼 때 자율성은 가장 긍정적인 동기부여인 일의 즐거움과 일의 의미를 동시에 느끼게 해주고 정서적 압박감으로부터 벗어나게 해줄 가능성이 높다. 또한 자율성은 창의적 발상의 토대가 된다. 높은 동기부여에 따른 몰입과 창의성 발현은 당연히 조직의 생산성 향상에 크게 기여할 수밖에 없다.

에드워드 데시는 이렇게 말했다.

"옳은 질문은 '우리는 어떻게 다른 사람에게 동기부여를 하는가?'가 아닌 '사람들이 스스로 동기를 부여할 수 있는 환경을 만들기 위해서는 어떻게 해야 하는가?'이다."

통제권을 넘겨주고 자율성을 보장할 때 스스로 동기를 부여할 수 있게 하는 환경을 만들 수 있을 것이다.

스트레스와 통제권

회사에서 임원들의 스트레스는 그야말로 엄청날 것 같다. 왜냐하면 잘 못된 의사결정 하나로 때론 천문학적인 금전 피해를 회사에 입힐 수도 있고 수많은 직원의 신상에 악영향을 미칠 수도 있으니 말이다.

영국에서는 수십 년 전 '화이트 홀'이라는 연구를 통해 임직원과 스트레스의 관계를 밝혔다.[222] 그런데 의외의 결과가 나왔다. 과중한 책무로 스트레스를 많이 받을 것 같던 임원이 상대적으로 책임이 작은 일반 직원들보다 오히려 스트레스에 영향을 받지 않는 것으로 나타난 것이다. 각종 스트레스 질환으로 고생을 한 사람들은 대부분 말단 직원들이었다. 2004년 런던 대학교 공중보건 연구진이 실시한 조사도 이와 비슷한 결과가 나왔다. 말단 직원은 최고위 임원보다 조기 사망률이 4배나 높았고, 정신질환을 앓을 확률도 월등히 높았다. 원숭이를 대상으로 한 연구에서도 비슷한 패턴을 보였다. 계급이 낮을수록 각종 스트레스 질환에 시달릴 확률이 높았던 것이다. 왜 상대적으로 작은 책임을 짊어지고 있는 말단 직원이 고위 직급의 사람들보다 더 스트레스를 받는 것일까?

사람이 스트레스를 받는 순간 코르티솔cortisol이라는 호르몬이 분비된다.[223] 코르티솔은 혈압을 높게 유지하고 심박수를 늘리는 동시에 생식, 소화, 성장, 에너지 저장 등 인간의 장기적 생존과 관련된 것을 일시 중단시킨나. 왜냐하면 스트레스 반응은 인간에게 싸우거나(투쟁) 혹은 도망가야 하는(도주) 급박한 상황에 대처하기 위해 나타나는 현상이기 때문이다.

그래서 약간의 스트레스는 긍정적인 역할을 한다. 순간적으로 집중력이 올라가 상황 대처 능력이 상승하는 것이다. 하지만 코르티솔이 수시로 분비된다면 어떻게 될까? 인간의 장기적 생존 기능을 일시적으로 정지시키는 코르티솔의 특성에 의해 건강에 치명적인 손상을 입을 것이다.

오하이오 주립대학 행동의학연구소는 연구를 통해 스트레스가 염증, 심혈관계 질환, 고혈압, 당뇨, 관절염, 골다공증, 비만, 치매, 치주 질환, 노환 등 다양한 질병을 야기할 수 있다는 사실을 밝혀냈다.[224] 또한 면역 체계에도 영향을 미쳐 상처 치유 지연 부작용을 일으키고 만성 피로를 야기한다고 한다.

그런데 스트레스가 진짜 치명적인 이유는 '뇌'를 변화시키기 때문이다.

뉴욕 록펠러 대학의 브루스 매큐언Bruce McEwen 교수는 쥐들을 3주 동안 스트레스를 받는 상황에 놓이게 했다. 그러자 의사결정과 감정 조절을 담당하는 전전두엽과 기억을 관장하는 해마 부위가 수축되는 현상이 나타났다. 반대로 공포나 부정적인 감정을 처리하는 편도체는 커졌다. 즉 만성적 스트레스에 노출된 쥐들은 인지 능력이 저하되고 불안 증세가 증폭된 것이다.

인간 또한 마찬가지다. 만성적 스트레스에 의한 코르티솔의 과다 분비가 지속된다면 인지 활동을 하는 뇌는 치명적인 손상을 입고, 감정적 반응을 감당하는 뇌는 더 커져버리게 되면서, 문제해결 능력 저하, 이성적 판단 마비, 감정의 극심한 기복을 겪게 되는 것이다.

그렇다면 구체적으로 어떠한 상황에 직면할 때 스트레스 반응을 보이는 것일까? 보통 세 가지 상황에서 스트레스 반응이 일어난다.225) 첫째, 새로운 상황이다. 예일 대학교 연구진은 아무런 나쁜 일이 일어나지 않고 환경의 어떤 위협적인 요소도 없는 곳에 쥐를 두었는데 그저 새롭다는 이유 하나만으로 코르티코스테론corticosterone이 분비되는 것을 발견했다. 코르티코스테론은 인간의 코르티솔과 같은 기능을 한다. 둘째, 불확실한 상황이다. 1970년대 존 헤네시John Hennessy 연구 팀은 쥐에게 위험하지 않은 가벼운 충격을 준 뒤 충격에 변화를 줬는데, 충격의 강도보다 충격을 주는 타이밍에 따라 코르티솔이 더 크게 출렁거린다는 것을 알아냈다. 타이밍이 바뀌어 예측 불가능한 상황이 벌어질 때 더 큰 스트레스를 받는 것이다. 세 번째, 통제 불가능한 상황이다. 동물 A와 B는 같은 충격을 받지만 A는 레버를 당겨 충격을 멈출 수 있었고, B는 그렇지 못했다. B는 A와는 비교할 수 없는 엄청난 스트레스를 받았다. 그런데 흥미로운 사실은 A의 레버가 고장 나 충격이 사라지지 않았을 때에도 충격에 대한 스트레스가 줄어드는 현상이 벌어졌다. 통제 가능성에 대한 허상이 있는 것만으로도 스트레스가 줄어든 것이다.

자신이 하는 일에 대해 어떠한 권한도 없다고 가정해보자. 자율성은 물론 통제권도 전혀 없다면, 당연히 스트레스를 받을 수밖에 없다. 게다가 상부의 지시에 따라서만 움직여야 한다면 어떻게 될까? 항상 불확실성에 노출되어 있는 것과 같다. 또한 예측 가능성이 떨어지기 때문에 새로운 지시가 거의 항상 새로운 상황처럼 여겨질 수 있다. 다시 말해 조직 내에 권한이 없을수록 스트레스에 노출되는 강도가 더 커진다는 것이다.

게다가 코르티솔이 분비될 때 뇌는 과거 코르티솔이 분비될 때의 기억과 감정을 불러일으키는 경향이 강하다. 과거에 스트레스가 많았다면 현재의 스트레스는 더 가중되어 나타나는 것이다. 그래서 스트레스는 우울증과 매우 관련이 깊다. 결국 이러한 메커니즘에 의해 말단 직원이 임원보다 더 일찍 죽고 더 많이 아픈 것이다.

비즈니스의 현장은 불확실성이 지배하는 경우가 많다. 예기치 못한 상황이나 비상시에 창의적인 해결책을 낼 수 있도록 때로는 규칙을 어겨도 된다는 신호를 줘야 한다. 독립적 사고를 할 수 있세 해야 하는 것이다. 또한 최소한 자신이 하는 일이나 자신이 있는 근무 환경에 대해서는 스스로 선택할 수 있는 권리를 줘야 한다. 그렇게 될 때 직원은 더 일에 몰입할 수가 있다. 그리고 무엇보다 직원들에게 합당한 통제권을 줄 때 직원들은 더 건강해질 수 있다. 직원의 건강과 조직의 생산성은 매우 밀접한 관계에 있다. 그리고 생산성을 떠나 직원들은 '인간'이다. 귀중한 한 생명이다. 서로의 생명을 보호하는 것은 인간의 존재론적 사명이다. 그래야 우리 모두 살 수 있기 때문이다.

자유는 인간의 본능적 욕구임을 잊지 말자.

인사가 만사

> "큰 사람들이 없는 큰 비전은
> 쓸모가 없다."
>
> - 짐 콜린스(Jim Collins) -

채용의 어려움

많은 기업은 직원을 채용할 때보다 훈련하고 교육할 때 더 많은 비용을 쓴다. 하지만 구글은 인적자원 관련 예산 가운데 직원 채용에 들이는 비율이 평균 기업의 두 배나 된다. 회사가 필요로 하는 직원을 충분히 잘 뽑으면 나중에 교육과 훈련에 드는 비용을 그만큼 줄여도 된다고 믿기 때문이다.

이러한 인사 철학은 짐 콜린스의 저서 《좋은 기업을 넘어 위대한 기업으로》에 제시된 '사람 먼저, 다음에 할 일' 콘셉트와 일맥상통한다.

당신이 만약 버스를 몰고 멋진 여행을 간다고 생각해보자. 가장 중요한 것은 무엇이라 생각하는가? 아마도 목적지를 정하는 일일 것이다. 대부분 우리는 어디를 가야 할 때 목표를 중요하게 여긴다. 하지만 위대한 기업들은 그렇지 않았다. 그들은 어디로 갈지보다 누구를 태울지를 먼저 생각하고 고민했다. 무엇을 할지 그리고 어디로 갈지보다 누구와 일할 것인지를 최우선 과제로 놓았다는 말이다. 짐 콜린스의 《좋은 기업을 넘어 위대한 기업으로》는 여러 가지로 논란이 되는 책이다. 하지만 '사람 먼저, 다음에 할 일'은 비즈니스에서 여전히 중요한 개념으로 자리 잡고 있다.

2012년 2,500개 기업을 대상으로 연구한 결과, 잘못된 채용 1건으로 인해 생산성 감소, 사기 저하 등으로 평균 2만 5,000달러 이상의 비용을 기업이 감수해야 하는 것으로 나왔다.[226] 2013년 연구에서는 소매업체의 경우, 잘못 채용한 직원을 교체하는 데에 약 4,000달러의 비용이 소요된 것으로 밝혀졌다. 심지어 직원 한 명이 기업을 파산시킬 수도 있다. 200년이 넘는 역사를 자랑하던 영국 은행 베어링스는 조직 문화에 문제가 없었던 것은 아니었지만, 실제는 닉 리슨Nick Leeson이라는 한 명의 직원에 의해 파산했다.

그런데 채용이 무척 중요하다는 것을 알면서도 채용을 제대로 하기란 정말 어렵다. 1979년 텍사스 대학교 의학전문대학원에 800명의 지원자가 몰렸다.[227] 전문 면접관들은 최저 1점에서 최고 7점으로 면접자들의 점수를 매겼다. 출신 학교와 성적도 중요했지만 합격하기 위해서는 면접 점수가 핵심이었다. 왜냐하면 면접 점수 상위 350위 안에 든 지원자들 중에서만 합격자를 선별했기 때문이다.

그런데 떨어진 학생들에게 놀랄 만한 희소식이 날아왔다. 텍사스 주 의회가 신입생 50명을 추가로 뽑으라고 지시한 것이다. 그런데 의학대학원이 지시를 받았을 무렵 면접 점수 상위자 학생들은 이미 다른 대학원에 입학한 상태였다. 대학원은 어쩔 수 없이 면접에서 낮은 점수를 받은 학생들을 추가로 뽑을 수밖에 없었다.

이런 자연 실험적 상황을 학자들이 가만둘 리 없다. 심리학자 로빈 도스Robyn Dawes는 면접 상위자와 면접 하위자가 대학원에서 어떤 성과를 내는지 연구했다. 연구 결과는 놀라웠다. 두 그룹 사이에 아무런 차이가 발생하지 않은 것이다. 대학원 성적은 물론 레지던트 성과에서도 차별점을 찾을 수 없었다.

면접관들은 조직에 필요한 인재를 선별할 수 있다고 생각하겠지만, 이는 대부분 착각이다. 심리학자 리처드 니스벳Richard Nisbett은 이를 '면접 착각'이라고 명명했다. 조직이 이 면접 착각을 인정하고 이를 보완할 수 있는 채용 프로세스를 만들지 못한다면 잘못된 채용의 확률은 더 높아질 것이다.

▬▬▬ 면 접 착 각

리처드 니스벳은 면접 착각에 대해 이렇게 말했다.[228]

"착각의 토대는 자기는 실제로 존재하는 어떤 것을 있는 그대로 받아들인다고, 또 다른 사람의 성향을 읽을 수 있다고 자신한다는 점이다. 당신이 면접관이 되어 어떤 사람을 상대로 한 시간 동안 함께 있을 때, 당신은 그 사람이 하는 행동의 어떤 표본만을, 그것도 편견에 물들어 있을 가능성이 높은 표본만을 취한다는 사실을 깨닫지 못한다. 당신은 어떤 홀로그램, 어떤 작고 모호한 이미지를 바라보면서 상대방을 온전하게 바라본다고 생각한다."

2000년 톨레도 대학에서 발표된 논문은 면접 착각이 얼마나 극적인 영향을 끼칠 수 있는지 명확하게 드러낸 연구였다. 다양한 일반 성인으로 구성된 실험 참가자들이 실제 면접 동영상을 보고, 면접자들의 취업 가능성, 역량, 지성, 야망, 자신감, 소심함, 따뜻한 인정, 예의 수준, 호감도, 표현력 등 10가지 항목을 평가했다. 그런데 실험 참가자들은 해당 항목들을 평가하기 쉽지 않았다. 왜냐하면 동영상은 10초간의 면접 장면만을 포함한 짧은 동영상이었기 때문이다.

그런데 실험 참가자들이 평가한 10개 중 9개 항목이 실제 이 면접에 참여한 면접관들의 평가와 상당한 관련성을 갖는다는 사실이 밝혀졌다. 게다가 면접관들은 채용에 정확성을 기하기 위해 질문 내용과 방법을 미리 정한 구조화 면접을 시행했음에도 불구하고 이러한 결과가 나왔다.

그런데 이러한 결과를 면접관의 문제라고만 치부해서는 안 된다. 인간이라는 존재 자체가 평가 결함에서 벗어나기 쉽지 않기 때문이다. '선택' 편에서 살펴보았듯이 우리는 '인식론적 겸손'을 갖고 있어야 한다. 우리의 뇌는 절대 객관적이지 않다.

면접관들은 특히 '후광효과'와 '확증편향'의 마수에서 벗어나기가 힘들다.[229] 평가 기준과는 전혀 상관없는 긍정적인 특징 하나가 평가와 판단에 영향을 미치게 되면, 그 후부터는 부정적인 판단 증거보다 긍정적인 판단 증거만을 보게 되는 경향이 생기기 때문이다.

외모는 물론이거니와 키나 목소리 또한 평가에 혼동을 가져온다. 2013년 연구에 의하면 동일 인물의 사진을 가지고, 포토샵으로 한쪽은 키 195센티미터로 수정하고 다른 한쪽은 키 165센티미터로 수정한 후, 실험 참가자들에게 사진 속 인물의 리더십을 평가하게 했다. 실험 결과, 195센티미터의 키의 인물이 165센티미터보다 리더십이 25퍼센트나 더 있을 것이라는 평가를 받았다.

혹자는 실험실에서나 일어나는 일이라고 할지 모르겠지만, 미국과 영국 직장인 8,500명을 대상으로 어린 시절부터 성인기 후반까지 몇 십년간 연구한 자료에 의하면 키는 급여와 매우 큰 상관관계가 있음이 드러났다.

목소리 또한 리더십 평가에 크게 영향을 미쳤고, 면접이 이루어지는 시간 또한 정확한 평가를 교란시켰다. 예를 들어, 오전에 높은 점수를 부여하는 경향이 있었다면 오후에는 낮은 점수를 줄 확률이 높았다.

감리교 목사이자 영국 코오퍼러티브 은행의 의장이었던 폴 플라워스 Paul Flowers는 2013년에 퇴직을 권고 받았다.[230] 코오퍼러티브 은행이 2008년 금융 위기 때, 기존의 잘못된 운영 방식으로 인해 치명타를 입은 데다 폴 플라워스 개인이 코카인, 케타민 등 마약 소지로 유죄 판결을 받았기 때문이다. 게다가 플라워스는 은행의 의장임에도 불구하고 금융에 대해 무지했을 뿐만 아니라 은행 내부 사정 또한 제대로 아는 게 없었다. 예를 들어, 재무부 특별위원회 청문회에서 은행 자산에 대한 질문에 그는 30억 파운드라고 답했으나 실제 은행의 자산은 470억 파운드에 달했다. 어떻게 금융에 무지한 마약 복용자 감리교 목사가 은행 의장이 되었을까?

조합원 소유라는 남다른 영국의 기업 지배 구조가 한 몫 했지만 무엇보다 은행의 채용 심리검사가 한 몫을 했다. 플라워스는 그 검사에서 최우수 성적을 받았다. 자산 470억 파운드의 은행의 채용 심리검사는 마약 복용자에, 금융에 무지한 면접자를 선별해 내지 못했던 것이다.

채용, 정말 쉽지 않다.

━━━ 더 나은 채용을 위하여

프랭크 슈미트 Frank Schmidt 와 존 헌터 John Hunter 는 지원자의 사전 평가가 얼마나 정확히 지원자의 미래성과를 예측할 수 있는지에 대해 지난 85년간의 연구 자료를 메타 분석한 내용을 1998년에 발표했다.[231]

지원자의 미래 업무 성과를 가장 잘 예측하는 지표는 작업표본검사로, 29퍼센트의 예측 능력이 있다. 작업표본검사는 지원자가 미래에 할 일과 비슷한 작업을 하도록 한 다음, 평가를 하는 것이다. 우리는 여기서 한 가지 생각해 보아야 할 것이 있다. 채용 과정에서 특히 초점을 맞추어야 하는 것은 개인의 스펙보다 개인의 실제 업무 능력을 평가해야 한다는 점이다. 다시 말해, 스펙보다 포트폴리오나 실전 경험을 더 중시해야 한다는 뜻이다. 하지만 잊지 말아야 할 점은 예측력이 가장 높은 지표임에도 불구하고 겨우 29퍼센트에 그치고 말았다는 것이다. 왜냐하면 작업표본을 아무리 다양하게 준비한다고 해도 무수히 많은 변수가 발생하는 실제 작업에 비하면 부족할 수밖에 없기 때문이다.

그 다음으로 지원자의 미래 업무 성과를 잘 예측한 지표는 26퍼센트의 예측력을 보여 준 구조화 면접과 종합인지능력이다. 구조화 면접은 여론 조사에서 주로 사용되는 것으로 지원자의 답에 대한 평가 기준이 명확히 설정된 질문을 하는 면접을 말한다. 구조화 면접은 크게 행동 면접과 상황 면접으로 나뉜다. 행동 면접은 지원자가 지금까지 성취한 것들이 무엇인 지를 이야기하게 하고 그 성취들이 향후 업무와 어떻게 연관이 되는지에 평가하는 방식이다. 상황 면접은 업무와 관련된 가상의 업무 상황을 설정 및 제시하여 그 해결책에 대한 지원자의 답을 듣는 것을 말한다.

물론 구조화 면접 또한 평가 기준이 명확한 질문을 만드는 것 자체가 쉽지 않을 뿐만 아니라 채용 때마다 질문을 매번 바꿔야 하는 어려움이 있 다. 하지만 정확한 채용의 중요성을 보았을 때 결코 쉽게 넘어갈 수 있는 부분은 아니다.

지능지수 문제와 비슷한 종합인지능력 테스트는 학습능력과 관련이 깊 다. 학습능력이 높을수록 업무를 잘 처리할 가능성이 커지기 때문에 종합 인지능력을 측정하는 것이다. '성장' 편을 통해 더 자세히 언급하겠지만 학 습능력은 앞으로 더 중요한 인재의 조건이 될 가능성이 크다.

그 외의 미래 업무 성과 예측 지표들의 예측력은 다음과 같다. 따로 질 문이 정해져 있지 않은 비구조화 면접의 예측력은 14퍼센트, 일을 끝까지 완수하는 의지를 알아보는 성실성 평가는 10퍼센트, 주변인 평가는 7퍼센 트로 나타났으며, 특히 업무와 관련된 교육 수료 여부는 겨우 3퍼센트에 불과했다.

물론 맥락적 사고가 필요하다. 산업 특성이나 조직 상황상 더 유효한 면접 방법이 있기 때문이다. 그래서 시행착오를 통해 자기 조직만의 채용 평가 방법을 계속해서 업그레이드 할 필요가 있다. 위에서 언급한 연구들을 참고하게 된다면 시행착오의 비용을 절약할 가능성이 높아진다.

구글의 경우, 이 연구 결과를 받아들여 구조화 면접과 성실성 평가가 결합된 종합인지능력 테스트를 실시하고 있으며 무엇보다 지속적인 시행착오를 거쳐 '네 번의 면접 법칙'을 채용에 적용하고 있다. 채용 단계를 매우 중시하는 구글은 한때 최대 25번의 면접을 보기도 했다고 한다. 하지만 분석 결과, 네 번의 면접을 통해서도 86퍼센트의 신뢰도로 채용을 진행할 수 있다는 것을 알게 되었다. 다섯 번째 면접 때부터는 신뢰도 증가율이 1퍼센트 밖에 되지 않아 비용 대비 효과가 떨어졌다.

구글의 첫 번째 면접은 전문 채용 담당자에 의해 이루어진다. 채용 담당자는 이력서를 분석해서 지원자를 각 부서로 보내는 역할을 한다. 단, 채용 담당자는 구글의 다양한 업무 영역 예를 들어, 검색, 인공지능, 무인 자동차, 광섬유 인터넷 서비스 등을 잘 알고 있는 실력자들이다. 이 정도의 배경지식도 없이 이력서를 분석해 지원자를 적합한 부서로 보낼 수 없다.

두 번째 면접은 원격 면접이다. 영상 통화를 통해 지원자의 실력을 평가하는 면접 방식이다. 소프트웨어 엔지니어의 경우, 준비된 화이트보드에 소스 코드를 쓰도록 하는 시험을 본다. 원격 면접은 대인 면접에 비해 면접관과 지원자 모두 비용과 시간을 절약해주는 효과가 있다.

세 번째 면접은 자기가 일하게 될 부서의 상사 및 동료와의 면접이다. 만약 지원자가 신입사원이 아닐 경우에는 부하 직원을 면접관으로 만나야 한다. 후에 더 자세히 살펴보겠지만, 팀워크는 조직성과의 핵심 요소이다.

진정한 의미에서 팀에 적합한 인재인지, 팀의 분위기에 잘 어울릴 수 있는지는 팀원들이 가장 잘 파악할 수 있기 때문이다.

이미 앞에서 언급한 좋은 성과를 내는 최고의 직장인 홀 푸드 마켓과 벨브 또한 팀이 직원 채용에 매우 중요한 역할을 하며, 그 외에도 이미 좋은 인사성과를 내는 많은 기업들이 팀원 중심의 채용을 하고 있다.

네 번째 면접에서는 지원자가 일하게 될 분야와 전혀 다른 분야의 직원들을 면접관으로 만나게 된다. 예를 들어, 재무 팀 지원자가 영업 팀 직원들 앞에서 면접을 보는 것이다. 이 면접은 편견에서 벗어나 새로운 관점에서 지원자를 평가할 수 있다는 장점이 있다. 구글은 이 최종 면접을 통해 채용의 질이 상당히 올라간다고 자평한다.

이렇게 구글은 자신들만의 네 번의 면접 법칙이라는 채용 프로세스를 만들어 구글에 맞는 인재를 선별하고 있다.

자포스는 신입사원 교육 3주차에 회사를 떠나는 사람들에게 4천 달러를 주는 파격적인 채용 프로세스를 개발했다. 자포스에서 자신이 해야 할 일과 특이한 조직문화에 대해 알고 나서도 4천 달러를 받고 나갈 사람이라면 자포스와는 맞지 않는 사람이라고 여긴 것이다. 이런 과정을 거쳐 들어온 직원들은 기업에 대한 애착이 매우 강하다. 한 예로, 자포스의 본사와 콜센터를 샌프란시스고에서 라스베이거스로 옮기려고 할 때 무려 80퍼센트의 직원들이 이사를 결정했다.

자포스를 인수한 아마존은 그 기업 문화를 그대로 자신의 회사에 적용시켰다. 아니, 업그레이드해서 적용시키고 있다. 아마존은 '페이 투 큇Pay to Quit'이라는 퇴사 보너스 제안 프로그램을 실시했다. 아마존의 물류 창고 직원들은 초기 교육 기간에 5천 달러의 퇴사 보너스를 제안 받는다. 심지어 재직 기간 중 매년 제안을 받는다. 제프 베조스는 이렇게 말한다.

"이 프로그램의 목적은 직원들이 잠깐 시간을 내서 자신이 진정으로 원하는 것이 무엇인가를 생각해보도록 권장하는 것입니다. 장기적으로 볼 때, 자신이 있고 싶지 않은 직장에 계속 다니는 것은 그 개인이나 회사에 도움이 되지 않습니다."

2011~2012 회계연도에 진행한 갤럽의 연구에 의하면, 자신의 직업과 업무에 애착이 없는 직원 1명 대비 애착이 있는 직원이 9.3명 근무하는 기업은 경쟁사들보다 147퍼센트의 더 높은 주당순이익을 기록했다는 결과가 나왔다. 반면 애착이 없는 직원 1명 대비 애착이 있는 직원이 2.6명 근무하는 기업은 경쟁사들보다 2퍼센트 낮은 주당순이익을 기록했다. 퇴사 보너스 제안을 통해 조직 안에 직업과 업무에 열정이 넘치는 직원들로 채울 수 있다면, 경쟁사를 압도할 수 있는 어마어마한 힘을 얻게 되는 것이다.

퇴사 보너스 제안 제도는 많은 기업들의 벤치마킹 대상이 되고 있다. 세계에서 가장 인기 있는 게임인 리그 오브 레전드를 만든 회사 라이엇은 퇴사 보너스를 무려 2만 5천 달러나 제시하기로 결정했다. 라이엇 일반 직원 연봉의 10퍼센트에 해당되는 금액이다. 그것도 60일 이내에 결정하면 된다. 라이엇은 퇴사 보너스 비용이 자신들이 얻는 이득에 비하면 결코 크지 않다고 생각한다. 열정이 넘치는 조직문화가 중요하기 때문이다.

짐 콜린스는 "큰 사람들이 없는 큰 비전은 쓸모가 없다."라고 말했다.

인사(人事)가 만사(萬事)다.

팀워크

"제품, 서비스가 점점 더 복잡해지면서
'고독한 천재'의 자리를
'열성적이고 학제적인 협력자'가 차지했다."

- 팀 브라운(Tim Brown) -

팀 의 위력

외과 수술에 가장 큰 영향을 미치는 것은 무엇인가? 당연히 수술을 집
도하는 의사의 실력일 것이다. 영화나 드라마 등에서 천재 의사는 절망적
인 상황에서도 놀라운 실력을 발휘해 생명을 살린다. 이때 우리는 자신도
모르게 훌륭한 결과에 대한 모든 공을 천재 의사에게 돌리는 경향이 있다.
함께 수술을 했던 간호사, 마취 전문의 등은 눈에 잘 들어오지 않는다. 물
론 많은 이들이 수술 보조를 했던 팀원들의 노고를 무시하지는 않을 것이
다. 그러나 스카우트를 한다면 집도한 의사를 선택하지, 나머지 팀원들을

고려하지 않을 가능성이 크다. 집도의의 수술 기여도가 가장 크다고 생각하기 때문이다.

하버드 대학교 로버트 허크먼^{Robert Huckman}과 개리 피사노^{Gary Pisano}는 심장외과 전문의 203명이 각기 다른 43개 병원에서 2년 동안 집도한 3만 8,677건의 수술을 추적 조사했다.[232] 조사 대상으로 삼은 수술은 관동맥우회로 이식술로 수술 환자 중 평균 3퍼센트가 사망한다.

두 교수는 연구를 통해 흥미로운 패턴을 발견했다. 이 수술에서 특별히 좋은 성과를 내는 병원이 있었다. 다른 병원에 비해 평균 1퍼센트나 사망률이 낮은 것이다. 1퍼센트는 결코 작은 숫자가 아니다. 만 명을 수술하면 백 명의 생명을 살릴 수 있다. 그렇다면 성과가 좋은 병원은 조건은 무엇이었을까? 의사들의 수술 장소가 바로 자신이 근무하는 병원이었다. 1퍼센트나 사망률을 감소시킨 성과는 의사 개인이 아니라 바로 팀의 성과였다. 수많은 시행착오를 통해 집도의의 생각, 습관, 장단점을 잘 이해하고 있는 간호사와 마취 의사 등의 팀원과 함께 했기 때문에 의사도 자신의 기량을 마음껏 펼칠 수 있었던 것이다.

만약 어떤 스타플레이어가 팀에 속해 있다면, 그 스타의 실력은 오직 개인의 역량이 아닐 가능성이 크다. 그 스타가 속해 있는 팀 전체의 역량도 무시할 수 없을 만큼 크기 때문이다. 이는 스타 애널리스트의 경우도 마찬가지이다.

하버드 대학교 조직행동학 교수인 보리스 그로이스버그^{Boris Groysberg}와 그의 연구 팀은 9년간 《인스티튜셔널 인베스터》에서 선정한 금융 애널리스트의 순위를 기반으로 애널리스트 1,052명의 정보를 수집해 분석했다.[233] 분석의 정확도를 높이기 위해 24개 투자은행의 애널리스트들과 167시간에 걸친 인터뷰를 진행했다. 이 과정을 통해 보리스 팀은 실적이 출중한 스타 애널리스트의 이직이 회사에 미치는 영향을 알 수 있었다.

분석 결과, 중요한 네 가지 패턴이 있음이 밝혀졌다. 첫째, 스타 애널리스트들은 이직을 하면 실적이 떨어진다. 이직 첫 해에 20퍼센트의 실적 하락을 보이고, 5년이 지난 뒤에도 과거의 영광을 되찾지 못한다는 것이 드러났다. 둘째, 이직한 새 팀의 실적도 떨어졌다. 스타 애널리스트가 오히려 팀워크를 망친 것이다. 셋째, 심지어 스타 애널리스트가 회사를 옮긴 후, 이직한 회사의 기업 가치가 떨어졌다.

지금까지 언급한 세 가지 패턴을 보면 스타플레이어의 영입은 회사로서 큰 실수를 하는 것임을 알 수 있다. 하지만 네 번째 패턴은 꼭 그렇지만은 않다는 것을 보여 준다. 스카우트 방식 중에 '리프트-아웃$^{lift-out}$' 방식이 있다. 리프트-아웃은 한 개인이 아니라 팀 전체를 영입하는 것을 말한다. 놀랍게도 팀이 함께 이직을 할 경우 실적 하락을 겪지 않았다. 스타플레이어는 오로지 혼자의 힘으로 그 높은 위치에 오른 것이 아니었다. 팀이 있었기에 가능했다.

보리스 팀은 추가 연구를 통해 함께 일하는 동료가 스타 애널리스트들의 업무 실적에 가장 중요한 요인이리는 깃을 알아냈다. 당연히 동료들도 스타 애널리스트에게 긍정적인 영향을 받았다. 팀에 출중한 스타가 있을수록 동료들의 업무 실적도 덩달아 좋아지게 된다.

금융 애널리스트들은 투자자나 펀드 매니저 등이 투자를 할 때 참고할 보고서를 만드는 사람이다. 그래서 겉으로 보면 팀워크와 무관해 보인다.

하지만 좋은 팀원들과 함께 할 때 분석 자료 수집에 도움을 받을 수 있을 뿐만 아니라 아이디어의 질을 높일 수 있다.

보리스 연구 팀은 제너럴 일렉트릭^{GE} 출신 CEO들을 추적 조사해 보았다.[234] 미국에 상장된 기업들의 CEO들 중에는 GE 출신이 꽤 많다. 1989년부터 2001년까지 다른 회사의 회장이나 CEO로 영입된 20명을 연구해 본 결과, GE의 조직 구조와 비슷한 곳으로 이직한 CEO들은 좋은 성과를 거두었으나 GE와 매우 이질적인 조직 구조와 경영 노선을 갖고 있는 회사로 이직한 CEO들의 성과는 별로 좋지 못한 것으로 나타났다. 일반적으로 회사 경영이 잘 되면 CEO의 개인 역량에 크게 초점을 맞추지만, 더 중요한 것은 조직의 영향력이다.

켈로그 경영대학원의 경제학자 벤저민 존스^{Benjamin Jones}는 300만 개의 특허와 2,000만 건의 논문 데이터베이스를 집중 연구했다.[235] 연구 결과, 특허 건수나 논문의 질 측면에서 팀이 개인을 압도한 결과를 얻었다. 특히 많은 정보를 인용하는 깊은 지식의 분야일수록 더 큰 규모의 팀이 필요했다.

필립 테틀록이 현재 진행하고 있는 프로그램의 슈퍼 예측가도 마찬가지이다. 슈퍼 예측가들 사이에서도 개인보다 팀의 정확성이 23퍼센트가 더 높게 나왔다.[236] 또한 슈퍼 예측가가 팀에 들어가면 첫 해에만 예측 정확도가 50퍼센트가 높아지는 경향을 보였다.

높은 생산성과 혁신적 성과를 얻기 위해 '고독한 천재'를 찾는 일은 20세기 이전이나 할 일인 것 같다. 이제는 어떤 훌륭한 개인도 결코 훌륭한 팀을 이기지 못한다.

그렇다면 어떤 팀이 훌륭한 팀워크를 갖추게 될까? 잘 나가는 팀에는 크게 두 가지 특징이 있다.

▬▬ 훌 륭 한   팀 의   특 징   1   :   발 언 의   권 리

하버드 대학교에서 조직 행동에 관해 박사 과정을 밟고 있던 에이미 에드먼슨Amy Edmondson은 병원의 팀 문화와 의료 사고율의 관계를 찾고자 했다.[237] 에드먼슨은 보스턴의 두 종합병원 회복실을 대상으로 연구를 하고 있었는데, 이상한 결과를 얻고 말았다. 팀에 대한 만족도와 자발적 동기부여 등의 수준이 높고, 팀워크가 좋은 팀일수록 실수가 많이 발생했던 것이다.

지금까지 기존의 이론과는 전혀 다른 결과를 보고 에드먼슨은 왜 이런 결과가 나오게 되었는지를 더 깊이 파고들기 시작했다. 에드먼슨은 설문 조사 내용 중 '실수를 범하면 개인적인 불이익이 있어야 한다'라는 질문에 대한 답변을 통해 문제의 실마리를 풀 수 있었다. 팀워크가 좋은 팀의 간호사들은 그렇지 않은 팀보다 결코 실수가 많은 것이 아니었다. 자신의 실수를 편안하게 상사에게 보고하고, 동료와 정보를 공유할 수 있었기 때문에 기록상 실수가 많다고 나온 것이다. 에드먼스는 연구 대상을 첨단 기업까지 확장하여 성과가 높은 팀에서는 팀원들이 자신의 목소리를 낼 수 있고 그럴 권한이 있음을 알아냈다. 즉, 훌륭한 팀은 발언의 권리를 제대로 행사하는 조직인 것이다.

개인의 발언권을 인정해 주는 팀은 위의 종합병원의 사례처럼 자신의 실수를 숨기지 않고 타인과 공유할 수 있으며, 혹은 터무니없이 생각되는 아이디어라도 어려움 없이 제기할 수 있는 문화를 갖고 있다. 또한 리더에 의한 사회적 압력을 덜 받을 뿐만 아니라 발언의 평등권을 부여 받아 직급이 낮은 사원이라고 할지라도 자신의 의견을 개진할 수 있다.

2012년 포브스에서 '세계에서 가장 영향력 있는 데이터 과학자'로 뽑힌 MIT 미디어랩의 핵심 인물, 알렉스 펜틀런드 Alex Pentland는 동료들과 함께 광범위한 브레인스토밍, 팀의 판단 및 기획 과제, 팀 지능 테스트 등을 빅데이터 분석으로 연구한 결과를 《사이언스》에 발표했다. 연구 결과, 집단의 성과에 가장 중요한 요인은 '발언 기회의 형평성'인 것으로 드러났다.[238]

발언 기회의 형평성이 보장될 경우, 집단 내 아이디어 흐름이 원활해지면서 좋은 성과를 낼 확률이 올라가게 된다. '조직적인 아이디어의 흐름'이 팀원 개인의 지능과 성격, 기술 등 그 외의 모든 것을 합친 것보다 더 높은 확률로 높은 성과를 예측했다. 발언의 형평성이 보장될 때, 아이디어의 양이 많아지고 더 다양해지며 상호작용, 즉 충돌과 연결이 많아지기 때문이다. '혁신' 편을 기억해 보면 형평성 있는 발언 기회 하나만으로도 얼마나 수준 높은 혁신의 토양을 만들 수 있는지를 알 수 있다. 반대로 '조직 침묵 현상'에서 살펴보았듯이 실질적 발언 기회를 주지 않는 조직은 얼마나 조직의 인적자원을 허투루 사용하고 있는지 다시금 확인할 수 있다.

심리학자 솔로몬 애쉬 Solomon Asch의 유명한 실험에 대해 들어본 적이 있을 것이다. 애쉬는 사람들에게 길이가 서로 다른 선 세 개를 보여 주었다.[239] 그리고 네 개째 선을 보여 주면서 앞에서 보여 준 세 개의 선들 중 어느 것과 길이가 일치하는지를 물었다. 매우 간단한 문제여서 거의 모든 사람들이 정답을 맞혔다.

그런데 이번에는 실험 참가자들 사이에 몰래 배우들을 심어 놓았다. 세 명의 배우와 한 명의 실험 참가자도 실험을 실시하여, 세 명의 배우가 모두 오답을 말하게 했다. 그것도 눈을 씻고 봐도 길이가 완전히 다른 오답을 말이다. 과연 이런 상황에서 실험 참가자는 정답을 말했을까? 실험 결과, 무려 75퍼센트의 참가자들이 주변의 압박을 이겨내지 못했다. 오직 4명 중 1명만이 자신이 본 그대로 소신 있게 대답했다. 인간에게 집단의 압박이란 이런 것이다.

50년 뒤인 2005년에 에머리 대학교의 신경학자인 그레고리 번스Gregory Berns는 애쉬의 실험을 좀 더 현대화시켰다. 애쉬의 실험과 마찬가지로 참가자들이 혼자일 때는 90퍼센트 가까이 정답을 맞혔지만, 그룹에서 배우들이 오답을 낼 때는 40퍼센트가 집단의 압박을 이겨내지 못하고 오답을 말했다.

그러나 번스는 이 실험을 하면서 실험 참가자들의 뇌를 촬영했는데 매우 흥미로운 사실을 발견했다. 혼자 있을 때보다 집단으로 있을 때, 의식적인 의사 결정과 관련된 전두엽의 활동이 둔해지고, 시각 및 공간 인지와 관련된 후두엽과 두정엽의 활동이 더 활발해진 것이다. 즉, 문제에 대해 고민하기보다는 주위의 눈치를 살피는 데 에너지를 더 쏟는다는 결론을 얻게 되었다.

그런데 한 가지 조치만 취하면 사람들이 집단 압박을 이겨 내고 자신이 알고 있는 진실을 이야기하는 확률이 비약적으로 올라간다는 것을 확인했다. 그것은 진실을 얘기하는 또 다른 동료였다. 자신처럼 진실을 말하는 동료가 소수라도 있다면 실험 참가자들은 자신이 본 그대로 자신 있게 말했다.

결론은 확실하다. 발언을 자유롭게 할 수 있는 권리와 기회의 형평성이 팀 문화 속에 있으면 진실은 더 춤을 추게 될 것이고, 아이디어는 거침없이 흐르게 될 것이다. 결국 잘 나가는 팀이 될 수밖에 없다.

훌륭한 팀의 특징 2 : 동료애

1913년 프랑스의 농업공학자인 막스 링겔만Max Ringelmann은 일꾼들이 쟁기에 연결된 끈을 끌 때 얼마만큼 힘을 주는지 연구했다.[210] 실험 결과, 인원을 한 명 늘릴 때마다 참가자 모두가 힘을 조금씩 덜 쓴다는 사실을 알아냈다. 예를 들어, 참가자가 2명일 때는 개인의 힘을 93퍼센트 발휘한 반면, 3명일 때는 85퍼센트만 힘을 썼다. 심지어 8명이 밧줄을 당길 때는 7명이 한 팀이 되어 밧줄을 당길 때와 힘 차이가 거의 없었다. 이런 현상을 '링겔만 효과'라고 한다. 그리고 이후 많은 심리학자들은 여러 실험을 통해 링겔만 효과가 광범위하게 나타난다는 것을 밝혀냈다. 다시 말해, 집단의 규모가 커질수록 무임승차자가 많아진다는 것이다.

그렇다면 조직에서 링겔만 효과가 발생하는 이유는 무엇일까? 팀원들이 자신이 하는 일의 의미를 제대로 느끼지 못하거나 자신의 기여도가 성과에 제대로 반영되지 않는 상황에서 링겔만 효과가 발생했다. 그런데 또 하나 중요한 요인이 있었다. 바로 다른 팀원들과 친밀도가 낮을 때 역시 무임승차를 할 확률이 높았다. 반대로 말하자면, 팀원들 간의 친밀한 동료애를 느낀다면 링겔만 효과를 상당히 줄일 수 있다는 이야기다.

집단의 성과를 예측함에 있어 발언 기회의 형평성이 가장 중요한 요소임을 알아낸 알렉스 펜틀런드 연구 팀은 그 다음으로 중요한 것이 팀원들의 사회적 지능임을 밝혀냈다.[241] 사회적 지능이란 높은 공감 능력으로 서로 간의 사회적 신호를 읽어 내는 능력을 말한다. 예를 들어, 사회적 지능이 높은 사람은 얼굴 부위 중 눈만 드러낸 사진을 보아도 그 대상이 어떠한 감정 상태인지를 제대로 파악할 수 있다. 서로의 마음을 정확히 파악할 수 있다면, 내가 상대방의 요구를 들어줄 수 있을 뿐만 아니라 상대방 역시 내가 원하는 것을 해줄 수 있다. 서로 마음과 말이 통하니 친밀해질 뿐만 아니라 상호 신뢰가 쌓일 확률이 높아진다. 당연히 고성과를 기대해 볼 수 있게 된다.

우리는 '즐거움'이 가장 강력한 동기임을 알았다. 또한 '자율적 동기' 또한 강력하다는 것도 알았다. 그런데 즐거움이나 자율적 동기 못지않게 사람의 의욕과 열정을 강력하게 끌어 올리는 동기가 있다. 바로 사회적 동기이다. 동료애가 있는 팀원과 함께 일하는 것만으로도 일을 추진할 수 있는 힘을 얻을 수 있는 것이다. 펜틀런드 연구 팀은 수십만 시간과 수백 기가바이트의 자료를 분석하여 사회적 동기가 경제적 동기보다 네 배나 업무에 적극적으로 참여하게 만든다는 것을 알아냈다.[242] 또한 롤 모델이 되는 인물과 가장 많이 상호작용을 한 동료들은 무려 8배나 높은 업무 참여 수준을 보여주었다.

우리는 누군가와 친밀해질수록 자신도 모르게 상대를 모방하게 된다. 동료 의식이 높은 집단은 어떨까? 그렇다. 성과가 높은 집단일수록 서로의 어조, 이야기, 신체적 움직임을 더 따라하고 있었다!

반면 동료애를 느끼지 못하고 사회적 동기를 얻을 수 없는 상태, 즉 외로움에 빠지면 사람은 멍청해질 뿐만 아니라 건강에도 치명적인 영향을 받게 된다.

2011년 캘리포니아 대학교와 펜실베이니아 대학교 와튼 경영대학원 교수들이 6주간 수백 명의 직장인들을 심층 인터뷰를 한 결과, 직장에서 외로움을 느끼는 직장인일수록 개별 업무 수행, 집단에 대한 기여, 타인과의 효율적 의사소통 모두 낮은 성과를 보이는 것으로 나타났다.

심지어 '미래에 당신은 외로울 수 있습니다'라는 메시지를 받는 것만으로도 아이큐가 떨어질 수도 있다.[243] 로이 바우마이스터 Roy Baumeister의 팀은 대학생들을 대상으로, 두 그룹으로 나누고 거짓으로 성격 검사를 했다. 한 그룹에는 다른 사람들이 당신을 좋아하게 될 것이라고 말하고, 또 다른 그룹에서 다른 사람들로부터 당신은 거부당할 가능성이 크다는 검사 결과를 알려주었다. 그러고 나서 아이큐 검사를 실시했다. 검사 결과, 미래에 외로움을 예상한 대학생들의 아이큐가 전반적으로 낮게 나왔다. 또한 비슷한 테스트를 할 때 뇌를 촬영해본 결과, 이 그룹은 의지력을 발휘할 때 활성화되는 뇌 부위가 위축되어 있다는 사실이 드러났다.

우리가 얼마나 사회적인 존재인지는 독방이 주는 파괴력을 통해서도 알 수 있다. 미국에서 가장 경비가 삼엄한 슈퍼맥스 교도소에 수감된 2만

5,000명을 대상으로 수십 년에 걸쳐 연구한 자료에 의하면, 하루에 최대 23시간 이상 독방에 격리되면 심각한 신체적, 정신적 외상을 경험하게 된다는 것이 밝혀졌다.[244] 예를 들어, 공황발작, 불안, 통제력 상실, 비합리적 분노, 편집증, 환각, 불면, 우울, 강박관념, 인지기능 장애, 자해 등을 겪을 가능성이 높아진다. 22~45퍼센트 정도의 사람들은 뇌손상까지 발생하며 자살률은 평균을 웃돈다고 한다.

뇌의 전두엽 가운데에 있는 커다란 조직인 전방 대상 피질 dorsal anterior cingulate cortex, dACC은 사회적 고통과 신체적 고통에 모두 관여되어 있다. 원래 dACC는 신체적 고통과 연관된 뇌 부위지만, 사회적 고통을 자극하는 여러 실험 중에 뇌를 촬영해 보니 같은 부위가 반응한다는 것을 알게 된 것이다. 그래서 모르핀이나 타이레놀 같은 신체적 고통을 경감시켜주는 약을 복용하면, 일시적으로 외로움이나 사회적 배제에 의한 고통이 동시에 줄어든다는 효과가 있다.[245]

기업 윤리 회사인 LRN의 설립자이며 최고경영자인 도브 세이드먼 Dov Seidman은 이렇게 말했다.

"신뢰는 유일하게 합법적인 경기력 향상 약물이다."

동료애를 바탕으로 한 신뢰는 개개인의 능력을 비약적으로 높여주는 약물과 같은 역할을 한다. 하지만 이것은 합법적이며 지속적이며 건강에도 좋다.

동료애가 성과를 올린다.

직원 우선주의

고객은 2순위

　제임스 헤스켓[James Heskett] 등 하버드 대학교 경영학 교수 네 명과 그 제자들은 수익성이 높은 서비스 기반 회사들의 남다른 성공이 어떤 요인 때문인지를 밝히기 위해 연구를 했다.[246] 제자들은 먼저 수익의 원천은 '시장점유율'일 것이라는 가정을 세우고 연구를 진행했다. 그런데 연구를 하는 도중 시장점유율도 기업의 이익에 좋은 영향을 미치지만, 기업의 수익성을 더 잘 설명해 주는 또 다른 요인이 있음을 알게 됐다. 바로 '고객 충성도'이다. 고객 충성도가 겨우 5퍼센트만 올라가도 기업의 수익은 최소

25퍼센트에서 최고 85퍼센트까지 상승한다는 결과를 얻었던 것이다.

제자들의 연구를 이어받아 이제 스승들이 힘을 썼다. 그렇다면 고객 충성도는 도대체 어디서 나오는 것일까? 연구 결과, 고객 충성도와 가장 상관관계가 높은 것은 '직원 만족'이었다. 직원 만족은 고객 만족으로 이어졌으며, 고객 만족은 고객 충성도를 상승시켰고 고객 충성도가 올라가자 기업의 수익이 올라갔던 것이다.

휴스턴 대학교의 스티브 브라운Stephen Brown과 손 램Son Lam은 직원 만족도와 서비스 품질에 대한 고객 인식에 관련된 28개의 연구를 분석한 결과, 서비스 품질은 직원 만족도와 매우 밀접한 관계가 있음이 드러났다. 그런데 흥미로운 사실은 직원과 고객의 접촉 유형에 상관없이 이런 결과가 나타났던 것이다. 패스트푸드점이나 소매점처럼 직원과 고객이 일회성으로 접촉하는 경우나 IT 컨설팅 회사나 병원처럼 지속적으로 접촉이 있는 경우 모두 직원 만족은 서비스 품질을 향상시켰다. 그리고 당연히 서비스 품질 향상은 고객의 충성도에 긍정적인 기여를 하게 되었다.

강한 직원 만족의 힘은 잘 나가는 기업들의 트레이드마크이다. 파르나소스 인베스트먼트는 《포춘》이 선정한 일하기 좋은 직장의 목록에 포함된 회사들로 구성한 뮤추얼펀드를 내놓았다. 이 펀드의 수익률은 S&P500지수보다 약 2배 이상을 기록 중이다.[247]

인도 회사 HCLT HCL Technologies는 회사의 위기를 직원 우선주의로 극복한 케이스다. HCLT는 2000년까지 그럭저럭 잘해 나가고 있었다. 하지만 2000년부터 분위기가 심상치 않았다. 2005년까지 HCLT가 연 30퍼센트를 성장할 때, 경쟁 기업들은 40~50퍼센트의 급성장을 보여줬기 때문이다. 이

상황이 지속되면 결국 HCLT는 경쟁사에게 밀릴 것이 불을 보듯 뻔했다. CEO인 비닛 나야르^{Vineet Nayar}는 뭔가 새로운 조치를 취할 필요가 있었다.

그는 회사를 면밀히 살펴 본 결과, 자사의 직원 만족도가 경쟁사에 비해 낮다는 것을 알아냈다. 특히 이직률은 경쟁사에 비해 20퍼센트 가까이 높을 정도로 심각했다. 나야르는 직원의 사기 저하가 매출 저하에 주요 요인으로 생각하고 결단을 내렸다. 2006년 고위 임원급으로 구성된 글로벌 미팅에서 다음과 같이 말했다.

"직원 1순위, 고객 2순위!"

더 이상 고객을 최우선으로 두지 않고 직원을 최고 우선순위로 두며, 더 나아가 직원 만족에 해를 끼치는 고객은 해고한다고 선언한 것이다. HCLT는 실제로 일부 고객들을 정리하고 직원 만족을 위해 더 강화된 권한, 더 공정한 업무 평가, 정보의 투명성, 개방적인 360도 피드백 시스템, 복지의 재정비와 임직원 간의 신뢰 구축이라는 로드맵을 갖고 개혁을 강력히 추진했다. 2017년 현재 이 회사의 주식은 직원 우선순위를 선언한 직후 8배나 올랐다.

고객 만족이라는 목적지는 직원 만족이라는 길을 따라가야 도달할 수 있음을 잊지 말아야 한다.

이상적인 노동자와 근무 시간

《타임 푸어》의 저자 브리짓 슐트Brigid Schult는 조직이 생각하는 '이상적인 노동자'에 대해서 이렇게 말했다.[248]

"'이상적인 노동자'는 아이가 태어나도 출산 휴가를 쓰지 않는다. 그에게는 모유수유를 위한 시간이나 장소가 필요하지 않다. 탄력근무제, 시간제 근무, 재택근무 따위의 '가족 친화적' 정책도 필요하지 않다. '이상적인 노동자'는 집안일과 육아에 자유롭기 때문에 직장에 완전히 헌신할 수 있다. '사무실에 앉아 있는 시간'에서 단연 최고인 그는 아침에 맨 먼저 출근하고 저녁에는 가장 늦게 퇴근한다. '이상적인 노동자'는 회사의 지시만 떨어지면 언제 어디로든 기꺼이 이동하고, 갑자기 급한 일을 처리하라는 지시를 받으면 밤을 꼬박 샌다. '이상적인 노동자'는 일이 가정생활이나 자신의 건강보다 먼저다."

슐트는 이 같은 말이 지나친 과장임을 인정하면서도 정도의 차이가 있지만 미국의 근무 환경에는 이러한 '이상적인 노동자'에 대한 개념이 뿌리박혀 있다고 말한다. 하지만 '이상적인 노동자'에 대한 인식이 가장 강한 나라는 따로 있다. 바로 대한민국이다.

OECD의 '2017 고용동향'에 따르면 2016년 기준 우리나라의 근로자 1인 평균 노동시간은 2,069시간(전체 2위)으로 OECD 회원 35개국의 평균인 1,764시간보다 무려 305시간이나 많은 것으로 나왔다.[249] 우리나라는 미국보다 1년 동안 1.6개월을 더 일하고, OECD 평균보다는 1.7개월을 더 일하며 일본보다 2개월 더 일하는 셈이다.

근무 시간이 긴 이유 중 하나는 우리나라 직장인은 휴가 일수도 적고 실제 사용률도 낮기 때문이다. 익스피디아 설문조사에 따르면 우리나라 직장인의 연간 유급휴가 발생일수는 평균 10일로 독일 30일, 호주 15일, 미국 12일보다 낮으며, 심지어 10일 중 실제 사용 일수는 7일에 불과해 조사 대상 나라 중 일본과 함께 최하위 그룹을 형성했다.

이런 결과가 나오는 이유는 바로 우리나라 조직 문화에 슐츠가 말한 '이상적인 노동자'에 대한 관념이 깊게 배어있기 때문이다. 우리나라에서는 아직도 업무가 남아 있는데 마음대로 휴가를 쓰게 되면 업무에 책임감이 없는 사람이라고 인식되는 경우가 많다. 매우 심각한 것은 상사가 휴가 사용에 협조적이지 않는 비율이 무려 59퍼센트에 달한다는 점이다. 상사가 비협조적인데 어떻게 휴가를 편히 쓸 수 있겠는가.

휴식이 부족한 상태에서 일을 너무 많이 하면 부정적인 결과를 발생시킬 가능성이 커진다. 병원 인턴들을 대상을 한 연구에 의하면, 장시간 교대 근무하는 인턴들은 짧은 시간 근무하는 인턴들에 비해 치명적인 실수를 할 확률이 36퍼센트나 더 높은 것으로 나왔다.[250] 또 다른 연구에서는 근무 시간을 주당 10시간 더 늘리면 단기적으로 기업이 이익을 보는 것은 사실이지만, 2주일만 지나면 생산성은 급격히 떨어진다는 것이 밝혀졌다. NASA의 1998년 12월 우주선 추락 사태의 근본적 원인 중의 하나가 직원들의 과로였다.[251] 긴장감이 계속되는 가운데 휴식 없이 일을 너무 많이 한 탓에 어처구니없는 실수들을 저질렀던 것이다. 이 우주선에 들인 예산만 1억 2,500만 달러였다.

하버드 경영대학원 레슬리 펄로Leslie Perlow와 제시카 포터Jessica Porter 교수가 컨설팅 회사의 직원들을 두 그룹으로 나누어 실험을 했다.[252] 첫 번째 그룹은 휴가를 일절 쓰지 않고 회사와 24시간 연결된 상태에서 주당 50시간 일했다. 두 번째 그룹은 휴가를 남김없이 쓰고 휴가 및 퇴근 시간에는 회사와 완전히 연락이 단절된 상태에서 주당 40시간을 일했다. 직장에 대한 만족도, 팀원 간의 커뮤니케이션, 업무 효율 및 생산성, 새로운 기술 학습 비율 등 모든 영역에서 두 번째 그룹이 첫 번째 그룹을 압도했다.

미국의 국립보건원은 '이상적인 노동자' 조직 문화를 가진 베스트바이 본부 직원들과 베스트바이가 새로 도입한 'ROWE[Result Only Work Environment]' 프로그램을 적용 받는 직원들을 비교 연구했다.[253] 'ROWE'는 직원들이 회사의 기준에 부합하는 결과물만 제시간에 제출할 수 있다면 언제, 어디서, 어떻게 일하는가에 대해 조직이 전혀 개입을 하지 않는 프로그램이다. 즉, 적절한 결과만 창출한다면 업무 과정에 대한 활용은 전적으로 직원 스스로에게 통제권이 있는 것이다.

연구 결과, 'ROWE' 직원들이 '이상적인 노동자' 직원들보다 업무 효율, 건강, 회사에 대한 충성도 모두 높은 것으로 나타났다.

가족 친화적인 재택근무 제도도 회사 실정에 적합하다면 적극적으로 실행해 볼 필요가 있다.[254] 미국 특허청[USPTO]의 1만 1,000명의 직원들 중 2/3는 주 1일 이상 재택근무를 한다. 연구에 의하면 재택근무를 주당 하루라도 한 직원들은 재택근무를 전혀 하지 않는 직원들보다 특허 검토 건수가 3.5건 더 많은 것으로 드러났다. 게다가 재택근무는 사무실 관리 비용을 절약해준다. 분석 결과, 재택근무를 통해서 절약되는 비용이 무려 2,200만 달러에 달하는 것으로 나타났다. 재택근무를 하는 직원들은 일에 대한 만족도도 높아졌으며 이직률도 낮아졌다.

　인간은 로봇이 아니다. 지속적인 업무를 위해서는 휴식은 필수이다. 우리는 전작 《완벽한 공부법》에서 '몸'에 대한 것을 한 편의 분량으로 편성했다.[255] 공부를 하는데 무슨 '몸'이냐 하겠지만 실상은 전혀 그렇지 않다. 공부를 효율적으로 하기 위해서는 적절한 휴식, 충분한 잠, 지속적인 유산소 운동 등이 필요하다. 피곤하면 인지 능력이 떨어진다. 한 마디로 멍청해진다는 뜻이다. 대부분의 일도 마찬가지다. 피곤하면 효율이 떨어진다. 조직은 구성원들을 장기적 안목으로 바라볼 필요가 있다. 지속가능한 성장을 위해서는 말이다.

━━ 직원을 가족처럼

　지금부터는 직원을 가족처럼, 그리고 인간답게 대하는 기업들의 사례를 알아보고자 한다. 다양한 복지 정책과 적절한 보상으로 조직이 구성원들의 삶에 지대한 관심이 있다는 신호를 보여주면, 구성원들은 조직이 자신을 '신뢰'하고 있다는 느낌을 받게 된다. 신뢰를 느낄 때, 옥시토신이라는 호르몬이 분비되는데 옥시토신은 스트레스 수치를 낮춰줄 뿐만 아니라 집중력, 기억력, 주변 환경의 인지 오류율도 낮춰준다.[256] 옥시토신은 연대 호르몬이자 헌신 호르몬이다. 부모가 자식을 바라볼 때 나오는 것이 바로 옥시토신이다. 그런데 흥미롭게도 옥시토신은 나의 집단에게는 철저히 헌신하게 하지만, 자신의 집단을 위협하는 존재에게는 강한 반발심을 갖게 한다. 종합해 보면, 구성원들이 조직에 대한 신뢰를 느꼈을 때 조직에 대한 연대감과 헌신도 높아질 뿐만 아니라 업무 능력 향상에도 도움을 주고, 경쟁의식도 강해져 정글 같은 비즈니스 세계를 더 적극적으로 나아갈 수 있다는 것이다. 직원을 배려해 주는 돈은 '비용'이 아니라 '투자'이다.

1) 어려울수록 직원을 더 생각하라 : 2009년 하반기 금융 위기 여파로 미국 소매업은 매출에 치명타를 입었다.[257] 업계의 여러 기업들은 경기 둔화에 대응하기 위해 일부 체인점을 폐쇄하고 임금을 삭감했으며 직원을 정리했다. 2008년까지만 해도 잘 나가고 있었던 코스트코도 매출이 전년 대비 27퍼센트나 감소했고, 경기 둔화가 지속될 것이라는 예측이 지배적이었다. 하지만 코스트코는 오히려 임금을 인상하는 조처를 취한다. 당시 코스트코 CEO인 제임스 시니걸James Sinegal이 최고재무책임자 리처드 갤런티Richard Galanti에게 했던 말은 다음과 같았다.

"경기가 안 좋아요. 어떻게 하면 직원들에게 더 줄 수 있을지 방법을 찾아야 해요. 덜이 아니고 더요."

아마 그전까지 돈을 많이 벌었으니 이런 조처를 취할 수 있다고도 할 수 있다. 맞다. 하지만 코스트코가 다른 경쟁기업에 비해 수익을 많이 낸 이유 또한 직원 우선주의라는 철학을 유지했기 때문에 가능했다. 2006년에 코스트코와 월마트를 비교한 연구에 의하면, 코스트코는 월마트보다 인건비가 55퍼센트를 더 들어갔다.[258] 건강보험료, 연금보험료, 시간당 임금 등 모두 코스트코가 높았기 때문이다. 하지만 1인당 수익은 월마트보다

88퍼센트나 더 창출된 것으로 나왔다. 연구를 실시한 콜로라도 대학의 웨인 카시오 Wayne Cascio 교수는 이렇게 말했다.

"코스트코는 직원에게 관대한 임금과 복지 혜택을 베풂으로써 창고형 소매업계에서 가장 충성스럽고 생산적이며 또 직원 절도율이 가장 낮은 인력을 거느리게 됐다. 코스트코의 안정적이며 생산성 높은 인력은 상대적으로 높은 비용 부담을 상쇄하고도 남는다."

2006년을 기준으로 보았을 때, 2017년 현재까지 코스트코의 주가는 월마트가 약 2배 오를 때 약 3.5배 가까이 올랐다. 그것도 직원의 복지를 최우선으로 챙겨주고도 말이다. 물론 코스트코가 정리 해고를 전혀 안하는 회사는 아니다. 하지만 코스트코에서 정리 해고는 최후의 수단이다. 직원들은 높은 생산성과 낮은 이직률로 조직의 신뢰에 보답하고 있다.

2) 휴가를 마음껏 써라 : 2004년 넷플릭스는《우리의 자율적 책임 문화에 대하여 Reference Guide on Our Freedom and Responsibility》에서 다음과 같이 선언했다.

"우리는 구성원들이 며칠을 일하는지가 아니라 얼마나 많은 것을 이뤄내는지에 초점을 맞춰야 한다는 것을 알게 됐습니다. 우리에게 9시부터 5시까지의 근무 시간 규정이 없는 것처럼 휴가 규정도 필요하지 않습니다."

휴가 무정책주의를 선언한 것이다. 넷플릭스 직원들은 상사에게 미리 말만 하면 자신들이 원하는 만큼 휴가를 쓸 수 있다. 물론 지침이 전혀 없는 것은 아니다. 재무부서의 경우, 결산 시기에는 최대한 자리를 지키도록 권하고 있으며 30일 이상 휴가를 쓸 경우에는 인사부서와 상의를 하도록 되어 있다. 이 지침들은 직원들의 휴가 정책과 조직 간의 원활한 균형을 위해서 만들어진 것이기에 조직과 직원 모두에게 이롭게 작용한다. 심지어 고위 경영진에게는 장기 휴가를 더 권장함으로써 일반 직원들이 눈치를 볼 가능성마저 없앴다. 구글의 전 임원이자 현재 페이스북의 최고운영책임자를 맡고 있는 셰릴 샌드버그Sheryl Sandberg는 넷플릭스의 휴가 무정책주의 선언문을 역사상 실리콘밸리 문서 중 가장 중요하다고까지 극찬했다.

휴가 무정책주의가 효과를 거두자 넷플릭스는 여러 정책들을 직원 우선주의로 바꿨으며, 2015년에는 출산 휴가를 무제한으로 주는 정책으로까지 발전했다. 넷플릭스는 직원들에 대한 신뢰를 바탕으로 기업이 이익을 나누고 있으며 직원들은 책임 있는 행동으로 조직의 기대에 부응하고 있다.

그렇다면 넷플릭스는 2004년 휴가 무정책주의를 선언하고 얼마나 성장했을까? 2017년 현재 넷플릭스 주가는 약 40배가 올랐다.

3) 직원을 해고하지 마라 : 회사가 설립된 지 100년이 넘는 글로벌 슈퍼마켓 체인 웨그먼스가 그 오랜 시간 동안 최대한 지키려 했던 경영 철학이 하나 있다.[259] 바로 '정리 해고 없음'이다. 웨그먼스는 탁월한 직원 교육으로 실력을 높이고 감격적인 복지로 사기를 높임으로써 회사를 지속적으로 성장시켜 직원을 해고해야 하는 상황을 최대한 피한다. 전액에 가까운 직원 보험금 지급뿐만 아니라 직원 교육과 직원 자녀의 장학금으로 매해 500만 달러에 가까운 돈을 쓰고 있다.

웨그먼스 또한 직원 우선주의 정책으로 최고의 결과를 낳고 있다. 단위 면적당 매출액은 경쟁사보다 50퍼센트나 더 높을 뿐만 아니라 해마다 수천 통의 편지가 웨그먼스로 날아온다고 한다. 제발 우리 지역에 웨그먼스를 개점해 달라고 요청하는 내용들이다. 하지만 웨그먼스는 성급하게 움직이지 않는다. '안정적 성장'이 또 다른 경영 철학이기 때문이다. 회사가 안정적인 성장을 할 수 있을 때 직원들을 해고할 이유가 없어지기 때문이다.

웨그먼스는 2005년 《포춘》이 선정한 가장 일하고 싶은 기업 1위에 뽑혔으며, 20년 넘게 연속으로 일하고 싶은 직장으로 꼽히고 있다.

4) 직원을 건강하고 부유하게 하라 : 구글은 알면 알수록 정말 대단한 회사다. 엔지니어 회사여서 분위기가 차가울 것 같지만 직원의 업무에 대한 관심은 뜨겁기 그지없기 때문이다. 물론 그 모든 것이 생산성으로 이어지기 때문이기도 하지만, 구글은 그 이상을 보여주고 있다. 세 가지 예를 들어 보겠다.

구글은 직원이 건강해지길 바란다. 최근 미국은 비만으로 인해 국민 건강 수준이 점점 심각해지고 있다. 인구의 3분의 1이 비만이며, 비만으로 인해 들어가는 의료비가 한 해에 150조가 넘는다. 당연히 비만은 직원들의 생산성을 갉아먹기 때문에 구글은 직원들의 건강을 어떻게 지킬 수 있는지를 고민했다. 그 해답은 환경 설정이었다.

구글은 직원들이 언제든 식사와 다과를 즐길 수 있는 직원 복지를 실시하고 있는데, 카페에서 과일처럼 몸에 좋은 음식은 눈에 잘 띄게 하고 사탕처럼 몸에 별로 좋지 않은 음식은 눈에 잘 띄지 않게 했다.[200] 또한 기존에는 12인치 크기의 접시를 썼는데 모두 9인치로 줄였다. 결과는 대단했다. 직원들은 예전에 비해 사탕 소비량이 30퍼센트 감소했고, 지방 섭취 또한 40퍼센트 줄었으며 일반 음식 섭취량은 5퍼센트가 줄었다. 자연스럽게 음식물 쓰레기도 18퍼센트나 줄었다.

구글은 직원이 부유해지길 바란다. 어느 누구보다 지적으로 뛰어난 사람들이 모인다는 구글 직원들도 재테크는 만만치 않게 여기는 모양이다.[261] 퇴직 연금이 향후 노후를 대비함에 있어서 매우 중요함에도 불구하고 많은 직원들이 퇴직 연금에 가입하지 않았기 때문이다. 또한 퇴직연금의 경우, 회사에서 직원 분담금의 50퍼센트를 내주기 때문에 이왕 가입하면 최대 금액으로 납입을 하는 것이 직원 자신에게 매우 유리했다.

그래서 구글은 퇴직 연금에 가입하지 않거나 최대 불입금을 내지 않은 직원 5만 명에게 퇴직 연금 가입이 얼마나 노후 대비 측면에서 유리한지 자세히 설명한 이메일을 보냈다. 이메일을 받자 구글 직원 가운데 27퍼센트가 불입금을 늘렸으며, 이들은 퇴직했을 때 추가적으로 약 3억 원의 가까운 돈을 더 챙길 수 있게 되었다. 구글은 매년 직원들에게 이메일을 보내는 *넛지 효과(nudge effect: 강요가 아닌 유연한 개입으로 선택을 유도하는 방법)를 이용해 직원들의 노후를 대비해 주고 있다.

구글은 직원의 아픔을 진정으로 함께 할 줄 안다. 2011년 구글은 미기득 주식unvested stock을 부여받은 구글 직원이 사망할 경우, 구글은 가치 전액을 배우자에게 지급하기로 결정했다.[262] 미기득 주식은 일정 햇수 이상 근무를 해야 주식을 손에 넣을 수 있고 팔 수 있기 때문에 조건에 맞지 않으면 지급되지 않는다. 하지만 구글은 때로는 규정을 뛰어 넘을 수 있다는 맥락적 사고를 보여 주었다.

뿐만 아니라 사망한 직원의 배우자에게는 연봉의 절반을 10년간 지급하기로 결정했으며, 자녀가 있을 경우, 그 자녀가 학업을 마치는 24살이 될 때까지 한 명당 매달 1,000달러 장학금을 지원한다. 우리는 이 내용을 읽고 울컥하지 않을 수 없다.

구글은 처음에 이 내용 자체를 공공연히 알리지 않았던 것이다. 하지만 이런 내용만큼 '리마커블remarkable'한 것이 어디 있겠는가? 구글의 직원 사망자에 대한 정책이 알려지자 여러 매체에서 이 내용을 다루기 시작했다. 그런데 혹자는 비용이 너무 많이 드는 것이 아니냐는 비판을 했다. 하지만 구글은 이 정책은 직원 총급여액의 0.1퍼센트 밖에 들지 않기 때문에 운영상 전혀 문제가 없다고 했다.

우리가 자주하는 '부루마블'이라는 게임은 원래 '모노폴리'라는 게임을 차용한 게임이다. 두 게임 플레이어 모두가 자본가가 되어 최대한 많은 부를 차지하는 사람이 승리자가 되는 형식이다. 모노폴리 또한 완전히 새로운 게임이 아니다. 엘리자베스 메기Elizabeth Magie라는 사람이 만든 '지주 게임'을 본 뜬 것이다.[263] '지주 게임' 또한 자본을 누가 가장 많이 모으는가가 목표인 게임이다. 하지만 흥미롭게도 '지주 게임'은 게임 방식이 한 가지가 아니었다. 만약 그 다른 한 가지 방식 또한 후속 게임에 등장했다면 우리는 무엇을 배울 수 있었을까? 다른 한 가지 방식의 게임 목적은 다음과 같다.

'부를 최대한 공평하게 나눠라.'

━━ 월 요 병 을 극 복 하 다

예전에 한 친구가 세상에서 가장 슬픈 음악은 무엇인지 질문한 적이 있다. 너무 뜬금없는 질문이었지만 그래도 "아리랑? Gloomy Sunday?" 이렇게 두 곡을 대답했다. 정답은 예상치도 못한 음악이었지만 절로 공감이 되었다. 세상에서 가장 슬픈 음악은 개그 콘서트의 클로징 곡이었다.(참고로 그 연주는 스티비 원더의 'Part time lover'라는 곡이다.) 그 음악은 내 친구에게 일요일의 공식적인 끝을 알리고, 내일 출근을 해야 한다는 비참한 사실을 알려주는 일종의 기상나팔 같은 '출근나팔'이었다.

이 웃지 못할 슬픈 농담을 많은 직장인들은 격하게 공감할 것이다. 한 연구 결과는 공감을 넘어서 더 슬픈 사실을 말해 준다. 일곱 개의 요일 중에 하필 심장마비가 가장 많이 발생하는 요일이 바로 월요일이라고 한다.(목요일부터 발병 빈도가 급격히 떨어지면서 주말에 가장 낮다고 한다. 심장은 모든 것을 알고 있는 것 같다.)

심장 건강을 지키기 위해 사표를 쓸 수도 없는 노릇이니 우리는 어떻게 월요병을 극복해야 할까? 휘파람까지 불며 월요일 출근길을 신나게 뛰어갈 수는 없겠지만, 그래도 궁하면 통한다고 이런저런 시도를 해보면 화요일 출근하는 느낌 정도로는 개선할 수도 있지 않을까?(운이 좋으면 목요일 출근하는 느낌으로... 그래도 출근은 출근...)

한 신문사가 월요병 극복 방안으로 일요일에도 일하는 묘안(?)을 제시했다. 예전에 진짜 일요일에 몇 번 출근을 한 적이 있었는데 신기하게도 상대적으로 월요일 출근이 그렇게 싫지는 않았다. 하지만 그러면 안타깝게도 "일요병"이라는 신종 증후군이 발생하고 우리의 심장이 안녕한 요일도 하루 줄어들게 된다.(기사를 작성한 기자는 자신의 주장을 열심히 실천하고 있으면 좋겠다. 일요병이 생겼으면 토요일에도 출근하면 된다.)

때로는 개떡 같이 말해도 찰떡 같이 알아들어야 하는 맥락적 사고가 필요하다. 월요일이 힘든 이유는 쉬다가 다시 일해야 하니까 그렇다. 우리 뇌는 주말 동안 아무것도 안 하거나 좋아하는 것만 하고 싶은 관성이 생겼지만, 그것을 다시 깨고 의무적으로 해야 하는 업무의 관성으로 넘어가기 위해 상당한 저항을 이겨 내야하기 때문에 힘들 수밖에 없다. 항상 처음과 변화의 순간이 가장 힘들다.

주말에 여가 활동을 즐기고 적절한 휴식을 취하는 것은 정말 중요하다. 그렇다면 휴식에서 업무 복귀로 발생할 때 생기는 이 간극을 어떻게 줄이느냐가 문제의 핵심이다. 하지만 휴식을 줄일 수도 없고, 평소에 하던 업무의 강도를 줄일 수 있는 것도 아니기 때문에 간극을 줄이기는 사실상 쉽지 않다. 줄일 수 없다면 그 사이에 완충재를 넣는 것이 하나의 대안이라고 생각한다. 그 완충제는 바로 자기계발이다.

휴식은 토요일 밤부터 일요일 오후까지 충분히 취하고, 일요일 저녁부터는 자기계발을 위한 독서나 공부 혹은 운동을 하는 시간을 가져 보자. 이 방법이 모든 월요병을 치료하는 만병통치약은 절대 될 수 없겠지만, 생각보다 많은 사람들에게 월요병의 고통을 줄여 주는 효과가 있을 것이다. 주말 동안 쉬고 있던 우리의 뇌가 타의적으로 업무에 투입되면서 급격한 과부하에 걸리는 것보다 능동적으로 자신을 위한 공부를 통해 예열(?)한 후, 월요일을 맞이한다면 아주 조금이라도 스트레스를 덜 받을 것이다. 싱숭생숭한 마음으로 소모만 했던 일요일 저녁을 자기계발의 시간으로 바꿀 수만 있다면 일요일 저녁 시간도 상당히 매력적인 시간이 될 거고, 일요일 저녁에 생산적인 즐거움을 얻으면 당연히 월요일 아침도 상대적으로 덜 짜증이 날 것이다.

일요일 저녁에는 정 아무것도 하지 못하겠다면, 전략을 조금 바꿔서 월요일 아침을 공략해 보자. 개인마다 신체 리듬이 다르기 때문에 사실 모두가 아침형 인간은 될 수 없다. 그렇지만 출근 직전 시간의 값어치는 상대적으로 높기 때문에 아침을 효율적으로 보낼 수만 있다면 좀 더 밀도 있는 하루를 보내게 된다. 매일같이 일찍 일어나서 하루를 여유롭게 시작하면 좋겠지만, 만약에 그게 힘들다면 월요일 아침 딱 하루만 평소보다 최대한 일찍 일어나 보자.

월요일은 아침은 그 어느 때보다 모두에게 짜증나는 시간이다. 굳이 통계를 살펴보지 않아도 우리는 월요일 아침에는 더 많은 문제가 있을 것이라고 어렵지 않게 추측할 수 있다. 실제로 자동차 통행량을 살펴봐도 월요일 아침이 가장 높고 교통체증도 가장 심하다고 한다. 이렇게 복잡한 월요일 아침만 30분만 일찍 출근하는 것이다. 30분의 차이지만 출근길의 쾌적함이 다르다. 여기서부터 만족도가 조금씩 올라간다. 일찍 출근해서 30분 더 일하라는 것이 아니다. 만약에 그 시간, 회사에 아무도 없으면 책을 가볍게 읽어도 좋고, 혹시 일찍 출근하는 상사가 있다면 회사 근처까지만 일찍 가서 가볍게 모닝커피를 한 잔하는 것도 매력적이고 비밀스러운 자신만의 의식ritual이 될 것이다. 일찍 일어나기가 너무 힘들다는 분들에게 엄청난 노하우를 공개한다. 자기 전에 스마트폰 만지작거리지 않고 일찍 자면 (대부분은) 된다.

그래도 월요일이라는 태생적 한계는 여전히 존재한다. 우리는 결국 중력에 순응하는 것처럼 월요일이라는 블랙홀을 피하기는 너무나도 어렵다. 그래서 이제는 개인의 노력이 아닌 시스템적인 개선에 대해 제안을 한다. 첫째, 만약에 이 글을 읽는 분이 어떤 조직의 결정권자라면 월요일 출근 시간을 가능한 최대한 늦추기를 권한다. 특정 시간에 반드시 업무에 투입되어야 하는 것이 아니라면, 평소 출근 시간이 9시라고 했을 때 월요일만 9시 반 혹은 10시까지 출근하는 것이다. 일부라도 이를 실행하면 출근길 통행량은 상대적으로 줄어들게 되면서 출근길 스트레스가 전반적으로 줄어드는 효과가 있다. 특히 다른 조직들과 굳이 맞물려 돌아가지 않아서 시간상으로 자유로운 콘텐츠 혹은 소프트웨어를 다루는 업체들은 모두가 월요일 출근 시간을 최대한 늦추는 것이 바람직하다고 생각한다.

영국의 한 설문조사에 따르면 월요일에 출근 후, 평균적으로 첫 미소를 보이는 시간이 11시 16분이라고 한다. 육체적 노동도 물론 그렇겠지만, 콘텐츠 제작 같이 상대적으로 정신적 노동을 더 해야 하는 직업군이 월요일 스트레스를 받는 상황에서 좋은 결과를 낼 수 있을까? 오히려 더 나쁜 결과를 초래할 수도 있다. 회사의 리더라면 당연함에 대한 의문을 던져야 한다. 모두가 9시까지 출근하는 게 좋은 일인가? 우리에게 진짜 도움이 되는가?

둘째, 회식을 월요일 점심에 하는 것이다. 단조로운 직장 생활에서 맛있는 음식을 먹는 시간은 생각보다 더 즐거운 시간이다. 반대로 큰돈을 써가면서 근무 시간도 끝났는데 누구를 위해 하는지 알 수 없는 회식은 (생각보다 많은) 직장인에게 괴로운 시간이다. 그렇다면 회식을 월요일 점심에 하는 것은 어떨까? (그러면 술도 자제하게 되고 더 좋은 요리를 먹을 수 있는 부가적인 효과도 발생한다.) 안 그래도 산소가 부족하게 느껴지는 월요일에 평소보다 조금 특별한 점심을 먹으면서 동시에 즐거운 이야기를 하면서 점심시간을 보내보는 것은 어떨까? 기왕이면 월요일만이라도 점심시간도 한 20분 늘려 주는 건 어떨까? 생각만 해도 신난다. 그게 회식 본연의 목적이 아니었던가?

이번 주도 힘겹게 월요일 출근 시작해야 하는 모든 직장인을 응원한다. 단순히 응원에서 끝내지 않고 기업 강연이나 초청 행사 등을 통해 회사의 의사결정권자들을 만날 때마다, 마지막에 언급한 회사 차원에서 할 수 있는 월요병 극복 방안들이 실현될 수 있도록 꾸준히 설득하겠다.

　모두가 월요병이 완치되는 그날을 꿈꾸며 함께 파이팅!

▬▬ 경 력 단 절   여 성 을   구 하 라

다음은 2017년 OECD에서 발표한 남녀 임금격차에 관한 내용을 요약한 것이다.[264]

- OECD 회원국 임금격차 37퍼센트로 1위

- 임금격차 30퍼센트를 넘은 국가는 우리나라가 유일

- 노르웨이보다 5배, 코스타리카보다는 무려 14배 격차

- 여성의 저임금 근로자 비율도 37.6퍼센트로 1위

처참한 통계가 아닐 수 없다. 남녀 임금격차가 20퍼센트 수준인 나라도 일본 한 곳뿐이다. 또한 멕시코는 16.7퍼센트, 헝가리는 9.5퍼센트, 노르웨이는 7.1퍼센트로 우리와 비교하기도 힘들다. 남성의 저임금 비율은 15.2퍼센트로 전체 9위였지만, 여성의 저임금 비율은 37.6퍼센트로 1위이다.

이런 통계가 나올 때마다 사회에서는 '남자가 여자보다 더 힘든 일을 많이 하기 때문에', '능력 차이 때문에', '여자는 취직이 잘 되는 이공계 계통이 별로

없기 때문에' 등 여러 의견이 등장한다.

그러나 통계를 자세히 뜯어보면 우리는 답을 얻을 수 있다. 흥미롭게도 20대에는 남녀 임금격차가 거의 없다가 30대가 되어서부터 갑자기 임금격차가 벌어지기 시작한다. 20대의 임금 격차가 나지 않는다는 사실은 전공 및 능력에 의해 남녀 임금격차가 난다는 것은 근거가 비약함을 드러낸다. 그리고 2017년 수능 점수를 분석해 보면, 표준점수 기준으로 국, 영, 수 모두 여학생의 평균 성적이 남학생의 성적보다 더 높게 나왔다.[265] 그렇다면 왜 이런 현상이 벌어지는 것일까?

한국고용정보원의 박세정 책임 연구원의 말을 들어보자.[266]

"결혼이나 출산 등으로 인해서 경력 단절 경험을 하게 되는데, 이 여성들이 노동 시장에 재진입하게 될 때 일단은 재진입 자체가 어렵고 만약에 취직을 하더라도 이전 수준 직장으로 돌아가지 못하는 게 현실이잖아요? 그렇게 되면 근속연수에서 차이가 날 수밖에 없고, 그런 불안정한 고용 형태로 진입할 확률이 매우 크기 때문에 (성별 임금 격차가 발생합니다.)"

실제로 우리나라 여성의 연령별 경제 활동 참여율 그래프를 보면 OECD 국가들은 마름모 모양을 하고 있는 데에 반해 우리나라는 M자형 모양을 하고 있다. 30대의 경제 활동 참가율이 푹 꺼져버린 모양새인데, 무슨 이유에서인지 일을 그만두게 되는 것이다. 그 이유는 경력 단절을 경험했다 재취업한 여성 3,000명을 대상으로 설문조사를 한 결과를 보면 알 수 있다.[267]

- 26퍼센트 : 결혼, 임신, 출산에 따른 회사의 압력

- 16.7퍼센트 : 결혼 후 직장을 관두는 사회적 분위기

- 7.1퍼센트 : 아이를 맡아줄 시설 부족

- 6.5퍼센트 : 아이를 맡길 보육 전담자가 없어서

설문조사에 답한 경력 단절 여성들의 절반 이상이 단지 '결혼을 하고 아이를 가졌다는 이유' 하나만으로 일자리에서 밀려나게 된 것이다. 어떤 한 개인의 잘못이나 능력 문제 혹은 남녀 문제가 아니라 국가 정책 지원과 조직 문화에 문제의 핵심이 있다는 사실을 알 수 있다. 특히 고학력 여성의 경우는 경력 단절 이후 재취업이 더 힘든 상황이다. 자기 수준에 맞는 일자리 자체를 찾기가 어렵기 때문이다.

이런 상황에 있다 보니 최근 고학력 여성들은 아이를 낳지 않거나 더 나아가 결혼 자체를 기피하는 현상까지 발생하고 있고, 이는 자연스럽게 국내 저출산 기조를 더욱 심화시키고 있다.[268]

이런 흐름 속에서 여성이 피해를 보는 것도 문제이지만, 조직의 입장에서는 훌륭한 여성 인재들과 함께 일하지 못함으로써 오는 손해도 상당하다.

우리는 '조직' 편에서 훌륭한 팀의 조건이 발언 기회의 형평성과 동료애라는 것을 알았다. 그런데 그런 결과를 도출했던 MIT 연구를 보면 훌륭한 팀의 조건이 하나가 더 있다.[269] 팀 내부의 여성 구성원 비율이다. 다시 말해, 팀

내 여성 구성원이 많아질수록 성과에 긍정적인 영향을 미치는 것으로 나온 것이다.

포춘 500대 기업에 대한 연구에 의하면 여성 임원 비중과 기업의 재무성과 사이에 유의미한 상관관계가 있는 것으로 나타났다.[270] 경기 소비재, 필수 소비재, 헬스 케어, 산업재, IT, 소재 등 산업 분야를 가리지 않고 일관적으로 여성 임원의 파워를 증명해 주었다. 게다가 전 세계적으로 여성의 구매력과 구매 결정권 모두 높아지고 있다. 따라서 기업은 여성에 대해 이해를 해야 하는데 이 경우, 당연히 남성보다 여성이 여성 소비자를 이해할 확률이 높다. 여성 인력의 중요성이 부각되는 부분이다.

또한 여성은 남성보다 '사고' 편에서 언급했던 부정적 승자 효과가 덜 발생한다.[271] 특히 경쟁 상황에서 실패했을 때, 여성은 남성보다 스트레스를 덜 받으며 수익과 손실에 대한 반응에서도 여성은 남성보다 호르몬 반응이 둔감한 것으로 나왔다. 다시 말해, 더 냉정하게 리스크 관리를 할 수 있다는 뜻이다.

캘리포니아 대학교 경제학자 브래드 바버Brad Barber와 테런스 오딘Terrance Odean이 3만 5천명의 개인투자자를 대상으로 한 연구에 의하면, 여성이 남성보다 더 높은 수익률을 냈다. 그 이유는 여성이 남성보다 매매 횟수가 적었기 때문이다. 남성은 여성보다 리스크에 반응이 민감하여 투자 선택을 그르치는 경우가 더 많았다. 또한 최근 9년간 남성이 운영한 헤지펀드보다 여성이 운영한 헤지펀드의 성과가 더 높은 것으로 나왔다. 여성은 남성보다 자만심에 빠지거나 실패에 대한 스트레스로 일을 그르치는 확률이 낮은 편이라고 볼 수 있겠다.

조직은 남성 못지않게 훌륭한 여성 인력을 놓쳐서는 안 된다. 그러기 위해선 먼저 국가적인 정책 지원이 필요하겠지만, 조직 스스로가 여성의 경력 단절을 유도하는 조직 문화와 여러 제도들을 바꿀 필요가 있다. 부모 모두에게 제공되는 유급 육아휴직, 자율적이고 유연한 근무 환경 제공, 여성의 역량 및 리더십 개발 지원 등 조직의 사정 내에서 실시할 수 있는 것들이 무엇이 있는지 검토해야 한다. 이는 여성 인력을 활용하고, 기업 내 다양성을 높이며 직원 만족도를 올릴 뿐만 아니라 대외적으로 '굿 컴퍼니'로서 브랜딩도 될 수 있기 때문에 손실보다 이득이 더 많다.

물론 여성들도 여러 지원 정책들을 악용해서는 안 되며, 실제 직장에서 남성과 동등한 대우를 받기 위해 동등한 역할과 책임 그리고 성과를 내어야 할 것이다. '여성'이라는 이름으로 편익을 보려고 한다면 '여성'이라는 이름으로 불이익을 받는 것들에 대해 당당히 이야기할 수 없기 때문이다.

인류의 존속은 남자와 여자가 함께 할 때 가능했다.

우리 조직의 번영도 마찬가지일 것이다.

7장

미래(未來)

"미래는 이미 당도해 있다.
다만 아직 고르게 퍼지지 않을 뿐이다."

- 윌리엄 깁슨(William Gibson) -

기하급수의 시대

■■■■ 20년의 변화

현재 3D 디자인과 엔터테인먼트 소프트웨어 분야의 세계적인 전문가인 톰 우젝Tom Wujec은 1995년 당시 캐나다 로열온타리오 박물관의 크리에이티브 디렉터였다.[272] 같은 해 우젝은 '마이아사우라'라는 공룡에 생기를 불어 넣는 매우 큰 프로젝트를 진행하고 있었다.

먼저 마이아사우라 화석이 있는 2톤 바위를 현장에서 박물관으로 옮겼다. 전문가들의 조심스러운 작업으로 화석 표본 두 개를 파내고 스캐닝을 했다. 휴대용 디지털화 기계를 이용해 화석 표면의 수십 만 개의 점을 3차원 좌표로 정확히 재야하는데, 이는 언제 끝날지 모르는 고된 작업이었다.

또한 꽤 괜찮은 3D 디지털 모형을 만들기 위해서 사용해야 하는 박물관의 컴퓨팅 장비는 성능이 낮았다. 박물관은 소프트웨어 20만 달러, 하드웨어 43만 달러의 보조금을 받아 고성능 장비를 추가로 구입했다. 90센티크기의 공룡의 실제 모델을 만들기 위해 미술가를 고용했고, 모형의 세세한 부분까지 디지털화하기 위해 몇 달 동안 공을 들여 자료를 모았다. 게다가 디지털 작업 난이도가 워낙 높아 시스템이 자주 다운되는 상황이 벌어지면서 일정 자료들이 사라져 다시 작업을 해야 하는 상황까지 벌어졌다. 이렇게 해서 만든 3D 디지털 모형을 이용하여 추가적인 전문 인력과 함께 공룡 고화질 영상을 만들었고, 이후 그것을 기초로 실물 모형을 만들었다.

이 프로젝트의 총 기간은 2년이었고, 제작비용도 50만 달러를 훌쩍 넘었다.

그로부터 20년이 지난 2015년 어느 날, 우젝은 같은 박물관의 칵테일파티에 참석했다. 그는 이미 예전에 이직을 한 후였다. 우젝은 박물관을 돌아보다 20년 전 자신의 팀이 만든 마이아사우라 공룡이 있는 것을 발견했다. 우젝은 문득 궁금했다. 그 당시 고생했던 작업을 지금 하면 어떨까?

그는 와인 한 잔을 들고 공룡 모형의 주위를 돌면서 스마트폰으로 90초 동안 20장의 사진을 찍었다. 그리고 사진을 자신이 근무하고 있는 오토데스크의 무료 앱 '123D 캐치'에 올렸다. 몇 분 지나지 않아 움직일 수 있고 사진처럼 생생한 3D 디지털 모형이 만들어졌다. 모형의 수준은 20년 전보다 월등히 높았다.

수억 원을 들여 몇 개월 동안 만들었던 공룡의 3D 디지털 모형을 20년 후에는 무료로 몇 분 만에 만들어 버린 것이다. 그것도 한 손에 와인 잔을 들고 말이다. 20년 동안 이런 변화가 다가올 것이라는 것을 당시의 프로젝트를 담당했던 사람들 알고 있었을까? 우젝을 포함한 어느 누구도 예측할 수가 없었다. 왜냐하면 디지털 기술이 기하급수적인 발전을 했기 때문이다. 무어의 법칙을 따라서.

▬ 기 하 급 수 적 인   변 화

1965년 페어차일드 반도체에서 일하던 고든 무어 Gordon Moore 는 《일렉트로닉스》 잡지에 소일거리 삼아 논문 한 편을 낸다. 하지만 그 소일거리 논문이 엄청난 파장을 일으킨다.[273] 무어가 논문에서 한 예측이 IT 세계에서 가장 지배적인 법칙이 되기 때문이다. 그는 논문에서 이렇게 말했다.

"최소 부품 비용의 집적도는 연간 약 두 배의 속도로 증가해왔다. 단기적으로 이 속도는 설령 증가하지 않는다고 할지라도 유지될 것이라고 예상할 수 있다. 더 장기적으로 보면 증가 속도는 좀 더 불확실하다. 하지만 적어도 10년 동안은 거의 일정하게 유지될 것이라고 믿지 않을 이유가 없다."

반도체의 성능이 1년 만에 두 배로 증가한다는 그의 예측은 완벽하지는 않지만, 50년이 넘는 지금까지 이어져 오고 있다. 지금은 집적 회로의 성능이 2배가 되는 데에 18개월이 걸리는 것으로 보고 있으며, 이를 '무어의 법칙'이라고 한다. 그런데 흥미롭게도 무어의 법칙은 집적 회로에만 국한되지 않고 여러 IT 기술에서 나타나고 있다. 컴퓨터의 전기 효율, 가정용 인터넷 다운로드 속도, 하드 드라이브 비용 효율 등도 모두 기간은 조금씩 다르지만 두 배씩 성장하고 있다.

이렇게 두 배 성장을 계속하게 되면, 그 성장 속도는 기하급수적(지수함수적)이 된다. 그런데 문제는 기하급수적인 성장이 어떻게 진행되는지 우리는 이해하기가 쉽지 않다는 점이다. 두 배 성장은 별로 크게 느껴지지 않기 때문이다. 1의 2배는 2이고, 2의 2배는 4이며, 4의 2배는 8일 뿐이다.

자, 그렇다면 기하급수적 증가와 관련된 문제 하나를 풀어 보자. 당신 앞에 0.001cm 두께의 얇은 종이 한 장이 있다. 이 종이를 반으로 접으면 두께는 한 장일 때의 두 배가 될 것이다. 만약 이 종이를 45번 접으면 높이가 얼마나 될까? 수학적인 계산을 하기 보다는 어림짐작으로 생각해 보자.

정답은 지구에서 달까지 이르는 거리와 동일한 높이가 된다.[274] 놀랍지 않은가? 그냥 머리로는 기하급수적인 증가에 대해 생각하기가 쉽지 않다. 0.001cm 두께의 종이를 10번 접어 봤자 1cm를 조금 넘을 뿐이니 말이다. 하지만 계속 접다보면 점점 우리의 상식을 깨는 일이 벌어지기 시작한다. 17번을 접으면 두께가 초등학생 저학년의 키 정도 되다가 25번을 접으면 엠파이어스테이트 빌딩 높이와 맞먹게 되고, 40번을 접으면 인공위성까지 닿게 되며, 45번을 접으면 달을 가고도 남게 되는 것이다.

그렇다면 100번을 조금 넘게 접으면 어떻게 될까? 종이 두께는 200만 광년 떨어진 안드로메다 은하까지 이르게 된다. 그래서 물리학자 앨버트 바틀릿Albert Bartlett은 이렇게 말했다.

"인류의 최대 단점은 지수함수를 이해하지 못한다는 것이다."

IT 기술의 기하급수적인 발전의 결과, 우리가 쓰는 핸드폰은 1970년 대의 슈퍼컴퓨터보다 1,000배는 더 성능이 좋아졌지만 가격은 100만분의 1에 불과하다.[275]

무어의 법칙을 기반으로 한 기술의 기하급수적 발전이 함의하는 바는 과거의 그 어떤 시점보다 '혁신의 속도'가 빨라지고 '혁신의 결과물'이 더 다양해짐을 뜻한다. 예측의 불가능성은 더 점증되고, 기술은 언제나 우리의 뒤통수를 치게 될 것이다. 결국 살아남기 위해서는 기하급수적 발전 시대의 끊임없는 변화 속에서 적응력을 높이는 것이 중요한데, 실제 데이터는 그것이 쉽지 않음을 증명해 주고 있다.

1920년대에는 S&P500에 포함된 기업의 존속 기간이 약 67년 정도였다.[276] 1955년이 되면 S&P500에 상장한 회사가 살아남는 기간은 45년으로 줄고, 2009년이면 수명이 7년으로 떨어지게 된다. 기하급수적인 변화의 쓰나미 속에 기업이 적응하는 것이 더 어려워진 것이다.[277]

심지어 최근에는 혁신의 모습 또한 기존 비즈니스 개념을 근본적으로 깨부수고 있다. 미디어 전략가 톰 굿윈[Tom Goodwin]이 현재의 상황을 다음과 같이 적절히 표현해 주고 있다.

"세계에서 가장 큰 택시 회사인 우버는 자동차를 한 대도 안 갖고 있다. 세계에서 가장 인기 있는 미디어를 가진 페이스북은 아무런 콘텐츠도 만들어내지 않는다. 세계에서 가장 값나가는 소매 업체 알리바바는 재고가 하나도 없고, 세계에서 가장 큰 숙박 업체인 에어비앤비는 부동산이 하나도 없다. 뭔가 재밌는 일이 벌어지고 있다."

물론 변화에 적응하는 자만이 재미가 있을 것이다. 우리가 이 책에서 불확실성과 예측 불가능성에 대한 내용을 담은 '운' 편을 시작으로 그와 관련된 다양한 내용을 쓴 이유 중 하나가 점점 운의 영향력이 더 커지고 있기 때문이다. 그런 의미에서 앞으로 전개될 '미래'와 관련된 이야기는 신뢰하기 위한 '예측'이라기보다 변화의 적응력을 높이기 위해 알아두면 좋을 '지식'과 '시나리오'라는 것을 알 필요가 있다. 다시 한 번 말하지만 예측을 절대적으로 신뢰해서는 안 된다. 예측은 미래를 대비하고자 하는 하나의 옵션에 불과하다.

그렇다면 지금부터 기하급수적인 기술 발전에 따라 진행될 비즈니스 트렌드에 대해서 알아보자. 《포춘》이 발표한 '전 세계 가장 위대한 리더 50'으로 꼽힌 피터 디아만디스^{Peter Diamandis}는 기하급수적인 변화 트렌드 6가지를 제시했다. 그는 6D라는 표현을 쓴다.

▬▬ 기 하 급 수 의 6D

피터 디아만디스는 자신의 책 《볼드》에서 이렇게 말했다.[278]

"우리가 코닥의 실수를 되풀이 하지 않으려면, 그들의 실수에서 무언가를 배우려면, 이런 변화가 앞으로 어떻게 전개될지 잘 알고 있어야한다. 그리고 그러려면 기하급수 특유의 특징들을 제대로 이해해야 한다. 이 부분의 설명을 돕기 위해 나는 '기하급수의 6D'라는 도식을 만들었다.

6D는 각각 디지털화Digitalization, 잠복기Deception, 파괴적 혁신Disruption, 무료화 Demonetization, 소멸화Dematerialization, 대중화Democratization를 말한다. 6D는 기술 진보의 과정에서 연쇄적으로 일어나는 반응이며, 거대한 격변과 기회로 이어지는 급격한 과정을 로드맵처럼 보여 준다.”

어떤 정보가 디지털화가 되었다는 것은 이제 무어의 법칙에 올라탈 수 있다는 것을 뜻한다. 기하급수적인 변화가 가능해진 것이다. 디지털은 물리적 제한을 덜 받기 때문에 빅 데이터로 불리는 거의 무한에 가까운 다양한 데이터를 축적할 수 있고, 또한 빛의 속도로 정보를 연결하고 충돌시킬 수 있다. 많은 양, 다양성, 연결과 충돌은 혁신의 키워드다. 그러므로 디지털화는 혁신을 더 활발하게 밀어붙인다.

이세돌을 이겼던 알파고도 학습할 기보들이 디지털화가 되지 않았다면 탄생할 수가 없었다. 코닥의 비즈니스는 아날로그 형식의 추억 비즈니스였다. 그러나 사진 정보가 디지털화가 되면서 코닥의 100년 비즈니스가 흔들리기 시작했다.

기하급수의 힘을 얻기 위해 현재 많은 기업들이 예전에는 디지털로 만들지 못했던 것들을 디지털화시키고 있다.

GE와 지멘스는 기차의 핵심 엔진인 로코모티브와 그 주변 상황을 디지털화하고 있다.[279] 예전에는 엔진이 문제가 생겼을 때 기술자들이 엔진을 직접 뜯어보고 판단을 했지만, 이제는 엔진의 디지털 정보가 GE나 지멘스로 실시간으로 전송되기 때문에 현장에 가지 않더라도 엔진의 문제가 무엇인지를 알 수 있게 되었다.

미국의 종자 및 비료 회사인 몬산토는 논과 밭을 디지털 세계로 옮기고 있다. 논밭 현장에 농부들이 직접 가지 않더라도 흙 상태가 어떤지, 병충해가 없는지, 바람과 온도와 습도는 적당한지를 모니터를 통해 파악할 수 있다. 그래서 살림 이스마일^{Salim Ismail}은 이렇게 말했다.

"물리적인 현실 세계를 디지털 세계로 복사하여 옮기고, 소프트웨어로 세상을 관리한다."

살림 이스마일은 《기하급수 시대가 온다》라는 책의 저자이다. 기하급수적 비즈니스 트렌드의 첫 관문은 단연 '디지털화'이다.

두 번째 트렌드는 잠복기이다. 위에서 언급했던 종이접기처럼 기하급수적 성장의 초반에는 향후 닥칠 파괴력을 예상하는 것이 쉽지 않다. 0.1mm를 한 번 접어 봤자 0.2mm이고 두 번 접어도 겨우 0.4mm이기 때문이다. 10번을 접어도 우리 눈에는 별 볼 일 없어 보이는 약 1cm 정도이다. 그래서 많은 기하급수적 기술들은 처음에 발전 가능성이 매우 미약하게 보여 그리 대단하게 생각하지 않게 되는 경향이 있다.

디지털 카메라의 최초 해상도는 0.01메가픽셀이다. 두 배 성장을 해봤자 0.02메가픽셀, 또 여기서 두 배 성장을 해도 0.04메가 픽셀이다. 거북이도 이 기술보다 더 빨리 달려갈 것 같다. 하지만 두 배가 20번만 되도 100만 배가 되고, 30번이 되면 10억 배의 성장을 이루게 된다.

이렇듯 기하급수적 성장은 잠복기를 거치기 때문에 사람들에게 눈에 띄지 않는다. 하지만 눈에 띄기 시작할 때에는 이미 대응하기가 힘들다. 성장 속도가 파격적이기 때문이다.

그래서 세 번째 트렌드는 파괴적 혁신이다.[280] 기하급수적 기술은 초반기에는 땅바닥에 붙어서 한참 기어가다가 어느 순간 일어나서 구름 위로 날아가 버린다. 기어갈 때는 잘 보이지도 않고 신경 쓸 거리도 아니라고 생각하게 된다. 하지만 눈에 보이기 시작한 순간 이미 따라잡기가 힘들다. 곧 날아가 버리니 말이다.

모토로라는 2차 대전 중 워키토키를 만들고, 세계 최초의 삐삐를 출시하는 등 매우 잘나가는 회사였다. 특히 2004년에 출시한 아날로그 휴대폰 레이저 시리즈는 출시 4년 만에 1억 3천만대를 팔았다. 하지만 모토로라는 디지털로 무장한 스마트폰 전쟁에서 완전히 패배했다. 그런데 흥미로운 사실은 버라이즌 등 미국 내 통신 사업자들이 통신 디지털화 파트너로 모토로라를 지명하고 제품 개발을 요청했다는 사실이다. 그러나 모토로라는 코닥이 범했던 우를 반복했다. 몇 천만의 아날로그 휴대폰 사용자가 있는데, 굳이 디지털 휴대폰을 준비할 필요가 없다고 생각한 것이다. 모토로라에게 디지털 휴대폰 기술은 그저 기어가고 있을 뿐이었다. 결국 모토로라는 통신 회사의 요청을 거부하게 되고 훗날 스마트폰이라는 파괴적 혁신 앞에 제대로 대응하지 못하게 된다. 2012년 코닥이 법정 관리를 신청하는 같은 해, 모토로라도 하드웨어 부분을 매각한다.

기하급수적 변화의 시대에 이런 파괴적 혁신은 일상화가 될 가능성이 크다.

디지털화, 잠복기, 파괴적 혁신의 영향력이 누적되면 피터 디아만디스는 후반부 3D인 무료화, 소멸화, 대중화가 시작되고 이 변화는 그 전보다 비즈니스 세계에 더 강력하게 영향을 미칠 것이라고 얘기한다.

과거만 하더라도 기업이 상품을 대중들에게 무료로 나누어 준다는 것은 상상하기 힘들었다. 기업은 돈을 벌지 못하면 시장에서 버틸 수 없기 때문이다. 그래서 '무료'에 대한 경제학의 연구도 별로 없었다. 하지만 무어의 법칙에 따른 기하급수적 기술은 '무료화'라는 태풍을 몰고 왔다.

실제로 많은 사람들이 친구들에게 카카오톡을 통해 메시지를 보내고, 페이스북을 통해 사진을 올리고, 구글을 통해 검색을 하고, 네이버를 통해 뉴스를 보고, 심심할 땐 모바일 게임 클래시 로얄을 하며, 유투브를 통해 많은 영상을 보고 에버노트를 통해 자료를 정리하며 스카이프를 이용해 통화를 한다. 그런데 이 모든 것이 무료이다. 물론 프리미엄 서비스에는 돈을 지불해야 하지만, 무료 버전만으로 상품을 이용해도 큰 지장이 없다.

그런데 무료에는 독특한 특징이 있다. 무료는 우리에게 금전적으로도 이득을 줄 뿐만 아니라 감정까지 건드린다. 소비자들은 무료 앞에 굴복하지 않을 수가 없다. 《상식 밖의 경제학》의 저자인 댄 애리얼리[Dan Ariely]는 공짜에 대해 이렇게 말했다.

"0은 단순히 하나의 가격이 아니다. 0은 감정을 극렬히 자극하는 버튼, 비이성적 흥분을 일으키는 원칙이다."

공짜는 측정할 수 없는 묘한 마력이 있다는 말이다. 그러한 생각을 하게 된 것은 그가 진행한 초콜릿 실험 때문이었다.

댄 애리얼리와 그의 실험팀은 두 가지 종류의 초콜릿을 팔았다. 하나는 고급스런 스위스 초콜릿, 다른 하나는 평범한 허쉬 초콜릿이었다. 먼저 그들은 고급 초콜릿을 도매가격의 절반인 15센트, 평범한 허쉬 초콜릿은 1센트에 팔았다. 결과적으로 고객들은 매우 이성적이고 합리적으로 행동했다. 그들은 두 초콜릿의 질 및 가격 차이를 모두 고려하여 73퍼센트는 고급 초콜릿을, 27퍼센트는 평범한 초콜릿을 선택했다.

다음으로 실험팀은 두 가지 초콜릿 모두 가격을 1센트씩 낮춤으로써 한 쪽 제품에 '공짜'라는 변수를 집어넣었다. 이제 고급 초콜릿은 14센트, 허쉬 초콜릿은 공짜가 되었다.

결과는 흥미로웠다. 큰 관심을 끌지 못했던 허쉬 초콜릿이 갑자기 인기 상품으로 돌변한 것이다. 허쉬 초콜릿이 공짜로 변하자 고급 초콜릿을 선택했던 59퍼센트가 허쉬 초콜릿으로 선택을 바꾼 것이다. 가격 차이도, 질적 차이도 달라진 것이 없다. 두 초콜릿은 여전히 가격이 14센트 차이가 났다. 그러나 하나의 제품이 공짜가 되는 순간 그 수요는 급증했다.

공짜의 마력에 대해 실험을 한 댄 애리얼리는 이렇게 설명했다. 대부분의 거래에는 긍정적인 면과 부정적인 면이 있는데, 무엇인가가 공짜일 경우 우리는 부정적인 면을 잊어버린다. 즉, 공짜가 우리를 흥분시켜 공짜 상품을 실제보다 가치 있게 인식하게 만드는 것이다. 그렇게 되는 이유는 우리 모두 손해를 두려워하기 때문이다.

공짜의 진정한 매력은 바로 손해를 걱정할 필요가 없다는 데 있다. 공짜를 선택한다고 해서 우리가 손해 볼 것은 없다. 어차피 그것은 공짜이니 말이다. 그렇지만 공짜가 아닌 무엇인가를 선택한다고 생각해 보자. 이는 잘못된 선택으로 손해를 입을 위험이 있다. 그러므로 선택의 기로에 서게 되면 우리는 당연히 공짜를 택하게 되는 것이다. 공짜는 앞에서 언급한 인간의 대표적인 비합리성인 '손실회피'가 그대로 적용되는 것이다.

그렇다면 무료화가 비즈니스에 주는 영향은 무엇일까? 같은 산업 분야라면 전통적인 유료 비즈니스를 하는 상품들을 파괴해 버릴 수가 있다. 이를 소멸화라고 한다. 무료화에서는 돈이 사라지는 것이었다면, 소멸화는 제품과 서비스가 사라진다.

디지털 카메라가 등장하자 아날로그 카메라 시장이 위축되었다. 하지만 스마트폰에 일반 카메라에 버금가는 디지털 카메라가 장착되자, 디지털 카메라 시장 또한 쪼그라들고 말았다. 사실 스마트폰 하나로 소멸되어 버린 비즈니스는 정말 한두 가지가 아니다.

1980년대 전후 시절, 화상 회의, 디지털 음성 녹음, 디지털시계, 디지털 카메라, 의료 정보 검색, 동영상 재생, 캠코더, 음악 재생, 백과사전, 비디오 게임 등 모두를 활용하려면 약 9억 원이 필요했다. 하지만 지금은 스마트폰 하나로 모두 해결된다.

이렇게 무료화와 소멸화가 진행되면 종국적으로 대중화가 이루어진다. 무료 서비스 및 상품이나 스마트폰 등의 가격이 대중들의 접근을 용이하게 만들 정도로 떨어지면서, 대중들은 1970년대 슈퍼컴퓨터보다 더 성능이 좋고 1980년대 9억 원에 달하는 장비가 있어야 사용할 수 있는 기술을 100만원 전후의 비용으로 사용할 수 있게 되는 것이다.

앞서 이미 언급한 것처럼 기술의 기하급수적 발달로 파괴적 혁신이 일상화되면서 많은 기업들이 급변하는 비즈니스 환경에 적응하지 못하고 사라지고 있다. 반면 기하급수적인 변화에 적응하고 그것을 이용한 기업들의 성장 속도는 과거와는 비교할 수 없을 정도로 빨라지고 있다. 일반적으로 기존 포춘 500대 기업들이 시가총액 10억 달러 회사 즉, 유니콘이 되는데 걸리는 기간은 평균 20년이었다.[281] 그런데 그 기간이 점점 짧아지고 있다. 1998년에 설립한 구글은 8년이 걸렸지만, 2009년에 창업한 우버는 3년, 2011년에 만들어진 스냅챗과 오큘러스는 겨우 2년 밖에 걸리지 않았다.

그래서 피터 디아만디스는 이렇게 말한다.[282]

"'괜찮은 아이디어가 있어'에서 '10억 달러짜리 회사를 운영하고 있지' 까지 걸리는 시간이 요즘처럼 짧았던 때는 없다."

그렇다면 기술의 기하급수적 변화 속에서 살아남으려면 어떻게 해야 할까? 피터 디아만디스는 인공지능, 클라우드, 센서, 네트워크, 3D 프린팅, 로봇공학, 합성생물학 등의 기하급수적인 기술은 물론이거니와 여러 SNS 채널, 크라우드 펀딩, 크라우드 소싱, 콘테스트, 커뮤니티 등 기하급수 기업들이 이용하고 있는 툴에 대해서도 잘 알고 있어야 한다고 조언한다.

결국 요즘 유행하고 있는 4차 산업혁명의 여러 요소들에 대한 지식의 탐색이 필요하다는 것이다. 더 나아가 기하급수적인 기술과 툴을 모르면 손해 보는 정도가 아니라 비즈니스 자체가 위기에 빠질 수 있다. 왜냐하면 경쟁자가 가만히 있지 않을 것이기 때문이다.

우리의 책에서 기하급수적 기술들 하나하나에 대해서 자세히 다룰 수는 없다. 책 한 권의 분량이 더 필요하기 때문이다. 다만 앞으로 다가올 미래에 비즈니스는 물론이고 우리의 삶에 가장 혁명적 변화를 가져올 가능성이 큰 인공지능을 중심으로 예상되는 일자리와 경제 상황에 대해 알아보도록 하자.

인공지능과
고용의 미래

> "소프트웨어가 세상을 잡아먹고 있다."
>
> - 마크 안드레센(Marc Andreessen) -

알 파 고 전

　2016년 초, '역대 바둑 3대 명장면'이라는 인터넷 게시물이 큰 회자되었다. 첫 번째 장면은 조훈현 선수가 카퍼레이드에서 화환을 들고 환하게 웃는 모습이 찍힌 사진이다. 이 장면은 조훈현 9단이 1988년 응씨배에서 우승하고 귀국하는 모습이었다. 당시 한국의 바둑의 위상은 그리 크지 않았다. 응씨배도 일본은 6명, 중국은 4명, 대만은 3명의 출전권을 받았지만 한국은 단 한 명만 출전할 수 있었다. 한국 바둑이 무시당하는 상황에서 조훈현 9단이 나와 모두를 제압했고, 특히 결승전에서는 대역전으로 승리를 거두었기에 국민들은 기쁘기 그지없었다. 조훈현 선수의 우승 이후, 국내에는 바둑 붐이 불기 시작한다.

두 번째 장면은 이창호 선수가 상하이에서 열린 농심 신라면배에서 홀로 대국장으로 묵묵히 걸어가는 모습이다. 2004년 10월부터 2005년 2월말말까지 열린 농심 신라면배는 한중일 각 나라의 최고의 바둑기사 5명이 출전해 어느 나라가 바둑 세계 최강인가를 가리는 대국이었다. 한중일 나라끼리 서로 교차적으로 대결하면서, 이기면 계속 대국을 두고 지면 떨어지는 방식이었다. 그런데 안타깝게도 우리나라는 초반부터 무너지기 시작했다. 한종진, 안달훈, 유창혁 기사는 한 판도 이기지 못했고, 최철한 선수는 한 번 이긴 후 바로 졌다. 마지막으로 한국은 이창호, 중국은 3명의 기사, 일본은 2명의 기사가 남게 되었다. 세계 최고수들의 대결이었기 때문에 한국의 우승 확률은 물 건너 간 듯 보였다.

하지만 슈퍼스타는 달랐다. 이창호 9단은 뤄시허, 장쉬, 왕레이, 왕밍완, 왕시를 연달아 잡으며 5연승으로 최종 우승컵을 한국에 가져다주었다. 세계 바둑 역사에 잊지 못할 순간이었다.

세 번째 장면은 2016년 3월 13일 이세돌 선수가 인공지능 알파고에게 첫 승을 거두며 대국장을 나오면서 미소를 짓는 모습이다. 알파고에서 3연패를 당하면서 패색이 짙은 상태였고, 과거와는 급이 다른 인공지능 출현을 많은 이들이 혼란 속에서 받아들이고 있을 때, 이세돌 선수는 신의 한 수를 통해 1승을 거두었다. 이후 알파고는 세계 최고의 기사인 커제에게 단한 판도 지지 않고 이기며, 인간을 제치고 바둑 최고수 자리에 오른다. 결과적으로 알파고에 단 한 판이라도 이긴 유일한 인류는 이세돌이 되었다.

그런데 이세돌과 알파고의 대전은 바둑계의 3대 명장면을 넘어서 어쩌면 인류 미래에 가장 중요한 장면이 될 가능성이 크다. 인공지능이 50년이 넘는 기나긴 잠복기를 마치고, 기하급수적 성장의 가시권 영역에 들어섰음을 뜻하기 때문이다.

당시 알파고의 승리가 충격적으로 다가왔던 이유는 '운' 편에서 이야기했지만 지금까지 눈에 보이는 인공기술 발전을 생각해 봤을 때 바둑 최고수 인간을 넘어서는 것은 시기상조라고 여겼기 때문이다.

인공지능은 1956년 여름, '인간 지능의 모든 측면을 그대로 재현하는' 기계를 만들 방법을 논의하기 위해 다트머스 대학교에 모였던 전문가들에서부터 시작됐다.[283] 워낙 능력 있는 전문가들이 모였기 때문에 여름 내내 연구하면 문제의 풀 실마리를 찾을 수 있을 거라고 자신감을 가졌다. 참가자들은 학회를 주최했던 수학자 존 맥카시^{John MacArthy}가 제안한 'artificial intelligence(인공지능)'라는 용어를 만장일치로 채택했다. 물론 학회에서 유의미한 결과를 만들어내지는 못했지만, 조만간 인간의 지성과 맞먹는 인공지능이 탄생할 것이라는 기대감이 매우 컸다.

하지만 이내 한계에 봉착하게 된다. 논리적인 프로그래밍 방식을 적용하는 기호 체계 인공지능 연구 방식은 조합 확산 즉, 문제를 풀기 위한 검색 과정에서 가능한 선택의 수가 폭발적으로 증가하는 어려움을(이 있었기에 이를) 극복하기가 쉽지 않았다. 서울에서 부산까지 가장 빠른 길을 모두 검색해 결과를 보려고 한다면 출발조차 할 수 없게 되는 상황과 마찬가지였다.

그래서 기호 체계 인공지능의 대안으로 각광을 받았던 것이 인간의 두 뇌 기능을 모방한 신경망 프로그래밍이 등장했다. 기호 체계에서는 프로그래머가 필요한 기호와 논리적인 규칙을 미리 만들어야 하는 반면, 신경망 방식은 프로그래머가 예시 즉, 많은 데이터를 제시해 주면 되는 방식이었다. 현재는 신경망 연구보다는 기계 학습이라는 말을 더 자주 사용된다. 이런 체험적 접근 방식은 매우 매력적으로 보였다. 하지만 컴퓨터의 능력의 한계와 데이터 부족으로 신경망 연구도 유의미한 발전을 보이지 못하게 된다.

물론 IT 기술 발전은 무어의 법칙에 따라 기하급수적으로 발전하면서 많은 것들을 이루어 가고 있었다. 하지만 천문학적인 경우의 수를 갖고 있는 바둑이라는 세계에서 고숙련 전문가를 이길 수 있다는 생각을 하기에는 기술적 난관이 너무 높아 보였다. 게다가 21세기에 들어서면서 기하급수적 성장의 핵심이었던 무어의 법칙마저 곧 물리적 한계에 봉착할 것이라는 예측이 등장하기 시작했다.

반도체의 집적 회로는 무어의 법칙에 따라 그 크기는 계속 작아졌지만, 그 안에 들어가는 회로는 늘어가는 식으로 발전했다.[284] 그런데 단위가 5나노미터까지 들어가면 양자의 세계에 들어서면서 물리적 제어가 불가능해진다. 결국 무어의 법칙은 더 이상 적용되지 않게 된다.

하지만 우리는 이세돌을 이긴 인공지능 알파고를 만든 존재가 '인간'임을 잊어서는 안 된다. 기술 혁신은 언제나 S자 곡선을 그려왔다. 급격한 성장 이후 한계에 봉착하지만 인간은 한계 속에서 또 다른 길을 찾아내 왔다. 인공지능의 탄생도 마찬가지였다.

GPU, 빅 데이터, 딥 러닝

세계 최고의 미래학자 중 하나인 케빈 켈리Kevin Kelly는 자신의 저서 《인에비터블》에서 인공지능의 잠복기를 뚫고 나오게 하는 데에는 세 가지 돌파구가 조합되면서 가능했다고 말한다.[285]

첫 번째 돌파구는 '저렴한 병렬 생산'이다. 인간의 뇌는 정보를 병렬 처리한다. 즉, 들어오는 데이터를 하나씩 순차적으로 처리하는 계열처리를 하는 것이 아니라 동시 다발적으로 맥락과 연결 및 통합을 하면서 처리하는 것이다. 당연히 인간의 뇌를 본 따 만든 신경망 프로그램을 제대로 구현하기 위해서는 병렬 처리를 할 수 있는 컴퓨팅 능력이 필요하다. 하지만 일반적인 컴퓨터는 계열 처리를 하기 때문에 인공지능 연구를 발전시키는 데에 한계가 있었다.

하지만 2009년 스탠퍼드 대학교 앤드루 응Andrew Ng은 GPU 칩을 통해 신경망을 가동시킬 수 있다는 것을 알아냈다. GPU는 그래픽 처리 장치로서 원래 한 이미지에 담긴 화소 수백만 개를 병렬 처리하는 장치이다. 바로 이 GPU를 활용할 수 있게 된 것이다. 구글은 인공지능 전용 처리장치로 TPU까지 개발한 상태이다.

기존의 컴퓨터로 1억 개의 매개변수를 지닌 신경망에서 모든 가능성을 계산하는 데 몇 주가 걸렸지만 GPU 묶음으로 하루 만에 처리가 가능해진 것이다. 물리적 한계를 넘어섰다.

두 번째 돌파구는 '더 나은 알고리즘'이다. 2006년 제프리 힌턴Geoffrey Hinton은 기계 학습 알고리즘을 발전시켜 딥 러닝 알고리즘을 만들었다. 이 심층 학습 알고리즘은 층을 따라 올라갈수록 학습이 누적되어 더 빠른 정보 처리가 가능해졌다.

그런데 한 가지 알아둬야 할 것은 알고리즘의 발전은 몇 십년간 기하급수적 성장을 빠르게 이룩해 왔다는 점이다.

베를린 추제 연구소의 마르틴 그뢰첼[Martin Grötschel]의 연구를 통해 수학적으로 계산한 결과, 어느 생산 계획과 관련된 복잡한 문제를 1982년식 컴퓨터가 푸는 데에는 82년이 걸리는 것으로 나왔고, 2003년식 컴퓨터는 1분 내에 푸는 것으로 나왔다.[286] 같은 기간 동안 하드웨어 속도는 1,000배 빨라졌고, 소프트웨어 즉, 알고리즘의 성능은 무려 약 4만 배나 개선되었음을 의미한다. 비트의 세계에는 물리적 제약조차 없다. 심지어 물리적 한계조차 비트가 극복할 수 있게 하는 알고리즘이 계속 개발되고 있다.

세 번째 돌파구는 '빅 데이터'이다. 앤드루 응은 "AI는 우주선을 건조하는 것과 비슷하다"라고 말했다. 알고리즘이 로켓 엔진이라면 데이터는 연료이다. 실제로 데이터는 21세기의 석유와 같은 존재가 되어 버렸다. 기계 학습 결과의 성패는 얼마나 양질의 빅 데이터를 연료로 삼을 수 있는가에 달려 있다. 앞서 언급한 기하급수적 성장의 첫 번째 관문이 디지털화였다는 것을 상기해 볼 필요가 있다. 거의 모든 정보들이 디지털화가 되면서 AI 우주선을 만들고자 하는 기업들은 충분한 연료를 수급할 수 있게 되었다.

알파고가 바로 GPU(혹은 TPU)묶음, 딥 러닝, 빅 데이터의 조합으로 탄생한 녀석이다. 이 셋의 조합으로 인해 AI는 몇 십년간의 잠에서 깨어났고 서서히 세상을 먹어치우려고 하고 있다.

인공지능 개발 트렌드

이쯤에서 우리는 좀 더 구체적으로 인공지능의 최근 트렌드를 짧지만 전반적으로 살펴볼 필요가 있다. 왜냐하면 인공지능 개발에 대한 현재의 모습을 어느 정도 인지하고 있어야 미래의 모습을 그려볼 수 있기 때문이다.

2017년 10월에 나온 LG경제연구원의 《최근 인공지능 개발 트렌드와 미래의 진화 방향》이라는 보고서에 최근까지의 인공지능 개발 트렌드가 잘 나와 있다. 인공지능은 보통 인지, 학습, 추론, 행동이라는 4가지 영역을 중심으로 발전하고 있다.[287]

인지는 보고, 듣고, 읽는 영역이다. 컴퓨터는 예전부터 이미지를 제대로 해석할 줄 몰랐다. 인간이 약 95퍼센트의 이미지 인식 정확도를 보여주는 데에 비해 인공지능은 70~75퍼센트 근처에서 헤매고 있었으니 말이다. 하지만 딥 러닝 등장 후, 인공지능의 이미지 인식 능력이 비약적으로 발전하기 시작한다. 그리고 2015년 마이크로소프트의 인공지능이 97.85퍼센트의 정확도를 보여주며 인간을 추월하게 된다. 이제는 사물 식별뿐만 아니라 상황에 대한 정확한 이해도를 보여 주고 있다. 인공지능의 시각 지능의 바탕으로 마이크로소프트는 'Seeing AI'라는 시각 장애인용 인공지능을 발표했다. 앞을 못 보는 시각 장애의 고충을 덜어 주기 위해 개발된 것이다.

인공지능의 시각 인지 능력 향상은 자율주행 자동차의 성능을 더 끌어올릴 것으로 보인다. 지금까지 자율주행 자동차는 센서로부터 오는 정보를 분석하여 상황 파악을 했지만, 앞으로는 딥 러닝 기반의 인공지능과 함께 함으로써 자율주행 자동차의 시각 능력 향상을 이끌어 갈 것으로 예상된다.

구글은 지금까지 축적한 데이터를 기반으로 'word2vec'라는 언어 모델을 만들었다. 약 1,000억 개에 이르는 단어를 기계학습 하여 언어를 이해한다. 구글은 언어 인지 분야에 딥 러닝을 적용한지 2년 만에 인식 가능한 언어를 32개까지 확장했고, 그 정확도 또한 날로 높아지고 있다고 한다. 마이크로소프트와 바이두 또한 구글을 쫓아가고 있으며 이제 언어 인지 인공지능들은 사람의 목소리를 어려움 없이 구현해 낸다. 전문가들은 이런 언어 인지 인공지능의 발전은 애플의 시리Siri, 아마존의 알렉사Alexa 등 최근 출시하고 있는 스피커 형태의 비서형 음성 인식 서비스 경쟁과 맞물려 혁신의 가속도가 더 붙을 것으로 전망하고 있다.

최근 인공지능의 학습 영역은 3차원 환경으로 확장되고 있다. 인공지능은 2차원적 환경에서 현재의 상태, 환경, 보상 같은 모든 정보를 매순간 완벽하게 파악할 수 있다. 하지만 3차원으로 넘어가면 부분적인 정보 밖에 얻지를 못한다. 예를 들어, 미로를 평면도로 인식하면 모든 게 한 눈에 들어오지만 3차원에서는 눈앞의 경로밖에 보이지 않는 경우처럼 말이다. 그러나 인공지능은 시행착오를 통한 학습을 통해 3차원 환경을 완전히 파악할 수 있는 능력을 갖춰 나가고 있다. 자율주행 자동차의 경우, 실제 도로에서 시행착오를 겪으면 안 되기 때문에 현재는 시뮬레이션 된 3차원의 가상 세상에서 학습을 한다고 한다. 수십만 번 이상의 반복을 통해 스스로의 실수로 발생되는 사고율을 제로의 영역까지 끌어 올리고 있다.

2016년 인공지능 스타트업 중에 하나인 메타마인드MetaMind가 다양한 텍스트를 읽고 내용을 종합하여 추론 유형의 질문에 답을 하는 인공지능에 관한 논문을 발표했다. 추론 기능을 수행하는 인공지능은 과거부터 있었지만, 눈에 띠는 성과는 별로 없었다. 이 또한 딥 러닝이 등장하면서 한계를 극복하고 있다.

잠복기가 정말 길었던 로봇 분야도 딥 러닝을 통해 어려움을 극복 중이다. 로봇의 행동 즉, 움직임은 우리가 앞에서 살펴보았듯이 기술이 극복하기 매우 어려운 영역이었다. 그런데 최근 캐나다 연구팀은 가상의 캐릭터를 실제 물리 환경을 최대한 반영해 모델링 후, 학습 과정을 거쳐 행동 재현의 성과를 내고 있다.

예를 들어, 달리기의 경우 매 순간 약 300개의 물리적 변수를 종합적으로 분석해 약 30만 번의 반복 학습을 하자 인공지능이 스스로 뛰는 방법을 터득했다고 한다. UC 버클리대의 레빈 교수팀 또한 약 80만 번의 시행착오를 통해 로봇이 과거보다는 훨씬 자연스럽게 물건을 집거나 문을 열게 하는 데에 성공을 거두었다. 인간의 행동을 그대로 따라할 수 있는 로봇을 보는 것도 이제는 요원한 일이 아닐 가능성이 커지고 있다.

지금까지 인공지능의 최근 개발 흐름을 알아보았는데, 중요한 것은 인공지능 분야는 기하급수적인 성장을 하고 있다는 것이다. 지금까지 소개한 최신 자료들이 어느 순간 과거의 유물로 바뀔 수도 있다. 알파고가 또 다른 예이다. 2017년 10월 최근 공개된 알파고 제로[Zero]는 이세돌을 이겼던 알파고 리[Lee]나 커제를 이겼던 알파고 마스터[Master]보다 월등히 앞선 능력을 보여주는데, 놀라운 점은 그전 버전과 다르게 인간의 기보를 학습하지 않고도 스스로 강화학습을 통해 신의 경지에 올랐다는 점이다.[288] 그것도 72시간 만에 말이다.

역사의 많은 기술들이 인류의 삶을 바꿔 놓았다. 그 중에 몇몇은 혁명적인 변화를 가져오기도 했다. 아마 인공지능 또한 그 혁명적 변화를 가져온 기술 중에서도 영향력 측면에서 보면 최상위에 있을 가능성이 크다. 특히 '일자리'의 영역에서 그렇다.

━━ 일 자 리   양 극 화 와   소 득 불 평 등

2013년 옥스퍼드 대학교 연구팀은 당시의 기하급수적으로 발전하는 기술들이 미국의 고용 시장에 미칠 영향에 대한 보고서를 만들었다.[289] 연구팀은 미국 노동통계청이 일을 하는 데 필요한 기술을 중심으로 702개 직업군을 하나씩 모두 분석해 첨단 기술로 인한 인간의 실업 위험성을 평가했다. 연구 결과, 702개의 직업 중 무려 47퍼센트가 10~20년 사이에 사라질 확률이 매우 높다고 평가되었고, 중간 정도 위험성이 있는 직업은 19퍼센트였다. 34퍼센트만이 안정권에 있었다.

내용을 살펴보면, 단순 사무직, 생산직, 운반업, 계산원 등 반복적이고 단순한 육체노동 그리고 일반적인 정보처리에 관련된 직업이 위험도가 높게 나왔다. 반대로 고숙련 전문직이나 창의적 직업 혹은 높은 공감능력이 뛰어난 직업은 대체로 안전했다. 의사, 변호사, 금융 컨설턴트, 예술가, 작가, 교육가 등이다.[290]

2016년 1월에 열린 다보스포럼(세계경제포럼)에서도 2015년~2020년 사이에 선진국과 신흥시장 등 15개국의 나라에서 단순 사무 및 행동, 단순

육체노동 등의 일자리가 710만 개 사라지고, 컴퓨터, 수학, 건축 등과 관련된 200만 개의 새로운 일자리가 창출되어 결국 510만개의 직업이 사라질 것이라고 전망했다.

물론 이런 현상은 이미 20세기 초부터 이야기되어 왔다. 존 메이너드 케인스^John Maynard Keynes^는 이런 말을 한 적이 있다.

"우리는 아직까지 이름조차 들어보지 못한 일부 독자들도 있겠지만, 앞으로는 실컷 듣게 될 '기술 발달에 따른 실업^technology unemployment^'라는 신종 질병에 감염되고 있다."

하지만 미래는 역사상 최고의 경제학자의 예측대로 되지 않았다. 기술로 인한 일시적 실업은 있었지만, 더 많은 새로운 일자리가 창출되면서 기술 발달에 따른 장기적 실업은 없었으니 말이다. 미국의 경우, 산업화가 되기 전 대부분이 농사를 지었지만 지금 단 2퍼센트만 농업에 종사하고 있고 나머지 사람들은 새로 창출된 직업에 잘 적응하고 있다.

또한 자동화로 인한 생산성 향상의 수혜를 가장 많이 받고 있는 분야는 제조업인데, 전 세계 기준으로 기계에 의해 밀려난 제조업 인력들이 서비스업으로 흘러 들어가면서 전체 고용은 오히려 확대되어 왔다.[291]

그래서 앞으로 기술 발달로 인해 심각해질 일자리 문제는 기계로 인해 일자리가 완전히 사라진다는 실업 문제보다 직업의 양극화이다. 왜냐하면 제조업에서 밀려난 인력들은 직업을 구한다 해도 생산성이 낮은 서비스업에 종사해야 하기 때문이다. 물론 새롭게 창출되는 고부가가치 서비스업들도 있지만 자동화로 인해 일자리를 뺏긴 인력들이 갈 수 없는 직업들이 대부분이다. 로봇에 의해 공장에서 밀려난 사람이 데이터 사이언스, 로봇

공학, 딥 러닝 분야 등에 진출할 수는 없기 때문이다.

그런 의미에서 전체적으로 보아 제조업 비중이 높은 우리나라는 일자리 양극화, 소득 불균형 심화 등에 대한 심각한 고민이 필요한 시점이다.[292] 우리나라 제조업 근로자 1만 명당 로봇 수를 나타내는 로봇 밀집도는 2015년 기준 531대로 싱가포르 398대, 일본 305대 등을 제치고 압도적인 1등을 기록 중이다.[293] 2005년에는 1171대였음으로 10년 사이에 무려 3배가 늘어난 것이다. 세계 평균은 69대에 불과하다.

반면 새롭게 만들어질 직업은 고도의 새로운 지식과 기술이 필요하므로 인력이 귀해지고 그 가치가 올라간다. 따라서 이런 흐름이라면 중간 수준의 임금 노동자의 비중은 더 줄어들 가능성이 크다. 실제 미국의 경우, 1999년에 실질 가정 소득의 중간 값이 5만 4,932달러로 정점을 찍고 지금까지 계속 하락 중에 있다.[294] 2011년에는 5만 54달러로 무려 10퍼센트나 하락했다. 또한 기하급수적 기술이 적용되고 수혜를 받는 대상은 대부분 자본재이기 때문에 특별한 정책적 조치가 취해지지 않는 이상 자본가에게 부가 더 쏠릴 가능성이 크다.

기하급수적 기술 발전은 신기한 세계를 보여주며 우리를 즐겁게 해 주기도 하지만 일자리 양극화와 소득불평등이라는 반갑지 않은 세계를 보여줄 가능성이 크다. 따라서 개인적인 대비는 물론이거니와 정부 차원에서 국민 모두가 더불어 잘살 수 있도록 정책적인 준비를 철저히 갖추어야 할 시점이라는 생각을 하게 된다.

마지막으로 지금까지 논의된 것 이외에 알파고 등장 이후로 생각해 봐야 하는 흐름이 하나 더 있다. 그것은 그전까지 안정적이라고 믿었던 전통적인 고숙련 전문직들 또한 위험해질 수 있다는 사실이다. 의사나 변호사 같은 직업 말이다.

▄▄▄▄ 알 파 고 후

IBM의 임원인 찰스 리켈Charles Lickel은 2004년 어느 레스토랑에서 연구 팀과 저녁을 먹고 있었다.[295] 그런데 7시가 되자 레스토랑에 있었던 사람들이 갑자기 일어나 TV 앞으로 몰려들었다. 바로 퀴즈 프로그램 「제퍼디!」에서 50연승을 거둔 켄 제닝스Ken Jennings가 프로그램 사상 최고의 기록을 어디까지 끌고 갈 수 있을지 지켜보기 위해서였다. 이날 리켈은 새로운 역사를 쓰고 있는 켄 제닝스를 보고, 또 다른 역사를 쓰기 위해 마음을 먹었다. 바로 자신의 회사에서 만든 인공지능으로 켄 제닝스를 이기는 꿈을 꾼것이다. 이 프로젝트 이름은 '그랜드 챌린지'였다.

실제 「제퍼디!」에서 인공지능으로 세계 챔피언을 이긴다는 것은 위대한 도전이었다. 자연어를 이해하는 것은 기본이고, 「제퍼디!」에서는 문제 출제자가 교묘한 말장난을 쓰기 때문에 말의 진의를 정확하게 파악해야 했다. 그리고 이해한 질문에 맞는 답을 과학, 역사, 영화, 문학, 지리, 트렌드 등 엄청나게 다양한 정보 속에서 세계 챔피언보다 더 빨리 찾아내야 한다. 최고 수준의 하드웨어, 수많은 똑똑한 알고리즘, 방대한 데이터가 문제 없이 잘 작동해야 가능한 일이었다.

2011년 2월 14일 드디어 IBM의 인공지능 왓슨은 「제퍼디!」의 최고 챔피언인 켄 제닝스와 브래드 러터 Brad Rutter와 함께 세기의 대결을 펼쳤다. 그리고 승자는 왓슨이었다. 왓슨은 기계 학습, 자연어 처리, 음성 합성, 정보 검색, 지능적 탐색, 게임 수행 등 다양한 인공지능 툴을 장착하고 2억 장이 넘는 문서를 확보한 후 출전했다.[296] 어찌 보면 알파고의 경우와 마찬가지로 IBM 입장에서는 왓슨이 이기는 것은 너무나 당연해 보였다. 「제퍼디!」의 승리 후 IBM은 자신의 웹사이트에 다음과 같은 내용을 게시했다.

"왓슨은 전문가의 언어를 학습 중이며, 여러 산업에서 일할 수 있도록 전문가에게 훈련받고 있습니다."

왓슨과 협업하고 있는 전문가들은 변호사, 의사, 은행가, 보험업자, 교육 전문가 등이었다. 그리고 현재 왓슨은 의료계에 뛰어들어 암 진단 등의 분야에서 의사들을 보조해 주고 있다. 2016년 6월까지 왓슨은 1,200만 쪽이 넘는 의학 논문, 300종의 의학 저널, 200권의 교재, 수천만 건의 환자 진료 기록을 수집하고 있다.[297] 의학 논문은 약 40초마다 하나씩 나오며 최근까지 왓슨을 활용하는 병원들이 상당히 늘었기 때문에 왓슨이 활용할 빅 데이터는 계속 늘어날 것으로 보인다.

알파고가 프로 바둑 기사를 이기고, 왓슨이 의사가 하는 일에 근접해 가고 있다는 사실은 우리가 지금까지 갖고 있던 기본적인 인식을 재고할 것을 요구한다. 바로 안정적으로 여겨졌던 고숙련 전문직까지도 기하급수적 기술 앞에서는 미래를 장담할 수 없다는 것이다.

다음 표는 LG경제연구원이 각 기관별로 고용의 미래를 어떻게 보는지에 대한 자료를 모은 것이다.[298]

년 도	기 관	고위험군 직업	저위험군/새로 부상하는 직업
2013	Oxford University	단순 서비스직, 단순 영업판매직, 단순 사무직, 생산직, 운반직, 텔레마케터, 계산원 등	경영직, 금융 관련 전문직, 교육 관련 종사자, 헬스케어 관련 종사자, 예술, 미디어 관련 종사자 등
2015	Forrester Research	공사노동직, 단순 사무보조, 영업판매직, 부동산중개업 등	소프트웨어 엔지니어, 디자이너, 로봇 수리전문가 등
2015	Business Insider	텔레마케터, 세무대리인, 대출업무직, 은행원, 스포츠 심판, 납품 조달 담당직원, 제품 포장·운반용 기계장치 운전자 등	서예가, 초등학교 교사, 의사, 영양사, 병원카운슬링, 사회 심리학자 등
2015	소프트웨어 정책연구소	사무 종사자, 장치·기계조작 및 조립 종사자, 기능원, 판매 종사자, 회계사, 세무사, 관세사 등	소프트웨어 개발자, 의사, 초등학교 교사, 성직자, 변호사 등
2016	세계경제포럼 (다보스포럼)	단순 사무직, 행정직, 제조·생산직, 건설·채굴, 예술·디자인, 환경·스포츠·미디어, 법률 시설 및 정비 등	사업·재정·운영, 경영직, 컴퓨터·수학, 건축·엔지니어, 영업 관련직, 교육·훈련 등
2016	유엔 미래보고서 2045	의사, 변호사, 기자, 통·번역가, 세무사, 회계사, 감사, 재무 설계사, 금융 컨설턴트, 언론인(기자), 암호전문가, 심리학자, 심리치료사 등	일자리 전환매니저, 팽창주의자, 극대화 전문가, 윤리학자, 철학자, 이론가 등
2016	한국 고용정보원	콘크리트공, 정육원, 도축원, 고무 및 플라스틱 제품 소립원, 청원경찰, 조세 행정 사무원, 물품 이동장비조작원, 손해사정인, 일반의사 등	화가, 조각가, 사진사, 작가, 배우 및 모델, 초등학교 교사, 물리 및 작업치료사, 임상 심리사 등

출처 : LG 경제연구소

2016년 3월에 있었던 알파고 대국 전에는 의사, 변호사 등 고숙련 전문가들은 비교적 안정적인 직업에 속했다. 하지만 알파고 이후의 예측들에서는 의사, 변호사 등의 고숙련 전문직이 기하급수적 기술에 의해 대체 가능성이 높은 직군으로 바뀌었다.

미래는 알 수 없고 지금까지 무수히 많은 예측이 틀렸음으로 이 표를 절대적으로 신뢰할 필요는 없다. 어떤 직업이 미래에 어떻게 될지 아무도 모른다. 하지만 기하급수적 기술의 발달이 미래학자들에게 어떤 통찰을 주고 있는지를 알아야만 한다. 고숙련 전문직이라는 고용의 안전지대조차 방심할 수 없는 흐름으로 가고 있다는 것이다. 또한 기하급수적 성장의 특성상 우리가 새롭게 형성한 인식조차 언제 깨부술지 모른다. 알파고 제로처럼 말이다.

전문직은 '기술 지연'에 의해서 탄생한 직종이다.[209] 기술 지연이란 '자료 처리'와 '지식 처리' 사이에서 발생한 괴리를 뜻한다. 인공지능 이전의 기술들은 자료 처리에 특화되어 있었다. 예를 들어, 역사상 처음으로 자료를 양산하고 처리를 가능하게 했던 인쇄술로 인해 사람들은 처음 맛보는 정보의 홍수 속에서 어찌할 바를 몰랐다. 하지만 각 분야의 소수 인재들이 그 방대한 자료를 '지식'으로 만들었고, 일반인에게 그 지식을 전파하거나 '중개' 역할을 했다. 즉, 전문직이라는 직종이 탄생한 것이다.

구술과 필사로 정보가 처리되던 시절에도 전문성을 가진 개인이 전혀 없지는 않았지만, 하나의 직종으로서의 전문가는 보기가 힘들었다. 그러나 인쇄술의 발달로 자료가 방대해지면서 여러 분야에 이것을 지식으로 처리하여 중개해 줄 전문가들이 필요해졌다. 산업혁명을 거쳐 컴퓨터, 복사기, 인터넷 등의 기술 발전이 이어지면서 자료는 기하급수적으로 방대해졌고 더 세밀해진 분야의 더 많은 전문가가 탄생하게 되었다.

하지만 알파고 수준의 인공지능의 탄생으로 기술 지연의 시차가 급격하게 줄어들 가능성을 보인 것이다. 지식을 처리하던 인간의 일을 이제 기술 스스로가 하게 되면서 기계가 자료 처리와 지식 처리를 함께 할 수 있는 능력을 갖춰가고 있다.

"저항은 부질없는 짓이다."

영화 「스타트랙」의 대사이다. *러다이트 운동(18세기 말~19세기 초 영국의 공장지대에서 일어난 노동자의 기계파괴운동)이 있었지만 역사상 기술의 도도한 흐름을 막을 수는 없었다. 우리가 마음으로 강하게 부정을 하고 배척하고 저항한다고 해도 이 흐름을 막을 수는 없다. 그러므로 흐름에 저항하기보다 흐름을 타야 한다. 두려워하기보다 학습을 게을리 하지 않고 기하급수적 기술을 이용하며 인공지능과 협업하는 적응력을 키워야 한다(호모 아카데미쿠스). 또한 네트워크에 대한 깊은 이해를 바탕으로 아직 인공지능이 넘지 못한 영역인 공감과 대인 관계 기술, 창의성의 힘 등을 키워 대응해 나가야 한다(슈퍼 네트워커). 그리고 마지막으로 기하급수적 기술이 만들어 준 새로운 기회를 이성적 판단과 원대한 비전을 함께 품음으로써 새로운 시대, 새로운 일자리를 만들어야 한다(이성적 몽상가).

제프 베조스는 이렇게 말했다.

"진실로 위험한 것은 진화하지 않는 것이다."

진화를 통해 호모 아카데미쿠스, 슈퍼 네트워커, 이성적 몽상가에 도달하여야 한다. 시대가 요구하는 세 부류의 인재상에 대해 다음 '성장' 편에서 자세히 알아보도록 하자.

리 더 의 조 건

일할 때 시너지를 내면 좋다는 사실은 누구나 알고 있다. 실제로 구글 엔그램 뷰어를 통해 수많은 책과 연구보고서에서 사용된 '시너지'의 단어 사용빈도를 검색해 보면 지난 50년 동안 20배 이상 매우 가파르게 증가한 것을 확인할 수 있다. 그만큼 더 많은 곳에서 더 많은 사람들이 시너지 효과를 내려고 고민과 연구를 하고 있다는 증거이다. 그렇다면 시너지는 정확하게 무엇을 의미하는가? 사전적 정의부터 살펴보자.

시너지Synergy: 둘 이상의 조직 혹은 그룹에 시너지가 발생했으면, 그들이 각자 일했을 때보다 함께 했을 때 더 성공적이었다는 것을 의미한다.(If there is synergy between two or more organizations or groups, they are more successful when they work together than when they work separately.)

우리는 흔히 1+1이 2보다 클 때 시너지가 발생했다고 한다. 어떻게 하면 조직의 역량을 개개인 능력의 단순한 선형적 합을 넘어서 비선형적으로 폭발하는 결과를 만들어 낼 수 있을까? 이런 연금술에는 여러 가지 비법이 필요하겠지만, 그중에서도 가장 핵심은 의심의 여지없이 '리더십leadership'이 될 것이다.

하지만 안타깝게도 대한민국에는 나이가 곧 지위인 연공서열 제도가 오랫동안 뿌리 내렸기 때문에 사실상 리더십이 자라나기에는 아주 척박한 환경이 조성되었다고 해도 전혀 과언이 아니다. ("까라면 까"는 카리스마 넘치는 리더십이 아니라 딕테이터십dictatorship 즉, 독재다.) 그렇다면 우리에게 (조금 더 구체적으로 회사에서) 필요한 리더십은 어떤 것이 있을까? 훌륭한 리더의 자질과 덕목에 대한 추상적인 이야기는 여러 곳에서 많이 다뤘으니, 여기서는 조금 더 구체적이고 현실적인 리더의 자세에 대해서 함께 논의해 본다.

첫 번째로 리더는 조직원에게 여유를 줘야 한다. 하지만 대다수의 리더들이 마른 오징어도 쥐어짜면 물이 나온다는 신념(?)으로 구성원에게 숨 쉴 틈을 안 주는 경우가 적지 않다. 그렇게 해서 성과가 잘 나오면 관리(?)를 잘했다는 그럴싸한 포장을 한다. 단순 노동집약적 산업이 주류였던 시절에는 그런 방법이 가시적인 성과로 바로 연결되기도 했었다. 하지만 이제는 그런 방법으로는 절대 발전할 수 없고, 심지어 지금 우리가 일궈낸 경제적 위치도 지킬 수 없다.

모든 일에는 흐름이 있다. 잘될 때가 있으면 잘 안될 때도 있는 것은 일종의 순리다. 하지만 회사는 늘 꾸준하게 일한다. 잘될 때도, 잘 안될 때도 계속 열심히 일한다. 세상은 비선형적으로 반응하지만 우리는 선형적으로 대응한다. 거기에서 발생하는 차이만큼 우리는 괴롭다. (그게 이익이면 가끔은 즐겁다. 특히 직장인보다 회사는 더 즐겁다.) 업무 간의 여유를 준다는 것은 휴식 시간을 많이 준다는 의미가 아니라, 바로 시장의 반응과 업무 사이에 발생하는 간극을 최대한 줄여 주는 일을 리더가 해 줘야 한다는 뜻이다.

우선 간단하게 생각하면, 힘들 때는 다 같이 매달려 일해서 고비를 넘겨야 한다. 이때 리더는 지시받은 업무 사항을 직원에게 전달할 수 있지만, 그에 수반되는 부정적인 감정들은 리더 본인이 최대한 떠안아야 한다. 그래야만 팀원들이 일에 더 전념할 수 있어서 힘든 상황이 조금이라도 더 빨리 종료될 수 있다. (보통은 화를 내면서 감정부터 전달한다.) 더 큰 문제는 잘될 때이다. 모든 게 잘된다고 아무 생각 없이 평소처럼 일하면 안 된다. 이런 상황에서 리더는 직원들에게 반드시 앞으로 닥칠 수 있는 위기에 대해 준비를 시켜야 한다. 여기서 준비라 함은 구체적으로 업무적 역량계발이다. (습관적 야근을 자제하여) 퇴근을 정시에 시켜서 개인적 자기계발을 할 수 있도록 환경을 만들어 주는 방법도 간접적이지만 여전히 개인과 회사에 도움이 되는 일이다.

이렇게 리더는 힘들 때는 방파제가 되어야 하고, 잘 나갈 때는 댐이 되어야 한다. 방파제와 댐은 비슷한 구조 같지만, 상황을 맥락적으로 판단하여 전혀 다른 역할을 해내는 존재가 되어야 한다. 그렇게 방파제와 댐이 되어서 조직원이 급작스러운 변화에 조금이라도 빨리, 그리고 덜 힘들게 적응할 수 있도록 여유를 만들어주는 것이 리더의 역할이다.

두 번째로 좋은 리더는 명령하기보다는 방향을 알려주고, 단순히 알려주는 것을 넘어서 궁극적으로는 조직원을 일깨워 줘야 한다. 리더는 이끄는[lead] 사람[leader]이지 명령[command]하는 사람[commander][지휘관]이 아니다. 훌륭한 리더는 단순한 지시보다는 설명해야 하고, 설명 다음에는 설득해야 한다. 사실 이런 과정은 굉장한 노력이 요구되어 상당히 피곤한 일이다. 때로는 강력한 명령이 빠르고 효과적일 때도 있다. 하지만 그 효과는 매우 일시적이고 국지적이다. 다르게 표현하면, 동기의 최고 원동력 중의 하나인 자율성이 조직 문화로 꽃피울 수 없다는 것을 의미한다.

구성원을 일깨우는 가상 효과적인 방법 중의 하나는 해당 업무에 관한 디테일[detail]을 알려주는 것이다. 한 업무에서 제대로 내공을 축적하여 직급이 올라가면 더 많은 디테일을 자연스럽게 볼 수 있게 되는 능력이 생기게 된다. 큰 그림에 대한 이해도가 높아질수록 전혀 중요하지 않아 보이는 사소한 것들이 왜 중요한지 깨닫게 되는 것이다.(모든 관계는 더하기가 아니라 곱하기 엮여 있기 때문이다.) 직급이 낮을수록 디테일에 더 가까이 있지만, 가까이 있기에 그 중요성을 더 쉽게 간과하는 것은 매우 자연스러운 현상이다. 그래서 리더는 구성원이 디테일을 놓치면 다그치고 무조건적인 압박을 할 세 아니라 그 사소한 일이 왜 중요한지 큰 그림과 함께 설명해 줘야 한다. 또 그런 디테일을 잘 챙기기 위한 구체적인 조언도 해 주면, 구성원의 리더에 대한 신뢰감도 자연스럽게 올라간다. (너무 자주 해주면 그것은 또 다른 간접적 압박이 된다.) 그렇게 리더에 의해 많은 구성원들이 능동적으로 일깨워진 상태로 함께 일하게 되면, 서두에 언급했던 시너지의 새싹은 전혀 예상치 못한 곳에서 자라나기 시작한다.

세 번째로 리더^{leader}는 리더^{reader}가 되어야 한다. 리더의 가장 중요한 역할 중의 하나는 새로운 과제를 찾아내는 일이다. 사실 좋은 주제를 찾아서 훌륭한 비즈니스 모델을 만들었다면, 리더의 역할은 반 이상 이미 끝났다고 해도 과언이 아니다. 하지만 정해진 일을 잘하는 것보다 좋은 사업을 발굴하는 일은 훨씬 힘들다.

'운' 편에서 이미 함께 배운 것처럼 조금이라도 나은 예측을 하려면 최대한 자주 리더 스스로의 지식 세계를 업데이트해야 하고 그러기 위해서는 끊임없이 정보 습득을 해야 한다. 하지만 안타깝게도 대한민국에서는 10대 시절을 최고 정점으로, 나이가 들어감에 따라 문해력이 향상하지 않고 계속 떨어져서 기성세대의 문해력은 OECD 회원국 중에서 사실상 최하위에 머물고 있다. 정보 습득이 부족한 정도가 아니라 얼마 안 되는 습득한 정보도 제대로 이해 못하고 있는 것이 우리의 현실이다. 지금껏 그런 노력을 하지 않았다고 너무 실망할 필요는 없다. 불행 중 다행으로 우리의 뇌는 가소성이 있다. 의식적인 훈련을 하면 뇌는 사용한 쪽으로 실제로 더 발달한다. 이런 현상은 나이와 상관이 없다. 우리의 뇌는 언제든지 활성화 그리고 강화될 수 있다.

실제로 직접 진행한 멘토링 프로젝트에서는 보통 매주 한 권의 책을 읽고 독후감을 써오는 미션이 있다. 직장인 참가자 90퍼센트 이상이 문제없이 두 달 동안 8권 이상의 책을 읽었다. 참가자 중에 대부분은 한 달에 한 권 책도 잘 읽지 않는 경우가 대부분이었지만, 적절한 환경설정이 되었을 때 모든 참가자들은 독서 후 독후감까지 작성하여 단순한 읽기를 넘어서 내용까지 능동적으로 소화해냈다.

분야와 난이도의 따라 차이는 있겠지만, 누구나 의지만 있으면 직장 생활을 하면서도 한 달에 두 권 즉, 일 년에 총 24권 정도의 책은 읽을 수 있다. 그런 리더가 읽고 배운 것을 나누기 시작하면 조직이 어떤 방향으로 바뀔 것 같은가? 가장 이상적인 조직 중의 하나인 학습하는 조직이 될 가능성이 높다.

학습하는 조직은 능동적이고 위기 대처 능력이 매우 높다. 매력적인 상사에 대한 기준을 멘티들과 주변 사람들에게 물었을 때 돌아오는 대답은 비슷했다. (직접 만나본 상사들도 크게 다르지 않았다.) 실제로 주변에 존재하는 매력적인 상사의 가장 큰 공통적인 특징 중에 하나는 바로 독서(공부)하는 리더였다. 리더의 독서가 단순히 자신뿐만 아니라 모두에게 긍정적인 영향을 끼친다는 사실을 절대 잊지 말자. 그래서 개인적 소망은 빌 게이츠나 마크 저커버그Mark Zuckerberg가 추천하는 책 말고, 대한민국 유명 경영인이나 기업의 오너가 추천하는 책도 꼭 읽어보고 싶다. (한두 권 말고 리스트로 받고 싶다.)

이쯤 읽으면 왜 우리 회사에는 이런 리더가 없을까 고개를 갸우뚱하는 독자도 있을 것이다. (사실 많을 것이다.) 직장 상사나 선배를 또 너무 비판만 하기도 어려운 게 이 모든 과정은 상당히 이해도와 인내심이 필요하다. 우리가 이제까지 이뤄낸 성장은 이와 전혀 다른 결을 가지고 있는 '빨리빨리'가 핵심 철학이었다. ('빨리'가 한 번도 아니고 두 번이다.)

우리는 그 철학을 바탕으로 세계 어떤 나라와 비교해도 손색이 전혀 없을 정도의 엄청난 경제 성장을 이뤄냈다. 그렇게 빨리 달리는 기차에 깊고 차분한 사고방식이 올라 탈 수 있는 방법은 사실상 없었다고 해도 과언이 아니다. 이 제는 모든 면에서 우리의 성장은 점점 정체되고 있다. 우리는 충분히 많이 성 장해서 더 올라갈 수 있는 영역은 사실 많이 남아 있지 않다. 성장의 포화 구간 에 진입하는 것 또한 지극히 자연스러운 결과이다.

모든 현상에는 양면성이 있다. 빨리 성장하면 부작용이 많다. 반대로 생각 하면, 느린 성장은 부작용을 줄여가면서 제대로 커 갈 수 있다는 뜻이기도 하 다. 그래서 우리는 기존에 가지고 있던 철학과 전략을 수정해서 현재 상황에 맞는 올바른 성장을 이룩해 내어야 한다. 지금 하는 고민들이 인생 선배들이 이룩한 외적 성장에서 우리가 이뤄야 할 내적 성장으로 넘어가기 위한 하나의 노력인 것이다. 다시 한 번 강조하지만, 우리가 가야 하는 길은 높은 이해도와 진득한 인내심을 동시에 요구해서 절대 쉬운 길이 아니다. 하지만 반드시 가야 하는 길이다. 시간은 걸리겠지만 함께 고민하고 노력하면 또 보란 듯이 새로운 성장을 멋지게 이뤄낼 것이다. 우리는 할 수 있다.

━━ 중년의 뇌, 가장 뛰어나다

"30세가 되기 전에 과학의 발전에 기여하는 위대한 업적을 이루지 못하면 평생 위대한 업적을 남기지 못한다."[300]

아인슈타인이 한 말이다. 실제로 아인슈타인은 물리학의 패러다임을 바꾼 상대성 이론 논문을 20대 중반에 발표했다. 성인이 되면 모든 신체 조직은 노화하기 시작하기 때문에 젊을 때야말로 위대한 업적을 남길 수 있는 절호의 기회라는 뜻이다. 나이를 먹으면 머리가 둔해지고 보수적으로 바뀌어 혁신적 발상을 하기 힘들다는 통념 때문이다.

제임스 왓슨이 DNA의 이중나선 구조를 밝혀낸 나이는 25세였고, 오손 웰즈[Orson Welles]는 역대 최고의 영화 중 하나인 「시민 케인」을 25세 때 만들었다. 최고의 시인 중 한 명인 E. E. 커밍스[E. E. Cummings]의 대다수 걸작들은 20~30대에 썼다. 역시 젊음은 엄청난 무기인 것 같다.

그런데 나는 아인슈타인의 생각과 다르다. 일단 실제 내가 그렇다. 올해 (2017) 마흔이 되는 나는 '중년'이 되었다. 지금까지 열 권의 책을 썼는데, 놀랍게도 지금이 30대 초반보다 책 쓰기가 쉽다. 게다가 최근의 작품일수록 개인적으로 더 마음에 든다. 나는 온라인 강의, 오프라인 강의, 팟캐스트를 대본 없이 대부분 외워서 한다. 암기하는 것에 대한 하등 어려움을 못 느끼고 있다. 심지어 나는 올 초에 SNS에 이런 문구를 남긴 적도 있다.

"요즘 부쩍 나이가 들었음을 느낀다. 공부가 더 잘된다."

내가 망상에 사로잡힌 것일까? 중년들이여, 전혀 그렇지 않다. 우리의 뇌는 사람의 일생 가운데 가장 뛰어나니 말이다.

펜실베이니아 주립대학교의 심리학자 셰리 윌리스Sherry Willis와 남편 워너 샤이Warner Schaie는 1956년부터 40년 넘게 6,000명이나 되는 사람들의 정신적 능력을 연구해 왔다.[301] 이들은 20세에서 90세 사이의 다양한 직업을 가진 남자와 여자를 절반 씩, 시애틀에 있는 건강관리 단체에서 무작위로 선별된 사람들로 대상을 선정했다.

이 부부가 측정한 정신적 능력은 다음과 같다.

1) 어휘 : 얼마나 많은 단어를 이해할 수 있으며, 그것의 동의어를 얼마나 많이 찾을 수 있는가?

2) 언어 기억 : 얼마나 많은 단어를 기억할 수 있는가?

3) 계산 능력 : 사칙연산을 얼마나 빨리 할 수 있는가?

4) 공간 정향 : 어떤 사물이 180도 돌아갔을 때, 그 모습이 어떻게 보일지 얼마나 잘 식별할 수 있는가?

5) 지각 속도 : 녹색 화살표가 보일 때 얼마나 빨리 단추를 누를 수 있는가?

6) 귀납적 추리 : 논리 문제를 얼마나 잘 풀 수 있는가?

부부는 연구 결과에 대해 이렇게 말했다.

"지능에 대한 상투적인 관점이나 교양 있는 보통 사람들이 견지하는 순진한 이론들과 달리, 많은 고차원적인 인지 능력의 발달 면에서 청년기는 인지적 절정기가 아니다. 연구 대상이 된 여섯 가지 능력 가운데 네 가지 능력은 중년인 사람들이 본인의 25세 당시보나 더 수준 높게 발휘하였다."

다시 말해, 계산 능력과 지각 속도를 제외한 어휘, 언어 기억, 공간 정향, 귀납적 추리는 20~39세보다 40~65세 때 더 좋은 성적을 거두었다는 뜻이다. 특히 주목해야 할 부분은 일을 함에 있어서 사칙연산 및 지각 속도보다 어휘, 언어 기억, 귀납적 추리가 훨씬 더 중요한 능력이라는 것이다. 결론적으로 중년의 뇌는 일을 가장 잘할 수 있는 능력을 갖춘 상태이다.

심지어 '그릿Grit 지수'는 나이가 들어갈수록 점점 높아진다.[302] 그릿은 근성, 투지, 끈기, 자제력과 비슷한 개념으로, 성과 및 생산성과 가장 유의미한 상관관계가 있는 특성이다. 그릿지수는 20대부터 60대까지 거의 선형적으로 증가한다. 경험의 축적이 근성, 투지, 자제력 수준을 올려주는 것이다. 또한 다른 종단 연구를 통해 밝혀진 바에 따르면 인생을 많이 살수록 성실성, 자신감, 배려, 평정심이 발달하는 것으로 나타났다. 이를 성숙의 원리라고 한다.

종합해 보면 중년은 최고의 뇌, 높은 그릿, 성숙함이라는 3박자를 고루 갖추고 있는 환상적인 시기이다.

미국 기준으로 기술 창업 분야에서 대규모 투자 유치를 성공한 평균 연령은 38세이며, 실제 비즈니스 현장에서 아이디어 박스를 설치해 아이디어를 모으면 가장 가치 있는 제안을 한 나이는 55세로 나온다.[303]

로저 스페리 Roger Sperry 는 좌뇌와 우뇌가 각기 다른 기능 있다는 획기적인 발견을 49세에 했으며, 알프레드 히치콕 Alfred Hitchcock 의 최고의 작품인 「현기증」, 「북북서로 진로를 돌려라」, 「사이코」는 각각 59세, 60세, 61세에 만들었다. 영미권의 최고의 시인 중 한 명인 로버트 프로스트 Robert Frost 의 걸작의 92퍼센트가 모두 40세 이후에 만들어졌고, 마크 트웨인 Mark Twain 을 세계 최고의 문학가로 만든 《허클베리 핀의 모험》은 그가 49세 때 출간한 작품이다. 레오나르도 다 빈치 Leonardo da Vinci 는 46세에 「최후의 만찬」을, 50대 초반에 「모나리자」를 창작했다.

그러나 이쯤에서 우리 한 번 '메타인지'를 깨워 보자. 객관적으로 현재 우리 모습을 바라보자는 것이다. 과연 우리나라의 중년들은 자신의 무기를 잘 활용하고 있는가? 안타깝게도 전혀 그렇지 못하다.

일단 문해력을 보자. 문해력이란 글을 이해하고 평가하고 활용할 줄 아는 능력으로 학습 능력을 형성하는 가장 기본적인 능력이다. 특히 OECD에서 평가한 성인 문해력의 경우, 2등급 이하는 '토론'이 안 되는 수준을 뜻한다.

안타깝게도! 정말 안타깝게도! 우리나라의 경우, 20~30대는 토론을 충분히 해낼 수 있는 3등급에 걸쳐있지만, 40대 이상의 중년의 문해력은 2등급에 머물고 있으며 나이가 많을수록 문해력이 떨어진다.

이것이 의미하는 바는 이렇다. 만약 새로운 정보와 지식을 놓고 청년과 중년이 토론을 하게 된다면 중년 때문에 토론이 원활히 안 될 가능성이 크다는 것이다. 그런데 이것은 우리나라만 그렇다. 우리나라는 20대가 가장 문해력이 높지만 다른 선진국들은 40대 초반이 가장 문해력이 높다.

앞에서 내가 입에 침을 발라가면 치켜세운 중년들은 모두 서양 사람들이다. 우리나라 중년들이 아닌 것이다. 만약 우리나라 중년을 놓고 연구를 했다면 완전 다른 결과가 나올 수가 있다.

왜 그럴까? 나이가 들면 머리가 멍청해진다고 생각한다. 뇌세포가 굳어간다고 생각한다. 기억력도 가물가물해진다고 생각한다. 그러니 독서도 잘 하지 않고 공부도 하지 않는다. 실제 우리나라는 독서량이 나이가 들수록 계속 줄어든다. 선진국들은 30대 중반부터 40대까지 가장 책을 많이 읽는데 말이다. 책도 읽지 않고 공부도 하지 않으니 진짜로 머리가 멍청해진다.

뇌는 가소성이 있다. 뇌는 자꾸만 변화한다는 뜻이다. 특정 분야의 공부를 많이 하고 기술을 향상시키면, 그것과 관련된 뇌 부위의 신경섬유의 연결이 많아지면서 높은 효율을 제공해주는 뇌로 변한다는 것이다. 언제까지? 죽을 때까지 그렇다. 뇌를 많이 써서 신경섬유가 두터워지면 알츠하이머병에도 높은 방어 능력을 갖게 된다.

하지만 뇌를 쓰지 않으면, 빈약한 뇌로 남게 된다. 빈약한 뇌에는 빈약한 수준의 말과 행동이 나올 수밖에 없다. 지식도 부족하고 논리도 부족하니 나이로 찍어 누르고, 지위로 짓밟고, 구석기적 경험으로 허세를 부리는 '꼰대'가 된다.

잊지 말자. 중년의 뇌는 잘 쓰기만 한다면 최고의 생산성과 효율을 가져다줄 수 있다. 그러기 위해서는 독서하고 공부하고 젊은 사람들의 이야기를 경청해야만 한다. 머리 안 돌아가는 것을 나이 탓으로 돌리면 안 된다. 모두 자기가 그렇게 생각하고 그렇게 행동한 결과이다.

현재 어떤 영역이든 간에 의사 결정을 담당하는 리더들은 대부분 중년이다. 중년이 성장해야 정치도, 사회도, 비즈니스도 모두 성장할 수 있다.

가장 뛰어난 뇌를 가진 중년들이여, 그대들이 성장할 때 청년들도, 그리고 우리 아이들도 마음껏 성장할 수 있음을 잊지 말자.

8장

성장(成長)

"성장이란 어제보다 나은 오늘이다."

- 고영성, 신영준 -

호모 아카데미쿠스

"늘 '베타 테스트' 상태에 있어라."

- 리드 호프먼(Reid Hoffman) -

■■■■ 학 습 하 는   인 간

2016년 3월 버락 오바마는 미국과 쿠바 사이의 통상 관계 재개를 축하하는 행사에서 다음과 같이 말했다.[304]

"저는 짧게나마 브라이언 체스키를 소개하고 싶군요. 브라이언을 모르는 쿠바인들을 위해 말씀드리자면, 일단 그는 무척 젊습니다. 그와 공동 창업자들이 함께 설립한 에어비앤비는 우연히 떠오른 '하나의 작은 아이디어'에서 시작됐습니다. 브라이언, 창업한 지 얼마나 됐죠?"

"8년입니다."

"그렇다면 현재 기업 가치는 얼마나 되나요?"

체스키가 주저하자 오바마는 겸손할 필요 없다며 답변을 원했다. 체스키는 대답했다.

"250억 달러입니다."

오바마는 체스키를 미국에서 가장 뛰어난 젊은 사업가라는 설명과 함께 자신의 에어비엔비 사이트를 살펴본 이야기까지 했다. 이날 많은 인사들이 모였지만 오바마가 인물에 대해 칭찬한 대상은 브라이언 체스키 뿐이었다. 그런데 체스키를 칭찬하는 사람은 오바마 뿐이 아니다. 워런 버핏도 이런 말을 했다.

"에어비앤비는 모든 산업계를 통틀어 매우 의미 있는 존재가 될 것이다. 내가 젊은 시절에 체스키와 같은 생각을 했더라면 얼마나 좋았을까?"

물론 에어비엔비는 세 명의 창업자 중 한 명이라도 없었다면 탄생하기 힘들었을 것이다. 에어비앤비의 설립 아이디어는 브라이언 체스키와 조 게비아가 함께 만들어냈다. 체스키는 처음에 사업을 할 생각이 없었고, 자신도 없어했다. 조 게비아의 적극적인 리드가 없었으면 사업 시작은 할 수도 없었을 것이다. 하지만 아이디어만으로는 사업을 성공시킬 수 없다. 전략이란, 아이디어가 아니라 실행 능력 그 자체이다. 이 아이디어를 실현하기 위해서는 최고 수준의 사이트 인프라 구축이 필요했다. 천재 프로그래머인 네이선 블레차르지크의 설계가 없었다면 에어비엔비는 그저 그런 평범한 기업에 머물렀을 것이다.

그런데 흥미롭게도 비즈니스에 대해 소극적이었고, 경영학을 전공하지도 않았던 브라이언 체스키는 현재 에어비엔비 CEO로서 자신의 임무를 훌륭히 해 내고 있다. 체스키가 에어비엔비라는 세상에 없던 비즈니스의 성장을 지금까지 잘 이끌고 온 원동력은 무엇이었을까?

링크드인 창업자이자 실리콘밸리의 대표 멘토인 리드 호프먼은 브라이언 체스키에 대해 이렇게 말한다.

"브라이언이 가진 가장 큰 장점은 '학습'입니다. 이는 성공적인 기업가들이 공통적으로 갖고 있는 능력이죠. 그는 '학습하는 기계'이자 '무한한 학습자'입니다. 브라이언은 그 말의 표준이 될 만한 인물입니다."

체스키는 "전장 한복판에 선 병사나 스타트업을 경영하고 있는 기업가에게 학습할 시간 따위는 없습니다"라고 말했지만, 실제로 그는 호프먼의 말처럼 '학습하는 기계'처럼 공부를 했다.

체스키는 먼저 전문가 멘토를 찾아가 조언을 구하는 데에 거리낌이 없었다. 그는 디자인을 배우기 위해 애플의 조너선 아이브Jonathan Ive를 만났고, 경영을 심도 있게 이해하기 위해 링크드인의 CEO 제프 와이너Jeff Weiner와 디즈니의 CEO 로버트 아이거Robert Iger를 만났다. 소셜 네트워크를 배우기 위해 페이스북의 마크 저커버그를 만나 조언을 들었고, 여성 리더에 대한 이해를 위해 페이스북 최고 운영 책임자 셰릴 샌드버그와 미팅을 했다. 이베이의 CEO 존 도나호John Donahoe를 만나서는 사업 규모의 확장과 거대 시장에 대한 내용에 대해 조언을 구했다. 우버, 드롭박스, 스퀘어, 리프트 등의 기라성 같은 성공적인 스타트업 책임자들을 만나 스타트업의 노하우를 전수 받았다.

그러나 체스키가 진짜 존경하고 꼭 만나보고 싶은 사람은 워런 버핏이었다. 체스키는 버핏에게 연락해 점심 식사를 하고 싶다고 했고, 버핏은 흔쾌히 받아들였다. 그리고 이들은 무려 4시간 반 동안이나 점심을 먹었고 이후 버핏은 체스키의 핵심 어드바이저가 된다.

자신보다 훌륭한 능력을 갖춘 이에게 조언을 구하는 행위는 훌륭한 인재의 조건이다. 경영전략 교수 이타이 스턴Ithai Stern 등이 최근 미국의 산업과 서비스 부분에서 350개 대기업 경영진이 어떻게 임원이 됐는지를 알아보는 연구를 했다.[305] 아마도 직장을 다니면서 임원의 꿈을 꾸는 많은 사람들이 있을 것이다. 연구 결과, 성공적으로 임원이 된 사람들은 상사에게 조언을 자주 구한다는 사실이 밝혀졌다. 상사가 어떻게 해서 그런 성공적인 커리어를 쌓게 되었는지를 물었고, 자신의 부족한 부분을 어떻게 극복해 나가야 하는지 조언을 구했다. 이런 조언은 유익한 정보를 실제적으로 얻을 수 있을 뿐만 아니라 상사의 마음을 살 수 있는 일석이조의 효과를 발휘하게 된다. 세계적인 천재 레오나르도 다 빈치 또한 자신이 모르는 것은 언제든 조언을 구하러 다녔다. 심지어 협상 도중에도 조언을 구하는 행위가 더 유리한 결과를 이끌어낸다는 연구도 있다.

체스키는 버핏과의 만남에 대해 이렇게 말했다.[306]

"그의 방에는 주식 시세 표시기도 없고 텔레비전도 없었습니다. 그는 하루 종일 독서를 합니다. 또 하루에 한 번은 미팅을 하고 종종 묵상을 즐깁니다. 그의 일과를 보고 나서 누군가의 조언이나 비난에 휘눌리고 끌려다니기보다는 자기만의 주관과 생각을 키우는 일이 더 중요하다는 사실을 알게 됐죠."

우리는 여기서 조언을 구하는 자세에 대해 알 수 있다. 조언을 구하는 것은 조언자의 말을 그대로 따르기 위함이 아니라 오히려 자신만의 일과 삶의 철학을 제대로 세우기 위함이다. 체스키는 버핏의 조언을 통해 조언의 진정한 의미를 깨달았다.

학습에 있어서 가장 기본은 무엇일까? 누군가를 직접 만나 조언을 듣는 것도 좋지만, 그러나 그것보다 경제적이고 효율적인 방법은 독서를 통해 배우는 것이다. 아마 소수의 독자들은 지금까지 내용을 보고, 체스키가 성공을 했으니 저런 기라성 같은 슈퍼스타들을 만날 수 있지 않았겠는가라고 생각할지도 모른다. 하지만 우리는 그들을 만나지 않고도 그들의 책을 통해 조언을 얻을 수 있다. 심지어 때로는 직접 만나 말을 듣는 것보다 더 유익할 가능성도 높다. 책은 더 많은 내용이 더 체계화되어 있고, 외부의 객관적 시각까지 볼 수 있기 때문이다.

호모 아카데미쿠스, 학습하는 대표적인 인간인 버핏처럼 체스키 또한 독서광이다. 체스키는 버핏을 만나기 전부터 에어비엔비를 시작하면서 틈나는 대로 경영서적과 비즈니스 잡지를 닥치는 대로 읽었다. 또한 스티브 잡스와 월트 디즈니 같은 걸출한 인물들의 전기를 면밀히 분석해 자신에게 적용할 수 있도록 공부했다. 그의 휴가는 언제나 수십 권의 책과 함께했다.

체스키는 버핏과 만난 날, 집에 오면서 미팅에 대한 소감을 꽤 길게 적어 팀원들과 공유했다. 젊은 시절, 버핏 또한 월트 디즈니와의 예정된 미팅 시간을 훌쩍 넘기고 그날의 일을 글로 남겼다고 한다. 그렇다. 학습하는 인간은 '글쓰기'를 게을리 하지 않는 사람이다. 체스키는 이렇게 얘기했다.

"큰 기업의 경영자라면 공적인 연설과 글쓰기에 능해야 합니다. 그것이 곧 경영의 도구가 되기 때문입니다."

독서를 하든지, 조언을 구하든지 우리가 배운 것을 자기화하기 위한 최고의 방법은 글을 쓰는 것이다. 글로 썼을 때 학습한 내용을 장기 기억으로 만들 수 있을 뿐만 아니라 체계화시킬 수 있고 무엇보다 당시의 자신의 상황을 눈으로 확인할 수 있다.

경영과 리더십 분야의 최고의 혁신가 중 하나로 추앙받는 피터 센게 Peter Senge 교수는 '학습'에 대해 이렇게 정의했다.[307]

"학습은 많은 정보를 획득한다는 의미가 아니라, 삶에서 진정으로 원하는 결과를 만들어내는 능력을 키운다는 의미다."

그런데 이 말은 좀 더 유연하게 받아들일 필요가 있다. 먼저 원하는 결과를 만들어내는 데에 있어 정보 획득 즉, 지식의 함양은 매우 중요하다. 학습을 하는 첫 번째 이유는 단연 많은 지식을 얻고자 함이며, 지식량의 차이에 따라 일의 성패가 달라지는 경우도 많다.

그런데 문제는 지식의 유통기한이 점점 짧아지고 있다는 데에 있다. '미래' 편에서 언급했던, 전통적 전문직의 사라질 위험이 증가되는 것에서 알 수 있듯, 지금 배운 최신 지식의 효용 가치가 떨어져 구닥다리 지식이 되는 데에 걸리는 시간이 점점 빨라지고 있는 것이다. 결국 모두 같이 지속적인 학습을 한다고 했을 때, 결국 원하는 목적을 만들어내는 속도와 효율은 '학습 능력'에 달려 있다. 그러므로 기하급수적인 변화 속에서 빛을 볼 수 가장 강력한 무기는 학습을 한다는 사실이나 지금까지 어떤 지식을 갖고 있느냐보다 '학습 능력' 그 자체에 있다. 그리고 학습 능력은 언어 정보를 이해하고 평가하고 활용할 수 있는 능력인 문해율을 높이고, 과학적인 검증된 학습법을 체득함으로써 가능하다.

지금부터는 지식과 경험의 중요성, 문해율을 높이기 위한 독서와 글쓰기, 과학적 학습법 등에 대해서 살펴보도록 하겠다. 탁월한 호모 아카데미쿠스가 되기 위해 꼭 알아야 하는 내용들이다.

■■■ 지 식 의   중 요 성

1880년, 대서양과 태평양을 잇는 파나마 운하 공사 도중 최악의 일이 발생했다.[308] 열대성 말라리아 전염병이 돌면서 건설 인력들이 사망하기 시작한 것이다. 하지만 당시 사람들은 말라리아를 옮기는 매개체가 모기라는 '지식'을 아는 사람이 없었다. 사람들은 막연하게 개미가 말라리아를 옮긴다고 생각했고, 침대 위로 개미가 올라오는 것을 막기 위해 침대 아래에 물을 떠다 놓았다. 안타깝게도 그 물은 모기의 유충의 서식지가 되었고 인명 피해는 더 늘어났다. 10년이라는 건설 기간 동안 무려 2만 2천명의 건설 인력이 죽음에 이르렀다. 결국 프랑스 공사팀은 철수할 수밖에 없었다.

1899년, 영국의 의사 로널드 로스[Ronald Ross]는 말라리아가 모기를 통해 전염된다는 사실을 발견했고 그 공로로 노벨상까지 받게 된다. 1904년, 미국 정부가 파나마 운하 공사를 책임지게 되었다. 말라리아가 모기를 통해 전염된다는 '지식'이 있었던 미국 건설팀은 웅덩이에 기름을 뿌리고 산소를 차단시켜 모기 유충들을 박멸시켰다. 말라리아를 퇴치한 미국 건설팀은 파나마 운하를 완공하게 된다.

매우 극단적인 예이긴 하지만, 무지가 때로는 얼마나 파괴적인 결과를 낼 수 있는지, 반대로 지식이 원하는 목적을 달성하는 데에 얼마나 큰 영향력을 미칠 수 있는지를 알 수 있다.

20세기 초 실리콘밸리에서 애플의 스티브 잡스, 아마존의 제프 베조스, 구글과 아마존 등에 투자해 큰 성공을 거둔 슈퍼 투자자 존 도어John Doerr 등의 마음을 사로잡은 제품이 있었다.[309] 잡스는 제품 발명자에게 지분 10퍼센트에 6,300만 달러를 주겠다고 했다. 기업 가치를 7억 달러 이상으로 본 것이다. 하지만 거절당했다. 그런데 잡스는 뭔가 아쉬웠던지 발명가에게 6개월 동안 무료로 경영 자문을 해 주겠다고 했다. 제프 베조스는 이 제품을 보고 "혁명적인 제품이다. 판매하는 데 아무런 문제가 없다"고 말했으며 존 도어는 한 술 더 떠 "인터넷보다 훨씬 중요한 발명이 될 것이다"라고 말했다. 존 도어는 무려 8억 달러를 투자했다.

이 제품은 자동평형 기능을 갖춘 개인용 이동수단인 '세그웨이'이다. 그런데 세그웨이는 2000년대 가장 실패한 10대 기술 중에 하나가 되었다. 아니, 스티브 잡스, 제프 베조스, 존 도어 같은 투자자들이 한결같이 혁신적이라고 한 제품이 이렇게까지 망할 수 있었을까? 지금까지 이 책을 제대로 읽은 독자라면 그 첫 번째 이유가 '운'에 있었음을 알 수 있을 것이다. 어떤 제품이 성공할지 안 할지는 정확한 예측을 할 수 없다. 그래서 예측에 대한 확신만큼 사람을 후회하게 하는 것이 없다. 8억 달러를 날린 존 도어는 이렇게 말했다.

"투자 측면에서 세그웨이는 실패였다. 두말할 것도 없다. 나는 세그웨이를 두고 여러 가지 호언장담을 했는데 틀린 예측이 많았다."

그럼 실력적인 면에서는 어떤 이유가 있었을까?《오리지널스》의 저자 애덤 그랜트는 이렇게 말한다.[310]

"세그웨이의 초기 투자자들은 정반대의 문제를 안고 있었다. 바로 교통 수단에 대한 '지식'이 부족했다. 잡스는 디지털 분야의 전문가였고, 제프 베조스는 전자상거래의 달인이었으며, 존 도어는 선마이크로시스템스, 넷 스케이프, 아마존, 구글과 같은 인터넷 기업과 소프트웨어에 투자해 재산 을 축적한 전문투자자였다. 그들은 모두 각자 자기 분야에서 독창적인 인 물들이었지만, 특정 분야에서 창의성을 증명했다고 해서 다른 분야에서도 성공을 예측하는 귀재가 되지는 않는다."

애덤 그랜트는 '지식의 부재'가 실패를 낳았다고 했다. 그런 의미에서 우리가 어떤 일을 할 때, 해당 분야에 대한 '지식의 탐색'은 기본 중에 기본 이라고 할 수 있다. 그리고 지식의 탐색은 '학습'을 통해 이루어진다. 무지 만큼 일을 그르치기 쉬운 게 없다. 비즈니스에서 학습하지 않는 자는 행운 이 떠나는 순간 생존 자체부터 쉽지 않다. 최소한 어떤 일을 하는 사람이라 면 학습을 통한 지식의 탐색을 게을리 하지 말아야 한다.

더불어 인공지능 등 소위 4차 산업혁명에 관련된 여러 기술과 비즈니 스 관련 지식들은 흐름을 쫓아가면서 학습할 필요가 있다. 1997년 체스에 서 컴퓨터가 인간을 이겼지만 현재 최고의 체스팀은 컴퓨터도 아니요, 인 간도 아닌, 컴퓨터와 인간의 혼합팀이다. 최신 기술에 있어 정통한 전문가 가 되면 가장 좋겠지만, 그렇지 않더라도 자신이 하는 일에 기하급수적 기 술들을 활용할 수만 있다면 개인과 조직 모두 이득을 볼 수 있다.

예를 들어, IBM의 왓슨의 경우 2017년 현재 전 세계 45개 국가에서 500개가 넘는 글로벌 기업들이 활용하고 있다.[311] 미국 통신사인 AT&T와 버라이즌의 콜센터는 왓슨을 활용해 비용 절감뿐만 아니라 고객만족도도 향상시켰다고 한다. 노스페이스도 왓슨의 활약으로 고객들의 온라인 쇼핑몰 체류시간이 최대 40%까지 늘어나면서 매출 상승효과를 누리고 있다고 한다.

인공지능과 기하급수적 기술들에 위협을 느끼기보다 공부하여 최대한 활용할 수 있는 지혜가 필요하다.

━━ 경 험 의 중 요 성

소방대장인 와그너 닷지[Wagner Dodge]는 일생일대의 중대 결정을 내려야 할 상황에 처했다.[312] 산불이 빠르게 번져서 나무와 풀은 이미 불길 속에서 타고 있었고, 그와 15명의 대원들마저 집어삼키려 하고 있었다. 불과 두 시간 전, 그들은 낙하산에 매달려 몬태나 주(州) 만굴치 협곡의 산불 현장 맨 위쪽에 내렸다. 착륙 당시만 해도 협곡 아래 먼발치에서 넘실거리던 불길이 어느덧 집채만한 불기둥으로 변해 협곡을 타고 올라와 그들을 덮치려 했다. 대원들은 모두 목숨을 부지하기 위해 도망칠 길만 찾았지만, 닷지는 이미 시간이 늦었다는 것을 직감했다.

지금 상태가 계속된다면 앞으로 2분 안에 산불이 협곡 꼭대기까지 타고 올라와 그와 대원들을 집어삼킬 게 분명했다. 그는 더 이상 도망칠 곳이 없다는 결론에 도달했다. 이제 비상 탈출구를 찾아내거나 협곡 어딘가에 살아남을 공간을 마련해야 했다. 하지만 상황은 절망적이었다. 결국 잠시 후, 산불은 협곡을 뒤덮었다. 그리고 13명 대원의 목숨을 거두어 갔다. 생존자는 닷지와 두 명의 대원뿐이었다.

두 명의 대원은 그야말로 하늘이 도왔다. 그들은 나머지 대원들이 협곡을 타고 계속 올라갈 때, 방향을 틀어 왼쪽 산등성이 쪽으로 내달렸다. 그리고 앞에서 구원을 보았다. 나무 한 그루, 풀 한 포기도 없는 약 23m의 평평한 암석판이 있었던 것이다. 그들은 암석판 위로 뛰어올라갔고, 거의 동시에 그 주위는 불바다로 변했지만 덕분에 그들은 그을린 상처 하나 없이 살아남을 수 있었다.

그렇다면 대장인 와그너 닷지는 어떻게 살아남을 수 있었을까? 그는 불길을 코앞에 두고 일생일대의 중대 결정을 내렸다. 그리고 도저히 이해할 수 없는 행동을 했다. 갑자기 호주머니에서 성냥을 꺼내 불을 붙여 자기 앞의 풀숲에 던진 것이다. 그가 붙인 불은 동그라미를 그리며 번져 나갔고, 그는 불길이 덮치기 직전에 자신이 불을 붙인 그 작은 공간으로 몸을 던졌다. 화마가 닷지를 집어삼킬 듯이 지나갔고, 그대로 죽음을 맞이하는 것 외에는 달리 방법이 없어 보였다. 하지만 그는 놀랍게도 상처 하나 없이 살아남았다. 바로 그가 붙인 불이 주변의 나뭇가지를 모두 태워 버렸으며, 인화성 물질이 사라진 그 작은 공간은 그에게 작은 대피소가 되었던 것이다.

그렇다면 닷지는 어떻게 절체절명의 순간에 도피용 불을 놓는다는 창의적인 생각을 했을까? 후에 정부기관의 관계자들은 닷지에게 이런 질문을 했다.

"어떻게 도피용 불을 놓을 생각을 했습니까?"

닷지는 대답했다.

"논리적으로 생각하니 그 길밖에 없었습니다."

놀랍지 않은가? 단 몇 분 후면 죽을 수도 있는 상황에서 논리적인 생각을 했다니! 실제로 그는 절체절명의 순간에도 냉정함을 잃지 않았다고 한다. 산불이 무서운 속도로 달려들어 도망치는 순간에도 간간이 뒤를 돌아보며 불길의 속도와 방향을 가늠하는 주도면밀함을 보였다.

그렇다면 또 다른 궁금증이 생긴다. 왜 닷지만이 그런 냉정함을 유지할 수 있었을까? 유일하게 그만이 풍부한 '경험'을 가지고 있었다. 나머지 대원들에 비해 닷지는 화재 진압 경력이 9년이었고, 이른 나이에 소방대장을 맡았다. 그의 머릿속에는 수백 번의 화재 진압 경험을 통해 축적된 토양, 숲, 바람에 대한 정보와 수십 가지의 화재 진압 전략에 대한 노하우가 있었다. 이러한 풍부한 경험 덕분에 절체절명의 위기 순간에도 냉정함을 잃지 않을 수 있었고 결국 목숨을 구할 수 있었던 것이다. 닷지의 이야기를 세상에 알린《리더에게 결정은 운명이다》의 저자, 마이클 유심 Michael Useem 은 이렇게 말했다.

"화재 속에서 탈출할 수 있는 가장 좋은 시기는 불꽃이 가장 밝게 타올라 사물을 정확히 분간할 수 있을 때이다."

닷지는 절체절명의 위기라고 할지라도 불꽃이 가장 밝게 타오르는 순간에 사물을 정확히 분간할 수 있는 냉정함을 유지하면 위기 극복의 길이 있음을 보여 주었다. 그리고 풍부한 경험이 있었기에 위기에서도 침착하게 냉정함을 유지할 수 있었다.

마틴 루터 킹 Martin Luther King의 '나는 꿈이 있습니다' 연설은 역대 최고의 연설 중 하나로 손꼽힌다.[313] 하지만 많은 이들이 이 연설의 상당 부분이 '애드리브'였다는 사실은 잘 모른다. 원래는 꿈에 대한 내용이 없었다. 하지만 연설이 시작되고 11분 정도가 지나자 마할리아 잭슨 Mahalia Jackson이라는 가스펠 가수가 갑자기 킹에게 꿈을 말하라고 외쳤다. 그리고 킹은 즉흥적으로 꿈에 대해 연설하기 시작했다. 그래서 준비한 연설보다 실제 연설은 두 배나 더 길었다고 한다.

킹 목사의 연설은 매우 감동적이어서 연단 주위에 모든 사람들의 가슴을 뛰게 만들었다. 그렇다면 킹 목사의 세기적인 애드리브는 어떻게 탄생한 것일까? 단순히 그가 연설 천재여서? 전혀 그렇지 않다. 킹 목사의 애드리브는 준비된 연설문에는 없었지만, 진정으로 '준비된' 애드리브와 다름이 없었다. 왜냐하면 그는 꿈에 대한 연설을 하기 전, 그 해에만 해도 350차례나 연설을 했기 때문이다. 그리고 실제로 한두 해 전에는 꿈에 대해 얘기한 적이 몇 번이나 있다고 한다. 그의 즉흥적 연설은 전혀 즉흥적이지 않았고, 이미 풍부한 경험으로 제대로 준비된 연설이었다. 즉흥적으로 꺼낼 쓸 수 있는 엄청나게 많은 자료가 그의 머릿속에 가득 차 있었고, 그는 그 자료들을 새로운 환경에 새로운 방식으로 연결하여 연설을 했던 것이다.

학습은 책상 앞에 앉아서만 하는 것이 아니다. 몸으로 겪는 '경험' 또한 학습이며 이를 '실질 학습'이라고 한다. 두 가지를 동시에 잘하는 양손잡이 경영에서 지식의 탐색을 이야기한다면, '경험의 축적'은 지식의 심화를 말하는 것과 같다. 하루하루 쌓아가는 오늘의 경험을 절대 헛되이 생각하면 안 되며, 책상에서 일어나 현장에서 온 몸으로 학습할 필요가 있다.

▰▰▰ 과 학 적 인 학 습 전 략

학습 능력을 높이기 위해서는 제대로 된 학습 전략을 습득하고 꾸준한 독서와 글쓰기를 통해 문해력을 높여야 한다. 우리는 이미 전작인 《완벽한 공부법》과 고영성 작가의 《어떻게 읽을 것인가》를 통해 관련 내용들을 자세히 다루었다. 두 책 모두 교육학, 심리학, 뇌과학, 행동경제학 등 최대한 과학적 근거를 토대로 책을 구성했다.

마음 같아선 책의 내용을 모두 설명하고 싶지만, 두 책의 총 페이지가 800페이지가 넘기에 여기에 모든 내용을 담을 수 없다. 그래서 핵심적인 학습 전략, 독서 습관을 만드는 방법, 글을 잘 쓰는 방법을 두 책에서 요약 및 인용을 하겠다. 유튜브 채널 '체인지 그라운드'에서 약 30강 분량의 강의를 무료로 시청할 수 있으니 같이 활용하면 학습 효과는 배가 될 것이다.

다음은 과학적인 학습 전략이다.[314]

1) 믿음 : 자기 자신에 대한 믿음이 없으면 우리는 그 어떤 것도 해낼 수 없다. 학습도 당연히 그렇다. 믿음에는 세 가지가 있다. 먼저 자기 미래에 대한 믿음인 기대가 있다. 학습을 통해 자신이 원하는 미래의 모습을 확신할 때 학습 효율은 배가 된다.

둘째, 자기 존재에 대한 믿음인 사고방식 즉, 마인드셋^{mindset}이 있다. 고정형 사고방식을 갖고 있는 사람은 노력보다 재능이 중요하고, 사람은 잘 바뀌지 않는다고 생각한다. 반대로 성장형 사고방식을 소유한 사람은 노력만 제대로 한다면 자신은 언제나 성장할 수 있다고 여긴다. 당연히 성장형 사고방식이 고정형 사고방식보다 학습에 압도적으로 유리하다. 특히 실패를 경험했을 때, 성장형은 실패를 성장의 과정으로 생각하는 반면 고정형은 자아의 위협을 느끼는 경향이 강하다. 스스로가 성장할 수 있는 사람임을 믿는 것이 중요하다.

셋째, 자기의 과제 수행 능력에 대한 믿음인 자기효능감이 있다. 자기효능감이 높은 사람일수록 학습 효율이 높다. 자기효능감을 높이기 위해서는 자신의 잠재력을 높게 보는 것이 중요하다. 아이들을 대상으로 한 실험이나 어른들을 대상으로 한 실험 모두에서 자기 잠재력을 높게 볼 수 있도록 조작한 사람들이 모두 과제 수행을 더 잘해냈다.

2) 메타인지 : '반성적 사고' 편에서 이미 언급한 내용이다. EBS에서 실시한 실험에서 수능 상위 0.1퍼센트의 아이들은 일반적인 아이들보다 기억력이 유의미하게 좋지 않았다. 하지만 자신이 문제를 몇 개 맞혔는지를 아는 메타인지에서는 월등한 차이를 보였다. 나에 대해 객관적으로 바라볼 수 있을 때, 장점을 극대화하고 단점을 최소화할 수 있는 전략을 구사할 수 있다. 메타인지는 학습 전략을 배우는 것만으로 상승시킬 수 있으며, 전문가나 동료의 피드백을 자주 받고 우리의 인지능력에 대한 지식을 쌓아 향상시킬 수 있다. '선택' 편에서 언급된 첫 번째 프로세스인 '인식론적 겸

손을 갖췄는가?'가 바로 선택 전에 메타인지를 높이기 위한 과정이다.

3) 기억 : 책을 그냥 반복적으로 읽거나 강의만 듣는 것은 하수의 전형적인 공부법이다. 이렇게 정보만 인풋하는 방식으로 공부를 하면 장기기억으로 잘 전환되지 않는다. 연습문제 풀기, 요약하기, 글쓰기, 토론하기, 발표하기, 강의하기, 통째로 암송하기 등 배운 것을 바깥으로 표출하는 아웃풋 방식으로 어렵게 공부해야 장기기억으로 간다. 뇌의 메커니즘이 그렇다. 쉽게 학습하면 쉽게 잊고, 어렵게 학습하면 잊기가 어렵다는 사실을 꼭 알아두자.

4) 목표 : 목표는 학습 효율을 올려준다. 다만 원대한 목표와 구체적인 목표 둘 다 있어야 한다. 원대한 목표는 가슴을 뛰게 하는 열정을 일으키는 긍정적인 역할을 하지만, 만약 원대한 목표만 있다면 학습에 대한 체계가 있기 어려울 뿐만 아니라 노력의 성과가 잘 보이지 않아 결국 중간에 포기하게 만든다. 실현 가능한 구체적인 목표를 통해 학습의 체계를 잡고, 노력의 성취를 매일 확인해 나갈 때 학습을 꾸준히 이어나갈 수 있다. 원대한 목표와 실현 가능한 구체적인 목표를 잡고, 매일 해야 할 실천 목록을 만들어 학습을 하도록 하자.

5) 노력 : 대가 연구의 전문가인 세계적 심리학자 안데르스 에릭슨^{Anders Ericsson}은 학습의 양과 학습의 질 모두 중요하며 둘 다 충족이 되었을 경우에는 어느 누구나 전문가의 반열에 오를 수 있다고 했다. 학습의 질은 전략

을 말한다. 학습 전략은 현재 언급한대로 시행해도 좋겠지만, 정작 중요한 것은 학습의 양이다. 자신이 목표하는 학습 분야에 따라 양은 달라질 것이나 어떤 분야든 학습하는 양이 받쳐주지 않으면 실력 향상은 있을 수 없다. 제대로 된 방법으로 노력을 게을리 하지 말자.

6) 감정 : 부정적 감정은 인지 능력을 축소시키고 긍정적 감정은 인지 능력을 확장시킨다. 학습을 할 때 최대한 긍정적 감정을 유지할 수 있도록 하는 것이 중요하다.

7) 사회성 : '조직' 편에서 언급했지만 외로우면 멍청해진다. 많은 친구도 필요 없다. 진실한 친구가 한 명만 있더라도 외로움을 타지 않는다고 심리학은 말한다. 진정한 친구의 조건은 서로의 '비밀' 이야기를 할 수 있어야 한다. 학습을 하면서도 진정한 친구와의 관계를 항상 유지하자.

8) 몸 : 유산소 운동은 뇌를 똑똑하게 만드는 뇌유래신경영양인자[BDNF]를 증가시킬 뿐만 아니라 기억을 담당하는 해마를 젊게 만들어준다. 또한 집중력, 인내심, 자제력 등을 올려 주는 다양한 신경화학물질이 유산소 운동 중에 분비된다. 1990년대부터 지금까지 많은 연구를 통해 유산소 운동이 학습 효율을 증대시킨다는 사실이 밝혀졌다.

지속적인 학습을 위해서는 적절한 휴식, 충분한 수면이 매우 중요하며 집중적으로 학습할 때는 20분 내의 낮잠 후, 아메리카노 커피를 마시면 효과가 좋다. 아데노신이라는 물질이 뇌 수용기에 많이 달라붙으면 피곤함을 느끼는데, 잠깐의 낮잠으로도 아데노신을 없앨 수 있으며 커피의 카페인이 뇌 수용기를 코팅시켜 주어 아데노신이 붙는 것을 막아준다. 낮잠과 커피는 학습에 있어 좋은 콤비네이션이다.

9) 환경 : 학습에 집중할 수 있는 환경 설정이 매우 중요하다. 체스키가 버핏을 만났을 때 무슨 말을 했는지 생각해 보라. TV도 없고 주식 시세표도 없이 독서를 한다고 했다. 버핏은 자신의 의지만으로 독서를 하는 것이 아니라 적절한 학습 환경을 설정해서 독서를 잘 할 수 있었던 것이다. 특히 학습할 때는 스마트폰과 멀어지는 것이 중요하다. 학습 도중 스마트폰을 잠깐 보는 것만으로도 학습 효율은 매우 떨어진다. 이후에 기술할 독서 습관을 만들 때에도 핵심은 환경 설정이다. 자신이 학습에 집중할 수 있는 환경을 최대한 구축해 보자.

▬▬ 독 서 습 관 을 만 드 는 7 가 지 방 법

다음은 독서 습관을 만들 수 있는 실질적인 방법 7가지이다.[315] 습관은 보통 10주를 넘기면 생기기 시작한다. 습관이 생기면 이제 독서가 좀 더 편해지기 시작하는데, 그 10주를 가기 위해서는 적절한 전략이 필요하다. 7가지 모두 유용할 뿐만 아니라 우리가 실제 경험한 것들임으로 지금 당장 활용해 보도록 하자.

1) 스마트폰과 멀어지기 : 현재 30세인 사람이 죽을 때까지 스마트폰을 보는 총 시간이 약 7년 전후 정도이다. 독서는 10개월인데 말이다. 책을 읽을 때는 스마트폰과 거리를 둬야 한다. 독서 습관이 들기 전에는 완전히 차단하는 게 좋다. 1시간 혹은 30분이라도 독서를 할 때는 스마트폰을 끄거나 비행기 모드로 해 두는 게 좋다. 고작가 또한 중요한 독서를 할 때는 비행기 모드로 해 놓고 책을 본다. 스마트폰과 멀어질수록 독서는 가까워진다.

2) 특정 장소 : 자신이 책을 읽기에 최적의 장소를 물색한다. 독서하기에 기분이 좋은 장소여도 좋고, 책을 읽을 수밖에 없는 장소여도 좋다. 고작가는 처음 독서 습관을 만들 때 카페에서 들였고, 지금도 독서의 주된 무대는 카페이다. 커피와 독서, 얼마나 환상적인 궁합인가.

출퇴근 시간 지하철을 이용해도 좋다. 지하철에서는 '무조건' 책만 읽는다는 마음가짐으로 스마트폰 꺼 두고 독서를 하는 것이다. 실제 연구에서도 변화에 있어서 장소 활용은 성공률이 매우 높다. 자신만의 독서 장소를 찾아보자.

3) 인지부조화 이용하기 : 말이 어렵지만 한 마디로 '그냥' 읽는 것이다. 독서를 하기 싫을 때조차도 그냥 읽어 본다. 독서는 하기 싫은데 내 자신이 독서를 하면 *인지부조화(우리의 신념 간에 혹은 신념과 실제로 보는 것 간에 불일치나 비일관성을 의미하는 심리학 용어)에 순간 빠지게 된다. 뇌는 인지부조화를 싫어한다. 그래서 대부분 독서를 그만둔다. 그런데 만약 하기 싫은데

도 계속하면 어떻게 될까? 뇌는 인지부조화를 벗어나기 위해 '자기정당화'를 발동시킨다.

'내가 독서를 싫어하는 게 아니야. 봐봐! 난 지금 독서를 하고 있잖아! 난 원래 독서를 좋아한다고!'

좀 과하게 표현했지만 실제로 이런 메커니즘이 뇌에서 만들어진다. 고 작가는 특히 글쓰기를 할 때 이 전략을 주로 이용한다. 글을 정말 쓰기 싫어도 그냥 앉아서 쓰는 것이다. 그런데 그렇게 버티다보면 언제 그랬냐는 듯이 글을 쓰기 싫었던 마음이 상당 부분 사라지고 어느새 글을 마감하게 된다. 한 번 믿고 해 보라!

4) 책 한꺼번에 많이 사기 : 읽고 싶은 책 한 권씩 사는 게 아니라 5~10권 정도의 책을 산다. 그리고 집에 잘 보이는 장소에 딱 진열해 놓자. 눈에 자주 밟히기 때문에 '내가 앞으로 읽을 책들이 저기 많이 있구나'라는 생각과 함께 독서를 해야 함을 잊지 않게 된다.

움베르토 에코Umberto Eco는 반서재라는 개념을 말했다. 서재에 읽은 책만 있으면 무슨 재미로 서재에 가겠냐는 것이다. 읽지 않은 책들이 모여 있는 서재는 매력적이다. 독자를 이끈다. 물론 책 쇼핑은 중독성이 강하니 조심하길 바란다.

5) 독서 모임 : 독서 모임을 만들거나 가입하는 것도 좋다. 모임을 하게 되면 의무적으로도 책을 읽게 된다. 또한 책으로 만나 사람들과의 모임은 삶의 질을 향상시켜준다.

6) 3~4권 동시에 읽기 : 책이 재미없을 때 어떻게 해야 할까? 고민하지 마라. 그냥 덮고 다른 책 읽으면 된다. 그러면 꺼졌던 독서 욕구가 회생되는 기적을 맛볼 때가 생긴다. 게다가 다시 전에 봤던 책을 보게 되면, 이미 몇 십 페이지를 읽어 놓은 상태부터 독서를 시작하게 된다. 남은 분량이 적어졌기 때문에 고지가 좀 더 낮아 보이게 되고 독서의 저항이 사라져 책을 읽을 확률이 올라간다. 그런 의미에서 책 쇼핑 할 때 1~2권은 정말 읽고 싶은 책을 사 놓을수록 좋다. 책이 재미없을 때 정말 읽고 싶은 책으로 마음에 반전을 일으키는 것이다. 효과를 보장한다.

7) 다독가를 주변에 두기 : 페이스북, 블로그 등 다독하는 사람과 친구 및 이웃이 되어 보자. 다독가이기 때문에 책과 관련된 콘텐츠가 자주 올라오고, 그것으로 인해 독서에 큰 자극을 받게 된다. 왕성한 독서가들을 보면서 가슴 속에 큰 동기 부여가 되는 것이다. 게다가 이들은 좋은 책을 많이 소개해 준다. 양서와 악서의 차이는 단순히 시간 낭비 그 이상의 차이다. 어떤 책이 양서인지 큰 비용 없이 알게 되는 것만으로도 상당한 이득이다. 다독가를 옆에 두도록 하자.

━━ 글 을 잘 쓰 는 9 가 지 방 법

그럼 어떻게 하면 글을 잘 쓸 수 있을까? 유시민은 《유시민의 글쓰기 특강》에서 이렇게 말했다.

"글에는 재능이 매우 중요한 장르와 덜 중요한 장르가 있다. 나는 글을 크게 두 갈래로 나눈다. 문학적인(또는 예술적인) 글과 논리적인(또는 공학적인) 글이다. 시, 소설, 희곡은 문학 글이다. 에세이, 평론, 보고서, 칼럼, 판결문, 안내문, 사용설명서, 보도자료, 논문은 논리 글이다. 인물 전기와 르포르타주는 둘 사이에 있다. …(중략)… 문학 글쓰기는 아무나 할 수 없다. 그러나 논리 글쓰기는 누구나 할 수 있다. 글쓰기에 대해서 내가 하는 이야기는 시인이나 소설가가 되려고 하는 사람에게는 별 도움이 되지 않을 듯싶다. 그러나 살아가는 데 필요한 글, 살면서 느끼는 것을 담은 글을 잘 쓰고 싶은 사람에게는 유용한 길잡이가 될 수 있을 것이라고 믿는다."[316]

우리는 유시민 작가의 이 말에 대부분 동의하나, 소설이나 논리적 글쓰기에서 어떤 분야가 더 재능이 필요한지에 대한 과학적 근거는 아직까지 찾아보기 힘들다. 원래 재능이라는 것에 대한 실체를 제대로 규명하는 것 자체도 어려운 일이다. 또한 보통 초보 때 필요한 재능과 중수 혹은 고수 때 필요한 재능은 다르다. 예를 들어, 바둑의 경우 아이큐가 높을수록 초보 때 빨리 배우지만 프로 레벨에 가면 성적과 아이큐의 상관관계를 찾아보기가 힘들다. 우리는 오히려 문학 또한 제대로 된 방법으로 충분히 노력한다면 전문가 레벨까지 갈 수 있다고 믿고 있다. 다만 우리는 소설 글쓰기에 대한 전문성이 없기 때문에 다음으로 논할 글쓰기 방법은 유시민 작가가 언급했듯이 논리적 글쓰기와 관련된 것이다. 9가지 단계를 잘 밟아 나가며 꾸준히 글을 쓴다면 글쓰기 실력은 늘 것이다. 우리 또한 그랬다.

1) 다독 : 어쩔 수 없다. 글을 잘 쓰기 위해서는 글을 많이 읽어야 한다. 글쓰기의 시작은 독서이다.[317]

2) '어떻게'보다 '무엇'이 먼저 : 어떤 주제로 글을 쓸 것인가가 선행되어야 한다. 어떻게 하면 글을 잘 쓸 수 있을까만 고민하다가는 글을 절대 잘 쓸 수 없다. 그러니 우리가 제시한 방법론을 완전히 숙달한다고 하더라도 '글감'을 찾지 못하면 무용지물이다. 자신의 직업이나 전공 혹은 관심이 가는 분야에서 주제를 찾으면 의외로 쉽게 글감이 떠오를 것이다. 그러나 가장 쉬운 방법은 서평이다. 글감이 전혀 떠오르지 않는다면 지금 읽는 책에 대해서 쓰면 된다.

3) 자료 모으기 : 우리는 아이디어와 자료만 제대로 모이면 글쓰기의 80%는 끝났다고 생각한다. 본 도서의 경우, 550페이지 전후로 마감이 될 것으로 예상했고, 처음 글을 쓰기 시작해서 초안을 탈고할 때까지 한 달이 조금 넘게 걸렸다. 하지만 자료 수집은 6개월 이상 걸렸다. 물론 수집한 자료의 2/3는 이미 그 전에 독서한 것들이었기에 6개월에 자료 수집을 마감할 수 있었다. 다음은 강원국의 《대통령의 글쓰기》에서 자료 모으기에 대한 서술이다. 탁월하며 전적으로 동감한다.

"글은 자신이 제기하고자 하는 주제의 근거를 제시하고 그 타당성을 입증해 보이는 싸움이다. 이 싸움은 좋은 자료를 얼마나 많이 모으느냐에 성패가 좌우된다. 자료가 충분하면 그 안에 반드시 길이 있다. 자료를 찾다 보면 새로운 생각이 떠오른다. 때로는 애초에 의도했던 방향과 전혀 다른 쪽으로 글이 써지기도 한다. 자료와 생각의 상호작용이 낳는 결과다."[318]

4) 짧게 쓰기 : 조셉 퓰리처[Joseph Pulitzer]는 "무엇이든 짧게 써라. 그러면 읽힐 것이다"라고 말했다. 여기서 짧게는 글이라기보다 '문장'을 말한다. 글쓰기 대가들이 공통적으로 하는 말이다. 나도 의도적으로 짧게 쓰려고 노력한다.

5) 스토리 활용 : 말콤 글래드웰[Malcolm Gladwell], 마이클 루이스[Michael Lewis], 히스 형제[Chip Heath, Dan Heath], 다니엘 핑크[Daniel Pink] 등 오랫동안 사랑받고 있는 미국의 논픽션 작가들의 특징이 뭔지 아는가? 논픽션임에도 불구하고 자신의 이론을 스토리에 담아내는데 능숙했기 때문이다. 미국의 소설가 E. B. 화이트[E.B. White]는 "인류[Man]에 대해 쓰지 말고 한 인간[man]에 대해 쓰라."라고 말했다. 인류에 대해 쓰려면 이론과 통계가 필요하지만, 한 인간에 대해 쓰려면 스토리가 필요하다. 물론 스토리 중 가장 효과가 큰 것은 바로 자기 자신에 대한 이야기이다.

6) 지식의 저주 : 마셜 맥루한[Marshall McLuhan]은 "훌륭한 커뮤니케이터는 상대의 언어를 사용한다"라고 했다. 우리는 무언가를 알면 그것을 알기 전에 대한 감을 잃게 된다. 바로 지식의 저주에 빠지게 된다는 뜻이다. 글을 읽는 대상에 대한 제대로 된 인지가 없다면 글은 저주에 빠질 수가 있다. 읽는 이가 도대체 무슨 말인지 이해할 수 없다면, 그 글의 효용은 떨어진다. 독자를 제대로 인지하고 독자가 이해할 수 있는 글을 쓰도록 노력해야 한다.

7) 글을 쓰고 싶지 않을 때 : 알랭 드 보통Alain de Botton은 "가능하면 글은 매일 쓰려고 노력한다. 영감이 오길 기다린다면 글을 한 줄도 쓰지 못할 것이다"라고 말했고, 《대통령의 글쓰기》의 저자 강원국은 "글은 엉덩이"로 쓰는 것이라고 했다. 글은 써야 하는데 글이 잘 안 써질 때 우리가 생각하는 최고의 비법 또한 '그냥' 쓰는 것이라고 생각한다.

8) 글의 전개가 막힐 때 : 고작가는 이때 두 가지 방법을 쓴다. 첫 번째는 글쓰기 시작 전에 글쓰기 주제와 관련된 명언을 따로 모아둔다. 그리고 글을 쓸 때 그 명언을 한 번 쭉 읽고 쓴다. 글 쓰다가 막히면 그 명언 목록을 다시 읽는다. 그러면 막혔던 물꼬가 터지는 경우가 자주 있다. 두 번째는 글의 진도를 나가지 못하고 막히고 만 부분과 가장 밀접한 키워드로 검색을 한다. 그리고 뉴스 제목과 리드 부분을 쭉 훑어본다. 그러다보면 눈에 들어오는 뉴스가 나올 때가 많다. 그 뉴스에 나온 내용으로 글을 시작한다.

9) 퇴고 : 헤밍웨이Hemingway는 "모든 초고는 걸레다"라고 말했다. 특히 우리 초고는 더하다. 그래서 초고는 걸레로 나올지 잘 알고 있으니 글을 맘 편히 쓴다. 그리고 퇴고에 온 힘을 다한다. 마르셀 프루스트Marcel Proust는 "언어를 보호하는 유일한 방법은 언어를 공격하는 것뿐이다."라고 말했다. 단어와 표현 하나 하나, 문장의 구조, 논리 전개, 전반적 얼개를 전쟁 치르듯 스토킹 한다. 걸레가 비단이 될 때까지.

━━ 직 장 인 의   공 부 법

　20대를 되돌아보면 누구나 비슷한 후회를 한다. 순간의 위기를 넘기 위해서 모두가 나름대로 최선을 다했지만 기본기를 탄탄하게 쌓은 경우는 거의 없다. 그렇게 과오를 만회하려면 새롭게 자기계발에 매진해야 하지만 생각보다 만만치 않다.

　기업 강연(주로 대기업)에서 한 달에 책을 최소 한 권 정도(일 년에 12권)를 꾸준하게 읽는지 질문해 보면 10퍼센트 미만의 직장인이 그렇다고 대답한다. (왜 대한민국 성인이 나이가 들어감에 따라 문해력이 감소하는지 어렵지 않게 알 수 있다.) 이것은 단순히 자기계발 의지가 없다고 치부하기는 다소 무리가 있다.

　사실 회사만 살펴봐도 다 같이 생산적으로 발전하자는 분위기보다는 누군가 공부를 열심히 하는 모습을 보이면 유별나다는 눈길을 보내는 경우가 상당히 많다. 의지가 있어도 시간이 절대적으로 부족한 경우도 많다. OECD 회원국 중 연간 노동시간 2위라는 불명예스러운 수치는 대한민국 직장인이 처해있는 상황을 말해준다. 구조적으로 열악한 환경은 부인할 수 없는 사실이지만, 마냥 세상 탓만 할 수는 없는 노릇이다. 오히려 힘겨운 상황을 극복하고 우리 자신을 발전시켜야 이 비효율적인 악순환의 고리를 끊을 수 있다. 힘들어도 지금부터 극복해 내야 우리도, 또 우리의 자녀도 미래에는 조금이라도 나은 환경에서 일할 수 있다. 우리가 바뀌어야 세상이 바뀐다. 어떻게 하면 우리는 올바른 전략으로 성장하는 자기계발을 할 것인가?

솔직히 말하면 스스로 공부하는 것은 굳은 의지와 올바른 전략이 있다면 생각보다 수월하게 할 수 있다. 나는 32살부터 직장을 다니면서 열심히 공부 및 운동을 통해 자기계발을 하여 많은 성장을 해본 경험이 있고, 또 부서의 후배 사원들도 그렇게 발전할 수 있는 계기를 만들어 주어 성장하는 모습을 옆에서 지켜보았기 때문에 자신 있게 말할 수 있다. 그런 경험을 토대로 직접 진행하는 멘토링 프로젝트에 참여한 직장인들도 정도의 차이는 있지만 다들 긍정적인 변화를 이끌어냈기 때문에 바뀌고자 한다면 대부분 직장인도 충분히 발전할 수 있다고 확신한다. 이미 이 책을 열심히 읽고 있다는 것은 어느 정도 의지가 충만한 상태임이 증명된 것이기 때문에 지금부터 직장을 위한 자기계발의 올바른 전략과 환경설정에 대해 함께 이야기해 보겠다.

우선 직장인의 자기계발은 학생 때와는 공부의 흐름이 달라야 한다. 우선 목적부터 정확히 정의할 필요가 있다. 공부에는 두 가지 방향이 있다. 첫 번째는 시야를 넓히는 교양 증진을 위한 공부이다. 두 번째는 깊이를 만드는 철학(여기서 의미는 탐구능력)적 사고력을 올리기 위한 공부이다. 학생 때는 기초 체력을 쌓는 교양 공부에 무게를 조금 두어야 한다면, 직장인은 전문성을 강화하기 위한 공부를 해야 한다. 여전히 다양한 분야의 지식을 탐색하는 과정도 필요하지만, 이런 호기심을 충족하는 과정은 엄밀히 말하면 공부보다는 재미에 초점이 더 맞춰져 있다고 봐야 한다. (재미는 여전히 중요하다. 파고들기 첫 단계가 바로 즐거움을 느끼는 것이다.)

깊이 있는 공부라고 해서 너무 어렵게 생각할 필요는 없다. 굳이 직접적인 업무 관련 영역이 아니더라도 관심이 있는 분야의 책을 최소 두세 권 읽으면서 다양한 작가나 연구자의 시점에서 똑같은 주제에 대해 생각해보는 것 자체가 전문성을 키우는 공부의 시작이다. 넓게, 많이 아는 것은 시간만 충분하면 생각보다 어렵지 않게 할 수 있지만, 조금이라도 깊게 아는 것은 상당히 어려운 영역이다. 힘들더라도 그렇게 특정 분야를 파고 들어가는 노력을 꾸준히 하게 되면 통찰력이 조금씩 쌓인다.

직위가 올라가면서 비례하게 올라가야 하는 능력이 바로 통찰력이다. 미리미리 연습하지 않으면 나중에 막상 강화하고 싶어도 쉽게 되지 않는 부분이 바로 통찰력이고, 전문성은 이를 바탕으로 나온다. (대부분 독서 자체를 안 하는 상황이기 때문에 통찰력은 고사하고 문해력조차 높지 않은 경우가 태반이다.) 대다수 직장인은 늦었다고 생각하지 말고 이제부터라도 부지런히 통찰력을 기르기 위한 공부를 시작해야 한다.

학생과 직장인을 굳이 다시 비교하면 둘은 돈과 시간의 관점에서 정반대되는 상황에 속해 있다. 학생은 상대적으로 시간은 많고 돈은 부족하지만, 직장인은 그 반대다. 그래서 한정된 시간 안에서 최대한 효과적으로 공부하려면 비용을 어느 정도 지불하는 것이 여러모로 효과적이다. 비용 지불은 두 가지 측면에서 필요하다.

첫 번째 측면은 피드백을 받기 위해서이다. 자기계발의 양대 산맥인 영어와 운동을 살펴보자.

영어 공부는 피드백의 여부에 따라 그 발전 속도가 확연하게 차이가 난다. 특히 직장인이라면 영어 쓰기를 많이 해보고, 그것에 대한 피드백을 받아보는 것을 강력하게 추천한다. 많은 직장인이 회화 수업을 통해 영어 실력을 향상시키려고 하는데, 사실 회화 수업은 생각보다 말할 기회가 적고 물리적 시간적 제약으로 인해 지속적 학습이 생각보다 어렵다. 하지만 쓰기는 조금 다르다. 우선 성인의 경우 천천히 생각해서 쓰지 못하는 경우를 즉흥적으로 말로 할 가능성은 거의 없다고 봐도 무방하다. 다시 말하면, 쓰지 못하는 것은 말하지 못하는 것이다. 혼자서 표현하고 싶은 것을 틈틈이 써보고 그것을 모아서 첨삭을 받은 후, 직접 쓴 내용을 자주 낭독을 해보면 의외로 쓰기와 말하기 실력이 동시에 향상된다.

영어를 그렇게 오래 배워 놓고 말 한 마디 못한다고 개탄할 때가 많은데 우리는 사실 영어를 제대로 딱히 오래 배우지도 않았고, 특히 말하기는 학교 수업 시간에 해본 적이 거의 없기 때문에 사실 못 하는 게 당연하다. (제발 중고등학교에서 최소 6년이나 공부했다는 그런 말은 하지 말자. 교사 1명에 학생 30~50명으로 50분씩 띄엄띄엄 그것도 대부분이 집중하지도 않았던 것을 공부라고 하기는 어렵다. 그런 논리라면 영어 말고 수학도, 과학도 다 잘해야 하지 않을까?)

그래도 상대적으로 읽기와 듣기는 많이 해봤으니 조금 부족하더라도 영어로 아는 것을 쓰기를 통해 표출하는 훈련을 하다 보면 초기 영어 장벽은 의외로 생각보다 쉽게 넘어설 수 있다. 환경이 가능하면 말도 많이 하면서 배우는 것이 최상의 방법이겠지만, 그럴 가능성이 거의 희박하기 때문에 최적의 대안은 시공간의 제약을 받지 않는 피드백이 수반된 영어 쓰기를 통해 실력을 올리는 것이다.

운동은 열심히 하면 되지 무슨 피드백이 필요한지 머리를 갸우뚱하는 사람도 있을 것이다. 운동이야말로 꼭 피드백 즉, 코칭을 받아야 하는 분야이다. 재미로 하는 스포츠도 그렇고 건강을 위해 하는 근력 운동 같은 경우도 피드백을 받아 보는 것이 좋다. 특히 많은 근력 운동은 호흡과 자세가 정말 중요한데 대부분은 중요성을 모르고, 일부는 본인이 제대로 하고 있다고 착각한다. 호흡과 자세를 제대로 하면서 스트레칭을 30분만 해도 땀이 뻘뻘 난다. 특히 많은 직장인들은 잘못된 자세로 일을 하거나 특정 동작을 반복하는 경우가 많기 때문에 근골격계 질환을 앓고 있는 경우가 정말 많다. 이런 질환은 나중에 치료를 받아도 운동을 꾸준하게 하지 않으면 재발할 확률이 매우 높다.

그러므로 나중에 병이 생긴 다음에 부랴부랴 운동하지 말고 (심지어 잘못된 방법으로), 미리미리 전문가에게 피드백을 받으면서 운동을 해 볼 것을 진심으로 권유한다. 제대로 운동을 시작한 경우 3, 40대에도 (제대로 운동하지 않았던) 20대 때보다 오히려 체력적으로 회춘하는 경우도 많이 있다. (나도 그랬다.)

두 번째 측면은 환경설정을 하기 위해서이다. 매몰 비용 오류 즉, 본전에 대한 생각은 우리에게 생각보다 강력한 추진력을 만들어 준다. 따라서 비용을 지불하고 (약간은 강제적이더라도) 공부가 지속되는 환경으로 들어가는 것도 습관을 만들기 위한 아주 효과적인 전략이다. 단순히 본전 생각뿐만 아니라 괜찮은 환경이 조성된 곳에 속하게 되면 내가 원하지 않아도 분위기 때문에 의지와 상관없이 무언가를 지속해서 할 확률이 높다.

운동과 영어는 당연히 연간 이용권을 끊고 학원에 등록하면 의심의 여지없이 조금이라도 더 공부하고 활동할 확률이 높다. 독서 또한 그렇게 환경설정을 통해 더 많이 그리고 제대로 할 수 있다. 많은 직장인들이 독서를 통해 지적인 호기심을 채우고 동시에 자기계발을 도모하고 싶어 한다. 그런 경우에는 단순히 혼자서 책을 읽지 말고 독서 모임에 나가보는 것을 추천한다. 다양한 종류의 독서 모임이 존재하지만 가능하다면 적어도 한 번 정도는 꼭 특정 분야의 내공이 아주 깊은 진행자가 있는 독서 모임에 참가해보는 것이 좋다. (이런 독서 모임은 대부분 유료다.)

이렇게 자신이 읽은 것에 대한 생각을 많은 사람들과 공유하고 특히 그 분야의 전문가와 소통한다면 단순히 읽을 때와는 그 이해하는 깊이가 달라진다. 또 독서 모임에서는 비슷한 가치관을 가진 사람을 만날 확률이 높기 때문에 새로운 친구를 사귈 수도 있다. 특정 분야의 전문지식을 탐색하는 독서 모임에 나가서 활동하다 보면 자연스럽게 관련 업계 분야 종사들과 교류할 기회도 늘어나게 되고 업무에 도움이 되는 네트워킹으로 발전할 가능성도 있다. 요즘은 소셜 미디어가 발달해서 이런 전문적인 독서 모임(혹은 정기적 세미나)을 어렵지 않게 찾을 수 있다.

마지막으로 직장인에게 공부에 관하여 해 주고 싶은 조언이 있다. 앞에서는 학습에 실질적으로 도움이 되는 방향에 대해서 말했지만, 그것보다 근본적으로 더 중요한 것은 진심으로 모두가 배우고 성장하는 즐거움을 꼭 느껴 보는 일이다. 당연히 스스로 발전하면 업무에도 삶에도 도움이 돼서 좋겠지만, 단순히 실질적 목적으로 공부하는 것을 넘어서 공부 그 자체에 대한 기쁨도 꼭 느껴봤으면 좋겠다.

고등학생 때 수능을 보고 대학생 때 학점을 받고 또 취업하기 위해 어학 시험을 공부하면서 우리는 늘 어떤 힘든 산을 넘기 위해 공부해 왔다. 하지만 이제는 이쪽에서 저쪽으로 가기 위해 공부의 산을 힘겹게 넘는 게 아니라 아름다운 경치를 느끼기 위해 산 정상에 오르는 등산 사제의 희열을 경험해보면 좋겠다. 바쁜 직장 생활 속에서도 꾸역꾸역 해내야 하는 공부가 아니라 가보지 못한 미지의 지적 영역을 마치 매일 같이 여행하는 것처럼 마음을 풍요롭게 만들어주는 공부의 재미에 꼭 빠져보기를 진정으로 바란다. 그렇게 모두에게 공부가 삶의 원동력 중의 하나가 되었으면 좋겠다.

슈퍼 네트워커

> "제 7의 감각은 연결이
> 사물의 본질을 바꾼다는 것을 간파한다."
>
> – 조슈아 쿠퍼 라모(Joshua Cooper Ramo) –

■■■■ 제 7의 감각

미국 국방첨단과학기술연구소[DARPA]의 후원으로 인터넷 발명 40주년을 기념해 레드 벌룬 챌린지를 실시했다.[319] 이 대회의 참가자들은 미국 전역에 흩어져 있는 10개의 빨간색 기상 관측 기구를 모두 찾아야 한다. 가장 먼저 찾아 정확한 장소를 보고한 팀이 4만 달러 상당의 상금이 걸린 1등을 차지하게 된다. 미국 국립지리정보국의 한 선임연구원은 레드 벌룬 챌린지는 전통적인 정보 수집 방법으로는 절대로 문제를 해결할 수 없다고 말했다.

4천 명이 참가한 이 대회에서 우승한 팀은 앞에서도 한 번 소개한 MIT 미디어랩에서 중추적인 역할을 하고 있는 알렉스 펜틀런드와 그의 팀원들이었다. 그런데 놀랍게 알렉스는 대회 신청 마감이 얼마 남지 않은 상태에서 소식을 들었음에도 자신의 팀이 우승할 것이라는 것에 의심을 하지 않았다. 그는 이렇게 말했다.

　"DARPA는 이 대회를 거의 한 달 가까이 홍보했지만, 우리 연구팀은 관측기구들을 띄우기 불과 며칠 전에 그 이야기를 들었다. 그때는 이미 거의 4천 팀이 참가 신청을 한 뒤였다. 그러한 과제야말로 우리가 정말로 잘하는 일이었기 때문이다."

　사실 알렉스 펜틀런드는 네트워크 사이언스의 최고 권위자 중 하나이다. 그는 빅 데이터를 활용해 사회 전반의 네트워크와 집단에서 벌어지고 있는 다양한 속성들을 연구한다. 그는 이런 연구 방법으로 '사회 물리학social physics'라는 새로운 분과를 만들었으며 놀라운 연구 성과로 세계에서 가장 영향력 있는 과학자라는 칭호를 얻고 있다. 그렇다면 이들은 어떻게 우승을 차지할 수 있었을까?

　이들은 우승을 하기 위해 보상을 기반으로 한 거대한 네트워크 조직을 만들었다. 찾아야 할 기상관측 기구가 10개이기 때문에 개당 4천 달러를 배정해, 우승을 하게 된다면 기구의 정확한 위치를 처음으로 알려 준 사람에게 2천 달러를 주겠다고 약속한 것이다. 그리고 기구를 발견한 사람을 소개해 준 사람에게는 1천 달러, 이 사람을 소개해 준 사람을 500달러, 그 다음은 250달러를 주는 식으로 보상 사슬을 이어갔다. 이렇게 하여 총 우승 상금 4만 달러를 넘지 않으면서 거대한 네트워크 조직을 만들 수 있었다. 알렉스의 팀은 미국 전역에 퍼져 있는 10개 관측기구의 정확한 위치를 불과 8시간 52분 41초 만에 찾아냈다.

그러나 더 놀라운 사실은 이들이 형성한 네트워크 규모이다. 알렉스의 팀이 관측기구를 찾는 데에 도움을 준 사람은 무려 200만 명에 달했다. 이 전략은 연구 논문으로 재탄생해 《사이언스》와 미국의 《국립과학원 회보》에도 실리게 된다.

우리는 거대한 네트워크 속에서 살고 있다. 가족, 친구, 직장 동료 등의 긴밀한 관계뿐만 아니라 SNS 친구들이나 그냥 알고 지내기만 하는 느슨한 관계를 맺기도 하고, 그리고 더 나아가 익명의 누군가와도 디지털로 소통할 수 있는 시대에 살고 있는 것이다. 그러므로 호모 아카데미쿠스에 못지않게 이 시대에 필요한 인재는 '연결 지능'이 뛰어난 사람이다. 알렉스 펜틀런드 같은 사람이 대표적이며 우리는 이런 인재를 '슈퍼 네트워커'라고 부른다.

슈퍼 네트워커는 뛰어난 제 7의 감각을 소유한 사람이다.[320] 니체 Nietzsche는 극심한 변화를 초래했던 산업혁명을 견뎌내기 위해서 제 6의 감각이 필요하다고 말했다. 제 6의 감각은 역사의 리듬을 감지하는 능력을 말한다. 제 6의 감각은 역사를 단순히 아는 것을 의미하지 않는다. 역사의 흐름을 온 몸으로 느끼고 대응할 수 있는 감각을 말한다. 기하급수적 기술의 시대를 살고 있는 우리에게 꼭 필요한 감각이리라.

《제7의 감각, 초연결지능》의 저자, 조슈아 쿠퍼 라모는 하나의 감각이 더 필요하다고 말한다. 네트워크를 이해하는 연결 지능이 충만한 제 7의 감각이 그것이다. 슈퍼 네트워커는 남다른 제 7의 감각을 통해 조슈아가 말한 것처럼 '연결이 사물의 본질을 바꾼다는 것'을 간파하고 이를 활용할 줄 아는 사람이다. 네트워크의 속성을 이해하고 그것을 적절히 이용할 줄 알며 자기 자신이 네트워크의 중심이 되는 슈퍼 네트워커는 일의 성취를 배가시킬 수 있는 특별한 인재라고 할 수 있겠다.

지금부터 제 7의 감각을 높이기 위해 네트워크 활용에 관한 다양한 사례들을 살펴보도록 하자.

━━ 스 타 성 과 자 의 비 밀

카네기 멜론 대학의 밥 켈리[Bob Kelly]는 1985년 벨 연구소에서 스타 성과자와 일반 직원간의 차이가 무엇인지를 밝히는 연구를 실시했다. 벨에는 당시 세계 최고의 인재들이 모였지만 이 중 소수만이 뛰어난 성과를 내고 있었다.

켈리는 연구 결과, 스타 성과자들은 일반 성과자들보다 네트워크를 훨씬 잘 이용한다는 사실을 알아냈다.[321] 스타 성과자들은 중요한 과제를 하기 전에 도움을 받을 수 있는 전문가들과 긴밀한 관계를 유지하는 것으로 드러났다. 과제를 하기 전에 이미 끈끈한 관계를 만들어 놨기 때문에 실제 과제에 과제 수행을 할 때 신속하게 도움을 받을 수 있었고 결국 고성과를 기대할 수 있었던 것이다.

더불어 스타 성과자들은 일반 성과자들에 비해 더 다채로운 네트워크를 형성하는 것으로 나타났다. 사람은 본성적으로 자신과 비슷한 생각을 갖고 있는 사람을 좋아하고 가까이 두려고 한다. 하지만 우리가 '혁신' 편에서 살펴보았듯이 창의성은 다양성과 연결에서 나오며, 창의성은 문제 해결 능력을 말한다. 결국 다양한 네트워크를 소유하고 있는 스타 성과자의 문제 해결 능력이 좋을 수밖에 없다.

그런데 스타 성과자의 진정한 힘은 다른 데에 있다. 성과가 자기 자신에게만 머물지 않는다는 점이다. 피에르 아줄레이^{Pierre Azoulay}, 조슈아 그라프 지빈^{Joshua Graff Zivin}, 지알란 왕^{Jialan Wang}은 학계의 슈퍼스타가 다른 연구자들에게 미치는 영향에 대해서 살펴봤다.[322] 슈퍼스타가 사망한 이후 공동 연구자들의 성과를 살펴본 것이다. 결과는 흥미로웠다. 슈퍼스타가 사망하자 공동 연구자들의 논문 발표율이 5~8퍼센트 지속적으로 하락했다.

슈퍼 성과자들은 자신이 네트워크를 활용할 줄 알 뿐만 아니라 그 네트워크를 통해 다른 사람의 성과를 끌어 올려 주는 역할을 한다. 알렉스 펜들런트의 연구팀은 MIT에서 일주일간의 집중 경영자 교육 과정 중 교육생들이 비즈니스 플랜을 수립하는 과정을 면밀히 관찰했다.[323] 관찰 결과 알렉스 펜들런트가 명명한 '카리스마적 연결자'가 많이 있는 팀일수록 비즈니스 플랜 경쟁에서 더 높은 평가를 받는다는 사실을 확인했다. 카리스마적 연결자는 모든 구성원 사이를 적극적으로 돌아다니며 아이디어를 수렴하고 팀 분위기를 활기차게 만들었다. 결국 팀 내 아이디어가 카리스마적 연결자를 통해 원활히 흐르게 됨으로써 과제 성과를 높일 수 있었던 것이다.

연결 자체도 중요하지만, 연결의 질 또한 매우 중요하다. 우리는 물리적으로 가까울수록 협력의 깊이가 더 커질 수 있음을 생각해 볼 수 있다. 그런데 실제로도 그렇다. 하버드 의대의 한 연구팀은 하버드 소속 과학자들이 발표한 수만 건의 논문을 대상으로 공동 연구자들이 캠퍼스 내에서 얼마나 지리적으로 가까운 거리에 있는지를 측정해 보았다.[324] 논문은 인용 지수를 통해서 영향력을 측정할 수가 있다. 연구 결과 공동 연구자들이 서로 지리적으로 가까울수록 영향력이 높은 논문을 쓸 확률이 높았다. 다시 말해, 만약 공동 연구자가 같은 건물에 있다면 그 논문 수준은 각각 다른 건물에 있는 공동 연구자들에 비해 논문의 수준이 높게 나온다는 뜻이다.

연결 수준에 따라 성과는 달라진다. 연결 수준을 높여주는 자가 바로 슈퍼 네트워커다.

약한 유대 vs. 강한 유대

사회학자인 마크 그래노베터[Mark Granovetter]는 미국 청년층의 구직 활동을 유심히 살펴봤다.[325] 그래노베터가 연구를 시작한 때는 1970년대라 구직 활동의 모든 정보는 오로지 입소문을 통해서만 가능했다. 취업에 성공한 사람들 중 56퍼센트기 지인을 통해서 직상을 얻게 되었다고 했다. 그런데 그 지인이 흥미로웠다. 가까운 친구나 부모와 같은 깊은 관계에 있는 사람들이 아니라 83퍼센트가 평소에는 만날 일이 별로 없는 '그냥 아는 사람'들이었다. 직장을 얻는 데에는 '약한 유대'가 더 유용했다.

왜 그럴까? 약한 유대가 강한 유대보다 새로운 정보를 제공해 줄 확률이 높기 때문이다. 가까운 지인들은 항상 만나고 대화하기 때문에 신선한 정보를 얻기가 쉽지 않다. 또한 그 수도 적다. 반면 평소에 만날 일이 거의 없는, 약한 유대 관계에 있는 사람들은 숫자도 더 많을 뿐만 아니라 새로운 정보를 제공해 줄 가능성이 크다. 구인을 하고 있는 회사에 관한 정보 같은 것을 말이다.

약한 유대가 새로운 정보를 준다면, 구직 말고 또 어떤 것에 도움을 줄 수 있겠는가? 바로 창의성이다.

2006년 에모리 대학의 질 페리 스미스Jill Perry-Smith는 연구소에 일하는 97명의 연구원을 대상으로 다른 팀원들과의 교류 빈도를 조사했다. 자주 이야기하는 관계는 강한 유대, 가끔 이야기하는 관계는 약한 유대로 분류한 후, 연구원들의 독창성을 평가해 보았다. 분석 결과, 주로 약한 유대 관계를 형성한 연구원들이 창의적인 성과를 더 내는 것으로 나왔다.

그렇다면 강한 유대에 장점은 없는 것일까? 2009년, 피츠버그 대학의 플리츠 필Frits Pil과 캐리 리아나Carrie Leana는 '교사의 사회적 자본은 학생의 성적을 올리는 데 도움이 되는가?'라는 주제로 연구를 했다. 미국의 1,990개 공립 초등학교 교사 1,013명과 4~5학년생 24,187명을 분석한 것이다. 결과는 예상대로였다.

인적 자본, 즉 교사 개인이 풍부한 교육 경험이 있을수록 아이들의 성적이 더 높게 나왔다. 뿐만 아니라 사회적 자본, 즉 다른 교사와 친밀한 관계를 맺고 있는 교사일수록 아이들의 성적이 좋게 나온 것이다.

결국 여기서도 맥락적 사고를 요구한다. 상황에 따라 강한 유대가 좋을 수도 있고, 약한 유대가 좋을 수도 있다. 강한 유대는 하나의 주제에 관한 깊이 있는 정보를 얻는 데에 효과적이고, 약한 유대는 새로운 정보를 다양하게 얻는 데에 좋다. 특히 그 정보가 문서화하기 힘든, 개인 안에 내재되어 있는 지식인 암묵지(暗默知)일 경우에는 당연히 강한 유대가 더 큰 힘을 발휘한다.

토론토 대학의 팀 롤리[Tim Rowley] 연구팀은 1990년대 철강 및 반도체 업계 내에서 기업 간 업무 제휴를 면밀히 살펴봤다. 롤리 연구팀은 공동 연구 개발, 합작 투자, 자본 제휴 등 많은 비용과 인력이 필요한 제휴 형태는 강한 유대로 분류했다. 왜냐하면 이런 제휴들은 기업들 간에 얼굴을 마주하고 긴밀한 관계를 지속적으로 유지해야 하기 때문이다. 반대로 라이센싱 교류나 마케팅 제휴 같은 상대적으로 긴밀함이 덜한 제휴를 약한 유대로 분류했다.

연구 결과, 철강 같은 분야는 강한 유대가, 반도체 분야에서는 약한 유대가 기업의 이익을 더 향상시킨다는 사실이 밝혀졌다. 한 주제에 대해 문서화하기 힘든 깊은 정보는 강한 유대가, 창의성을 위한 다양한 정보는 약한 유대가 더 유리하다는 점을 알아두자.

그러나 페이스북 같은 SNS의 경우, 약한 유대 관계를 늘려 줄 것 같지만 연구에 따르면 정반대의 결과가 초래한다고 한다.[326] 원래 알고 있던 집단에 대한 결속력은 더 강해지는 반면, 약한 유대 관계에서 나오는 집단 외부인에 대한 불신은 더 커지는 현상이 발생한다. 일반 온라인 커뮤니티와 다르게 페이스북은 자신에 입맛에 맞지 않는 사람은 쉽게 차단을 할 수 있다. 이런 작업이 반복되다 보면 결국 철저하게 자신의 생각이나 성향에 맞는 사람들과 교류하게 되고, 자신과 성향이 다르거나 이견이 있는 사람들을 멀리하게 된다. SNS를 하면 자연스럽게 약한 유대의 폭이 넓어져 새로운 정보를 얻을 수 있을 것이라 생각하기 쉽지만, 실상 사람들은 자신이 원하지 않는 정보는 가차 없이 차단해 버린다. 결국 창의성의 핵심이라고 할 수 있는 이질적인 정보와의 접촉이 사라지게 된다. 그러므로 SNS를 할 때 자신과 다른 사람들에 대한 관용과 인내를 갖고 그들의 목소리를 경청하는 자세가 매우 중요하다.

━━ 이 기 적   이 타 주 의 자

슈퍼 네트워커는 거시적인 측면에서 네트워크의 속성을 알기도 하지만 미시적 차원에서 자신의 주변 사람들과의 관계를 어떻게 대해야 하는지도 아는 사람이다. 우리는 많은 이들이 애덤 그랜트^{Adam Grant}가 《기브 앤 테이크》에서 말한 '이기적 이타주의자'가 되길 원한다. 애덤 그랜트는 인간을 3가지 유형으로 분류한다.[327]

첫째, 테이커^{Taker}다. 테이커는 자신이 준 것보다 더 많이 받기를 바라는 사람이다. 그래서 이들은 자신이 노력한 것보다 더 큰 이익이 돌아올 경우에만 전략적으로 다른 사람을 돕는다. 둘째, 매처^{Matcher}다. 대부분의 사람들이 이에 속하는데, 이들은 손해와 이익의 균형을 이루려고 하는 사람이다. 이들은 공평함을 원칙으로 삼으며 남을 도울 때 상부상조 원리를 내세워 자기 이익을 보호한다. 그야말로 받은 만큼 되돌려 주는 부류이다.

셋째, 흔하지 않는 부류로 기버Giver가 있다. 기버는 받은 것보다 더 많이 주기를 좋아하며, 타인의 관점에서 자신이 상대방에게 무엇을 줄 수 있는지를 살피는 사람이다. 시간, 노력, 지식, 기술, 아이디어, 인간관계를 총동원하여 누군가를 돕고자 애쓰는 사람이 주변에 있다면 그 사람이 곧 기버다.

그렇다면 이들 중에 누가 가장 사회에서 성공할 확률이 높을까? 그리고 반대로 누가 가장 실패할 확률이 높을까? 흥미롭게도 그 둘 다 '기버'였다. 기버는 성공의 사다리 바닥에 존재할 뿐만 아니라 성공의 사다리 최상층에도 군림하고 있었다.

벨기에 의대생에 대한 한 연구를 보자. 의대생 기버들의 성적을 보면 좀 독특한 패턴이 보인다. 1학년 때는 성적이 별로 좋지 않다가 2학년부터 탄력을 받기 시작하더니 해를 거듭할수록 좋아진다. 그리고 7년차 의사가 되면, 기버는 테이커와 매처를 압도하게 되는데 기버 지수와 성적의 상관관계는 '흡연과 폐암', '음주와 공격적인 행동' 간의 상관관계보다도 더 클 정도라고 한다.

왜 의대생 기버들은 성적이 처음에는 좋지 않다가 시간이 갈수록 상승하는 것일까? 의사는 홀로 도서관에 처박혀 책만 본다고 될 수 없다. 의대 수업은 학년이 높아질수록 개별 수업에서 팀별 발표, 회진, 인턴십, 환자 진료 등의 과정으로 바뀌는데 이것은 결국 팀워크와 서비스 정신을 필요로 한다. 그 과정에서 누가 동료들의 도움을 얻고 환자에게 사랑받으며 선배나 교수에게 신임을 얻게 될까? 바로 기버다.

기버의 성공 비결은 바로 거기에 있다. 어느 일을 하든지 현대 사회에서는 홀로 성공을 거둘 수 있는 확률이 줄어들고 있다. 어떤 조직이든 팀으로 일을 하고 사업을 하기 위해서는 믿을 수 있는 투자자와 파트너가 필요하다. 게다가 지금은 소셜 혁명 중이다. 누군가에게 도움을 주었을 때 되돌아오는 그 도움의 피드백 속도가 점점 더 빨라지고 있다. 즉, 이런 환경 속에 있기 때문에 잠깐 보면 피해만 입는 것처럼 보이는 기버들이 마지막에는 성공 사다리의 꼭대기에 당당히 서 있는 것이다.

물론 테이커와 매처도 성공을 한다. 하지만 기버의 성공은 이들의 성공과는 좀 다르다. 기버의 성공은 요란하다. 흡사 폭포가 쏟아져 물이 사방으로 무차별적으로 퍼지듯이 성공을 한다. 이들이 베풀었던 공로가 한 번 되돌아오기 시작하면 시너지가 생기면서 폭발적으로 성공의 길이 열리며, 무엇보다 그 성공이 기버 자신뿐만 아니라 주변에 있는 모든 사람에게 급격히 전파된다. 모두를 이롭게 하는 것이다.

특히 기버, 테이커, 매처는 인맥을 쌓는 방식이 다르다. 이 세 부류 중에 누가 가장 인맥 쌓기에 적극적일까? 바로 테이커와 기버이다. 매처는 받는 만큼 준다는 원칙 있기 때문에 인맥의 범위가 좁다. 하지만 테이커는 누군가에게 무언가를 얻으려 하고, 기버는 누군가에게 무언가를 주고자 하는 욕구가 있기 때문에 이들의 시선은 항상 다른 사람에게 쏠려 있다. 당연히 사람들은 기버는 좋아하고, 테이커는 싫어하게 될 것인데 실상은 그렇게 간단하지가 않다.

테이커의 특징 중 하나는 자기에게 무언가를 줄 수 있는 대상 즉, 힘 있는 동료나 윗사람에게 좋은 인상을 남기기 위해 최선을 다하는 것이다. 자신의 이득이라는 목표를 이루기 위해 최선을 다하기 때문에 때론 기버처럼 보이기까지 하다. 하지만 테이커는 자신의 목적을 이루게 되면 돌변한다. 특히 회사에서 승진을 하거나 권력을 쥐게 되면 도움이 되지 않는 동료나 아랫사람은 냉정하게 내치거나 짓밟는다. 하지만 이러한 행위는 영원히 지속될 수 없다. 왜냐하면 대다수의 사람들은 매처이기 때문이다.

매처는 공정성을 매우 중요시하며, 좋은 것이든 나쁜 것이든 받은 만큼 되돌려 주려는 속성이 있다. 테이커의 지나친 권력적인 행위가 이루어질 때, 이들은 테이커를 험담하고 테이커의 부적절한 정보를 공유함으로써 복수를 시작한다. 테이커의 명망을 떨어뜨리는 것이다. 혹은 매처가 테이커보다 권력이 더 있을 경우에는 힘으로 제압할 수도 있다.

그렇다면 테이커를 미리 알아보는 방법이 있을까? 예전에는 힘들었지만 지금은 테이커를 초창기에 알아볼 수 있는 길이 열렸다. 블로그나 SNS를 보면 자기중심적이고 자만심을 드러내며 허세와 거만함으로 점철되어 있는 사람들을 볼 수 있다. 그들은 테이커일 확률이 크다. 실제로 미국에서는 직원을 채용할 때 SNS의 빅 데이터를 활용해 지원자의 근면성, 성격, 지적능력, 대인관계 등을 파악한다고 한다. 테이커는 처음부터 피하는 것이 상책이다.

또한 기버와 테이커의 인맥의 차이점은 소원한 관계에서 그대로 드러난다. 누군가 당신에게 오랜만에 전화가 와서 무언가를 부탁한다고 하자. 만약 그 사람이 평소에 테이커처럼 행동했다면 당신은 도와줄 마음이 생기겠는가? 아마 속으로는 욕이 나올 수도 있을 것이다. 하지만 기버가 도움을 요청했다면? 어떻게든 도와주고 싶은 마음이 들 확률이 높다.

신뢰는 재테크와 같다. 기버는 평소에 계속해서 신뢰를 저축하지만 테이커는 신뢰의 마이너스 통장을 개설했기 때문에 훗날 기버는 꺼낼 쓸 신뢰가 많이 있지만, 테이커는 전혀 없고 오히려 이자를 더 내야할 상황이 생길 수 있다. 기버의 인맥 관리는 언뜻 보면 손해를 보는 것 같지만, 장기적 관점에서 보면 테이커와 비교할 수 없을 만큼의 이득이 있다.

하지만 처음에 언급했던 것처럼 기버라고 다 성공하는 것이 아니다. 성공의 사다리 밑바닥에도 기버가 있다. 그렇다면 어떤 기버가 실패를 하는 것일까? 실패한 기버들의 공통된 특징은 다른 사람들을 극단적으로 도와주거나 희생만하여 최종적으로 진이 빠지고 지친다는 점이다. 다시 말해, 이기심을 너무 죄악시하고 자기 자신을 잘 챙기지 못하는 경향이 있다.

어떤 두 명의 심리학자는 캐나다에서 가장 권위 있는 봉사상인 '캐나다 봉사상'을 수상한 성공적인 기버들의 동기가 과연 무엇이었는지 알아보기 위해 매우 심도 있는 인터뷰를 했다. 특히 이들에게 자신의 이익과 타인의 이익이라는 2가지 핵심적 동기들이 얼마나 강하게 나타났는지를 살펴보았다.

역시 성공적인 기버들에게 타인의 이익은 매우 큰 동기 부여였다. 이들은 봉사와 기부에 대한 말을 비교집단보다 3배 이상 자주 했으며, 자기 인생의 목표와 타인의 이익을 연결시키는 말도 비교집단보다 2배나 많이 했다. 하지만 매우 놀라운 사실은 성공적인 기버들은 자신의 이익에도 상당한 동기 부여를 받았다는 점이다. 권력이나 성취와 관련된 목표가 비교집단보다 2배 가까이 높았으며, 인생 목표 목록을 만들 때에도 명성을 얻고 개인적인 성취를 이루는 것과 관련된 내용이 비교집단보다 20%나 더 많았다. 즉, 성공적인 기버들은 엄청난 야심가였던 것이다.

우리는 이기심과 이타심을 상호배타적인 관계인 자석의 양극단처럼 생각하는 경향이 강하다. 하지만 많은 연구를 통해 밝혀진 사실은 이기심과 이타심은 매우 독립적이기 때문에 우리는 이 둘을 모두 가질 수 있다는 것이다. 성공한 기버들은 강한 동기부여 요소인 이타심과 이기심을 자신 안에 적절히 융합시켜 일을 추진해 나간다. 특히 이들은 자신이 베푸는 행동이 어떠한 사회적 영향력을 발휘하고 있는지에 대해 잘 알고 있다. 자신의 희생이 큰 영향력을 발휘하고 있다는 것을 확인하는 것은 스스로에게 최고의 보상이 되기 때문이다.

애덤 그랜트는 이런 인물들을 '이기적 이타주의자'라고 한다. 그런데 우리는 여기서 더 중요한 사실을 알리고자 한다. 기버, 테이커, 매처는 태어날 때부터 정해지지 않았으며, 상황에 따라 충분히 달라질 수 있다. 우리는 우리가 생각하는 것보다 이타적이다. 특히 위기 상황 속에서는 더욱 그렇다.

2008년, 드루어리^{John Drury}의 연구팀이 지난 40년간 영국에서 발생한 11가지 비극적인 사건을 분석했다.[328] 1983년 IRA(아일랜드 공화국군 무장단체)의 폭탄 테러로 런던 백화점 앞에서 6명이 사망한 사건, 1989년 힐즈버러 축구장에서 혼란에 빠진 초만원 관중에 의해 리버풀 팬 96명이 질식사한 사건이 포함된다.

연구팀은 인터뷰한 대부분에서 이기심에 똘똘 뭉쳐 자기만 살겠다고 벗어나는 사람들의 이야기보다 강렬한 유대감으로 서로를 도우려고 한 이야기들이 훨씬 많았다는 알게 됐다. 드루어리는 만약 위기 상황에서 서로를 도와주지 않았다면 더 많은 사상자가 나왔을 것이라 분석했다. 우리는 서로를 생각하는 존재이다.

또 하나 자신의 이타주의적 성향을 발견하는 것도 중요하지만 타인 또한 이타주의적이라는 믿음을 잃어서는 안 된다. 여러 연구에서 드러났듯이 우리는 본인은 고귀한 신념(자아실현, 의미, 이타성)에 영향을 받지만, 타인은 돈이나 이기심에 영향을 크게 받는다고 착각을 하는 경향이 강하다. 아니다. 타인도 자신과 똑같은 고귀한 신념에 의해 움직인다. 그런데 문제는 만약 타인에 대한 믿음이 없다면, 말과 행동을 통해 타인이 이타주의적인 행동을 하게 할 수 있음에도 그것을 차단하는 현상이 발생한다.

결국 우리 모두가 이기적 이타주의자가 될 수 있음을 믿을 때, 이는 자기실현적 예언이 되어 살맛나는 공동체가 될 수 있다.

바로 당신이 만들 수 있다.

▅▅ 입 사 후 숨 이 막 히 는 신 입 사 원 에 게

취업의 기쁨은 얼마나 갈까? 1년? 1달? 실제로 입사 후 4명 중의 1명은 1
년 안에 퇴사를 한다니 얼마나 빨리 그 기쁨이 휘발되는지를 어렵지 않게 가
늠할 수 있다. 취업이 꿈이었지만 막상 회사에 들어오면 숨이 막힌다. 왜 그럴
까? 또 어떻게 새로운 환경에서 첫 호흡을 틔울 수 있을까? 우선 구조적인 문
제부터 함께 살펴보자.

신입 사원에게 회사 생활은 당연히 힘들 수밖에 없다. 여러 가지 이유로 힘
들겠지만, 가장 큰 원인은 역시 인간관계이다. 대한민국은 그 어떤 나라보다
고도의 압축 성장을 경험한 나라이다. 1970년 한국은 중-저소득^{Lower-middle-}
^{income} 국가로 분류되었지만, 2010년에는 고소득^{High-income} 국가가 되었다. 전
세계에서 40년 동안 중-저소득 국가에서 고소득 국가로 변신한 나라는 우리
가 유일하다. 그런 변화를 겪은 기성세대와 현재의 청년세대는 같은 모습을 하
고 같은 말을 하면서 같은 국가에 살고 있지만, 이렇게 성장 배경이 전혀 다르
기 때문에 다른 형태의 사고방식을 한다고 해도 사실상 무리가 없다. 거기다
정치적, 기술적 환경의 변화 속도까지 가중치를 주면 조금 과장을 보태서 서

로 다른 인류라고 정의하고 싶을 정도이다. 대한민국에서 취업이라는 것은 그렇게 다른 종족이 만들어 놓은 생태계에 들어가서 적응하는 것이다.

만약에 이렇게 새로운 문화에 적응하는 정도라면 직장 생활이 그렇게 숨막힐 수는 없다. 조금 더 구체적이고 정량적인 근거를 제시하면, 핵심 원인은 현재 회사의 핵심 의사 결정을 하는 기성세대의 낮은 문해력이라고 생각한다. 국제성인역량조사PIAAC 발표한 16~65세 한국인의 문해력은 OECD 평균과 거의 동일하다. 하지만 조금만 자세히 들여다보면 상당히 충격적인 결과를 발견할 수 있다. 16~24세의 평균은 세계 4위로 상당히 높았지만, 45~54세의 평균은 OECD 국가 중에 뒤에서 4등, 55~65세의 평균은 뒤에서 3등이라는 처참한 결과였다. 객관적 지표는 이렇지만, 현실에서 기성세대는 누구도 부정할 수 없는 엄청난 성취를 이뤄냈다. 이런 문해력의 실제 결과를 보면 '한강의 기적'이라는 말은 과장이 아니라고 느껴질 정도이다.

낮은 문해력과 눈부신 업적이라는 전례가 없는 기형적 조합은 사실상 두 세대 사이의 대화를 불가능하게 만들만큼 엄청난 장벽이 되었다. 제대로 논리적인 소통을 하더라도 타인의 공감을 얻고 이견을 좁히는 일이 쉽지 않은데, 기성세대는 이미 일궈낸 성공이라는 정답을 전제로 깔고 대화를 하므로 신입사원에게 숨을 쉴 틈을 줄 리가 만무하다. 이렇게 따지고 보니 회사 생활이 안 힘든 게 이상할 정도이다. (사실 회사까지 갈 필요도 없다. 대한민국 가정에서 부모와 자식 간에 합리적인 토론이 이뤄지는 가족이 얼마나 존재할까?)

구조적인 문제에 대해서 말하면 사실 끝이 없다. 문제 해결의 시작은 단순화이다. 그러니 개인이 해결할 수 없는 구조적인 부분에 대해서는 잠시 잊자. (사실 어떤 면에서는 무조건 잊어야 한다. 그렇지 않고 선배들이 살아남은 방식으로 조직에 적응하고 동화되면, 몇 년 뒤에 우리 자신도 모르게 '꼰대'가 되어있을지도 모른다.) 그렇다면 조금이라도 원만한 회사 생활의 시작을 위해 우리가 살펴봐야 할 부분은 무엇일까? 결국 우리가 회사에서 가장 확실하게 의지할 수 있는 것은 20년 넘게 축적한 우리의 지식일 것이다. 그렇다면 이 지식의 깊이와 폭, 그리고 활용 정도가 회사 생활의 난이도에 영향을 끼치는 가장 큰 변수가 될 것이다. 그런데 우리는 올바르게 지식을 축적하였는가? 결론부터 말하면 '아니다'이다.

우선 취업을 했다는 것은 회사가 요구하는 최소한의 지적 능력 평가를 통과했다는 뜻이다. 여기서부터 우리는 너무나도 심각하게 뒤엉켜버린 문제점의 실마리를 조금씩 찾을 수 있다. 대부분 회사는 입사시험을 통해 순차적으로 조직에 적합하지 않은 사람을 걸러낸다. 노동, 자본집약산업이 주를 이루는 대한민국에서는 최고의 인재를 뽑기보다는 조직에 적합하지 못한 사람을 걸러내는 것이 기존 회사의 성공 모멘텀을 유지하는데 더 적합한 전략이었다. (이런 현실 때문에 상당히 많은 인재가 시스템적으로, 경제적으로 훨씬 열악한 스타트업으로 향하고 있다. 스타트업은 일당백 인재를 원하고 또 성공했을 때, 그 보상도 비선형적으로 많이 받는다. 하지만 현실은 만만치 않다는 점을 절대로 잊지 말자. 대부분 스타트업은 내부적인 이유, 그리고 환경적인 이유로 창업 후 몇 년을 버티지 못한다.)

　현실이 그렇기 때문에 취업을 준비하는 학생도 개인의 능력을 함양하기 위한 공부가 아닌 적당히 살아남기 위한 공부를 하게 된다. 이런 환경이 고착화되면서 시험으로 걸러지지 않는 적정선의 다른 표현인 '스펙'이라는 괴물이 탄생한 것이다. '스펙'이 충분하면 적어도 취업의 관점에서는 더 공부하지 않아도 된다. 대표적인 '스펙' 중 하나가 영어 점수인데 그렇게 영어 점수를 받고 회사에 들어와도 스트레스 없이 업무에서 영어로 읽고 쓸 수 있는 사람은 사실상 전무하다고 해도 과언이 아니다. 경쟁에서 이기기 위해 열심히 준비했지만, 그 경쟁의 끝은 결승점이 아니었다. 예선 통과에 불과했다. 회사가 당연히 힘든 이유 중의 하나는 이렇게 예선을 통과한 수많은 사람이 모여 있는 다른 회사와 또 다른 치열한 경쟁을 해야 하는 본선 무대이기 때문에 그렇다.

　그러면 어떻게 공부해야 했는가? 공부의 방향은 개인과 업(業)마다 다르기 때문에 절대적인 정답이란 없을 것이다. 하지만 내가 생각하는 공부는 다음과 같은 단계를 거쳐야 한다고 생각한다.

　습득 → 전달 → 생산

　우리의 학습은 첫 단추부터 틀렸다. 사실 우리는 배우기(學)만 하고 익히지

(習)는 않는다. 그래서 다들 단기 기억으로 시험이라는 상황을 모면하고, 진짜 실력이 향상이 아닌 마치 걸 혹은 보이 스카우트가 배지를 받는 것처럼 점수를 남긴다. (이게 앞에서 말한 '스펙'이라는 괴물이다.) 내가 다니던 회사는 나름 분야에서는 세계 최고의 기업이었지만, 어려운 최신 기술은 고사하고 기초적인 전공 지식에 자신이 있는 사람이 생각보다 적었다. 이것은 비단 우리 회사에만 해당하는 이야기는 아니다. 수많은 회사에 기업 강연을 다니고 장기 멘토링 프로젝트를 통해 다양한 배경의 직장인과 이야기를 나눠보면, 자신의 업무 분야에서 요구되는 학습을 임계점이 넘도록 해본 사람은 없다는 것을 어렵지 않게 알 수 있었다. (이 말은 반대로 어느 정도 조금만 제대로 공부한 사람은 어딜 가도 아주 경쟁력이 있다는 의미다.)

지식의 습득에 있어 예전에는 무엇what이 강조되었다면, 이제는 어떻게how가 더 중요한 세상이 되었다. 우리의 뇌가 저장할 수 있는 능력은 한계가 명확하지만, 정보는 이제 온라인이라는 공간에 차고 넘친다. 단순히 많이 아는 것보다는 필요한 정보를 빠르게 찾아서 활용하는 능력이 요구되는 시대이다. 당연한 이야기를 하는 것 같지만 대부분 우리는 이 당연함 근처에도 못 가는 경우가 많다. 그 이유는 영어로는 양과 질적으로 엄청난 자료가 축적되고 있지만, 우리말로는 영어 자료를 번역으로 깨작거린 수준 정도의 정보밖에 없기 때문이다.

1,400명을 대상으로 진행한 자체 설문조사 결과에 따르면, 서툴긴 해도 영어로 정보를 취득할 수 있다고 응답한 사람은 26퍼센트였고, 영어로 정보 습

득에 전혀 문제가 없다고 대답한 사람은 6%에 불과했다. 응답자의 80%는 20~40대이기 때문에 50~60대를 포함하면 이 비율은 더 급격하게 떨어진다.

3명 중 2명은 정보화 시대에 살고 있지만, 영어라는 장벽으로 철저하게 정보와 차단되어 있었다. (여기서 또 알 수 있는 것이 영어로 정보 습득만 빠르게, 그리고 제대로 할 수 있다면 여전히 경쟁력이 있다는 것이다.)

그래도 취업을 했다는 것은 (꾸역꾸역) '습득'까지는 해냈다는 말이다. 그다음부터가 대다수 우리가 경험해 보지 못한 영역이다. 바로 지식의 전달이다. 전달은 다양한 형태로 할 수가 있다. 글을 쓰는 것도 하나의 방법이고, 토론을 하는 것도 또 다른 형태의 전달이다. 우리는 (나름) 열심히 공부했지만, 전달을 해본 경험은 거의 없다. 우선 전달을 하려면 배운 것에 대한 충분한 이해를 통해 자신만의 관점으로 요약할 수 있어야 한다. 하지만 독서는 해도 독후감 혹은 서평을 쓰는 사람은 많지 않다. 그런 경우, 얼핏 보기에는 책을 읽은 것 같지만 조금만 시간이 지나서 내용을 떠올려 보면 알고 있는 것이 생각보다 별로 없다. 요리로 따지자면, 지식의 습득은 재료 구입이고 지식의 전달은 요리 과정이다. 우선 잘못된 것을 구입했다면(배웠다면), 아무리 맛있게(제대로) 요리(전달)를 하려고 해도 소용없다. 아무리 최고급 재료를 구했어도 요리 과정이 형편없다면 마법의 가루인 라면 수프 하나 넣은 것보다 맛있는 요리가 나오기가 힘들다. 그만큼 전달이 중요하지만, 우리는 전달에 대해서는 딱히 생각도 하지 않고 연습도 하지 않는다.

사실 지식 전달의 중요성은 바로 회사 생활을 시작하면서부터 뼈저리게 실감한다. 회사는 보고로 시작해서 보고로 끝난다. 보고는 조직이 커지면 커질수록 그 중요도가 더욱 높아진다. 보고 체계의 효율화는 회사 운영 전체의 가장 큰 영향을 미친다고 해도 과언이 아니다. 대한민국 회사에서 관리자로 산다는 것은 보고서와 운명 공동체가 되었다는 것을 의미한다. 특히 의사결정권자에게 정보를 전달하기 위해 끊임없이 사다리를 올라가야 하는 대기업은 더 심하다.

기업 강연을 가면 늘 주간 보고서에 관한 농담을 하는데 언제나 반응이 좋나. "신 과장이 정차장에게 보고서를 제출한다. 그러면 정 차장이 신 과장을 찾는다. 그렇게 한바탕 보고서를 가지고 씨름해서 최 부장에게 다시 보고서를 제출하면 최 부장이 정 차장과 신 과장을 부른다. 셋이 또 씨름한다. 그리고 최 부장이 김 상무에게 보고서를 제출하면 김 상무는 다시 최 부장을 부른다. 답답하면 정 차장과 신 과장까지 동시에 부른다."

모두가 격하게 공감한다는 것은 어느 조직에서나 전달이 제대로 되고 있지 않다는 것을 의미한다. 종종 언론에서 한국 기업의 일인당 업무 생산성이 다른 선진국에 비해 떨어진다고 보도된다. 나는 우리가 일 자체를 진짜 못한다고 생각하지 않는다. (어쩌면) 일은 더 잘하지만, 그 잘한 부분까지 반감시키는 핵심 원인 중의 하나는 바로 지식의 전달에 대한 훈련이 거의 전무하기 때문이라고 생각한다.

습득한 내용을 전달까지 잘한다면 관리자의 임무를 수행하기에 전혀 문제가 없다. 단순한 관리management를 넘어 선봉에서 이끌기leading까지 잘하려면 지식의 생산이 가능해야 한다. 회사 생활이 결정적으로 힘든 이유 중의 하나는 대부분 리더가 지식의 생산을 할 준비가 전혀 안 되어 있기 때문이다. 지식의 생산은 생각보다 복잡하지도, 어렵지도 않다. 예술가가 아닌 이상 순수한 영감을 기반으로 완전히 새로운 지식 혹은 콘텐츠를 만드는 경우는 드물다. 가장 효과적이고 확실한 방법은 여러 지식을 합치면서 거기에 약간의 본인 생각을 가미하는 것이다. 하지만 앞에서 말한 것처럼 우리는 열심히 배웠지만, 전달의 과정을 제대로 해본 적이 거의 없기 때문에 습득한 지식들이 전혀 요약되어 체득되어 있지 않다.

브레인스토밍brainstorming을 해야 하지만, 우리의 머릿속에 폭풍이 일어날 만큼의 지식은 없다. 안타깝지만 브레인스퀴징brainsqueezing 즉, 뇌를 쥐어 짜낸다는 것이 더 적합한 표현이다. 허나 회사의 숙명은 끊임없이 새로운 것을 만들어서 시장에 내놓아야 한다는 것에 있다. 새로운 제품을 만드는 원동력은 지식의 생산에서 나오지만, 안타깝게도 비즈니스보다 훨씬 수월한 공부를 할 때조차도 지식의 생산을 제대로 해 본 적이 없다.

기업 강연을 갈 때마다 참석자에게 꼭 물어보는 것이 있다. 한 달에 책을 1권 이상 읽는 사람을 물어보면 10%가 넘는 경우가 거의 없었다. 업무 관련으로 책 범위를 좁히면 1%도 되지 않았다. 이게 냉혹한 현실이다. 반대로 E사 기획팀에 재직 중에 입사 1년차 멘티가 있었다. 그는 일주일에 최소 2권 정도 마케팅, 경영, 전략, 기획에 관한 책을 꾸준히 읽었다. 내가 만났을 때, 이미 관련 서적을 50권 이상 읽은 후였다. 그리고 스스로 학습한 것을 회의 시간에 꾸준히 이야기하였고, 자연스럽게 팀장인 상무 눈에 띄어서 1년차임에도 불구하고 상당한 인정을 받아 팀장과 직접 의견을 나누는 경우도 많다고 했다.

여기서 또 확인할 수 있는 점은 회사에 다니면서 꾸준히 관련 분야 책이나 논문을 읽고 (혹은 강연을 듣고) 스스로 정리를 하면 여전히 상당한 경쟁력을 가질 수 있다는 사실이다. 그러나 야근이 넘쳐 나는 대한민국의 근무환경상 웬만한 의지가 없으면 따로 이렇게 공부를 하는 게 쉽지는 않다. 먹고 살기도 피곤한 게 엄연한 현실 아닌가? 하지만 악순환의 고리를 끊어야 한다. 양의 되먹임Positive feedback mechanism 구간으로 들어가려면 어떻게든 공부를 제대로 해야 한다. 특히, 리더들은 살아남아서 계속 승승장구 하고 싶다면, 어떻게든 자신의 조직원들에게 학습할 수 있는 시간을 마련해주고 또 동기도 불어 넣어야 한다. 그렇게 생산된 지식은 사내에서 그리고 시장에서 싸울 수 있는 소위 말하는 '총알'이 되는 것이다.

단순히 지식을 얻는 것을 넘어서 배운 것을 통해 소통하고 또 활용하여 새로운 지식을 만들어내는 과정을 겪었다면, 그래도 회사생활이 상대적으로 덜 힘들 것이다. 여전히 앞에서 언급한 인간관계 같은 지뢰들이 곳곳에 깔려있지만, 그런 부분은 사실 시간이 지나면 생각보다 많은 문제들이 자연스럽게 해결이 된다. 특히 정말 회사가 원하는 출중한 실력을 소유했다면 문제는 더 빨리 해결이 된다. 반대로 이렇게 제대로 공부를 안 하게 된다면 미래에 내가 신입 사원을 숨 막히게 하는 무능한 박 과장, 윤 차장, 송 부장이 된다는 사실을 우리를 슬프게 한다.

이 글을 읽고 있는 사람들 중에 '나는 저렇게 공부를 하지 않았고, 이미 입사를 했는데 그럼 망한 것인가?'라고 생각하는 사람도 분명히 있을 것이다. 하지만 너무 좌절하고 속상해할 필요는 없다. 많은 직장인을 멘토링 해주면서 회사 생활에 대해 고충을 정말 많이 들었고, 지금 앞에 적은 글은 그 고민을 털어놓았던 친구들에게 해 주었던 이야기이다. 그리고 마음을 다잡고 틈틈이 공부한 친구들은 회사 생활이 갑작스럽게 천국이 된 것은 아니지만 그래도 지옥에서 전쟁터 수준까지, 그리고 운이 좋은 친구들은 휴전 상황까지 올라왔다.

회사 생활에 어려움을 겪고 있던 한 친구는 이렇게 멘토링을 받고 '엑셀'을 집중적으로 공략했다. (나는 언제나 소프트웨어 툴^{tool}을 공부하는 것을 강력하게 추천한다. 프로그래밍까지 언급할 필요도 없이 업무에 도움이 될 정도로 워드나 파워포인트 같은 툴을 제대로 활용하는 사람도 생각보다 드물다.) 몇 달 악착같이 공부하자 매크로^{macro} 기능을 업무에 적용할 수 있을 만큼 실력이 늘어서[=지식의 습득] 부서에서 엑셀을 가장 잘하는 사람이 되었다.

이것 하나만으로 본인의 업무도 더 효율이 올라갔고, 많은 동료 직원들을 도와주면서[=지식의 전달] 인간관계도 아주 빠르게 좋아지기 시작했다. 이 친구는 거기서 머무르지 않고 더 나아가서 VBA^{Visual Basic for Application}까지 공부하여 반복되는 업무의 일부분은 자유자재로 엑셀로 자동화할 수 있는 수준으로 올라[=지식의 생산] 현재는 사내에서 엑셀을 가장 잘하는 사람 중의 하나가 되었다고 했다. 그리고 당연히 회사 생활은 훨씬 수월해졌다. (많은 직장인들이 공감하겠지만 생각보다 많은 분야에서 엑셀만 잘해도 실무의 최전방에서는 일 못한다는 소리는 듣지 않는다.)

첫 호흡이 중요하다. 숨통을 한 번 틔우고 나면 그다음부터는 여유가 생기고 상황이 눈에 들어오기 시작한다. 사실 눈치 챈 분들도 있겠지만 이 글은 단지 신입 사원만 위한 글은 아니다. 많은 사람들이 회사 생활을 오래 했어도 매일 아침에 일어나는 것이 힘겹고 새로운 월요일이 시작되는 것이 두렵다. 여전히 첫 호흡을 틔우지 못한 것이다. 여전히 구조적인 문제 때문에 겪는 힘겨움이 크지만, 그래도 여전히 우리가 개선할 부분은 많이 남아있다. 특히 개인의 능력 향상 부분에서는 아주 큰 여지가 남아있다. 거대한 구조적인 문제에 우리의 발전 가능성이 매몰되면 안 된다. 그것이야말로 답답한 정도가 아니라 질식의 상태로 상황을 악화시키는 것이다. 결국 구조적 문제는 개인의 문제가 유기적으로 엮이면서 하나의 시스템으로 발현되는 것이다. 무엇이 될지는 모르겠지만 할 수 있는 것에 집중하면서 자신을 발전시키는 것이 정말 중요하다. (단순히 공부뿐만 아니고 어떤 것이라도 제대로 한다면 개인의 발전은 반드시 따라온다.) 그래야 나를 포함한 모두가 조금씩 더 쾌적한 직장생활을 할 수 있다. 하루하루가 힘겨워도 열심히 살아가고 있는 모든 직장인을 진심으로 응원한다.

━━ 실 력 이   스 펙 을   이 긴 다

모든 항공기 엔진에는 엔진을 단단히 고정시키기 위한 브래킷 같은 핵심 부품들이 있다.[329] 회사들은 이 부품들을 더 가벼우면서도 강하게 만드는 기술을 확보하는 것을 항상 추구한다. 연료 효율이 좋아지기 때문이다.

GE는 2013년 인터넷에 엔진-브레킷 콘테스트를 실시한다는 공지를 올렸다. 기능이 완벽하면서도 가장 가볍게 디자인을 한 도전자는 포상을 받게 된다. 최종 심사에 오른 10명의 도전자 중에 미국인이나 항공 엔지니어는 단 한 명도 없었다. 이것이야말로 오픈 이노베이션의 묘미이다. 최우수 디자인은 헝가리 대학교의 3학년 아르민 펜드릭Armin Fendrik의 차지였다.

그런데 흥미로운 사실은 아드릭 펜드릭은 부다페스트 GE에서 인턴을 하다가 한 과목이 낙제 되어 해고를 당했던 경험이 있었다. GE는 아드릭 펜드릭에게 정식으로 일자리를 제안했다. 진짜 '실력'을 보았기 때문이다. 실력은 결국 드러나기 마련이다.

"에이…" 하는 독자들의 목소리가 들리는 듯하다. 겨우 이런 사례 하나로 '실력'이 드러난다고 하면 누가 납득을 하겠는가? 그것도 대학 간판을 중시하는 한국인들에게 말이다.

우리나라 못지않게, 아니 그 이상으로 대학 간판을 중시하는 나라가 있다면 바로 '미국'이다. 특히 미국 아이비리그 출신들은 명문대 학생이라고 평가받지 못한 일반 대학의 졸업생들보다 많은 소득을 번다.[330] 평균 경력 15년차 정도 되는 아이비리그 출신자들의 연봉 중간 값은 1억 5천만 원이 넘는다. 그렇다면 궁금하다. 이들 명문대생들은 모두가 부러워하는 대학 간판 때문에 돈을 잘 벌고 있는 것일까, 아니면 진짜 실력이 있어서 돈을 잘 버는 것일까? 또 궁금하다. 명분대에 다니지 않지만 실력이 명문대생 못지않은 학생들은 명문대생처럼 돈을 잘 벌 수 있는 걸까? 실력이 있어도 대학 간판에서 밀려 못 버는 것은 아닐까?

경제학자 스테이시 데일Stacy Dale과 앨런 크루거Alan Krueger는 이런 궁금증을 풀 수 있는 방법을 고안해 냈다. 대다수의 대학생들은 대학 한 곳에만 입학 원서를 내는 것이 아니다. 만약 명문대에 합격했는데 명문대에 입학하지 않고 명문스럽지(?) 않은 대학에 들어간 학생들의 소득을 추적해 보면 어떨까?

만약 이 학생들이 명문대생과 비슷한 소득을 얻고 있다면 '실력'의 힘을, 반대로 명문대생에 비해 적은 소득을 얻고 있다면 '스펙'의 힘을 확인할 수 있을 것이다.

연구 결과, '실력'이 '스펙'을 이겨버렸다. 두 그룹간의 소득은 별 차이가 없었다. 우리는 이것을 통해 세 가지를 확인할 수 있다.

1. 실력은 어디 가지 않는다. 대학 간판이 어떠하든지 간에 결국 노동 시장은 이들의 능력을 알아본다.

2. 명문대 학생들은 대학 간판이 아니라 실제로 실력이 있기 때문에 돈을 잘 버는 것이다.

3. 좋지 않는 스펙 때문에 내 실력을 주변에서 못 알아준다고 생각한다면, 그것은 '착각'일 확률이 크거나 아직 '때'가 되지 않은 것이다.

이 연구는 스펙 부족으로 고민하는 사람들에게 실력을 갖추면 결국 인정을 받을 것이라는 희망적인 메시지와, 지금 인정받지 못하고 있다면 그것은 스펙 부족이 아니라 실력 부족일 가능성이 큼을 동시에 이야기해 주고 있다.

당신이 면접관이라고 한다면 하버드, MIT, 예일, 프린스턴, 컬럼비아, 스탠퍼드, 시카고 대학 박사 과정을 하고 있는 사람들 중에 상위 20퍼센트의 석차를 기록한 사람과 대학 순위 30위 이하의 학교에서 상위 1퍼센트의 석차를 기록한 사람들 중에 누구를 채용을 할 것인가?[331] 하버드 대학 박사 과정에 들어가기 위해서는 완벽에 가까운 성적과 시험 점수, 신뢰할만한 추천서 등이 필요하다. 그런 사람들 틈에서 상위 20퍼센트이다. 아마도 대다수는 하버드 상위 20퍼센트를 채용할 것이다.

'스펙 : 하버드 경제학 박사, 상위 20퍼센트의 성적으로 졸업'

이 얼마나 훌륭한 스펙인가? 하지만 놀랍게도 대학 순위 30위 이하 학교의 성적 상위 1퍼센트의 학생들이 기라성 같은 아이비리그 상위 20퍼센트의 학생보다 평균적으로 '실력'이 더 좋다. 박사의 실력은 '연구 실적'으로 확인될 수 있다. 존 콘리John Conley와 알리 시나 왼더Ali Sina Onder는 경제학 박사과정 졸업자를 대상으로 박사 과정에 들어서고 6년 사이에 권위 있는 경제 저널에 게재한 논문수를 추적해 보았다. 조사 결과, 대학 순위 30위 이하 학교의 상위 1퍼센트의 학생들은 평균 1.05개의 논문을 게재했다. 하지만 하버드는 0.71, MIT 0.83, 예일 0.57, 컬럼비아 0.34, 스탠퍼드, 0.67, 시카고 0.72, 프린스턴 1.23으로, 프린스턴을 제외하고는 모두 대학 순위 30위 이하 학교의 성적 상위 1퍼센트에게 졌다. 명문대 상위 15퍼센트의 경우도 MIT와 프린스턴 빼고 모두 지고 말았다.

두 사람이 내린 결론은 다음과 같다.

"최상위권 대학원을 졸업한 괜찮은 학생들보다 평범한 대학원의 최상위권 학생들을 뽑는 게 거의 언제나 더 나은 선택이다."

'통계적 사고' 편에서 구글이 15년 넘게 데이터를 분석하여 얻은 결론을 기억하는가? 구글도 처음에는 스펙 중심으로 뽑았다. 아이비리그 출신이 우선순위였다. 하지만 회사 내의 누적된 데이터를 분석한 결과, 일반적인 명문대생보다 일반 대학의 수석이나 차석 등의 최고를 뽑는 것이 더 낫다는 결론을 얻었다.

중요한 것은 실력이다. 어떤 스펙을 가지고 있던 간에 일을 하면 '실력'은 그대로 드러나기 마련이다. 그리고 프로의 세계는 실력으로 판가름 난다.

물론 필요한 스펙은 채우면 좋다. 하지만 1순위는 실력이다. 스펙 때문에 고민하기보다 먼저 실력을 키우도록 하자.

이성적 몽상가

▄▄▄ 구글 X 그리고 몽상가들

2013년 전 세계 UFO 애호가들의 마음을 순간적으로 흔들어 놓은 일이 발생했다.[322] 뉴질랜드 아주르 상공에 넓이 5미터, 높이 13미터의 투명해 보이는 이상한 괴물체 30개가 날아가고 있었기 때문이다. 하지만 UFO 애호가들에게는 안타깝지만 30개의 그 이상한 물체는 구글이 만든 풍선이었다. 다만 인터넷을 보급할 수 있는 매우 특별한 풍선이었다.

구글은 캘리포니아의 비밀 연구소 안에서 섬유공학자, 항공 전문가, 와이파이 기술자, 화학자 등을 모아 대담한 연구를 시작했다. 최소 100일 동안 성층권까지 날아올라 지구를 돌며 아직 인터넷의 수혜를 받지 못한 인류의 2/3에게 와이파이 신호를 보내는 프로젝트를 진행한 것이다. 바로 구글의 '룬Loon' 프로젝트이다.

우리가 사는 한국은 물론이거니와 요즘은 웬만한 여행지에서 인터넷이 안 되는 곳이 없다. 하지만 여전히 아프리카, 인도, 티베트 등의 오지에 사는 수십억 명의 인구가 인터넷을 활용하지 못하고 있다.

그렇다면 어떻게 그 일을 달성할 수가 있을까? 우리는 모바일 인터넷을 쉽게 쓰고 있지만 그것은 우리가 어려운 과정을 해냈기 때문이다. 인공위성을 쏴야 하고, 새로운 케이블을 깔아야 하고, 모바일 통신 기지국을 설치해야 한다. 이렇게 비용도 많이 들고 시간도 많이 드는데 아프리카 오지 사람들이 이런 일들을 제대로 할 수 있을까? 결코 쉽지 않다. 그런 점에서 구글의 발상은 매우 창의적이다. 공중에 풍선을 띄어 무선 인터넷을 제공하겠다는 것이다.

현재까지 지속적인 발전이 이루어져 풍선 제작비용도 낮아지고 있으며 인터넷 속도도 빨라지고 있다. 2017년 10월 초강력 태풍 마리아가 들이닥쳐 푸에르토리코의 약 80퍼센트의 통신 시설을 파괴시켰다.[333] 구글은 즉각 룬 프로젝트를 가동하여 비상사태를 극복하기 위해 풍선을 날려 보냈고, 문자 전송과 간단한 웹 브라우저 사용을 가능하게 만들었다.

구글이 룬 프로젝트를 시작한 이유는 '모든 인류에게 인터넷을 보급하겠다'라는 원대한 비전을 실현시키기 위함이다. 물론 70억 인구 모두가 인터넷을 쓰게 되면 구글의 비즈니스 기회는 더 넓어질 것이다. 이미 앞서 논의 했듯이 이기심과 이타심은 하나를 얻으면 하나를 잃게 되는 트레이드

오프^{trade off} 관계가 아니다. 둘 다 품을 수 있으며 오히려 이기적 이타주의
자가 되었을 때 지속적으로 더 큰일을 할 수가 있다.

룬 프로젝트를 실행하고 있는 곳은 구글의 신비한 연구소, 구글 X이다.
구글 X는 창의적 아이디어와 항상 몽상에 빠져 살고 있는 듯한 박사, 엔지
니어, 예술가, 철학자 등이 함께 모여 발칙한 프로젝트를 생산해 내는 연구
소이다. 많은 연구들이 비밀리에 진행되고 있지만 룬 프로젝트, 나노 위성,
인공위성 사업, 생명 연장 프로젝트, 로봇 프로젝트, 드론 배달 프로젝트,
양자 컴퓨터 개발 등이 진행되고 있다고 한다.

구글 X는 세 가지의 원칙을 갖고 실행되고 있다. 첫째, 아이디어가 '거
대한 문제'를 해결할 수 있어야 한다. 룬 프로젝트처럼 인류 모두에게 인터
넷을 보급한다든가, 생명 연장을 한다든가, 현재와 비교도 할 수 없을 정도
로 빠른 양자 컴퓨터를 개발하는 것 등이 해당한다. 심지어 2008년 2015년
까지 구글의 최고재무책임자를 맡은 패트릭 피체트^{Patrick Pichette}는 이렇게까
지 말했다.

"사업 타깃이 인구 10억 미만이라면 우리가 시간을 바칠 만한 가치가
없다고 본다."

둘째, 기존의 방법이 아닌 새로운 기술을 도입해, 문제를 빠르고 새롭게
해결할 가능성이 있는 급진적인 해결책을 추구한다. 룬 프로젝트가 좋은
예이다. 구글은 아프리카 오지에 인공위성 쏘아올리고, 케이블 설치하고,
기지국을 설치하는 것은 전혀 자신들과 어울리지 않다고 생각한다. 풍선
을 띄어 올리는 것처럼 신기술을 통해 문제를 즉각적으로 해결하되 상대
적으로 시간과 비용효율적인 혁신적 접근이어야만 한다. 구글 X는 '10퍼

센트 향상보다 10배 향상이 더 쉬울 수 있다'라는 신조를 갖고 있다.

우리는 첫 번째, 두 번째 원칙을 통해 구글의 몽상가적 기질을 엿볼 수 있다. 구글 X의 연구원들은 밤이 아니라 낮에 꿈을 꾸는 듯하다. 육안으로 볼 수 없고 상식적으로 생각할 수 없는 것들을 열정을 다해 연구한다. 물론 이런 연구가 가능한 이유는 구글의 창업자의 정신이 그대로 녹아들어 있기 때문이다. 구글 창업자, 래리 페이지와 회의를 자주 하는 어떤 직원은 이렇게 말했다.

"래리가 또 다시 미래를 여행하고 돌아와 우리에게 자기가 본 걸 얘기해 주는군."

세르게이 브린은 '영원한 도서관'을 주창하며 세상에 있는 모든 책을 스캔해 버리겠다는 야심을 내비쳤고, 실제로 2500만권 이상의 책을 스캔해 냈다.

"내가 해야 할 일 / 벌어야 할 돈 말고도 뭐가 있었는데 / 내가 해야 할 일 / 나에게도 꿈 같은 게 뭐가 있었는데…."

2017년 하반기에 발매된 에픽 하이의 「빈차」라는 곡의 가사이다. 이 곡은 대한민국에서 일하며 사는 우리의 모습을 구슬프게 대변해 주고 있다. 많은 이들이 현실에 짓눌려 '꿈'을 잃어버렸다. 당연히 자기 자신뿐만 아니라 세상을 바꾸고 대한민국과 인류를 위해 비즈니스를 하겠다는 '원대한 비전'은 찾아보기가 힘들다. 오히려 원대한 비전을 품은 이들은 시대의 '어린애'가 되어 버린다. 남들이 상상치 못한 꿈을 낮에 꾸는 몽상가들은 "꿈을 깨라!"라는 호통 소리를 듣는다.

그러나 이는 다른 나라도 크게 다르지 않다. 21세기의 미국에서조차 말이다. 에어비앤비의 창업자 세 사람은 창업 전 자신들의 멘토였던 마이클 세이벨[Michael Seibel]의 소개를 통해 17명의 투자자를 연속으로 만난 적이 있다.[334] 하지만 대부분의 투자자들은 에어비앤비의 비즈니스 모델을 '방사능 물질'과 같은 아이디어로 취급했다. 체스키의 말에 의하면 "아무도 건드리려고 하지 않았다"라고 한다.

하지만 래리 페이지가 "우리가 만들어낸 많은 것들이 처음에는 모두 미친 아이디어였다"라고 말한 것처럼 세상의 혁신은 '몽상가'들을 통해 이루어져 왔다. '혁신' 편에서도 살펴보았듯이 오히려 남들이 생각하지 못하기도 하고, 들어도 이해하지 못하거나 심지어 혐오스러워 취급조차 하기 싫은 아이디어였기에 혁신적일 수 있는 것이다. 그런 아이디어는 눈을 뜨면서 꿈을 꾸는 자의 특권과도 같다.

2017년 10월 빌 게이츠를 제치고 미국 최고의 부자에 오른 제프 베조스는 세상 모든 것을 팔 수 있는 기반을 닦으면서 동시에 우주여행의 시대를 선도적으로 연다는 비전을 이루어 가고 있다. 여담이지만 제프 베조스가 추진한 전자책 '킨들'은 외부 전문가들뿐만 아니라 내부에서도 엄청난 반대에 부딪치기도 했다. 엘론 머스크는 화성의 식민지화를 꿈꾸며 재사용 로켓을 만들었다. '그게 가능해?'라는 제품을 '응, 가능해'라고 말하며 현실화시킨 것이다. 리처드 브랜슨[Richard Branson]은 음반 회사와 항공사 등 자신이 세우거나 투자한 회사가 500개가 넘는다. 그가 사업을 하는 이유는 '재미'다. 그는 자신의 즐거움을 추구하기 위해 일을 벌인다. 역시 다른 이들과 마찬가지로 음반 회사를 하다가 항공사를 한다고 했을 때 주변 모두가 말렸다고 한다. 하지만 브랜슨에게는 그렇게 일하는 것이 '재미'가 있었고

'재미'있게 일을 할 때 비로소 삶의 의미를 찾을 수 있었다. 모두 미쳤다고 했지만 그는 미친 듯한 성공을 거두었다.

몽상가는 '원대한 비전'을 품은 사람이다. 그리고 원대한 비전은 크고 장기적 안목, 목표 의식 고취, 상상력의 현실화, 긍정적, 낙관적 마인드 등을 의미한다. 이번 편을 통해 우리는 일을 하는 모든 이들에게 두 가지 이야기를 할 것이다. 먼저, 우리는 당신이 원대한 비전을 품은 몽상가가 되길 원한다. 세상의 발전은 생산성을 뿜어내는 혁신의 기관차를 타고 진행되어 왔으며 기관차를 몰았던 대부분의 이들은 몽상가였다.

사회를 위해서 혁신 기업을 만들 몽상가가 필요하다. 예일 대학교 윌리엄 노드 하우스의 연구에 따르면 혁신 기업은 이익 1달러당 50달러의 혜택을 사회에 환원한다고 한다.[335] 혁신이 야기하는 사회적 부가가치가 어마하다는 것이다. 최종적으로 혁신 기업은 자신이 창출한 가치의 겨우 2퍼센트만 가져간다.

한국을 위해 몽상가가 필요하다. 서울대학교 이정동 교수는 자신의 책 《축적의 길》에서 한국이 '중간혁신함정'에 빠졌다고 진단한다.[336] 우리는 그 어떤 나라보다도 '중진국 함정'을 슬기롭게 극복했다. 하지만 단기적이고 실수를 용납하지 않으며 남을 따라 하기만 하는 실행자 루틴은 '중진국 함정'을 벗어나는 데에는 큰 역할을 했지만, 반대로 '중간혁신함정'에서 헤매게 하는 요인이 되었다고 한다. 결국 이정동 교수의 말처럼 '퍼즐의 판을 다시 짤 수 있는' 몽상가가 필요하다. 우리는 달라져야 한다.

일자리를 위해서도 몽상가가 필요하다. 《직업의 지리학》의 저자 엔리코 모레티 Enrico Moretti 는 연구를 통해, 혁신적인 첨단 기술 일자리 하나가 새로 생길 때마다 그 주변에 추가적인 일자리가 다섯 개가 생긴다는 것을 확인했다.[337] 일반 제조업의 3배에 달하는 승수효과이다. 부가가치 기준 국내 산업이 제조업 중심으로 더욱 고착화 되어가고 있기에 더욱 혁신을 이끌 인재가 간절하다.

우리에겐 몽상가가 필요하다.

▬▬▬ 꿈에 사로잡힌 자의 3가지 혜택

꿈에 사로잡혀 원대한 비전을 품은 몽상가에게는 세 가지 혜택이 주어진다.

첫째, 몽상가는 항상 목표 의식에 고취되어 있어 열정이 좀처럼 식지 않는다. 필즈상은 40세 이하 수학자 중 뛰어난 업적을 남긴 이에게 주어지는 특별한 상이다.[338] 필즈는 젊은 수학자가 지금까지 보여 주었던 수학의 발전 기여에 더 힘을 내라는 의미에서 상을 만들었다고 말했다. 전미경제연구소가 필즈상 수상자들이 상을 받은 이후의 성과에 대해 추적 연구해 보았다. 안타깝게도 연구 결과는 상을 만든 필즈Fields의 생각과 전혀 다르게 나왔다. 수상전까지 필즈상 수상자들은 다른 수학자 그룹에 비해 뛰어난 업적을 남겼지만, 수상 이후에는 오히려 연구 성과가 떨어진 것으로 나온 것이다. 왜 그럴까? 이들은 자신의 분야에서 큰 성공을 거둔 나머지 그 이상으로 추구해야 할 목표를 찾지 못한 것이다.

'혁신' 편에서 소개했던 40명의 최고의 과학자들의 연구도 같은 맥락이다. DNA를 공동 발견한 제임스 왓슨^{James Watson}이나 소아마비 백신 개발을 한 조나스 솔크^{Jonas Salk}도 한 번의 큰 성공 이후 이렇다 할 업적을 내지 못했다. 목표를 이루고 나자 이들을 밀어 붙였던 열정이 사라져 버린 것이다. 반면 파스퇴르^{Pasteur}나 플레밍^{Fleming}은 큰 성공 이후에도 뛰어난 성과를 지속적으로 냈다. 그 이유는 연구 주제를 자주 바꾸었기 때문이다. 다양한 연구를 해왔기에 창의성에 도움을 줬을 뿐만 아니라 큰 성공 이후에도 또다시 추구해야 할 목표에 사로잡혔기 때문에 이들은 열정을 불태울 수 있었다.

자의든, 타의든 조기 은퇴도 비슷한 영향을 끼친다. 2005년 영국 의학 저널의 연구에 의하면 55세에 은퇴한 사람은 65세에 은퇴한 사람보다 10년 내에 사망할 확률이 89퍼센트나 높다고 한다. 몰입하며 추구해야 할 그 무엇이 있는 것과 없는 것은 생명에도 큰 영향을 미친다.

그러므로 원대한 비전을 꿈꾸며 목표 의식에 사로잡힌 몽상가는 뜨거운 열정을 항상 품고 다닐 수 있고 지치지 않는 천리마처럼 질주할 수 있다.

둘째, 몽상가는 자신의 주변이 정한 한계를 그대로 받아들이지 않는다. 그래서 때로는 한계를 뛰어버리고 새로운 질서를 창조한다. 세계적인 혁신 기업가 피터 디아만디스는 대학원생 시절 포물선 비행을 하는 나사의 무중력 비행기를 타고 싶어 했다.³³⁹⁾ 탑승 기회를 얻으려고 할 수 있는 모든 방법을 동원해 나사에 지원했지만 허락을 받지 못했다. 당신이라면 어떻게 하겠는가? 피터 디아만디스는 속칭 '쿨'한 결심을 한다. 나사가 안 해주니 자신이 포물선 여행을 제공하는 민간 회사를 차릴 계획을 세운 것이다. 그런데 또 다른 난관에 부딪쳤다. 정부에서 규정상의 문제로 회사 설립 허가를 해 주지 않았던 것이다. 그러자 피터 디아만디스는 정부 관계자에게 이렇게 물었다.

"안 된다는 규정은 어디 있나요?"

실제로 안 된다는 규정이 없었다. 하지만 포물선 여행을 제공하는 민간 회사 설립은 전례가 없던 것이라 일선에 있는 공무원들은 허가를 내 줄 수가 없었다. 피터는 결국 연방항공청장까지 만나게 된다. 매리언 블레이키 Marion Blakey 청장은 남달랐다. 그녀는 이렇게 말했다.

"안 될 이유가 없죠. 함께 방법을 찾아봅시다."

결국 11년을 노력한 끝에 피터는 포물선 여행을 제공하는 민간 회사 제로지 Zero-G 을 세운다. 그는 2007년 자신의 회사를 이슈화하여 많은 사람에게 알릴 취지로 스티븐 호킹 Stephen Hawking 박사에게 무중력 비행을 제안했고, 호킹 박사는 흔쾌히 수락했다. 그런데 또 연방항공청에서 발을 잡았다. 피터가 가진 사업 면허로는 '정상인'만 비행할 수 있고 전신마비인 호킹 박사는 비행을 할 수 없다는 것이었다.

피터는 호킹 박사가 연방항공청에서 말하는 '정상인'에 부합한다는 것을 여러 전문가들의 소견을 모아 제출하고 안전 문제에 대한 정부의 걱정을 덜기 위해 의사 4명과 간호사 2명을 비행에 동승키로 했다.

그런데 실제로 문제가 발생했다. 호킹 박사가 순간 미쳐버린 것이다. 그렇다. 포물선 비행에 미치고 말았다. 그래서 원래는 한 번만 타기로 했는데 7번을 더 타게 되었다. 이후에 휠체어를 사용하는 10대 청소년 6명도 무중력 비행을 느낄 수 있게 되었다.

셋째, 몽상가는 타고난 낙천주의자로서 성취에 대한 강한 자신감이 있다. 그리고 성취에 대한 확신이 클수록 자신이 하는 경쟁에서 승리를 쟁취할 확률이 커진다. 와튼 스쿨의 마케팅 교수인 조나 버거^{Jonah Berger}와 행동경제학자 데빈 포프^{Devin Pope}는 지난 15년간의 NBA를 분석해 하프타임까지의 점수 차가 실제 승패에 얼마나 영향을 미치는지를 연구했다.[340] 연구 결과는 당연하게도 하프타임 전에 점수를 앞서간 팀이 실제 경기를 이길 확률이 7퍼센트가 더 높았다.

그런데 데이터를 살펴보면서 두 학자는 흥미로운 사실 하나를 발견한다. 하프타임 전에 1점 차로 지고 있는 경우에는 오히려 승리를 할 확률이 8퍼센트나 높았던 것이다. 이는 프로 농구뿐만 아니라 미국 대학 농구 4만 5천 경기를 분석한 결과에서도 마찬가지였다. 하프타임 전에 지고 있으면 이기는 팀보다 100경기를 할 경우 7번을 덜 이겨야 하는데 점수가 1점 밖에 지지 않는다면 오히려 승리할 확률이 올라간다는 것이다.

왜 이런 현상이 벌어진 것일까? 지고 있지만 1점 차이라면 오히려 충분히 해낼 수 있다는 낙관성에 영향을 받을 수 있지만, 이기고 있으나 1점 차이라면 불안감이 증폭될 수 있기 때문이다. 또한 농구의 특성상 2점 차라면 3점 슛이 아닌 이상 한 골을 먹어도 지지 않는다. 하지만 1점 차라면 한 골로 역전이다. 이런 심리적인 영향으로 실제로 지고 있음에도 결국 더 이길 확률이 올라가게 되는 현상이 벌어지게 되는 것이다. 성취에 대한 자신감은 실제 성공 확률을 올려줄 수 있다.

낮에 꿈을 꾸는 자는 항상 목표 의식에 사로잡혀 열정이 식지 않고 한계에 굴복하지 않으며 성취에 대한 자신감으로 어려움을 극복해 낼 수 있는 힘을 갖게 된다.

하지만 꿈을 생생히 꿀 수 있다는 것만으로 이 시대에 꼭 필요한 인재라고 할 수 없다. 왜냐하면 꿈은 꾸는 것이 아니라 실현시켜야 하는 것이니 말이다. 꿈꾸는 자가 갖고 있는 여러 혜택에도 불구하고 이들에게는 한 가지가 더 필요하다. 꿈을 이성적으로 이루어내는 냉철함이 그것이다.

▬▬▬ 이 성 적 몽 상 가

우리가 앞에서 살펴본 구글 X는 세 가지 원칙을 근거로 프로젝트의 실행을 결정한다고 했다.[341] 첫째는 거대한 문제를 해결하는 아이디어였고, 둘째는 혁신적인 해결책이었다. 그렇다면 세 번째는 무엇일까? 또 어떤 이상주의적인 원칙일까? 구글 X의 세 번째 원칙은 물리와 과학의 기본 공식을 무시하지 않는지 철저히 검증하는 것이다. 최고의 과학자 집단으로 구성된 검증팀은 프로젝트를 과학적으로 계산하여 물리적으로 실현 가능한지 아닌지를 빠르게 답변해 준다. 북극에 거대한 구리로 만든 고리를 통해 지구의 진자장을 에너지로 변환시키는 아이디어가 그 예이다. 현재의 과학의 기준으로 계산한 결과, 실현 불가능하다는 평가를 받았고 바로 폐기되었다.

결국 구글의 놀라운 프로젝트들은 철저한 과학적 검증을 통해 실현 불가능하지 않음을 확인한 것들이다. 구글 X의 시초는 자율주행이었는데, 실제로 자율주행은 전문가 사이에서도 현실화까지 매우 오랜 시간이 걸릴 것으로 내다봤다. 하지만 과학적으로 불가능하지 않다는 구글의 검증을 통과한 자율주행 프로젝트는 상용화를 논할 정도로 비약적인 발전을 거두었다. 자율주행의 전면적 실행은 이제는 기술적 측면보다는 윤리적, 제도적 여부에 따라 달라지는 수준까지 와 있다.

핵심은 꿈만 꾸어서는 안 된다는 것이다. 그 꿈이 실현 가능한지, 그리고 그것을 실현시키기 위해 냉철한 마인드를 갖고 이성적으로 접근을 해야 한다. 그럴 때 비로소 몽상이 망상이 되지 않는다.

이성적 몽상가는 단순한 이상주의자가 아님을 알 필요가 있다. 원대한 비전이 있을 뿐이지 철저한 현실주의자다. 특히 운의 영향력을 이해하고 있어서 항상 최악의 상황을 그리며 행동하는 사람이다. 이성적 몽상가는 하이리크스-하이리턴의 신조 아래 막무가내로 올인 하는 사람이 아니다. 이들은 리스크 관리자들이다.

경영 연구가 조지프 라피^{Joseph Raffiee}와 지에 펑^{Jie Feng}은 창업을 할 때 직장을 계속 다니는 게 좋은지, 그만두는 게 나은지를 면밀히 연구했다.[342] 1994년부터 2008년까지 기업가가 된 5,000명을 추적 조사를 했다. 조사를 해보니 직장을 다니는 창업자와 직장을 그만둔 창업자의 차이는 많은 창업 자금이나 현재의 큰 연봉과는 별 상관이 없었다. 대부분 직장을 그만두고 창업에 전념한 기업가는 리스크 테이킹^{risk taking} 즉, 위험을 감수하는 성향이 강했고, 직장을 그만두지 않고 창업에 전념한 기업가는 리스크 헤지^{risk hedge}, 위험을 회피하는 경향이 높았다. 위험을 어떻게 대하는지에 대한 차이로 그런 결정을 한 것이다.

그러나 연구 결과는 예상을 깨는 것이었다. 직장을 그만두고 창업한 사람들보다 직장을 갖고 있는 상태에서 창업을 한 사람들의 창업 성공 확률이 무려 33퍼센트나 높았다. 이들은 과연 자신의 아이디어가 시장에 먹힐 수 있는지를 직장이라는 안전판을 두고서 실험하고 검증해 보았고 유의미한 결과를 근거로 창업에 확신이 들 때 사업에 전념하는 모습을 보였다.

나이키 창업자 필 나이트^{Phil Knight}는 창업하고도 3년 동안이나 회계사 일을 그만 두지 않았다. 존 레전드^{John Legend}는 첫 앨범을 내고 2년 동안이나 경영컨설턴트 일을 계속 했으며, 스티븐 킹^{Stephen King}은 첫 작품을 쓰고도 7년 동안이나 다른 일을 했다. 애플의 공동창업자 워즈니악^{Wozniak}은 창업 이후에도 휴렛팩커드에서 다니던 직장을 계속 다녔으며, 구글 창업자들은 검색 엔진을 만들었지만 창업을 하면 박사 학위를 그만둬야 할 상황이 올까 두려워 검색 엔진을 그냥 팔려고 했다. 하지만 팔리지 않고 검색 엔진을 개발하고 2년이 지나서야 이들은 대학을 휴학을 했다. 빌 게이츠도 대학교 중퇴를 했지만 실상은 중퇴가 아니었다. 그는 창업을 할 때 휴학을 했고 나중에 일이 잘되자 학교를 그만둔 것이다.

우리는 도전 정신이라 하면 위험을 무릅쓰고 모든 것을 걸고 뛰어드는 용감한 모습을 떠올리는 경우가 많다. 하지만 이건 도전 정신이라기보다 어리석은 만용에 가깝다. 아동 심리학자 존 보울비의 연구에 의하면 아이들은 부모와 안정적 애착을 가졌을 때 오히려 탐구 정신이 투철하다는 것이 밝혀졌다. 에베레스트를 정복할 때도 베이스캠프가 중요한 법이다. 안전판이 확실할 때 우리는 오히려 과감해질 수가 있다. 왜냐하면 실패해도 다시 도전할 수 있는 여력이 있기 때문이다. 내가 좀 멀리 돌아다녀도 부모가 찾아줄 것이라는 믿음이 있기 때문이다. 위험한 곳에 있어도 결국에는 안전한 베이스캠프로 돌아갈 수 있기 때문이다. 이성적 몽상가는 우리가 '운' 편에서 이야기 한 운과 동행할 줄 아는 자이다.

또한 이성적 몽상가는 자신의 꿈을 이루기 위해 주변 사람을 '설득'시킬 수 있는 자이다. 혁신적 아이디어는 그 자체가 상식과 벗어나 있기 때문에 타인에게 받아들여지기 힘들다. 순진한 몽상가는 '왜 너희들은 내 아이디어를 몰라보는가?'라고 한탄하겠지만, 이성적 몽상가는 그 아이디어를 실현시키기 위해 다른 사람의 도움이 절실하다는 것을 알고 설득시킨다.

1980년 마리오 카페키 Mario Capecchi는 미국 국립보건원에 보조금을 신청했다.[343] 보조금 규모는 미국 암학회의 20배에 이를 정도로 어마어마했다. 심지어 미국 국립보건원은 카페키의 연구 아이디어는 '공상과학 소설'에 가깝다고 평가했다. 그런데도 왜 미국 국립보건원은 왜 보조금을 주었을까?

카페키는 미국 국립보건원에 하나의 연구 프로젝트만 제출한 것이 아니었다. 프로젝트는 총 세 개였는데 그중 두 개는 프로젝트 결과를 단계별로 설명할 수 있는 구체적인 형태였을 뿐만 아니라 명확한 실적 제시가 가능했고, 성공이 거의 확실시해 보이는 연구였다. 미국 국립보건원은 바로 이 실현가능한 두 개의 프로젝트를 보고, 세 번째 프로젝트에 보조금을 지원해 준 것이다. 이 프로젝트는 쥐의 유전자에 관한 것이었고, 카페키는 이 연구로 노벨 의학상을 받게 된다.

CIA에서 근무하는 카멘 메디나 Carmen Medina는 정보기관들끼리 서로 정보를 공유할 수 있는 내부자용 위키피디아인 인텔리피디아 Intellipedia라는 플랫폼의 핵심적인 역할을 하게 된다.[340] 인텔리피디아는 정보기관에 일하는 50만 명이 가입하고 관련 정보가 100만 페이지가 넘는 쾌거를 거두게 된다. CIA는 인텔리피디아로 미국의 국가 안보 훈장을 받는다.

하지만 카멘 메디나가 이 아이디어를 냈을 때 그녀의 상사뿐만 아니라 동료조차 극심한 반대를 했다. 왜냐하면 정보기관이 정보를 서로 교환하는 것은 국가 안보에 치명적일 수 있고 무엇보다 전례가 전혀 없다는 이유였다. 하지만 메디나는 인텔리피디아를 통해 정보기관의 수준이 월등히 올라갈 수 있다고 확신을 했다. 그렇다면 그녀는 어떻게 자신의 아이디어를 현실화시켰을까?

노스캐롤라이나 대학교의 앨리슨 프레게일Alison Fragale이 한 실험에 의하면 사람들은 지위 이상의 권한을 행사하려는 사람을 처벌하는 경향이 있음을 알게 됐다. 실제 제조업, 서비스, 소매, 비영리 조직 등을 2년에 걸쳐 연구한 결과를 보면, 고위층에게 자기 의견을 적극적으로 개진할 경우 연봉 인상과 승진이 될 확률이 낮은 것으로 나왔다. 조직에서 소신을 갖는 게 쉽지 않다는 것이다.

일단 '선택' 편과 '조직' 편에서 언급했듯이 조직은 일선 직원들이 충분히 자신의 의사를 표명할 수 있도록 해야 한다. 그래야 다양성이 향상되며 현장의 숨은 정보를 들을 수 있다. 하지만 반대로 조직을 위한 좋은 아이디어가 있는 직원들은 어떻게 해야 하겠는가? 조직 침묵 현상은 조직과 리더의 문제이지만, 이성적 몽상가라면 현실을 직시함과 동시에 자신의 아이디어를 실현시키기 위해 노력한다.

메디나는 무려 수년 동안이나 자신의 아이디어를 받아들이지 않는 조직과 싸운 것이 아니라 조직에 필요한 일들을 제대로 해 내어 공을 세움으로써 조직에 신뢰를 얻었고 동시에 자신의 의견을 적극적으로 개진할 수 있는 지위를 얻어냈다. 간부급으로 승진한 메디나는 드디어 자신의 빅 아이디어를 다시 꺼내 들었고, 지금까지 보여준 메디나의 조직에 헌신 때문에 조직은 아이디어 실행을 반대하지 않았다. 결국 이렇게 해서 인텔리피디아가 탄생했다.

조직 문화와 시스템은 분명히 바뀌어야 한다. 그러나 이성적 몽상가는 현실의 벽에 좌절하지 않고 자신의 아이디어를 실현시킬 수 있는 방법을 냉철하게 파악한다. 그리고 마침내 자신의 꾸었던 꿈을 현실화시킨다.

"제 생각으로는 무언가를 발명하고 싶다면 정말로 혁신하고 싶고 새로운 일을 하고 싶다면 분명히 실패를 겪을 겁니다. 왜냐하면 '실험'을 해야 하니까요. 유명한 발명을 얼마나 많이 할 수 있느냐는 매주, 매달, 매년 몇 번의 실험을 하느냐에 정확히 비례한다고 생각합니다. 그러니 실험의 수를 늘린다면 실패의 수도 늘어나겠죠."[345]

제프 베조스가 한 말이다. 제프 베조스는 운의 영향력과 실험을 통한 검증의 중요성, 그리고 이로 인해 필연적으로 따라오는 실패에 대해 제대로 인식하고 있다.

"회사를 창업할 때는 보통 수많은 낙관과 열정으로 시작하게 됩니다. 이 단계가 6개월 정도 지속되죠. 그리고 나면 현실이 시작됩니다. 내가 가지고 있던 수많은 가정들이 틀렸다는 것과 결승선이 생각보다 훨씬 더 멀다는 사실을 알게 되지요. 바로 이때쯤 대부분의 회사는 규모를 확대하지 못하고 사라집니다.

그래서 저는 가까운 지인들에게 직설적인 부정적 피드백을 부탁합니다. 쉽지 않죠. 하지만 친구들의 부정적인 피드백을 받아보는 것은 매우 중요합니다. 특히나 그런 피드백이 최대한 빨리 내가 뭘 잘못하고 있고 어떻게 방향을 틀어야 할지 알아챌 수 있게 해준다면 말이죠. 하지만 사람들은 보통 피드백을 부탁하지 않습니다. 얼른 방향을 틀어서 현실에 맞게 경로를 수정하지 않는 거죠."[346]

엘론 머스크가 한 말이다. 그는 정확한 현실을 알고 있을 뿐만 아니라 피드백을 통한 반성적 사고가 얼마나 중요한지를 정확히 인지하고 있다. 메타인지를 높여 자신과 회사 상황을 최대한 객관적으로 보기 위함이다.

재미를 추구하는 리처드 브랜슨은 어떤가? 브랜슨이 사업 확장을 할 때 꼭 하는 것이 있다. '테스트'이다.[347] 처음에는 작게 시작한다. 리처드 브랜든이 항공사인 버진 애틀랜틱을 시작할 때 몇 대의 비행기로 시작했는지 아는가? 겨우 1대이다. 아니, 1대로 항공사를 차리다니! 하지만 이것이야말로 브랜슨이 정글 같은 비즈니스에서 30년 넘게 살아남은 비결이다. 같은 기간 동안 브랜슨과 경쟁했던 20개의 항공사들이 파산했다.

우리는 '조직' 편에서 넷플릭스가 휴가 무정책주의를 선언했다는 것을 소개했다. 리처드 브랜슨 또한 이에 감명을 받아 정책을 실행했다.[348] 그런데 실행은 했는데 5만 명의 직원 중 겨우 170명에만 적용했다. 왜? 현재 실험중이기 때문이다. 5만 명이 넘는 직원들에게 검증도 안 된 휴가 정책을 실시했다가 버진 그룹의 조직 문화와 맞지 않는 정책으로 판명나면 어떻게 되겠는가? 그는 몽상가지만 이성적이다. 실험 결과를 보고 앞으로 판단할 것이다.

에어비앤비의 세 창업자는 원대한 비전이 있었지만 투자를 제대로 받지 못했다. 회사는 쓰러져 가고 있었다. 그래서 이들은 상황을 냉정하게 파악해 일단 다른 사업으로 버텨야 한다는 결심을 세운다. 그래서 숙박업과는 상관도 없는, 시리얼을 대규모 행사하는 곳에서 팔 준비를 한다.[349] 결국 1,000박스의 시리얼을 만들어 팔았고 약 2만 5천 달러의 매출을 올리게 된다. 버틸 수 있는 자금을 모은 이들은 다시 자신들의 꿈을 위해 달려 나갔고, 결국 200억 달러가 넘는 대기업이 될 수 있었다.

미국에서 상당한 규모를 자랑하고 있는 유니온 스퀘어 벤처스의 공동 창업자 윌슨Wilson은 에어비앤비의 초창기 때 투자 요구를 거절했었다. 현재 윌슨은 회사 회의실에 시리얼 박스 하나를 두었다고 한다. 자신의 실수를 매번 상기해 과거의 실수를 반복하지 않기 위해서.

에어비앤비를 창업하기 몇 해 전, 공동 창업자 조 게비아는 학교 졸업 후 헤어질 수밖에 없었던 학교 룸메이트이자 현재 에어비앤비 대표인 브라이언 체스키에게 이런 말을 했다.

"네가 비행기에 오르기 전 너에게 해줄 말이 있어. 우리는 언젠가 회사를 창업할 것이고 사람들은 그 회사에 대해 책을 쓸 거야."[350]

우리는 조 게비아의 이 말을 그들에 대해 쓴 책에서 인용하고 있다.

그가 옳았다.

성장방정식

대학원 재학시절에 다른 국적을 가진 후배들을 고취^{inspire}하려고 무던히 애를 썼던 기억이 아직도 생생하다. 일단 내 영어가 조금 짧았고, 아무리 완벽하게 영어로 설명해도 문화적 차이 때문에 핵심 의도가 100% 전달되기는 상당히 힘들었다. 그러던 어느 날, 방정식으로 노력과 성취의 상관관계를 표현하면 어떨까 하는 생각이 들었다. 그리고 며칠을 고심하여 아주 만족스러운 성장 방정식을 도출할 수 있었다. 그 방정식은 다음과 같다.

$$Y = aX^{|b|} + c$$

Y : 성장의 정도

X : 노력의 정도

a : 학습능력/전략 등

b : 태도 (즐거움, 신념, 의미부여 등, 비즈니스는 신뢰, 비전)

c : 노력 이전에 주어진 환경 (국가, 부모 등)

※ X ≥ 0 (노력의 정도는 아무것도 하지 않는 것이 가장 낮은 상태이다.)

간단해 보이는 방정식이지만 많은 부분에 대해 생각해 볼 수 있다. 우선 노력을 안 하면 $X = 0$ 인 경우이다. 이런 상황에서 성장의 정도는 $Y = c$ 로 결정된다. 인간은 사회적 동물이기 때문에 가족이나 국가 같은 유기적 조직에서 분리해서, 순수한 개인의 역량이나 성장에 대한 엄밀한 평가가 사실상 불가능하다.

예를 들면, 경제적으로 풍요롭고 정치적으로 안정된 나라에서 태어나서 교육을 받을 때와 경제적으로 빈곤하고 사회 시스템 자체가 불안한 나라에서 태어나서 교육을 받을 때의 평균적인 성과 차이는 어렵지 않게 예측할 수 있다. 빌 게이츠도 인생은 공평하지 않으니 익숙해지라고 조언했는데 이 말은 상수항 c 에 관한 냉정한 현실에 대해 말하고 있다. 종종 사람들이 빌 게이츠의 조언을 "인생의 출발선이 다르니 받아드리고 순응해라"는 식으로 오해하는데, 성장 방정식에 맞춰서 조금 더 맥락에 맞게 해석하면 "태어나면서 주어진 c 가 다르니 a 와 b 를 향상하는 것에 익숙해져라!" 정도가 좋을 것 같다. 그러면 이제 계수 a 와 지수 b 대해서 함께 알아보자.

무조건적인 노력이 보장하는 것은 사실 거의 없다. 똑같은 노력을 해도 학습 능력이나 전략에 따라 그 결과는 크게 차이가 난다. 아주 좋은 예가 바로 운동이다. 당장 매일같이 최선을 다해서 열심히 하면 어떤 실력 향상이 일어날 것 같지만 실상은 그렇지 않다. 실력 향상 측면에서는 원리를 이해하고 피드백을 받아가면서 한 시간 연습하는 것이 무작정 열심히 하는 연습 3시간보다도 더 나을 확률이 높다.

직장 생활을 할 때, 스크린 골프 열풍이 불어서 정말 많은 직장 동료가 골프를 치기 시작했다. 다들 초보자로 시작했지만, 시간이 지남에 실력 차이가 점점 벌어지기 시작했다. 가장 실력이 빠르게 향상한 사람은 전문가에게 수업을 듣고 연습을 많이 한 사람이었다. 상대적으로 높은 계수 a를 가지고 있는 상태에서 충분한 X 즉, 노력이 투입된 사람들의 성취도가 가장 높았다. 흥미로운 점은 혼자 무작정 열심히 한 사람들은 초반에는 똑같이 실력 향상이 되었지만 결국에는 나쁜 습관과 자세 때문에 정체기를 맞이하였고, 더 나아가 전문가에게 수업을 들을 때는 이미 고착화된 나쁜 습관을 고치기가 힘들어서 실력 향상이 몇 배는 더 힘들었다.

이렇게 잘못된 학습 전략을 기반으로 노력하는 것은 a가 엄청 작아서 효율이 떨어지거나, 최악의 경우는 a가 마이너스 값을 가지고 있어서 노력해도 오히려 초기 값인 c에서 점점 성취를 스스로 깎아내리는 경우도 있다 (솔직히 고백하면 내가 그랬다).

현실적으로 가장 빠르게 성취에 영향을 미치는 항목은 상수항 c이고, 노력에 대한 예측 가능한 선형적 성장 보장을 결정하는 요소는 계수 a이다. 더 쉽게 묘사하면 부잣집에서 태어나서 체계적으로 교육받았을 때 노력 대비 성장할 확률이 높다는 것은 부정할 수 없는 사실이다. 하지만 성취도에 가장 큰 영향을 미칠 수 있는 것은 바로 지수 b이다. 소소하게 경제적으로 부를 쌓은 사람은 당연히 상대적으로 부유한 가정에 태어난 사람들이 많겠지만, 엄청난 성취를 이뤄낸 인물들의 배경을 살펴보면 대부분 계수는 a는 적당히 크고 (다르게 표현하면 다른 사람에게 설명할 수 있고 동시에 배울 수 있는 정도) 생각보다 상수항 c가 큰 경우는 없다.

오히려 아주 큰 부(c)를 상속받았지만, 잘못된 이해(a≤0)를 통해 물려받은 부를 잠식하는 경우도 어렵지 않게 볼 수 있다. 그렇다면 성장 원동력의 핵심 요소 중 하나인 지수 b는 무엇을 의미하는 것일까?

결국은 태도(혹은 정신)가 b의 크기를 결정한다. 복잡하게 생각할 것도 없이 똑같은 능력을 갖추고 즐겁게 일을 했을 때와 억지로 했을 때 결과의 우열은 너무 명백하다. 당연히 전자가 압도적으로 우세할 것이다. 그러면 누구나 b를 올리면 더 큰 성취를 이룰 수 있다는 것을 알기 때문에 b를 올리기 위해 다양한 시도를 할 것이다. 안타깝게도 b를 향상한다는 것은 그렇게 간단히 해결할 수 있는 문제는 아니다.

누군가의 성공 사례를 분석하여 배움을 얻을 때 a부분은 상당히 정확하게 파악할 수 있다. 하지만 b는 정신적인 부분이기 때문에 깊게 느낄 수는 있어도 제대로 파악하기는 상당히 어렵다(그런 면에서 개인이든 조직이든 경쟁력이라는 것은 b가 차지는 하는 요소가 상당히 높다고 볼 수 있다). 개별적 사례에서 구체적으로 b를 일반화하기는 어렵지만 우리는 수많은 연구된 사례를 종합적으로 분석하여 b가 이해를 넘어선 고무inspiration의 영역이라는 것을 알 수 있게 되었다.

살면서 정신적으로 고무되어 정말 신이 나서 어떤 일이나 공부를 해본 적 있는가? 아니면 등 떠밀려서가 아니라 꼭 해내야겠다는 신념을 가지고 어떤 일에 임해본 적이 있는가? 대부분이 없다. 그래서 비슷한 교육을 받고 비슷한 정도에 노력했음에도 불구하고, 일부 사람들만 만인에게 주목받고 인정받는 결과(궁극적으로 본인 스스로 가장 만족하는 결과)를 내고, 대부분은 수동적으로 꾸역꾸역 일과 공부를 하면서 살아가는 것이다.

이렇게 반문하는 사람도 있을 것이다. "가슴 뛰는 꿈이 있지만 내 인생에서는 아무것도 일어나지 않았다." 이런 사람들은 충분히 큰 b를 가졌는데 왜 빠르게 성장하지 못했을까? 이런 경우는 X 즉, 노력을 살펴보아야 한다. 꿈을 가지고 꾸준히 노력했어도 X가 1보다 작으면 큰 b는 역효과를 낸다. 항상 그래서 적당한 노력보다는 임계점 1을 넘기는 노력이 필요하다.

임계점을 넘기는 노력이라는 것을 무엇을 의미할까? 개인적으로 다음 세 항목들 정도만 만족하게 하면 임계점이 넘는 노력이라고 말할 수 있다고 판단한다. (1) 꾸준함 (2) 반성 (3) 납기 deadline.

꾸준함과 반성은 누구나 쉽게 납득할 수 있는 덕목이지만 납기를 지켜야 임계점을 넘긴다는 것은 갸우뚱할 수도 있다. 여기서 납기를 지킨다는 의미는 '주어진 시간 안에 끝낸다'이라는 문장에서 봤을 때 '시간'보다는 '끝낸다'에 방점을 찍어야 한다. 시작이 반이라면 나머지 반은 마무리이다. 마무리되지 못한 시작은 안타깝게도 시작하지 않는 것과 크게 다르지 않다(오히려 아쉬움만 남는다). 완벽하지는 못해도 노력의 열매를 맺는 습관을 만들어야 한다. 그래야 열매에서 얻은 씨앗으로 우리는 다음 싹을 틔울 수 있다. 생각보다 제대로 된 노력을 하는 것도 만만한 일은 아니다. 하지만 잊지 말자! 제대로 된 노력이 올바른 학습능력과 고무된 정신 상태와 만난다면 그 성장의 속도는 폭발적일 것이다.

성장 방정식은 개인뿐만 아니라 조직에서도 똑같이 적용된다. 올바른 학습 능력과 전략을 가진 조직은 당연히 더 좋은 성과를 낼 것이다. 개인과 다르게 조직은 지수 b에 신뢰와 리더십 같은 관계에서 나오는 정신적 요소들이 많은 영향을 줄 수 있다. 하지만 안타깝게도 우리나라 조직 문화에는 (능동적으로) 학습하는 분위기를 찾기가 쉽지 않고, 신뢰나 리더십은 회식할 때 잠깐 꽃 피우고 무심하게 사라진다.

그래서일까? 한국의 노동 생산성은 OECD 중 30위이고, 시간당 노동 생산성은 31.9달러로 제조 강국의 선두 주자인 독일의 65.5달러의 반도 안 되는 수준이다. 조직의 성장은 구조적인 문제가 크기 때문에 개개인의 노력보다는 의사결정권자들의 심각한 고민과 노력이 그 어느 때보다도 절실하게 필요한 시점이라고 여겨진다.

성장이라는 복잡한 결과를 단순한 공식으로 완벽하게 설명하기에는 당연히 무리가 따를 것이다. 그럼에도 불구하고 노력과 성장의 상관관계에 대한 본질에 대해서 생각해본다는 것만으로도 의미는 충분히 크다고 생각한다. 상황마다 사람마다 성장 방정식에 대한 의견은 다 다를 것이다. 그런 생각을 머릿속에만 두지 말고 완벽하지 않아도 되니 펜을 끄적거려 봤으면 좋겠다. 계수, 지수, 상수에 대해 자신만의 생각을 적어보거나 방정식 자체를 바꿔보는 것도 좋은 시도가 될 것이다. 그런 시도들은 어떤 방정식이라도 성장에는 보탬이 될 것이 확실하다. 여러분의 매일 같은 노력이 조금이라도 더 많이 성장으로 이어지기를 진심으로 기원한다.

p.s.1) 방정식에서 b에 절댓값이 취해진 이유는 나쁜 신념(예를 들면, 복수심 같은 것) 즉, b≤0 경우도 강력한 정신력으로 작용하여 큰 성과를 낼 수도 있기 때문이다.

p.s.2) 사실 계수 a와 지수 b는 독립적이지 않고 상호적이다. 학습능력이 올라가면 당연히 즐거움도 올라갈 확률이 높다. 또 즐겁게 공부하면 학습능력이 올라갈 확률도 당연히 높다. 성공 방정식에 관한 더 많은 사례와 심화 이야기는 팟캐스트 〈인생 공부〉와 유튜브 〈체인지 그라운드〉에서 특강으로 방송되고 있다.

1 데이비드 A. 프라이스, 《픽사 이야기》, 흐름출판, 2010.

2 피터 노왁, 《섹스, 폭탄 그리고 햄버거》, 문학동네, 2012, 59~69p.

3 칩 히스, 댄 히스, 《자신 있게 결정하라》, 웅진지식하우스, 2013, 325p.

4 마이클 모부신, 《내가 다시 서른 살이 된다면》, 토네이도, 2013, 46p.

5 같은 책, 31p.

6 닐 도쉬, 린지 맥그리거, 《무엇이 성과를 이끄는가》, 생각지도, 2016, 354~355p.

7 라즐로 복, 《구글의 아침은 자유가 시작된다》, 알에이치코리아, 2015, 45p.

8 데이비드 A. 프라이스, 《픽사 이야기》, 흐름출판, 2010.

9 토마스 슐츠, 《구글의 미래》, 비즈니스북스, 2016, 45~46p, 75~76p.

10 라즐로 복, 《구글의 아침은 자유가 시작된다》, 알에이치코리아, 2015, 44p.

11 토마스 슐츠, 《구글의 미래》, 비즈니스북스, 2016, 64~68p.

12 필립 테틀록, 댄 가드너, 《슈퍼 예측, 그들은 어떻게 미래를 보았는가》, 알키, 2017, 111~112p.

13 네이트 실버, 《신호와 소음》, 더퀘스트, 2014, 89p.

14 나심 탈레브, 《블랙 스완》, 동녘사이언스, 2008, 260~261p.

15 마이클 루이스, 《THE NEW NEW THING 뉴뉴씽》, 굿모닝미디어, 2000, 267p.

16 Gordon Moore, 《Cramming more components onto integrated circuits》, Electronics, 1965.

17 마이클 모부신, 《내가 다시 서른 살이 된다면》, 토네이도, 2013, 193~195p.

18 김진호, 《알파고는 이길 수 있을 때 대결을 신청했다 그러나, 그는 바둑이 뭔지도 모른다》, 동아비즈니스리뷰, 2016.

19 필립 테틀록, 댄 가드너, 《슈퍼 예측, 그들은 어떻게 미래를 보았는가》, 알키, 2017, 149p, 238~289p.

20 홍춘욱, 《인구와 투자의 미래》, 에프엔가이드, 2017, 202p.

21 필립 테틀록, 댄 가드너, 《슈퍼 예측, 그들은 어떻게 미래를 보았는가》, 알키, 2017, 234p.

22 조이 이토, 제프 하우, 《나인》, 민음사, 2017, 66~69p.

23 나심 탈레브, 《블랙 스완》, 동녘사이언스, 2008, 21~22p.

24 마이클 모부신, 《내가 다시 서른 살이 된다면》, 토네이도, 2013, 9~10p.

25 정아람, 《알파고, 이세돌에게 일부러 한 판 져줬을 것》, 중아일보, 2017.

26 Phred Dvorak, Peter Landers, 《Japanese Plant Had Barebones Risk Plan》, The Wall Street Journal, 2013.

27 제이미 홈스, 《난센스》, 문학동네, 2017, 36~40p.

28 같은 책, 191~192p.

29 마이클 모부신, 《내가 다시 서른 살이 된다면》, 토네이도, 2013, 81p.

30 같은 책, 49p.

31 같은 책, 193p.

32 같은 책, 99p.

33 짐 콜린스, 《위대한 기업의 선택》, 김영사, 2012, 27~30p.

34 칩 히스, 댄 히스, 《자신 있게 결정하라》, 웅진지식하우스, 2013, 279~281p.

35 제임스 글릭, 《카오스》, 동아시아, 2013, 39~51p.

36 윤영수, 채승병, 《복잡계 개론》, 삼성경제연구소, 2009, 57~61p.

37 고영성, 《경제를 읽는 기술 HIT》, 스마트북스, 2011, 259p.

38 윤영수, 채승병, 《복잡계 개론》, 삼성경제연구소, 2009, 136~137p.

39 닐 도쉬, 린지 맥그리거, 《무엇이 성과를 이끄는가》, 생각지도, 2016, 98~109p.

40 이안 로버트슨, 《승자의 뇌》, 알에이치코리아, 2013, 146~147p.

41 존 코츠, 《리스크 판단력》, 책읽는수요일, 2013, 42~43p.

42 고승연, 유재욱, 《쏟아지는 새 제품들.. 전략 없는 다각화.. 주먹구구식 대응이 고객을 놓쳤다》, 동아비즈니스리뷰, 2017.

43 Ulrike Malmendier, Geoffrey Tate, 《Superstar CEOs》, 2009.

44 하워드 슐츠, 조앤 고든, 《온워드 Onward》, 8.0, 2011, 173~174p.

45 필립 테틀록, 댄 가드너, 《슈퍼 예측, 그들은 어떻게 미래를 보았는가》, 알키, 2017, 283~284p.

46 피터 센게, 《학습하는 조직》, 에이지, 2014, 205p.

47 고영성, 신영준, 《완벽한 공부법》, 로크미디어, 2016, 57~59p.

48 제이미 홈스, 《난센스》, 문학동네, 2017, 242~243p.

49 찰스 두히그, 《습관의 힘》, 2012, 갤리온, 177~178p.

50 고영성, 신영준, 《완벽한 공부법》, 로크미디어, 2016, 139~140p.

51 김지유, 이우창, 《수능 고득점 비결 '오답노트' 조직 내 협업에 활용하라》, 동아비즈니스리뷰, 2016.

52 김진호, 최용주, 《배우 윌 스미스와 서울 심야버스. 빅 데이터에서 인사이트를 끄집어내다》, 동아
비즈니스리뷰, 2017.

53 필 로젠츠바이크, 《올바른 결정은 어떻게 하는가》, 엘도라도, 2014, 118p.

54 김윤지, 《박스오피스 경제학》, 어크로스, 2016, 213p.

55 김진호, 최용주, 《배우 윌 스미스와 서울 심야버스. 빅 데이터에서 인사이트를 끄집어내다》, 동아
비즈니스리뷰, 2017.

56 닐 도쉬, 린지 맥그리거, 《무엇이 성과를 이끄는가 》, 생각지도, 2016, 203p.

57 라즐로 복, 《구글의 아침은 자유가 시작된다》, 알에이치코리아, 2015.

58 유리 그니지, 존 리스트, 《무엇이 행동하게 하는가》, 김영사, 2014, 28~31p.

59 네이트 실버, 《신호와 소음》, 더퀘스트, 2014, 40~41p, 50~52p.

60 찰스 윌런, 《벌거벗은 통계학》, 책읽는 수요일, 2013.

61 윌리엄 맥어스킬, 《냉정한 이타주의자》, 부키, 2017, 182~186p.

62 Ram Mudambi, Haritha Saranga, Andreas Schotter, 《Mastering the Make-in-India Challenge》,
MITsloan, 2017.

63 이동진, 《캐나다에서 성공한 듀얼브랜드 전략 중국에선 처참히 무너진 까닭은》, 동아비즈니스리
뷰, 2017.

64 김한얼, 장재웅, 《최고의 자원 가진 럭셔리 인텔 '효율+저렴' 모바일 생태계 몰랐다》, 동아비즈니스
리뷰, 2016.

65 이리야마 아키에, 《세계의 경영학자는 지금 무엇을 생각하는가》, 에이지21, 2013, 117~127p.

66 칩 히스, 댄 히스, 《자신 있게 결정하라》, 웅진지식하우스, 2013, 97~98p.

67 윤석철, 《삶의 정도》, 위즈덤하우스, 2011, 129~130p.

68 팀 하포드, 《메시(MESSY)》, 위즈덤하우스, 2016, 296~297p.

69 홍춘욱, 《돈 좀 굴려봅시다》, 2012, 187~190p.

70 제이미 홈스, 《난센스》, 문학동네, 2017, 195~196p.

71 존 코츠, 《리스크 판단력》, 책읽는수요일, 2013, 73p.

72 TvN, 〈백종원의 푸드트럭〉, 2017.

73 피터 센게, 《학습하는 조직》, 에이지21, 2014, 27~28p.

74 유노가미 다카시, 《일본 전자·반도체 대붕괴의 교훈》, 성안당, 2013, 92~98p.

75 최진홍, 《애플의 글로벌 스마트폰 영업이익 독식... 위험할까? 그렇지 않을까》, 이코노믹리뷰, 2017.

76 마셜 앨스타인, 상지트 초더리, 제프리 파커, 《플랫폼 레볼루션》, 부키, 2017, 265~266p.

77 유민영, 《위험을 피하는 것 자체가 위험... 냉철하게 상황 인식하라》, 동아비즈니스리뷰, 2016.

78 데이비드 버커스, 《데이비드 버커스 경영의 이동》, 한국경제신문, 2016, 66~68p.

79 카민 갤로, 《최고의 설득》, 알에이치코리아, 2017, 219~224p.

80 클레이턴 크리스텐슨, 태디 홀, 캐런 딜론, 데이비드 던컨, 《일의 언어 》, 알에이치코리아, 2017. 75~87p.

81 칩 히스, 댄 히스, 《STICK 스틱!》, 웅진윙스, 2007, 295~296p.

82 김철수, 《조용한 청소기? 아무도 안 사더라 고객도 모르는 Unmet Needs를 통찰하라》, 동아비즈니스리뷰, 2016.

83 데이비드 코트, 《요즘 고객, 클릭 한 번으로 모든 제품 비교. 타깃 아니었던 소비자를 다시 세분화하라》, 동아비즈니스리뷰, 2017.

84 칩 히스 등, 《자신 있게 결정하라》, 웅진지식하우스, 2013, 13p.

85 신동균, 《"큰 맘 먹고 실시한 이직…후회한다"》, 헤럴드 경제, 2015.

86 허연회, 《퇴직금 중간 정산 후…대부분의 직장인 '후회'…노후준비는 하지도 못해》, 헤럴드 경제, 2014.

87 장필수, 《자영업 10명 중 8명 문닫았다... 최근 10년간 폐업만 779만》, 헤럴드경제, 2016.

88 빌라야누르 라마찬드란 지음, 《명령하는 뇌, 착각하는 뇌》, 알키, 2011, 103p.

89 존 코츠, 《리스크 판단력》, 책읽는수요일, 2013, 98p.

90 제이미 홈스, 《난센스》, 문학동네, 2017, 38p.

91 필립 테틀록, 댄 가드너, 《슈퍼 예측, 그들은 어떻게 미래를 보았는가》, 알키, 2017, 74~75p.

92 존 코츠, 《리스크 판단력》, 책읽는수요일, 2013, 122~123p.

93 칩 히스, 댄 히스, 《자신 있게 결정하라》, 웅진지식하우스, 2013, 15~16p.

94 《미국사 다이제스트 100 쿠바 미사일 위기》, 네이버.

95 필립 테틀록, 댄 가드너, 《슈퍼 예측, 그들은 어떻게 미래를 보았는가》, 알키, 2017, 298~301p.

96 칩 히스, 댄 히스, 《자신 있게 결정하라》, 웅진지식하우스, 2013, 71~72p.

97 같은 책, 104~107p.

98 유리 그니지, 존 리스트, 《무엇이 행동하게 하는가》, 김영사, 2014, 309~312p.

99 윌리엄 맥어스킬, 《냉정한 이타주의자》, 부키, 2017, 20~23p, 77p.

100 아툴 가완디, 《체크! 체크리스트》, 21세기북스, 2010. 17p.

101 마이클 모부신, 《내가 다시 서른 살이 된다면》, 토네이도, 2013, 239~245p.

102 칩 히스, 댄 히스, 《자신 있게 결정하라》, 웅진지식하우스, 2013, 174~183p.

103 팀 하포드, 《메시(MESSY)》, 위즈덤하우스, 2016, 166~168p.

104 최병삼, 김창욱, 조원영, 《플랫폼, 경영을 바꾸다》, 삼성경제연구소, 2014, 187~189p.

105 고영성, 《뒤죽박죽 경영상식》, 스마트북스, 2015, 34p.

106 이리야마 아키에, 《세계의 경영학자는 지금 무엇을 생각하는가》, 에이지21, 2013, 60~75p.

107 이동진, 《이전투구 대신 상생 택한 P&G 미백효능 치약 시장, 파이 키우다》, 동아비즈니스리뷰, 2016.

108 강희종, 《'아이폰X' 1대 팔릴 때마다 삼성 12만 6,000원 번다》, 아시아경제, 2017.

109 마이클 본드, 《타인의 영향력》, 어크로스, 2015, 120p.

110 캐스 선스타인, 리드 헤이스티, 《와이저》, 위즈덤하우스, 2015.

111 김준태, 《여론조사+레드팀+커뮤니케이션 세종, 소통의 리더십으로 토지세 개혁》, 동아비즈니스리뷰, 2016.

112 애덤 그랜트, 《오리지널스》, 한국경제신문, 2016, 324~325p.

113 황인경, 박지원, 《조직 내 침묵 현상》, LG경제연구원, 2008.

114 윌리엄 맥어스킬, 《냉정한 이타주의자》, 부키, 2017, 205~241p.

115 윌리엄 맥어스킬, 《냉정한 이타주의자》, 부키, 2017, 210p.

116 스티븐 풀, 《리씽크(Rethink)》, 쌤앤파커스, 2017, 69~71p.

117 스티븐 존슨, 《탁월한 아이디어는 어디서 오는가》, 한국경제신문사, 2012.

118 토머스 프리드먼, 《늦어서 고마워》, 21세기북스, 2017, 460~461p.

119 팀 하포드, 《메시(MESSY)》, 위즈덤하우스, 2016, 362~363p.

120 새뮤얼 아브스만, 《지식의 반감기》, 책읽는수요일, 2014, 100~101p.

121 찰스 두히그, 《1등의 습관》, 알프레드, 2016, 307~311p.

122 스티븐 존슨, 《탁월한 아이디어는 어디서 오는가》, 한국경제신문사, 2012, 59p.

123 팀 하포드, 《메시(MESSY)》, 위즈덤하우스, 2016, 134~140p.

124 같은 책, 154~155p.

125 같은 책, 342p.

126 엔리고 모레티, 《직업의 지리학》, 김영사, 2014, 26p.

127 팀 하포드, 《메시(MESSY)》, 위즈덤하우스, 2016, 343p.

128 토머스 프리드먼, 《늦어서 고마워》, 21세기북스, 2017, 239~240p.

129 에릭 브린욜프슨, 앤드루 맥아피, 《제2의 기계 시대》, 청림출판, 2014, 281p.

130 김윤지, 《박스오피스 경제학》, 어크로스, 2016, 80p.

131 에릭 브린욜프슨, 앤드루 맥아피, 《제2의 기계 시대》, 청림출판, 2014, 281p.

132 데이비드 버커스, 《데이비드 버커스 경영의 이동》, 한국경제신문사, 2016, 146~147p.

133 Gary Wolf, 《Steve Jobs : The Next Insanely Great Thing》, WIRED, 1996.

134 재레드 다이아몬드, 《총, 균, 쇠》, 문학사상, 1998, 35p.

135 애덤 그랜트, 《오리지널스》, 한국경제신문사, 2016, 93~94p.

136 팀 하포드, 《메시(MESSY)》, 위즈덤하우스, 2016, 275~277p.

137 제이미 홈스, 《난센스》, 문학동네, 2017, 294~295p.

138 같은 책, 206~213p.

139 애덤 그랜트, 《오리지널스》, 한국경제신문사, 2016, 76~80p.

140 팀 하포드, 《어댑트(ADAPT)》, 웅진지식하우스, 2011, 149~152p.

141 론 프리드먼, 《공간의 재발견》, 토네이도, 2015, 36p.

142 조길수, 《실패는 성공의 어머니 신기술 개발, 뭐든 시도하고 보자》, 동아비즈니스리뷰, 2016.

143 류주한, 《실패는 성공의 핵심요소, 혁신시도를 멈추지만 않는다면…》, 동아비즈니스리뷰, 2016.

144 라즐로 복, 《구글의 아침은 자유가 시작된다》, 알에이치 코리아, 2015, 392~397p.

145 조진서, 《"스토리가 있는 폐광" 모두가 열광 역발상으로 기적을 캔 '광명동굴'》, 동아비즈니스리뷰, 2017.

146 스티븐 존슨, 《탁월한 아이디어는 어디서 오는가》, 한국경제신문사, 2012, 171p.

147 같은 책, 175~176p.

148 스티븐 풀, 《리씽크(Rethink)》, 쌤앤파커스, 2017, 73~74p.

149 애덤 그랜트, 《오리지널스》, 한국경제신문사, 2016, 84p.

150 조이 이토, 제프 하우, 《나인》, 민음사, 2017, 208~209p.

151 클레이튼 크리스텐슨, 캐런 딜론, 《일의 언어》, 알에이치코리아, 2017, 120~122p.

152 팀 하포드, 《메시(MESSY)》, 위즈덤하우스, 2016, 4~8p.

153 같은 책, 261~262p.

154 주재우, 《부족한 환경이 창의성 높여줘》, 동아비즈니스리뷰, 2017.

155 레이 갤러거, 《에어비앤비 스토리》, 다산북스, 2017.

156 칩 히스, 댄 히스, 《자신 있게 결정하라》, 웅진지식하우스, 2013, 314~315p.

157 센딜 멀레이너선, 엘다 샤퍼, 《결핍의 경제학》, 알에이치코리아, 2014, 49~50p.

158 고영성, 《고영성의 뒤죽박죽 경영상식》, 스마트북스, 2015, 25~26p.

159 애덤 그랜트, 《오리지널스》, 한국경제신문사, 2016, 384~385p.

160 데이비드 A. 프라이스, 《픽사 이야기》, 흐름출판, 2010, 303p.

161 돈 탭스코트, 앤서니 윌리엄스, 《위키노믹스(WIKINOMICS)》, 21세기북스, 2009, 31~35p.

162 조준일, 《오픈 이노베이션, 혁신의 동력 되려면》, LG경제연구원, 2013.

163 돈 탭스코트, 앤서니 윌리엄스, 《위키노믹스(WIKINOMICS)》, 21세기북스, 2009, 31~35p.

164 장성근, 《오픈 이노베이션이 진화하고 있다》, LG경제연구원, 2016.

165 유재우, 《생존을 위한 제1 조건은 '변이'. 시장흐름에 맞춰 바꾸고 또 바꿔야》, 동아비즈니스리뷰, 2017.

166 존 코츠, 《리스크 판단력》, 책읽는수요일, 2013, 59~61p.

167 크리스 맥체스니, 숀 코비, 짐 헐링, 《성과를 내고 싶으면 실행하라》, 김영사, 2016, 38~47p.

168 신시아 A. 몽고메리, 《당신은 전략가입니까》, 리더스북, 2013, 179p.

169 존 코츠, 《리스크 판단력》, 책읽는수요일, 2013, 64~65p.

170 강진구, 《IT 개발 기법 그 이상으로 주목받는 애자일(Agile)》, LG경제연구원, 2016.

171 카민 갤로, 《최고의 설득》, 알에이치코리아, 2017, 152~153p.

172 전승우, 《린 스타트업, 벤처 기업만의 전유물 아니다》, LG경제연구원, 2013.

173 에릭 리스, 《린 스타트업》, 인사이트, 2012.

174 강희석, 《하고…실패하고…배우고…다시 하고…민첩한 조직이 IT 변혁기의 승자다》, 동아비즈
니스리뷰, 2016.

175 조은지, 《'뽀통령' 제친 '카카오프렌즈'…캐릭터 선호도 1위》, 서울신문, 2017.

176 김현진, 이상화, 박정근, 《'국민 SNS 캐릭터' 카카오프렌즈 온·오프라인 경계넘는 진화 꿈꾸다》,
동아비즈니스리뷰, 2017.

177 유리 그니지, 존 리스트, 《무엇이 행동하게 하는가》, 김영사, 2014, 315~317p.

178 김준태, 《여론조사+레드팀+커뮤니케이션 세종, 소통의 리더십으로 토지稅 개혁》, 동아비즈니스
리뷰, 2016.

179 짐 콜린스, 모튼 한센, 《위대한 기업의 선택》, 김영사, 2012, 113~115p.

180 마셜 밴 앨스타인, 상지트 폴 초더리, 제프리 파커, 《플랫폼 레볼루션》, 부키, 2017, 271~272p.

181 피터 디아만디스, 스티븐 코틀러, 《볼드(BOLD)》, 비즈니스북스, 2016, 31~32p, 43p.

182 조이 이토, 제프 하우, 《나인》, 민음사, 2017, 13~17p.

183 신우석, 《잉여 IT 인프라로 신사업 성공한 아마존, 내부의 숨겨진 자산부터 점검하라》, 동아비즈
니스리뷰, 2017.

184 이동진, 《우리 슈퍼히어로들만 등장한다면… 어, 만화 스토리가 게임⊠영화로 이어지네》, 동아비
즈니스리뷰, 2016.

185 장재웅, 《바닥 훑는 마케팅으로 우뚝! 중국적 취향 가미하자, 순식간에 84호 매장!》, 동아비즈니
스리뷰, 2016.

186 신우석, 《잉여 IT 인프라로 신사업 성공한 아마존, 내부의 숨겨진 자산부터 점검하라》, 동아비즈니스리뷰, 2017.

187 세스 고딘, 《보랏빛 소가 온다》, 재인, 2004.

188 조나 버거, 《컨테이저스 전략적 입소문》, 문학동네, 2013, 55~102p.

189 같은 책, 207~210p.

190 애덤 그랜트, 《오리지널스》, 한국경제신문사, 2016, 140~141p.

191 이승윤, 《페인트회사가 왜 모바일 앱 만들었을까. 들여다보니 '2.0시대의 전략'이 보인다》, 동아비즈니스리뷰, 2017.

192 론 프리드먼, 《공간의 재발견》, 토네이도, 2015, 275~280p.

193 문재윤, 《영화에 대한 SNS 평점 친구들의 평가 따라가더라》, 동아비즈니스리뷰, 2016.

194 양윤직, 《콘텐츠, SNS, 검색… 단순광고는 NO! 레드불·스타벅스를 배워라》, 동아비즈니스리뷰, 2016.

195 조나 버거, 《컨테이저스 전략적 입소문》, 문학동네, 2013, 169~185p.

196 같은 책, 167~168p.

197 같은 책, 263~279p.

198 장윤정, 《스토리텔링과 힙합 틈새시장 개척. 방탄소년단 '빈틈없는' 전략 통했다》, 동아비즈니스리뷰, 2017.

199 김향미, 《숫자로 보는 방탄소년단 기록들》, 경향신문, 2017.

200 김은섭, 《행복 배달부, 자포스의 이유있는 성공》, 인사이트, 2014.

201 조나 버거, 《컨테이저스 전략적 입소문》, 문학동네, 2013, 316~324p.

202 카민 갤로, 《최고의 설득》, 알에이치코리아, 2017, 67~68p.

203 배정원, 《아마존, 홀푸드마켓 인수해 910조원 식품시장 도전 월마트, 남성의류 쇼핑몰 사들여 온라인 유통 강화》, 이코노미조선, 2017.

204 로리 바시, 에드 프라운헤임, 앤 맥무러, 래리 코스텔로, 《굿 컴퍼니, 착한 회사가 세상을 바꾼다》, 틔움출판, 2012, 93p.

205 애덤 그랜트, 《기브 앤 테이크(Give and Take)》, 생각연구소, 2013, 45~46p.

206 김소연, 《소비자 10명 중 7명 "착한 기업, 조금 비싸더라도 구매 의향"》, 한겨레, 2017.

207 로리 바시, 에드 프라운헤임, 앤 맥무러, 래리 코스텔로, 《굿 컴퍼니, 착한 회사가 세상을 바꾼다》, 틔움출판, 2012, 24p.

208 김수경, 《CSR에 적극적인 기업 시장 기회 많아져 투자매력 커》, 동아비즈니스리뷰, 2015.

209 김수경, 《소셜미디어만으로는 한계. 기업의 사회공헌이 결국 이미지 결정》, 동아비즈니스리뷰, 2016.

210 신현암, 《가나 영양실조 아동 돕다 새 활로 찾아. 일본 아지노모토에서 배우는 시장전략》, 동아비즈니스리뷰, 2017.

211 이동진, 《"필요한 이에게 약을 제공하는 회사" GSK, 진정성이 위기보다 강했다》, 동아비즈니스리뷰, 2016.

212 로리 바시, 에드 프라운헤임, 앤 맥무러, 래리 코스텔로, 《굿 컴퍼니, 착한 회사가 세상을 바꾼다》, 틔움출판, 2012, 30~34p.

213 닐 도쉬, 린지 맥그리거, 《무엇이 성과를 이끄는가》, 생각지도, 2016, 14~60p.

214 같은 책, 35~43p.

215 임동욱, 《직장인 75퍼센트 "인사평가 신뢰하지 않는다"》, 머니투데이, 2017.

216 찰스 두히그, 《1등의 습관》, 알프레드, 2016, 48~52p.

217 팀 하포드, 《어댑트(ADAPT)》, 웅진지식하우스, 2011, 112p.

218 사이먼 사이넥, 《리더는 마지막에 먹는다》, 36.5, 2014, 132~134p.

219 데이비드 버커스, 《데이비드 버커스 경영의 이동》, 한국경제신문사, 2016, 274~277p.

220 팀 하포드, 《메시(MESSY)》, 위즈덤하우스, 2016, 122~125p.

221 데이비드 버커스, 《데이비드 버커스 경영의 이동》, 한국경제신문사, 2016, 281~282p.

222 사이먼 사이넥, 《리더는 마지막에 먹는다》, 36.5, 2014, 55~57p.

223 존 코츠, 《리스크 판단력》, 책읽는수요일, 2013, 42~43p.

224 브리짓 슐트, 《타임 푸어》, 더퀘스트, 2015, 94~95p.

225 존 코츠, 《리스크 판단력》, 책읽는수요일, 2013, 285~287p.

226 스티븐 레빗, 스티븐 더브너, 《괴짜처럼 생각하라》, 웅진지식하우스, 2015, 190~191p.

227 칩 히스, 댄 히스, 《자신 있게 결정하라》, 웅진지식하우스, 2013, 212~213p.

228 라즐로 복, 《구글의 아침은 자유가 시작된다》, 알에이치코리아, 2015, 150~151p.

229 론 프리드먼, 《공간의 재발견》, 토네이도, 2015, 305~312p.

230 팀 하포드, 《메시(MESSY)》, 위즈덤하우스, 2016, 49~50p.

231 라즐로 복, 《구글의 아침은 자유가 시작된다》, 알에이치코리아, 2015, 153~177p.

232 애덤 그랜트, 《기브 앤 테이크(Give and Take)》, 생각연구소, 2013, 124p.

233 데이비드 버커스, 《데이비드 버커스 경영의 이동》, 한국경제신문, 2016, 188~191p.

234 마이클 모부신, 《내가 다시 서른 살이 된다면》, 토네이도, 2013, 74~75p.

235 팀 하포드, 《어댑트(ADAPT)》, 웅진지식하우스, 2011, 136p.

236 필립 E. 테틀록, 댄 가드너, 《슈퍼 예측, 그들은 어떻게 미래를 보았는가》, 알키, 2017, 306p, 312p.

237 찰스 두히그, 《1등의 습관》, 알프레드, 75~83p.

238 알렉스 펜틀런드, 《창조적인 사람들은 어떻게 행동하는가》, 와이즈베리, 2014, 133~134p.

239 마이클 본드, 《타인의 영향력》, 어크로스, 2015, 178~183p.

240 닐 도쉬, 린지 맥그리거, 《무엇이 성과를 이끄는가》, 생각지도, 2016, 307~309p.

241 알렉스 펜틀런드, 《창조적인 사람들은 어떻게 행동하는가》, 와이즈베리, 2015, 133p.

242 같은 책, 109~110p.

243 엘리어트 애런슨, 《인간, 사회적 동물》, 탐구당, 2014, 565p.

244 마이클 본드, 《타인의 영향력》, 어크로스, 2015, 304p.

245 조반니 프라체토, 《감정의 재발견》, 프런티어, 2016, 168~170p.

246 데이비드 버커스, 《데이비드 버커스 경영의 이동》, 한국경제신문, 2016, 54~57p.

247 론 프리드먼, 《공간의 재발견》, 토네이도, 2015, 15~16p.

248 브리짓 슐트, 《타임 푸어》, 더퀘스트, 2015, 119~121p.

249 연합뉴스, 《韓노동시간 OECD 2위… 獨보다 넉 달 더 일하고 임금은 70%》, 2017.

250 브리짓 슐트, 《타임 푸어》, 더퀘스트, 2015, 220~221p.

251 센딜 멀레이너선, 엘다 샤퍼, 《결핍의 경제학》, 알에이치코리아, 2014, 89~94p.

252 같은 책, 140p.

253 같은 책, 216~217p.

254 같은 책, 204p.

255 고영성, 신영준, 《완벽한 공부법》, 2017, 284~299p.

256 매튜 D. 리버먼, 《사회적 뇌 인류 성공의 비밀》, 시공사, 2015, 142~147p.

257 사이먼 사이넥, 《리더는 마지막에 먹는다》, 36.5, 2014, 299p.

258 라즐로 복, 《구글의 아침은 자유가 시작된다》, 알에이치코리아, 2015, 364~365p.

259 데이비드 버커스, 《데이비드 버커스 경영의 이동》, 한국경제신문, 2016, 58~61p.

260 라즐로 복, 《구글의 아침은 자유가 시작된다》, 알에이치코리아, 2015, 468~478p.

261 같은 책, 462·468p.

262 같은 책, 427~428p.

263 스티븐 존슨, 《원더랜드》, 프런티어, 2017. 294p.

264 중앙일보, 〈한국 남성 100만원 받을 때 여성은 63만원 받아… 남녀 임금격차 OECD 최고〉, 2017.

265 한국경제, 〈지난해 수능성적 상위권, 대도시·사립·남고에 많았다〉, 2017.

266 jtbc 뉴스룸, 〈[팩트체크] 남녀 임금격차 OECD 중 최악? 확인해보니…〉, 2016.

267 정지혜, 〈인재전쟁 시대, 여성인력이 대안이 되려면〉, LG경제연구원, 2011.

268 홍춘욱, 《인구와 투자의 미래》, 에프엔미디어, 2017, 209p.

269 캐스 R. 선스타인, 리드 헤이스티, 《와이저》, 위즈덤하우스, 2015, 269~270p.

270 정지혜, 〈인재전쟁 시대, 여성인력이 대안이 되려면〉, LG경제연구원, 2011.

271 존 코츠, 《리스크 판단력》, 책읽는수요일, 2013, 355~358p.

272 토머스 L. 프리드먼, 《늦어서 고마워》, 21세기북스, 2017. 175~177p.

273 에릭 브린욜프슨, 앤드루 맥아피, 《제2의 기계 시대》, 청림출판, 2014, 57~59p.

274 Adrian Paenza, 《How folding paper can get you to the moon》, 테드에듀(TED-Ed.)

275 피터 디아만디스, 스티븐 코틀러, 《볼드(BOLD)》, 비즈니스북스, 2016, 35p.

276 같은 책, 46p.

277 닐 도쉬, 린지 맥그리거, 《무엇이 성과를 이끄는가》, 생각지도, 2016, 153p.

278 피터 디아만디스, 스티븐 코틀러, 《볼드(BOLD)》, 비즈니스북스, 2016, 31~32p, 36~37p.

279 황인경, 《디지털 트랜스포메이션시대 인사·조직 운영 전략》, LG경제연구원, 2017.

280 김범열, 《시장을 선도하던 기업이 무너지는 이유》, LG경제연구원, 2013.

281 김범열, 《지속 성장 기업의 조건》, LG경제연구원, 2016.

282 피터 디아만디스, 스티븐 코틀러, 《볼드(BOLD)》, 비즈니스북스, 2016, 51~52p.

283 제리 카플란, 《인간은 필요 없다》, 한스미디어, 2016, 37~45p.

284 마틴 포드, 《로봇의 부상》, 세종서적, 2016, 120~121p.

285 케빈 켈리, 《인에비터블 미래의 정체》, 청림출판, 2017, 63~67p.

286 마틴 포드, 《로봇의 부상》, 세종서적, 2016, 122p.

287 이승훈, 《최근 인공지능 개발 트렌드와 미래의 진화 방향》, LG경제연구원, 2017.

288 이정원, 《알파고는 스스로 신의 경지에 올랐다》, brunch, 2017.

289 제리 카플란, 《인공지능의 미래》, 한스미디어, 2017, 209~2011p.

290 김은정, 서기만, 《인공지능시대를 위한 시작해야 할 두 번째 고민》, LG경제연구원, 2016.

291 홍춘욱, 신희연, 《생산성 향상은 일자리를 위협하는가》, 키움증권, 2017.

292 이한득, 《한국의 산업구조, 변화 속도 줄고 집중도는 증가》, LG경제연구원, 2016.

293 이재원, 《글로벌 로봇산업의 현황과 과제》, 한국은행, 2017.

294 에릭 브린욜프슨, 앤드루 맥아피, 《제2의 기계 시대》, 청림출판, 2014, 166p.

295 마틴 포드, 《로봇의 부상》, 세종서적, 2016, 158~161p.

296 리처드 서스킨드, 대니얼 서스킨드, 《4차 산업혁명 시대, 전문직의 미래》, 와이즈베리, 2016, 225~226p.

297 토머스 L. 프리드먼, 《늦어서 고마워》, 21세기북스, 2017. 173p.

298 김은정, 서기만, 《인공지능시대를 위해 시작해야 할 두 번째 고민》, LG경제연구원, 2016.

299 리처드 서스킨드, 대니얼 서스킨드, 《4차 산업혁명 시대, 전문직의 미래》, 와이즈베리, 2016, 208~209p.

300 애덤 그랜트, 《오리지널스》, 한국경제신문, 2016, 189~191p.

301 바버라 스트로치, 《가장 뛰어난 중년의 뇌》, 해나무, 2011, 44~46p.

302 앤절라 더크워스, 《그릿(GRIT)》, 비즈니스북스, 2016, 122~124p.

303 애덤 그랜트, 《오리지널스》, 한국경제신문, 2016, 189~191p.

304 레이 갤러거, 《에어비앤비 스토리》, 다산북스, 2017, 201~209p.

305 애덤 그랜트, 《기브 앤 테이크(Give and Take)》, 생각연구소, 2013, 247~248p.

306 레이 갤러거, 《에어비앤비 스토리》, 다산북스, 2017, 208~209p.

307 피터 센게, 《학습하는 조직》, 에이지, 2014, 190p.

308 윤석철, 《삶의 정도》, 위즈덤하우스, 2011, 28p.

309 애덤 그랜트, 《오리지널스》, 한국경제신문, 2016, 65~67p.

310 같은 책, 98p.

311 파이낸셜 뉴스, 《IBM 인공지능 '왓슨' 한국어 공부 마쳤다… "6월30일 출격"》, 2017.

312 마이클 유심, 《리더에게 결정은 운명이다》, 페이퍼로드, 2011, 73~103p.

313 고영성, 신영준, 《완벽한 공부법》, 로크미디어, 2016, 340~341p.

314 같은 책.

315 같은 책, 386~389p.

316 유시민, 《유시민의 글쓰기 특강》, 생각의 길, 2015, 50p.

317 고영성, 《어떻게 읽을 것인가》, 스마트북스, 2015, 197~201p.

318 강원국, 《대통령의 글쓰기》, 메디치, 2014, 75p.

319 알렉스 펜틀런드, 《창조적인 사람들은 어떻게 행동하는가》, 와이즈베리, 2014, 177~182p.

320 조슈아 쿠퍼 라모, 《제7의 감각, 초연결지능》, 미래의창, 2017, 15p.

321 알렉스 펜틀런드, 《창조적인 사람들은 어떻게 행동하는가》, 와이즈베리, 2014, 63~65p.

322 엔리코 모레티, 《직업의 지리학》, 김영사, 2014, 213p.

323 알렉스 펜틀런드, 《창조적인 사람들은 어떻게 행동하는가》, 와이즈베리, 2014, 172~173p.

324 새뮤얼 아브스만, 《지식의 반감기》, 책읽는수요일, 2014, 32~33p.

325 이리야마 아키에, 《세계의 경영학자는 지금 무엇을 생각하는가》, 에이지21, 2013, 139~161p.

326 김윤지, 《박스오피스 경제학》, 어크로스, 2016, 108p.

327 애덤 그랜트, 《기브 앤 테이크(Give and Take)》, 생각연구소, 2013.

328 마이클 본드, 《타인의 영향력》, 어크로스, 2015, 81p.

329 토머스 L. 프리드먼, 《늦어서 고마워》, 21세기북스, 2017. 213~214p.

330 찰스 윌런, 《벌거벗은 통계학》, 책읽는수요일, 2013, 397~399p.

331 말콤 글래드웰, 《다윗과 골리앗》, 21세기북스, 2014, 109~111p.

332 토마스 슐츠, 《구글의 미래》, 비즈니스북스, 2016, 45~46p, 153~159p.

333 디지털타임즈, 《풍선 띄워 무선인터넷 서비스… 구글 '프로젝트 룬' 스타트》, 2017.

334 레이 갤러거, 《에어비앤비 스토리》, 다산북스, 2017, 52~54p.

335 윌리엄 맥어스킬, 《냉정한 이타주의자》, 부키, 2017, 232~233p.

336 이정동, 《축적의 길》, 지식노마드, 2017, 228p.

337 엔리코 모레티, 《직업의 지리학》, 김영사, 2014, 18~19p.

338 김윤지, 《박스오피스 경제학》, 어크로스, 2016, 123~133p.

339 피터 디아만디스, 스티븐 코틀러, 《볼드(BOLD)》, 비즈니스북스, 2016, 171~174p.

340 조나 버거, 《보이지 않는 영향력》, 문학동네, 2017, 286~288p.

341 토마스 슐츠, 《구글의 미래》, 비즈니스북스, 2016, 45~46p, 158~159p.

342 애덤 그랜트, 《오리지널스》, 한국경제신문, 44~47p.

343 팀 하포드, 《어댑트(ADAPT)》, 웅진지식하우스, 2011, 146~147p.

344 애덤 그랜트, 《오리지널스》, 한국경제신문, 2016, 117~126p.

345 피터 디아만디스, 스티븐 코틀러, 《볼드(BOLD)》, 비즈니스북스, 2016, 203~204p.

346 같은 책, 185p.

347 같은 책, 193~194p.

348 데이비드 버커스, 《데이비드 버커스 경영의 이동》, 한국경제신문, 2016, 77p.

349 레이 갤러거, 《에어비앤비 스토리》, 다산북스, 2017, 60p.

350 같은 책, 33p.

일취월장

2017년 12월 7일 초판 1쇄 발행
2023년 7월 25일 초판 50쇄 발행

지 은 이 | 고영성, 신영준
펴 낸 이 | 강준규

책임편집 | 유형일
마케팅지원 | 배진경, 임혜솔, 송지유, 이원선
디 자 인 | 궁성혜

펴 낸 곳 | (주)로크미디어
출판등록 | 2003년 3월 24일
주   소 | 서울시 마포구 마포대로 45 일진빌딩 6층
전   화 | 02-3273-5135   FAX | 02-3273-5134
편   집 | 02-6356-5188
홈페이지 | https://blog.naver.com/rokmediabooks
이 메 일 | rokmedia@empas.com

값 22,000원
ISBN 979-11-294-2950-6 (03320)